特殊地质及特殊结构交通隧道建设关键技术丛书

小净距隧道建设关键技术

丁 睿 著

西南交通大学出版社
·成 都·

图书在版编目（ＣＩＰ）数据

小净距隧道建设关键技术 / 丁睿著. 一成都：西
南交通大学出版社，2020.5
（特殊地质及特殊结构交通隧道建设关键技术丛书）
ISBN 978-7-5643-7429-7

Ⅰ. ①小… Ⅱ. ①丁… Ⅲ. ①隧道工程 Ⅳ. ①U45

中国版本图书馆 CIP 数据核字（2020）第 077094 号

特殊地质及特殊结构交通隧道建设关键技术丛书
Xiaojingju Suidao Jianshe Guanjian Jishu
小净距隧道建设关键技术

丁 睿／著   责任编辑／姜锡伟
                            封面设计／曹天擎

西南交通大学出版社出版发行
（四川省成都市金牛区二环路北一段 111 号西南交通大学创新大厦 21 楼   610031 ）
发行部电话：028-87600564   028-87600533
网址：http://www.xnjdcbs.com
印刷：成都蜀通印务有限责任公司

成品尺寸   185 mm × 260 mm
印张   22.75   字数   568 千
版次   2020 年 5 月第 1 版
印次   2020 年 5 月第 1 次

书号   ISBN 978-7-5643-7429-7
定价   158.00 元

序

　　我国是一个多山的国家，受地理、地形环境因素的影响，隧道工程建设数量和规模居于世界前列，是名副其实的隧道大国。由于线路线形、地质构造、建设环境等的影响和要求，各种不良地质隧道和特殊结构型式隧道也越来越多。

　　作为特殊结构型式隧道的一种，小净距隧道中隔岩柱厚度远小于分离式隧道，在修建过程中，由于二次应力场叠加，会出现应力集中和塑性区，导致隧道结构易失稳、破坏，乃至坍塌，其支护结构的受力机制、设计和施工方法与普通隧道有明显不同，建设难度和风险更大，有必要对这种隧道修建技术进行系统的总结和梳理。

　　本书作者有着丰富的隧道工程建设经验，具备扎实的理论功底，在不良地质隧道和特殊结构型式隧道修建技术方面做出了有益的探索和总结。本书围绕小净距隧道这种特殊的隧道结构修建，在数学力学理论、设计关键技术、施工关键技术和监控量测四个方面进行了较为系统深入的论述：在数学力学理论方面，详细分析了隧道开挖的解析解求解过程，推导了双洞马蹄形断面隧道开挖解析解求解方法，丰富了小净距隧道修建的数学和力学理论方法；围绕小净距隧道设计的关键问题，阐述了深埋、浅埋不同工况下设计荷载的确定，论证了两洞间科学合理的净距取值，阐述了各种施工方法的力学行为和变形机理；在施工技术方面，基于小净距隧道地质条件差、周边环境复杂以及结构受力薄弱等特点，系统阐述了加固技术应用实施的针对性和有效性，针对隧道施工常用的钻爆法和铣挖法，从理论、设计到实施，进行了系统全面的阐述，分析了相关开挖技术应用于小净距隧道的注意事项；在监控量测方面，系统地总结了监控量测体系的构建，以及如何用于完善理论分析、反馈修正设计、指导施工。

　　本书的鲜明特点是理论密切结合工程实践，其理念、观点和方法都是建立在作者长期工程实践的基础上，这就使本书具有鲜明的工程背景，也正是其水平和实用价值之所在。其中，无论是超前加固技术还是开挖技术相关内容，都有作者详细的工程实践经验和心得体会，不仅仅是对小净距隧道工程，对于其他类型隧道和地下工程，亦有重要的参考价值和借鉴意义。我相信，本书的出版对广大隧道工作者会有所裨益，对小净距隧道工程修建技术的发展也会有推动作用。

　　我与丁睿博士相识已十余年，这些年来他一直辛勤工作在隧道建设第一线，也欣慰于这些年来他在隧道工程建设技术领域的追求和进步。"桐花万里丹山路，雏凤清于老凤声。"在隧道工程建设技术发展的征程中，祝愿青年技术工作者在技术攻关的道路上更进一步，取得更大的成绩。

中国科学院院士　刘宝琛

2020 年 4 月 1 日

前　言

　　我国是一个多山的国家，随着近年基础设施建设方兴未艾，隧道工程建设进入了高速发展的黄金时期，小净距隧道这种特殊结构型式的隧道工程也越来越多。

　　以公路隧道为例，我国公路隧道设计为上、下行分离的独立双洞，当两洞净距超过各自的扰动影响宽度之和时，两隧道施工才相互独立、互不影响。从理论上讲，将两相邻隧道分别置于围岩压力相互影响及施工影响范围之外，有利于降低支护结构造价与施工难度，这一规定在公路隧道建设中也发挥了积极作用。但是，在山地地形陡峭、接线困难区域或城市建构筑物密集、线路线位受限区域，隧道与洞外接线的矛盾将会十分突出，大量的挖填方工程也会加大对自然环境的破坏。小净距隧道具有减少占地、降低投资、节约地下空间、保护环境等优点，成为特定地形、环境条件下修建隧道的理想选择之一。

　　小净距隧道施工力学行为远较普通分离式双洞隧道复杂，由于其中隔岩柱厚度较小，双洞施工相互干扰、影响严重，受力体系转换频繁，开挖后产生的应力交叠极易导致围岩变形，产生较大的塑性区，使衬砌结构承受较大的围岩压力，甚至导致结构失稳、破坏。因此，小净距隧道的受力机制、设计和施工方法也与其他结构型式隧道的侧重点不同，建设难度和风险更大。

　　隧道小净距洞段多位于进出洞浅埋区域，围岩松软破碎、自稳性差，城市小净距隧道更是以第四纪沉积系地层为主，工程地质具有非连续、非均匀、流-固耦合的特性，普遍具有低强度、高含水率、高压缩性等不良工程特性。这些条件都不利于工程施工，容易诱发灾害。此外，随着隧道工程埋深的减小，开挖对地面的影响越来越大，在浅埋、超浅埋条件下，开挖影响的控制与开挖方式、施工工艺、支护方法等众多因素有关，是地下工程施工中最为复杂的问题。

　　在城市区域修建小净距隧道，不可避免地要邻近或穿越既有建筑物、道路、立交桥桩基础、既有隧道、地下管线等施工，工程建设常在人口集中、大型建筑物密集、管线密布、工程地基别无选择的工程环境下进行。在这种客观环境条件下，沉降变形要求极为严格，城市小净距隧道施工的风险性极高：在不良地质体的影响下，隧道施工引起的地层突然破坏和地表坍塌；施工引起的管线或地下构筑物破坏，继而造成灾害；施工引起的地层变形过大，造成地面建筑物破坏。一旦发生事故，后果将非常严重。

　　小净距隧道大多采用钻爆法开挖，爆破振动控制要求严格。后行洞爆破开挖会对先行洞结构造成扰动，影响先行洞结构安全，同时会引起爆源附近地表及地中构筑物振动。当爆破振动达到一定强度时，会对附近构筑物或管线造成损伤或破坏，如造成建筑物墙体开裂、附属物垮落、管线破裂等，严重时甚至可能造成建筑物倒塌的灾难后果。

正是由于小净距隧道工程具有地质及环境条件复杂、施工难度大、技术要求高、对环境影响控制要求严等特点，其修建是一项相当复杂的高风险性系统工程。有鉴于此，作者基于参建的都汶高速紫坪铺隧道、贵阳北京东路隧道、济南顺河高架玉函路隧道、厦门万石山钟鼓山隧道群、贵阳地铁二号线等具有典型特点和代表性的小净距隧道工程，同时综合国内其他大量小净距隧道工程实例分析、总结，精心编撰完成本书。

本书在编写过程中，注重理论联系实际，强调理论与技术在工程实践中的应用：首先从数学力学角度，详细推导了双洞隧道开挖的解析解求解，完善了理论体系；在此基础上，针对小净距隧道设计关键技术，重点论述了设计荷载确定、合理净距确定、支护设计及施工方法选择；在施工关键技术方面，结合工程地质及周边环境特点，系统深入地阐述了超前加固技术、开挖技术、监控量测及反馈分析等关键技术；最后一章详细介绍了两个特色鲜明的非对称小净距隧道工程案例，很有参考、借鉴价值。各个章节既有系统的理论分析，又有翔实的作业指导，更有鲜明的工程案例。同时，本书也结合了作者在隧道工程建设领域多年的经验与心得。

二十一世纪，是人类开发利用地下空间大发展的新时代，对于隧道及地下工程业内人士而言，这是最好的时代。"登山则情满于山，观海则意溢于海"，治学、从业二十余年，我始终对隧道和地下工程这个领域充满了热爱与敬畏，而这热爱与敬畏，将是我持续前行的动力。

在本书编写过程中，中国科学院院士刘宝琛先生给予了大量指导并友情作序，中铁二局杨家松总给予了帮助并提出了宝贵意见，在此对他们致以衷心感谢！书稿绝大部分工程案例来自作者参建的工程项目，感谢项目技术干部对于作者给予的帮助和支持！此外，本书引用、参考了大量专业书籍及文献，在此，对原作者致以真诚的感谢！

限于作者水平，书中疏漏在所难免，不足之处，敬请广大读者批评指正。

丁 睿

2020 年 4 月于成都

目　录

第 1 章 小净距隧道概述

近年来，随着国民经济突飞猛进的增长，城市间综合交通压力越来越大，城市内交通基础设施要求也越来越高。国家系统规划建设目标，大力发展基础设施，进入了交通工程大发展的年代。

公路领域，截至 2019 年年底，我国高速公路通车里程已达 14.26 万千米，位居世界第一。按照《国家公路网规划（2013—2030 年）》，国家高速公路网由 7 条首都放射线、11 条南北纵线、18 条东西横线以及地方环线、并行线、联络线等组成；在国家高速公路网的基础上，各省（自治区、直辖市）纷纷编制地方高速公路网规划，逐渐形成了以国家高速公路为骨架、以地方高速公路为补充的高速公路网规划格局。

铁路领域，高铁已成为我国发展和创新的一张名片。截至 2019 年年底，铁路营业里程已达 13.9 万千米，其中高铁 3.5 万千米，分别居世界第二和第一位。《中长期铁路网规划》勾画了新时期"八纵八横"高速铁路网的宏大蓝图，即以沿海、京沪等"八纵"和陆桥、沿江等"八横"通道为主干，城际铁路为补充的高速铁路网，实现相邻大中城市 1～4 小时交通圈、城市群内 0.5～2 小时交通圈。

我国城市轨道交通发展亦是迅猛，截至 2019 年年底，已有北京、上海、广州、深圳等33 个城市开通了运营，营业里程达 6 730 km，位居世界第一。目前，共有 58 个城市获批开展城市轨道交通建设（含地方政府批复的 14 个城市），其中，已有 40 个城市运营轨道交通。规划、在建线路规模进一步扩大，建设速度稳步提升。

我国是一个多山的国家，山地和丘陵占国土面积的 43%。受地理、地形环境因素的影响，公路、铁路规划和设计日益重视隧道工程的研究和比选，隧道建设的数量和规模越来越大。截至 2016 年年底，我国已经建成总长度超过 30 000 km 的交通隧道工程，正在规划和建设的超过 40 000 km，成为名副其实的隧道大国。

以交通工程中较具代表性的公路为例，隧道设计受路线线位、纵坡、地形条件及地质复杂程度等因素制约，一般设计为上、下行分离的独立双洞。双洞的最小间距，按双洞结构彼此不产生有害影响的原则，结合隧道平面线形、围岩地质条件、断面形状和尺寸、施工方法等因素确定。《公路隧道设计规范》（JTG D70—2004）规定了分离式双洞隧道的间距，如表1.1 所示。

表 1.1 分离式独立双洞间的最小净距

围岩级别	I	II	III	IV	V	VI
最小净距	$1.0 \times B$	$1.5 \times B$	$2.0 \times B$	$2.5 \times B$	$3.5 \times B$	$4.0 \times B$

注：B 为隧道宽度（m）。

在地形陡峻、脊谷相间、桥隧相连地带，为了满足双洞净距的要求，往往强行拉开隧道间距，导致工程占地较宽、洞口挖方量大、与隧道相邻路段平面线形不顺畅等突出问题。为了解决分离式隧道在特定环境条件下的缺陷和不足，连拱隧道及小净距隧道等新型隧道结构型式应运而生。自从小净距隧道这种结构型式在公路隧道中出现以来，由于其自身优点，得到越来越广泛的重视和应用，并推广应用于各个城市地铁区间、折返线、配线的设计和施工中。

1.1 隧道结构型式比选

小净距隧道是指上、下行双洞洞壁净距较小，不能按独立双洞考虑的隧道结构。其结构型式特点是双洞间中隔岩柱厚度较小，结构设计尽量发挥中隔岩柱的承载作用，适用于以下特殊地形地质环境：

（1）在洞口地形比较狭窄、陡峭，上、下行线难以拉开独立成双洞时，采用小净距隧道可以避免大量深挖高填的土石方工程，减少对自然环境的破坏，确保桥隧衔接平顺。

（2）在城市地区修建隧道时，土地资源紧张，采用小净距隧道可大幅减少拆迁，显著降低工程费用。

（3）地面地形起伏较大、地表建筑基础复杂，或受地铁车站站位接口、线路配线原因影响，采用常规隧道结构型式难以选出合适线路时，采用小净距隧道可尽量避开建筑基础和地下管线，最大限度地满足线路选线要求。

科学合理的隧道设计方案可缩短隧道长度、节约投资、保护环境。分离式隧道、小净距隧道和连拱隧道三种隧道结构型式基本特征大致比较如表 1.2 所示。

表 1.2 三种隧道结构型式基本特征比较

比较项目	分离式隧道	连拱隧道	小净距隧道
双洞最小净距	$(1.5 \sim 5)B$	0	$1\,m \sim 1.5B$
占地宽度	$(3.5 \sim 7)B$	$2B + 3\,m$	$2B + (1\,m \sim 1.5B)$
接线难度	较大	较小	较小
结构和受力	结构简单、受力稳定	结构复杂、受力不稳定	结构较简单、受力较稳定
围岩扰动次数	少	多	一般
地下空间利用	差	最好	较好
施工难度	较小	较大	中等
工程造价	M	$1.5 \sim 3M$	$1.3 \sim 2M$
质量控制难易	较易	难	中等
爆破振动控制	基本不控制	控制	控制
环境保护	山区狭窄地带可能出现高边坡	山区狭窄地带可降低边坡	山区狭窄地带可降低边坡
适用隧道长度	各种长度的隧道	短隧道	短隧道或围岩条件较好的中长隧道

从表中可见，三种结构型式各有特点：对于特长或长隧道宜采用分离式隧道，在地形狭窄、陡峭环境下修建山岭隧道或在城市建筑密集地区修建市政隧道时则可在连拱隧道和小净距隧道间进行比选。

连拱隧道位置选择自由度大，适用于地形复杂、线路布设极为困难的情况，其洞口引线占地面积小、接线难度小，若在城市区域，可大大减少拆迁工作量，降低工程费用。但从全国各地已建成工程看，连拱隧道存在明显缺陷，如结构构造和施工工序复杂、工期长、造价高、施工质量不易保证、建成后隧道普遍存在渗水和中墙开裂等质量问题。

小净距隧道结构型式介于双洞分离式隧道和连拱隧道之间，从某种意义上而言，是一种兼具两者优点的隧道布置型式：相较于分离式隧道，可更好地满足特定地质和地形条件、桥隧衔接方式，有利于公路整体线形规划和优化，在环境保护、占地等多方面优点明显；相较于连拱隧道，施工工序简单、工期短、造价低、施工质量更有保证。

1.2　隧道净距影响

和传统的隧道结构型式相比，小净距隧道最大的结构特点在于两洞之间净距小，在施工过程中两洞应力场和位移场相互影响，施工力学行为复杂。从岩体力学的角度看，岩体处于初始应力状态，由于隧道开挖，岩体应力状态发生变化，产生了二次应力，在应力的作用下围岩的弹塑性区域会发生变化。先行洞开挖施工时，后行洞围岩产生向临空面侧的拉伸变形，围岩状况恶化；后行洞开挖施工时，更是会改变先行洞已趋于稳定平衡的受力状态，产生不利影响。后行洞受力机理较为复杂：受力特征表现为，由于后行洞的开挖，先行洞洞周围岩松弛或松弛范围扩大，作用在支护结构上的荷载增加；变形特征表现为，后行洞开挖施工时，先行洞支护结构及洞周围岩向临空面拉伸，如图 1.1 所示。

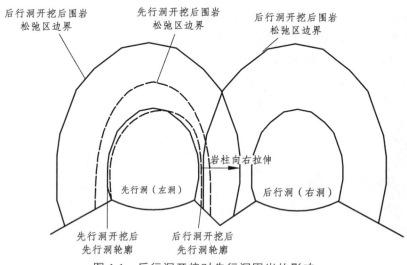

图 1.1　后行洞开挖对先行洞围岩的影响

如果双洞净距足够远，彼此都在开挖引起的应力变化影响范围以外，则一般认为双洞相互不影响。但随着双洞空间距离减小，相互间的影响范围就可能相接、相交，甚至重叠，洞周弹塑性区域的位置关系也会发生改变，可以用以下四种空间位置关系来说明，如表 1.3 及图 1.2 所示。

表 1.3　弹塑性围岩隧道净距位置关系表

净距情况	特　征	相互影响区程度	工程措施
无影响区	弹性外圈相交	弱影响	无须采取措施
弱影响区	弹性内圈相交	较小影响	需采取措施
强影响区	塑性外圈相交	稍大影响	需采取特殊措施
危害影响区	塑性内圈相交	很大影响	需采取特殊措施，应尽量避免

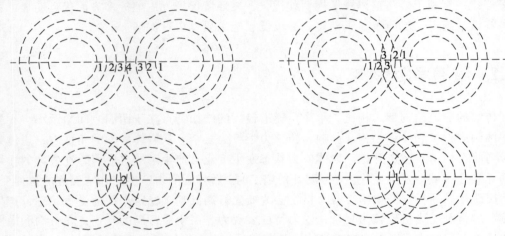

1—塑性区内圈；2—塑性区外圈；3—弹性区内圈；4—弹性区外圈。

图 1.2　弹塑性围岩隧道净距位置关系

针对两洞间不同净距关系所产生的近接影响，日本相关研究工作开展较早，较为系统地提出了隧洞间相互影响的划分图，如图 1.3 所示，制定了《小净距隧道施工技术指南》，列出了隧道近接影响程度及针对措施，如表 1.4 所示。

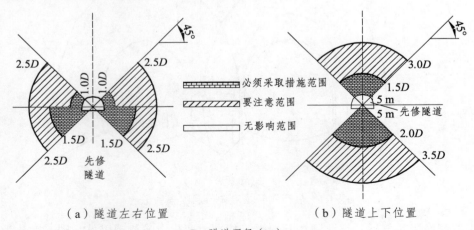

（a）隧道左右位置　　　　　　　　　　　（b）隧道上下位置

D—隧道洞径（m）。

图 1.3　隧道相互影响示意

表 1.4　隧道影响范围分类及应采取的措施

影响程度	划分准则	措施
一般程度	基本无影响	通常不采取处治措施
要防范程度	影响较小，不会产生危害	进行量测，根据量测数据得出结构物的位移、变形，与允许位移、变形比较，决定是否采取措施
需采取措施程度	影响大，且有害	必须进行现场量测并采取处治措施，处治之后，继续监测结构物的变形、位移、内力等情况

隧道不同净距决定了其近接力学行为特点和相互影响程度。相较于普通分离式隧道，小净距隧道工程设计和施工有不同侧重之处和相应关键技术：

（1）小净距隧道两洞间净距小，施工过程相互影响、干扰较为明显，设计关键环节在于确定两洞间合理净距，既需确保工程施工安全及质量，又需满足既定的投资、规划条件。

（2）小净距隧道在开挖过程中，围岩受到多次扰动，稳定性降低，结构失稳风险增大，需根据两洞间净距影响程度采取有效预加固技术提高围岩强度，增强围岩自稳能力。尤其是作为施工期间主要承载结构的中隔岩柱，其承受的主要荷载包括中隔岩柱上方围岩荷载和左右洞施工后经初期支护传至中隔岩柱顶部的荷载。中隔岩柱一旦失稳，将引发灾难性的后果，必须采取合理加固技术进行加固，以确保不出现塑性区或至少保证塑性区不至贯穿或连通。

（3）采用钻爆法施工时，由于中隔岩柱厚度较小，爆破对中隔岩柱及先行洞隧道结构的稳定和受力影响严重，必须严格控制爆破开挖振动效应，进行针对性控制爆破设计，采取减振措施，优化爆破施工工艺，选用数码电子雷管等新型材料，将爆破对中隔岩柱及成型结构的影响降至可控范围。

（4）针对小净距隧道结构受力特点和薄弱部位，施工期监控量测管理体系、监控基准有相应侧重。此外，后行洞开挖会引起地表附加沉降，尤其是城市浅埋小净距隧道，附加沉降可能会恶化工程建设对周边环境的影响，需提前评估、预测地表沉降趋势及数值，为采取相应环境控制措施提供必要支撑。

1.3　工程案例

欧洲及日本等隧道强国早在 20 世纪 70 年代就开始了小净距隧道建设。德国和希腊修建了大量的小净距隧道，日本在第二东（京）名（古屋）、名（古屋）神（户）等重要高速公路及市政道路中设计、建设了很多小净距隧道。

国内起步相对较晚，铁路隧道最早采用小净距隧道的结构型式，早在 20 世纪 80 年代、90 年代就已建成了内昆线青山隧道、杨柳湾隧道、宝成复线须家河隧道、渝怀线板桃隧道等隧道。

在公路隧道方面，近年来发展较快，已建和在建的小净距隧道工程数量较多。其中，高速公路小净距隧道以紫坪铺隧道为代表，其出口端小净距段位于古滑坡体区域，隧道净距从 3.73 m 渐变到 21.86 m，小净距段落长度为 205 m。该工程的建设过程，在小净距隧道结构设计、滑坡体浅埋段沉降量测及预测、控制爆破、超前预加固等方面积累了宝贵的建设经验。城市小净距隧道以贵阳北京东路隧道和济南顺河高架玉函路隧道为典型代表。贵阳北京东路隧道位于城市核心区域，全程均为小净距洞段，两洞净距仅 4 m；洞身穿越地层以黏土、泥岩、灰岩及砂岩为主，围岩等级为 V 级，岩体破碎、节理裂隙发育；隧道埋深为 2~28 m，下穿数十栋高层建筑、工业建筑及众多地下管线，结构安全风险高，环境控制要求高。在该工程建设过程中，成功攻克了控制爆破、地表沉降控制等难题。济南顺河高架玉函路隧道位于城市主干道玉函路正下方，施工期不断道，交通流量大；除进、出口端局部为连拱隧道外，共 1 827 m 为小净距洞段，两洞间距仅 1.8~3.5 m，是世界上最长的小净距隧道；隧道地质条件极差，以黄土、黏土、全—中风化灰岩、泥岩为主，且有多处串珠状溶洞；隧道为超浅埋隧道，埋深仅 4~10 m，周边有数百栋老旧房屋，距隧道外边墙仅 1.8~3.5 m，隧顶有供给水管、雨污水管、电力管线、燃气管线多处，施工期间结构安全风险极大，技术难度极高。隧道成功建成通车，在环境控制、超前预加固、非爆破开挖、地表沉降预测及控制方面取得了重大突破。这几座难度极大、风险极高的代表性隧道工程的陆续建成，标志着我国小净距隧道工程建设技术已逐渐完善、成熟。

随着各城市地铁建设如火如荼地开展，深圳、广州、南京、北京、贵阳等多个城市地铁修建中也出现了小净距隧道结构型式。广州地铁越秀公园车站、江南新村车站采用了 3 孔隧道方案，3 孔隧道最小净距仅 2.7 m；南京地铁南北线一期工程菊花台 2 号隧道出口和南北线南延支线左、右线隧道进口呈三洞平行布置，正线隧道与左右线隧道净距只有 5.27 m 和 1.69 m。

我国近十几年来开展了各种结构型式、各种地质、各种复杂环境的小净距隧道实践，沉淀了较为丰富的小净距隧道建设经验。经过这些小净距隧道的设计和施工，设计理念和参数开始稳定，施工方法开始形成体系。国内部分已建成的小净距隧道工程如表 1.5 所示。

表 1.5　国内小净距隧道工程案例

编号	隧道名称	地质状况	埋深	开挖断面	施工方法	初期支护	超前支护	净距
1	江西石狮隧道	岩质较差，以砂岩、石英砂岩为主，构造裂隙、风化裂隙较多，有软弱夹层，以Ⅲ~Ⅳ类围岩为主			Ⅱ类围岩采用侧壁导洞法。Ⅲ类围岩采用台阶法。Ⅳ类围岩埋深中洞全断面开挖，右洞左洞采用小导洞先行再开挖	挂钢筋网喷射混凝土+ϕ22普通砂浆锚杆+I16钢拱架	洞口段采用注浆长管棚，长度为40 m，16 m两种，环向间距50 cm，注浆孔直径为8 mm，注浆采用水泥、水玻璃双液浆液	最小净距8.81 m
2	京福高速三明一浦州段小净距隧道	Ⅱ类围岩，岩石主要为片麻状花岗岩及其风化层	30 m	宽12.4 m	侧壁导坑法和台阶法组合	23 cm厚C20喷射混凝土+I25钢拱架+锚杆		
3	福建鹤上隧道	隧道区段属剥蚀低山丘陵地貌，穿越的地层有第四系坡残积土，侏罗系上统南园组熔结凝灰岩及其风化层，地层岩性单一，其余洞段为Ⅲ级围岩为Ⅳ、Ⅴ级围岩。地下水主要为孔隙水和基岩裂隙水	洞口段埋深4~10 m	单洞最大开挖跨度16.69 m	左洞采用双侧壁导坑法由进口向出口开挖；右洞由出口向进口方向开挖，采用进口方向小导洞先行台阶法	锚杆+挂钢筋网喷射混凝土+钢架	进口段采用25 m长ϕ108大管棚，注浆间距50 cm；ϕ50小导管，l=5 m	最小净距7.3 m
4	南京地铁3号线大明路站配线段隧道	主要穿越地层为可塑粉质黏土、硬塑（局部可塑）黏土和粉质黏土，含卵砾石粉质黏土层及强风化泥质粉砂岩	11.3~16 m	大洞宽12 m，高9 m，小洞宽7.9 m，高8 m	先施工小洞，采用台阶法；后施工大洞，台阶法留核心土环形开挖，预留核心土开挖+同隔设临时支撑			大小洞净距为2.51 m
5	湖南炎汝高速人面山隧道	出口端地质条件较差，为粉质黏土变质砂岩、岩体较破碎			台阶法留核心土环形开挖		ϕ108大管棚	出口端左右洞线间距16.9 m
6	大帽山扩建隧道	隧道属干构造剥蚀微丘地貌，场区表层为坡残积土，下覆侏罗系南园组凝灰岩，燕山早期侵入花岗岩及其风化层，隧道进出口向里依次为Ⅴ、Ⅳ、Ⅲ和Ⅱ级。隧道场区地下水不发育，主要为孔隙裂隙水和基岩裂隙水	最大埋深147 m	扩建隧道最大断面面积为255 m²	原隧道扩建成四车道。新建单车道隧道洞口V级围岩采用双侧壁导坑四车道隧道CRD法；Ⅳ级围岩采用CRD法	湿喷8 cm厚钢纤维混凝土+ϕ8钢筋网+ϕ25中空锚杆，I22b钢拱架；中空锚杆，分层复喷37 cm厚钢纤维混凝土		新建隧道既有隧道洞口二段既有隧道有隧道5.89 m和8.83 m
7	苏州凤凰山隧道	地质条件为V级和Ⅳ级围岩。V级围岩地层自上而下分别为碎石层，强~一期强风化粉砂岩夹泥质粉砂岩	整体埋深较浅		埋深小于7 m洞段采用机械开挖，埋深大于7 m洞段采用弱爆破施工	28 cm厚C25喷射混凝土+ϕ25中空注浆锚杆（l=4 m）+I22b钢拱（纵75 cm×环50 cm）（间距50 cm）+ϕ8双层钢筋网	注浆小导管（l=4.5 m）环40 cm×200 cm	

续表

编号	隧道名称	地质状况	埋深	开挖断面	施工方法	初期支护	超前支护	净距
8	华家山隧道	进口处为V级围岩，属于弱—微风化凝灰岩，裂隙发育，较破碎	110 m		双侧壁导坑法	28 cm厚C20喷射混凝土+双层钢筋网+ϕ25中空注浆锚杆（$l=4$ m，环100 cm×纵65 cm）	超前注浆小导管	
9	福建九曲隧道	隧道岩性单一，为云母石英砂岩。地下水主要靠基岩裂隙中，水量不大	最大埋深54 m	宽10.74 m，高7.08 m	V级围岩左洞全洞法、右洞超前导坑法		V级围岩浅埋段：超前注浆小导管，长5 m，环向间距50 cm，纵向间距3 m	
10	京福高速金寨山隧道	隧道进出口处为弱—强风化花岗石。洞身主要为弱—微风化花岗石。地下水主要源于基岩裂隙水补给，受大气降水，水量不大	46 m	净宽9.75 m，净高5.0 m	III类围岩采用台阶段全洞开挖法，IV类围岩采用全断面开挖	喷素混凝土+ϕ25钢纤维混凝土+ϕ25中空注浆螺纹锚杆或ϕ22普通砂浆锚杆+125钢筋网	III类围岩采用小导管注浆，$l=5$ m，纵向间距3 m	最小净距5.08 m
11	横山隧道	洞口段围岩为坡残积土、全风化花岗岩和块状强风化花岗岩，砂土状。V级围岩，土体松散，稳定性差，易发生坍塌			原为单侧壁导坑，后改为左洞交叉中洞核心土台阶法，初期支护加强	ϕ25中空注浆锚杆（3.5 m长，1 m×1 m）+25 C25喷系统锚杆+钢筋网+125钢拱架（间距0.7 m，工字钢下设纵向槽钢底托架）	采用ϕ108大管棚（$l=30$ m，单液浆）加固，小导管交叉布置，环向间距60 cm。套拱混凝土基础混凝土为C15片石混凝土	
12	泉夏高速大坪山隧道	进出口端为残坡积土层—强风化花岗岩，岩体软硬破碎，呈碎裂状，以松散结构为主；洞身围岩以微风化花岗岩为主，节理裂隙发育，局部地段呈块状砌体结构，岩体整体性差。围岩级别主要以V、IV、III和II级为主		开挖跨度11.25 m，高9.06 m	采用中部开挖超前导洞（导洞断面尺寸为3 m×4 m）入大断面隧道循序跟进的扩挖方式	26 cm厚C25中空注浆锚杆（$l=4$ m）+ϕ25喷射混凝土+118钢拱架（间距80 cm）+120b钢拱架	ϕ108大管棚、ϕ50小导管（长5 m和7 m）	新建有两隧在既有线左线右线，净距同，11.28 m和11.08 m；新建右线在既有右洞外侧，净距5.28 m
13	杭州紫之隧道	岩性为薄—中厚层中—微风化质粉砂岩和泥岩，泥质或钙质胶结，岩体呈碎裂镶嵌碎块状结构，局部呈散块状结构，地下水为基岩裂隙水，水量小				ϕ25锚杆（长3 m）+118钢拱架（间距75 cm）+25喷射混凝土	ϕ42注浆小导管，$l=4.5$ m	主隧道与匝道交叉处采用净距仅1.5 m

续表

编号	隧道名称	地质状况	埋深	开挖断面	施工方法	初期支护	超前支护	净距
14	三明永宁高速富口涌隧道	隧道穿越地层为侏罗系梨山组粉砂岩和石英砂岩，出口明塌堆积层，主要为坡积粉质黏土、强风化石英砂岩，岩石裂隙发育，呈石碎裂结构	最大埋深66.7 m		洞口段设计为单侧壁导坑法，后改为预留核心土环形开挖留单侧壁导坑法	锚杆+I20a钢拱架支护（同距80 cm）+挂网湿喷混凝土	φ108大管棚，40 m长	净距仅4 m
15	渝长高速武隆隧道	围岩以泥岩为主，夹砂岩，岩层倾角较为II级、V级，进口段围岩以III、IV口段围岩以IV、V级围岩为主		宽10.5 m，高7 m；开挖断面积为80~100 m²	II、III级围岩先行洞采用全断面法施工，后行洞围岩采用II级；IV、V级围岩先行洞预留核心土环形开挖，后行洞采用核心土环形开挖留单侧壁导坑法	C20喷射混凝土+φ6.5钢筋网+φ22砂浆锚杆或R25N迈式中空注浆锚杆+I14、I18钢拱架和格栅拱	超前小导管	4~12 m
16	重庆花土岗隧道	洞口强风化泥岩夹砂岩段为V级围岩，洞身泥岩段，泥岩夹砂岩段为VI级围岩		宽15.46 m，高8 m	台阶法	φ25中空注浆锚杆（4 m）+φ8钢筋网+格栅拱（20 cm×20 cm）+拱间同距50 cm+25 cm厚C20喷射混凝土	注浆小导管，4 m长，环向同距30 cm，搭接长度不小于1 m	净距12 m
17	沙坪湾隧道	隧址区位于四川盆地末部构造遭侵蚀低山区，属于丘陵地貌。进出口地势较陡，坡体两侧横向冲沟较发育，以泥质砂岩、泥质砂岩为主；出口段为V级围岩，地下水一较发育	出口浅埋1.5~7.5 m		三台阶七步法	左线：I20a钢拱架（40 cm同距）+26 cm混凝土+4 m锁脚锚管，I18钢拱架（同距40 cm）+24 cm喷射混凝土；右线：I18钢拱架（同距40 cm）+24 cm喷射混凝土	φ108大管棚（长30 m）；拱部120°范围设倾角45°的φ42注浆小导管（长3.5 m，纵80 cm×环100 cm）	出口端K120+500~+632段为小净距
18	南京地铁2号线首南园站~小卫街站区间	折返段穿越地层主要为砂岩软弱层、中风化泥岩、微风化泥岩，裂隙发育-较发育。地下水主要为基岩裂隙水	13.6~33.5 m		单线、双线隧道采用台阶法；双线隧道采用CRD法；折返线右线采用CRD法，左线采用上下台阶法	喷射24 cm厚混凝土，钢筋网，钢拱架	小导管，环向间距30 cm	
19	石大高速瓦窑隧道	隧道穿越岩质单一-围岩情况：V级围岩140 m，IV级70 m，III级205 m			右洞为先行洞，采用上下台阶法	I20b钢拱架（同距80 cm）+挂网喷射混凝土+φ28预应力锚杆	中隔岩柱采用φ42超前小导管注浆，$l=3.5$ m，搭接长度40 cm	
20	新城子隧道	洞身穿越地层主要为砾岩夹砂岩夹泥岩、板岩夹砂岩夹砾岩，断层角砾岩和碎裂岩	最大埋深749 m		三台阶开挖法	双层初支：第一层：26 cm厚喷射混凝土+钢筋网+锁脚锚杆（长6 m，纵同距60 cm）+122b钢拱架（同距60 cm）。第二层：21 cm喷射厚混凝土+钢筋网+锁脚小导管（长4.5 m，纵同距60 cm）+I18钢拱架（同距60 cm）	中管注浆，长度1 m，同距40 cm	最小净距为5~6 m

续表

编号	隧道名称	地质状况	埋深	开挖断面	施工方法	初期支护	超前支护	净距
21	都汶高速紫坪铺隧道	出口端小净距工程段地处于Ⅱ类围岩地段，以碎块状镶嵌结构或碎石状压碎结构软弱围岩为主，属干较破碎弱围岩，岩层以泥岩及粉砂岩夹类质泥岩为主，下部为片麻状，岩层为Ⅳ、Ⅴ级围岩	出口段埋深为5.4~45.6 m		台阶法	锚网喷+I18钢拱架	左洞：ϕ108大管棚，30 m长，右洞端小导管，6 m长，双排ϕ42注浆小导管，环向间距40 cm，排距20 cm，搭接长度3 m	出口段为小净距段，净距3.73~21.86 m
22	京福高速南洲Ⅰ号隧道	隧道围岩上部为残坡积花岗岩及其风化层，无区域性断裂，岩层破碎，局部破碎，围岩主要由Ⅲ、Ⅳ、Ⅴ级围岩组成	平均埋深21 m	宽10.84 m，高6.85 m	V级围岩、Ⅳ级围岩采用台阶法；Ⅲ级围岩采用全断面法	23 cm 厚 C25 喷射混凝土纤维混凝土（80 cm×80 cm）+浆锚杆ϕ25中空注浆锚杆+I25钢拱架（间距80 cm）或格栅拱	大管棚，小导管	中隔岩柱厚度最小为4.87 m
23	三明市曾家顶隧道	隧道下伏基岩为侏罗平组细砂岩，中段为弱风化层，结构较稳定，块状结构，结构破碎松散，稳定性较差；地下水孔隙水及基岩裂隙水	最大埋深55 m		洞口V级围岩段：三台阶法和留核心土环形开挖相结合；Ⅳ级围岩采用台阶法	锚杆+挂网混凝土+钢拱架	大管棚、超前注浆小导管、超前锚杆	中隔岩柱厚5~7 m
24	重庆轨道三号线新牌坊一郑家院子区间	隧道穿越填土层自上而下分别有Ⅳ级、Ⅴ级、Ⅳ级泥岩及Ⅲ级砂岩层，地下水较少	埋深5~22 m	单洞开挖宽度为7.7 m	Ⅵ、Ⅴ、Ⅳ、Ⅲ级围岩不同同采用不同方法，两台阶开挖留核心土法，两台阶留核心土法及全断面开挖法		洞口回填土及浅埋段采用30 m超前大管棚加固	中隔岩柱厚5.8 m
25	三福高速联南隧道	进、出口100 m段属Ⅱ类围岩，风化残坡积黏性土组成，冒顶，强度低，易坍塌；其余地段属Ⅲ、Ⅳ类围岩，主要由弱风化凝灰岩组成，节理裂隙较发育，完整性较差。地下水类型主要为孔隙水及基岩裂隙水	最大埋深145 m	隧道单洞大开挖最宽度为12.5 m	Ⅱ类围岩先行洞采用短台阶导坑法；后行洞采用侧壁导坑法；Ⅲ类围岩采用短台阶合拱法；Ⅳ类围岩采用短台阶留核心土法和台阶法	Ⅱ、Ⅲ类围岩应力钢拱架+径向注浆锚杆+钢筋网喷射混凝土；Ⅳ类围岩：径向普通砂浆锚杆+钢筋网+喷射混凝土	长管棚+超前注浆管+超前锚杆	最小净距5 m
26	福建魁岐2号隧道	洞身围岩以微风化花岗岩为主，围岩级别为Ⅲ~Ⅱ级；进、出洞口的围岩以强、弱风化花岗岩为主，围岩级别为Ⅳ~Ⅴ级	洞口浅埋深6~13 m	宽17.87 m，高12.84 m	进口段采用CRD法。Ⅴ、Ⅳ、Ⅲ级围岩分别采用CRD法、弧形导坑留核心土法和台阶法	第一层25 cm厚C25喷射混凝土+第二层20 cm厚C25喷射混凝土+ϕ22锚杆（长4.5 m，环100 cm×纵60 cm）+双层钢筋网	V级围岩段中岩柱采用小导管（ϕ50, l=7.5 m）注浆加固	中隔岩柱采用11.7~15.3 m

续表

编号	隧道名称	地质状况	埋深	开挖断面	施工方法	初期支护	超前支护	净距
27	重庆市轨道交通六号线礼嘉车站	区域表层为素填土、粉质黏土，层厚0.5~5 m；下伏沙溪庙组砂岩、泥质砂岩与砂质泥岩，岩体裂隙不发育，呈整体块状结构；围岩级别为Ⅲ、Ⅳ级		单洞最大开挖面积427 m²，宽23.2 m，高18.5 m	双侧壁导坑法	双层格栅钢拱架+φ8双层钢筋网+喷射混凝土（l=4.5 m，纵、环80 cm×环100 cm）+φ25中空注浆锚杆	φ158大管棚（长40 m，环向间距40 cm）+φ42超前小导管（l=4.5 m）	中隔岩柱厚6.5~6.9 m
28	南京韩府山隧道（1#、2#、3#、4#隧道）	1#、2#、3#隧道洞身为Ⅳ、Ⅴ级围岩，4#隧道洞身以Ⅲ、Ⅳ、Ⅴ级围岩为主。隧道最大埋深60 m，进、出口段围岩以Ⅳ、Ⅴ级软弱围岩为主，地下水（裂隙）水不发育	最小埋深1.3 m，最大埋深60 m	开挖断面面积大于130 m²，最大断面面积为153 m²	Ⅳ级围岩条件下进洞采用三台阶七步法，Ⅴ级围岩进洞（土质和强风化石质）采用CRD法	Ⅳ级围岩：喷射混凝土厚25 cm+钢筋网（20 cm×20 cm）+系统锚杆（长3.5 m，纵1.2 m×环1.2 m）+I18钢拱架（间距0.8 m）；Ⅴ级围岩：喷射混凝土厚28 cm+钢筋网（20 cm×20 cm）+系统锚杆（长4 m，纵1.2 m×环1 m）+120a钢拱架（间距0.6 m）	进、出口浅埋地段拱部140°范围内设φ108超前长管棚，长20~40 m，环向间距40 cm；3.5 m长φ42超前小导管，纵向间距1.5 m	净距6~10 m
29	长沙河阳河隧道	围岩为Ⅴ级，为遇水易崩解的强风化软岩，围岩稳定性差			台阶法	钢拱架+30 cm厚C25网喷混凝土+锚杆	全断面预注浆+管棚+小导管	7.68~23.38 m
30	排头隧道	基岩主要为片麻岩，岩体破碎，构造发育。进出口段岩体较破碎，偏压较严重		开挖跨度13 m；开挖断面积106~113 m²	Ⅴ级围岩：先行洞留核心土环形开挖，后行洞侧壁坑法。Ⅳ级围岩：先行洞组合台阶，后行洞留核心土环形开挖	厚25 cm喷射混凝土+锚杆（l=3.5 m，纵50 cm×环100 cm）		先泉端最小净距9.86 m；浦城端最小净距6.14 m
31	普宣高速法马坡隧道	地层主要为第四系全新统残坡积黏土及上三叠系上统宣威组老岩，薄层煤层。存在的主要不良地质为左右线空区。左右线洞身Ⅳ级围岩共524.35 m；Ⅴ级围岩共156 m	隧道最大埋深38 m		洞口及Ⅴ级围岩浅埋段采用三台阶七步法，隧道Ⅳ级围岩采用核心土环形开挖	24 cm厚C20喷射混凝土	大管棚、小导管	中隔岩柱1.28~2.63 m
32	六潜高速转步园隧道	岩性主要为薄层状石英岩及白云石英片岩，少量片麻岩，中间穿越一条断层，节理裂隙较发育，围岩易拼塌。围岩级别分别有Ⅴ级、Ⅳ级、Ⅲ级	洞口埋深25~30 m	开挖跨度12.40 m	单侧壁导坑法	28 cm厚C25喷射混凝土+φ25中空注浆锚杆（长4 m）。中隔岩柱：25 cm喷射混凝土+φ25水平对拉预应力中空对拉锚杆	φ108大管棚，l=35 m，环向间距40 cm	5.58 m

续表

编号	隧道名称	地质状况	埋深	开挖断面	施工方法	初期支护	超前支护	净距
33	永武高速横山隧道	围岩级别为V级，以残坡积土、砂土、块状强风化石英砂岩、千枚岩为主，岩体较破碎，节理裂隙较发育	洞口埋深10~20 m	开挖跨度12.40 m	台阶法留核心土环形开挖	28 cm厚C25喷射混凝土+φ25中空注浆锚杆（l=4 m，80 cm×80 cm）。中隔岩柱：28 cm厚C25喷射混凝土+φ50注浆小导管（l=5 m）	φ108注浆大管棚，l=35 m，环向间距50 cm	
34	浙江石鼓岭隧道	以砂岩和凝灰岩为主，岩石级别以IV~V级围岩为主。地下水主要为基岩裂隙水		宽14.5 m，最大开挖断面面积为166 m²	洞口V级围岩采用双侧壁导坑法，留核心土环形开挖；V级围岩采用中隔洞形开挖法，IV级围岩采用中隔壁法，III级围岩采用全断面法或台阶法	V级围岩段：中隔岩柱采用φ42注浆小导管纵向间距（l=6 m，洞口1 m）0.75 m×环1 m）。IV、III级围岩段：中隔岩柱采用φ25注浆锚杆，纵向间距（l=4.5 m，纵向间距4 m）	进洞段采用φ108长管棚	中隔岩柱厚9.84~10.4 m
35	深圳地铁5号线太坪岭区间	穿越微风化地层，为IV级围岩。岩石较破碎，节理较发育，地下水主要为基岩裂隙水			台阶法	格栅拱架间距75 cm+20 cm厚C25喷射混凝土	φ42小导管，长3 m，环向间距33 cm，纵向间距1.5 m	净距由0.32 m增至2.5 m
36	贵阳北京东路隧道	洞身通过地段围岩级别全部为V级围岩，地质主要为强风化页岩、泥岩和泥质灰岩，遇水易软化，地下水发育	埋深5.4~19 m	面积为171 m²	岩质段：预留核心土开挖。土质段：上环形开挖心土段；IV级和V级围岩采用CRD法	喷射混凝土+钢拱架+锚杆		净距4 m
37	河源洞洞隧道	洞口段为亚黏土，全—强风化石英闪长岩，属于V级浅埋软弱围岩	40 m	宽10.9 m，高8.59 m	洞口段采用短台阶，机械配合人工开挖，V级围岩采用CRD法和坑法；IV级围岩采用台阶法	V级围岩：22 cm厚C20喷射混凝土+φ22锚杆（l=3 m，纵80 cm×环120 cm）；VI级围岩：25 cm厚C20喷射混凝土+φ25中空注浆锚杆（l=3 m，纵50 cm×环120 cm）	φ108大管棚，进口端30 m，出口端左洞长30 m；出口端右洞长24 m	12 m
38	渝怀铁路板桃隧道	洞身穿过页岩夹砂岩岩层，岩层呈灰色薄层，泥质胶结，质软，遇水成泥，风化带地层。围岩自稳能力力差，属严重以V级、IV级浅埋软弱围岩为主		I线、II线隧道开挖跨度均为8.26 m	微台阶法	25 cm厚喷射混凝土+钢筋网（φ8钢筋，15 cm×15 cm）+格栅钢拱架（间距为1~1.2 m）	注浆小导管，l=3.5 m，环0.5 cm×纵2 m	净距为6.14 m

续表

编号	隧道名称	地质状况	埋深	开挖断面	施工方法	初期支护	超前支护	净距
39	重庆市渝中连接隧道	围岩以中风化砂质泥岩为主，围岩级别为Ⅳ级	最浅埋深5.6 m		左洞采用中隔壁法施工，右洞采用台阶法留核心土环形开挖	喷射混凝土+I18钢拱架（间距50 cm）+φ22砂浆锚杆（纵1 m×环1 m, l=3.5 m）		最小净距为4.2 m
40	河南太阳山隧道	隧址区地貌属于褶断干褶侵蚀低山		宽14.0 m, 高8.8 m	单侧壁导坑法	I18钢拱架（间距75 cm）+φ8钢筋网+φ25锚杆（长4 m, 75 cm×环100 cm）	左洞出口、右洞采用φ108大管棚，右洞出口采用φ89大管棚，小导管环间距50 cm；小导管注浆加固，长5.0 m	中隔岩柱厚6.3~8.5 m
41	瑞赣高速九岭隧道	洞口段为Ⅴ级围岩，岩性为强风化砂质板岩，洞身围岩主要为Ⅲ~Ⅳ级岩，岩性为弱风化砂质板岩，节理裂隙较发育，开挖后洞室稳定性差；围岩分类情况为：Ⅲ级围岩227 m，Ⅳ级围岩557.55 m，Ⅴ级围岩268 m	最大埋深76 m	宽10.75 m	Ⅳ级、Ⅴ级围岩段采用单侧壁导坑法，Ⅲ级围岩采用短台阶法	Ⅳ级围岩（环80 cm×纵60 cm, 长4 m）+双层φ6钢筋网+25 cm厚C25喷射混凝土+I18钢拱架（60 cm）φ22锚杆	φ42超前小导管注浆加固，长5 m	净距9.6 m
42	银武线十堰至漫川关高速花园隧道	十堰端洞口段，地形偏压，表层第四系覆盖层较厚，主要穿越地层为强风化白云岩，围岩类别为Ⅱ类			先行洞采用台阶法，后行洞采用侧壁导坑法	系统锚杆（长3~4 m）+φ25中空注浆锚杆+钢筋网+26 cm厚喷射混凝土+I18钢拱架（间距75 cm）		净距1.8~3 m
43	重庆轨道交通环线渝鲁站	渝鲁站以砂质泥岩为主，夹薄层至中厚层砂岩。出露的地层从上而下依次为第四系全新统填土层、残坡积层和侏罗系中统沙溪庙组沉积岩	16.9~25.4 m	左洞宽12.36 m, 高9.66 m; 右洞宽6.7 m, 高6.7 m	左洞（小洞）采用台阶法，右洞（大洞）采用CD法			YK30+666~857为小净距隧道，左右线中心距10.8 m
44	重庆凤峰隧道	隧道地处王洞背斜西翼，属侵蚀低低丘地貌。出露地质情况：隧道穿越地质岩层分类为Ⅲ类围岩800 m，Ⅳ类围岩110 m	宽16 m, 高9.2 m		Ⅲ类围岩：采用单侧壁导坑法；Ⅳ类围岩：左洞开挖，右洞全洞断面开挖采用短台阶法	Ⅲ类围岩4~6 cm初喷混凝土+120b钢拱架+双层φ8钢筋网+复喷20 cm厚C20混凝土；Ⅳ类围岩4~6 cm初喷混凝土+双层φ8钢筋网+复喷15 cm I18钢拱架+复喷C20混凝土	Ⅲ类围岩：超前锚杆，R25N迈式中空注浆锚杆，锚杆间距为40 cm	中隔岩柱厚6.5 m

续表

编号	隧道名称	地质状况	埋深	开挖断面	施工方法	初期支护	超前支护	净距
45	王家里隧道	围岩主要由第四系中更新统离石黄土组成，岩性为粉土，发育垂直节理，呈块状整体结构，进出口段呈松软结构	最大埋深74 m	宽10.25 m，高5 m	V级围岩浅埋段采用单侧壁导坑法；V级围岩深埋段采用预留核心土开挖；IV级围岩采用台阶法	IV级围岩：22 cm厚C25喷射混凝土+φ22锚杆+φ8钢筋网+拱墙I16钢拱架（间距1 m）；V级围岩深埋段：26 cm厚C25喷射混凝土+φ25锚杆+φ8钢筋网拱墙I20a+仰拱I18钢拱架（间距80 cm）；V级围岩浅埋段：26 cm厚C25喷射混凝土+φ25锚杆+φ8双层钢筋网+拱墙I20a+仰拱I18钢拱架（间距70 cm）		净距7~10 m
46	岳潭高速公路巴掌湾隧道	隧道属典型的浅埋偏压隧道。洞口段为V级围岩，由全~强风化岗岩组成，结构松散，强风化花岗岩片麻岩，裂隙极发育，岩体破碎。左右洞进口段为V级围岩浅埋段	左右洞最浅埋深1.6 m和0.7 m	宽10.5 m，高7 m	台阶法	φ6钢筋网+I20a钢拱架（间距50 cm）+喷射C25混凝土厚25 cm+φ25中空注浆锚杆（拱墙，$l=4$ m；中隔岩柱，$l=6$ m；环向间距50 cm）	φ50注浆小导管，长4.5 m，环向间距30 cm，纵向搭接长度3 m	中隔岩柱厚度17.8 m
47	南京地铁2号线区间折返线段	洞身处于中风化砂岩中，微风化砂岩。地下水主要有孔隙潜水和基岩裂隙水。地质条件比较差，围岩级别为V级		左洞高6.4 m，右洞高6.28 m，宽8.58 m，12.2 m	左洞采用台阶法，右洞采用CRD法	25/30 cm厚C20喷射混凝土+φ6.5双层钢筋网+格栅钢架（间距50 cm）	拱部150°范围设φ42超前注浆小导管，长3 m，环向间距为30 cm，纵向间距1 m	中隔岩柱3.09~5.8 m
48	武西高速桃花岭隧道	隧道地层为第四系上更新统风积形成的马兰黄土，结构松散，强度较弱，工程性质较差，洞身为具有一定湿陷性的新黄土，土质较松散，稳定性差，承载力低。黄土遇水湿陷等级为II~III级		最大跨度15.3 m，高12 m	CRD法	格栅拱架（纵向净距50 cm，每榀均设置φ50钢脚锚管，长3.5 m）+φ8双层钢筋网+喷射37 cm厚C30混凝土	φ50超前小导管，环向间距40 cm	最小净距4.45 m
49	南充西山隧道	隧道以泥岩、砂岩为主，岩层近于水平，岩层存在小褶曲，局部有扭曲、褶皱现象。泥岩遇水软化失水开裂，围岩以IV~V级围岩为主	最大埋深95 m		净距小于5 m的V级围岩地段采用双侧壁导坑法开挖，其余V级围岩段采用中隔岩柱法开挖。IV级围岩段采用台阶法	挂钢筋网+喷钢纤维混凝土+喷锚锚杆+中空注浆砂浆锚杆+水平对拉锚杆	φ127大管棚，环向间距40 cm，进口端40 m，出口端水管40 m，φ42小导管，纵向间距15 cm	最小净距4 m

续表

编号	隧道名称	地质状况	埋深	开挖断面	施工方法	初期支护	超前支护	净距
50	宁德至武夷山高速洋庄隧道	V级围岩长32 m，由残坡积亚黏土、强一弱风化凝灰熔岩组成，松散结构，岩体破碎。Ⅳ级围岩长30 m，由弱风化凝灰熔岩组成，岩体较破碎，节理裂隙发育。Ⅲ级围岩长75 m，由弱风化凝灰熔岩组成，节理裂隙较发育，岩体较完整，块状结构	埋深5～34 m		Ⅳ、V、Ⅵ级围岩采用单侧壁导坑法，Ⅰ、Ⅱ、Ⅲ级围岩采用超前导坑预留光层钻爆法		拱部140°范围内设φ108管棚，$l=20$ m，环向间距30 cm	净距5.4～7 m
51	莲花隧道	围岩主要为侏罗系中统沙溪庙组的粉砂岩与砂岩	小净距段埋深仅为4.5～20 m	高8 m，宽13.4 m	台阶法	φ25中空注浆系统锚杆（长4 m）+φ6.5钢筋网（20×20 cm）+118钢拱架（纵向间距80 cm）+24 cm厚C25喷射混凝土	拱部超前注浆小导管	净距由9 m增大至20 m
52	福州螺洲大桥南接线隧道			单洞开挖断面宽度19.55 m	CD法	锚杆+挂钢筋网湿喷C25喷射混凝土+钢拱架。V级围岩采用两次初支（第一次喷26 cm，第二次喷16 cm）	大管棚（进出洞各40 m）、小导管（V级围岩）	净距14.15 m
53	大连地铁河口站站后折返线与地铁三号线并行段	洞身主要穿越震旦系长岭子组中风化板岩，局部穿越震旦系长岭子组强风化板岩	埋深9.3～10.7 m	宽11.9 m，高9.7 m	CRD法	C25喷射混凝土+格栅拱架（格栅间距0.5 m）+双层钢筋网	拱顶120°范围采用φ42小导管超前支护，长2.5 m，纵向间距1 m	
54	陕西黄柏塬二号隧道	洞身穿越弱风化千枚岩，主要岩石为千枚岩，主要以绢云英千枚岩为主，局部夹变质石英千枚岩，节理不发育，薄层状结构	最大埋深63 m	左洞：宽13.75 m，高5 m；右洞：宽10.25 m，高5 m	左线隧道进口段采用双侧壁导坑法，V级围岩，右线隧道单侧壁导坑法；Ⅳ级围岩采用单侧壁导坑法；Ⅲ级围岩采用台阶法	径向系统锚杆+喷射混凝土+钢筋网+钢拱架	Ⅳ级围岩，V级围岩采用φ108大管棚预加固；φ42小导管注浆和水平对拉锚杆加固中隔岩柱	净距4.5～8.5 m
55	重庆马鞍嘴隧道	地层由上覆粉质黏土夹碎石块和下伏页岩和石灰岩组成	最大埋深441 m	净跨11.74 m，高8.8 m	CD法	系统锚杆+喷射混凝土+钢筋网+钢拱架+锁脚锚管	φ108大管棚，$l=30$ m，φ42小导管，长3.5 m，环向间距40 cm；φ50小导锚杆，环向间距40 cm	最小净距7.5 m

续表

编号	隧道名称	地质状况	埋深	开挖断面	施工方法	初期支护	超前支护	净距
56	连云港北固山隧道	进口为斜坡地形，表层为残坡积粉质黏土夹块石，洞身位于残坡积土层和全—强风化云母片岩中，岩体呈松散结构	最大埋深110 m		双侧壁导坑法	φ25 中空注浆锚杆[纵60 cm×环75 cm，长4 m（中隔岩柱侧为5 m）]+双层φ8钢筋网+I22b钢拱架（纵向间距为60 cm）+28 cm厚 C20 喷射混凝土		左右洞净距最小约为10 m
57	长沙地铁2号线荣湾镇停车区间	杂填土、粉质黏土、断层角砾岩、中风化板岩		C断面跨度最大，为14.4 m	A、B、C三种断面分别采用台阶法、CRD法、双侧壁导坑法	φ42 注浆锚管（边墙布置）+双层φ8钢筋网+格栅钢拱架（同间距60 cm）+28 cm厚 C25 早强混凝土	大断面采用φ108 管棚+φ42超前注浆小导管	C断面与右线隧道中隔岩柱厚0.63~1.65 m
58	十（堰）天（水）高速神农1号隧道	围岩主要为强风化硅质板岩及中风化硅质板岩，顶板及强风化板岩节理裂隙发育，岩体破碎，自稳能力差，地下水主要为基岩中的裂隙水		宽11.25 m，高5.2 m		φ25 中空注浆锚杆（l=4 m）+双层φ8钢筋网（l=4 m）+型钢拱架（同间距60 cm）+28 cm厚 C25 喷射混凝土	拱部φ50 小导管（l=4 m，环向间距30 cm，纵向间距100 cm）	最小净距为12 m
59	福州烟台山隧道	隧道穿越岩层及3条辉绿岩岩脉及11条节理裂隙密集带；洞口段岩级别为V级，局部偏压，围岩软弱、破碎、完整性差，局部伴有基岩裂隙水		单洞断面面积244.85 m²	三台阶七步法		V级围岩采用40 m长管棚：φ42 超前小导管，l=3.5 m，纵向间距2 m	进出口净距5.6~7.3 m
60	西安地铁5号线兴庆路站至青龙寺站区间	本区间断面非对称小净距隧道穿越土层为第四系全新统人工填土、第四系新近堆积土、第四系上更新统新黄土、第四系中更新统老黄土及粉质黏土等		左洞宽13.5 m；高10.4 m，右洞宽6.28 m，高6.67 m	左线：双侧壁导坑法。右线：上下台阶留核心土环形开挖法	左洞：C25 喷射混凝土厚35 cm（间距50 cm）+型钢拱架。右洞：C25 喷射混凝土25 cm+格栅钢拱架（间距50 cm）	左洞：φ108 大管棚（l=30 m）+φ42 小导管（l=3 m）；右洞：φ42 小导管（l=3 m）	
61	浙江道冠山隧道	围岩为砂岩、石英砂岩，岩石节理裂隙普遍发育，节理面以平直为主，地下水量小，主要为基岩裂隙水，水文地质条件较简单		开挖跨度10 m以上	V级围岩采用单向侧壁导坑法；VI级围岩采用正向侧壁导坑组合法；III级围岩采用全断面与超前导坑顶留设光爆层法		小导管	出口端V级围岩400 m范围内净距仅6 m

编号	隧道名称	地质状况	埋深	开挖断面	施工方法	初期支护	超前支护	净距
62	乌鲁木齐雅玛里克山隧道	隧道出入口处，地形较陡，表层为含碎块黄土状粉土，角砾，砂石，岩石属软岩，围岩整体性为破碎一较破碎，围岩级别为V级，水文条件主要为山坡面汇流，汇水面积不集中		总跨度21.64 m，高8.34 m，单洞断面面积为67.5 m²	三导洞法	正洞：30 cm厚C25喷混凝土+φ25中空注浆锚杆（4m长）+φ8钢筋网（60 cm）。中导洞：20 cm厚C25喷混凝土+φ22砂浆锚杆（2.5m长）+φ8钢筋网+I16a钢拱架（60 cm）	φ42小导管（3.5 m长）	净距最小约14 m
63	上海小洋山隧道	基岩岩性为花岗岩，地质围岩划分为II，III，IV级			辅道左线采用单侧壁导坑法，辅道右线采用CD（或CRD）法。主道隧道采用CD（或CRD）法	钢支撑+锚杆+钢筋网+喷射混凝土		最小净距6.51～6.71 m
64	大岭头隧道	主要由花岗岩构成		最大开挖净宽为16.17 m	洞口V级围岩采用心土弧形导坑预留核心土法，IV级围岩采用正台阶法；后行洞V级围岩采用双侧壁导坑CD法，IV级围岩采用CD法	洞口V级围岩段：28 cm厚C25湿喷混凝土+I22a钢拱架（纵向间距50 cm）+φ25中空注浆锚杆（l=4 m，环100 cm×纵50 cm）。IV级围岩段：26 cm厚C25湿喷混凝土+120b钢拱架（纵向间距60 cm）+单层φ6.5钢筋网+φ25中空注浆锚杆（l=3.5 m，环100 cm×纵60 cm）	洞口V级围岩段：φ108大管棚（环向间距40 cm）。V级围岩段：长3.5 m的φ42小导管（环向间距40 cm，纵向间距2.4 m，每排小导管纵向搭接不小于1 m）	中隔岩柱最小厚度为3.49 m
65	厦门环岛干道厦大隧道	浅埋暗挖段地质主要为填土层、砂层、亚粘土层，以亚粘土层为主要（透）水层。隧道进口位于干海角坡沟处，地下水丰富。围岩级别为III～V级	6 m		CRD法		φ127大管棚（长80 m，环向间距40 cm）；φ45小导管（环向间距40 cm，长3.5 m，纵向间距60 cm）	隧道间距7.04～3.44 m
66	汝郴高速黄毛岭隧道	上部覆盖层厚5～30 m，为亚粘土，含碎石亚黏土，下伏基岩为震旦系中粗粒变质砂岩，局部夹板岩，强风化为主，属碎裂岩类		主洞净宽为10.25 m，净高5 m	CD法	φ25中空注浆锚杆（l=3 m，5 m，纵50 cm×环100 cm）+双层φ8钢筋网（纵向间距50 cm）+I18钢拱架+25 cm厚C20喷射混凝土	φ42小导管，l=4.5 m，纵60 cm×环100 cm	左右洞间距8～20 m

续表

编号	隧道名称	地质状况	埋深	开挖断面	施工方法	初期支护	超前支护	净距
67	焦树山隧道	覆盖层由第四系填筑土、坡积粉质黏土、残积砾质黏性土等组成，基底由燕山期花岗岩及其风化层组成。围岩级别为Ⅲ～Ⅴ级。地下水主要为基岩裂隙水。	最大埋深90 m	高8.94 m，宽18.9 m	洞身段Ⅱ级围岩采用上下台阶法，Ⅲ级围岩采用环形开挖预留核心土法，Ⅳ、Ⅴ级围岩段采用双侧壁导坑法。	Ⅱ级围岩：10 cm厚C25喷钢纤维混凝土+φ22锚杆（3 m，纵1.5 m×环5 m）；Ⅲ级围岩：24 cm厚C25喷钢纤维混凝土+φ22锚杆（3.5 m，中隔岩柱5.5 m，环1.2 m纵1 m）+I18钢拱架（间距1 m）；Ⅳ级围岩：26 cm厚C25喷钢纤维混凝土+φ25中注式锚杆（4.5 m，中隔岩柱6.5 m，纵1 m×环0.75 m）+I20钢拱架（间距1 m）；Ⅴ级围岩：30 cm厚C25喷钢纤维混凝土+φ25中注式和自进式锚杆（4.5 m，中隔岩柱7.5 m，纵0.75 m×环1 m）+I20钢拱架（间距75 cm）		左右线间距最大为22.3 m，最小为18.5 m
68	浙江招宝山隧道	隧道围岩属Ⅲ类（98.9 m）和Ⅳ类（70.1 m），为中等微风化的流纹斑岩，质地致密坚硬，岩层有较发育的节理和裂隙。隧道通过地段受3条断层带的影响，并有两条明显的软弱岩体带。	最大埋深30 m	隧道开挖断面净宽14.15 m，高12.36 m	台阶法	喷、锚、网、格栅拱架		净距由4 m逐步缩小到2.98 m
69	陕西哨西长隧道	填土、强风化千枚岩、弱风化千枚岩，洞身围岩级别为Ⅳ～Ⅴ级		宽12 m，高11 m	台阶法	I20a钢拱架（间距70 cm）+26 cm厚喷射C25混凝土	浅埋段采用φ50小导管，其余洞段采用φ22早强砂浆锚杆	净距7.5 m
70	重庆支坪山隧道	洞身位于泥质、砂质碎屑岩分布区，岩性以软岩为主	最大埋深160 m	宽10.54 m，高7 m	浅埋小净距段采用CD法	锚杆+喷射混凝土+钢筋网+钢支撑	小导管	
71	内昆线青山隧道	出口端小净距段的岩性为砂岩、粉砂岩、页岩，局部夹泥灰岩，岩层走向与线路近于正交，倾角64°，为Ⅲ级围岩		双线隧道断面面积为120 m²，单线隧道断面积为55 m²	双线隧道采用CD法，单线隧道采用台阶法	系统注浆锚杆（5 m，纵1 m×环1 m）	中隔岩柱用3 m长锚杆水平加固；拱部采用超前该注浆前锚杆（长5 m，纵4 m×环0.6 m）	最小岩柱厚度3.8 m

备注：围岩分级分类中，公路规范和铁路规范定义有区别：公路定义分类中，类别越低，围岩越差；铁路定义分级，级别越低，围岩越好。

第 2 章　小净距隧道开挖理论解析解

在隧道开挖过程中，围岩的承载条件是不断变化的。开挖前，围岩处于天然平衡状态。岩土开挖使围岩失去原有的平衡状态，其内部原有应力场发生改变，引起应力重分布，发生变形、松弛、黏结力和内摩擦角变化，强度和承载力降低。如果围岩新应力场中的应力没有超过围岩自身的承载能力，围岩本身就会自行平衡；否则，围岩将产生破坏，出现破裂、掉块甚至坍塌等。在此情况下，需要构筑支护承载结构进行人工稳定。

从初始应力场变化到新的平衡应力场的过程，即为应力重分布。经应力重分布形成的新的平衡应力，即次生应力。隧洞开挖后周围经应力重分布后的应力状态称为二次应力场；衬砌修筑后，围岩的变形受到衬砌结构的约束，会影响应力重分布过程的进行，衬砌修筑后隧道周围地层的应力状态称为三次应力场。

实现隧道工程稳定的条件是：

$$\sigma_{\max} < S \tag{2.1}$$

$$u_{\max} < U \tag{2.2}$$

式中：$\sigma_{\max}$——围岩最大应力（MPa）；

　　　S——围岩允许最大应力（MPa）；

　　　$u_{\max}$——围岩最大位移（mm）；

　　　U——围岩允许最大位移（mm）。

在充分调查影响工程稳定性的各种因素基础上，正确了解和掌握隧道工程力学，定量分析、计算隧道结构应力及位移，才能做出科学合理且具备可实施性的隧道工程设计，确保隧道工程稳定、安全。

采用经典的数学力学方法解隧道结构力学问题时，解析方法是主要手段之一。解析方法是指采用数学力学的计算取得闭合解的方法。在使用解析方法时，会用到反映岩土力学基本性质的关系式，即本构方程，要特别注意这些物理关系式和围岩所处的物理状态相匹配，反映其真实的力学行为。解析方法可以解决的实际工程问题较为有限，但是，通过对解析方法及其结果的分析，往往可以获得一些规律性的认识，这是非常重要和有益的。

为了获得在初始地应力场条件下隧道开挖的应力解和位移解，过去很长一段时间主要采用弹性力学中经典的逆解法、半逆解法来求解具体问题，但在边界形状稍复杂的情形下，采用这些方法几乎无法求解。

自从 Euler 建立了复变函数理论后，复变函数已形成了非常系统的理论，被广泛应用于弹性力学领域。在隧道工程中遇到的平面弹性力学问题大多数都可以归类为孔口问题，而孔口断面的形状多为不规则的图形。复变函数法有保角变换功能，可以把复杂形状的边界变换为简单形状的边界，把在简单边界下求得的解再变换回去，从而求得原问题的解。虽然变换使原问题的应力（位移）边界条件的形式变得复杂，但会在变换后得到更简单的几何边界形状而得以求解。

2.1 单洞圆形断面隧道开挖经典解析解

在诸多影响隧道工程开挖稳定性的因素中，地应力状态是最重要最根本的因素之一，它对隧道开挖后围岩应力分布、变形和破坏影响极大。

围岩的初始应力状态主要受两类因素的影响：一类是重力、地质构造、围岩的物理力学性质等常态性的因素；另一类是地壳运动、地下水运动等暂时性的或局部性的因素。

因此，初始应力场基本由两种力系构成，即：

$$\sigma = \sigma_y + \sigma_T \qquad (2.3)$$

式中：σ_y——自重应力分量；

σ_T——构造应力分量。

构造应力场是指形成构造体系和构造型式的地应力场，包括构造体系和构造型式所展布的地区，连同它内部在形成这些构造体系和构造型式时的应力分布状态。由于构造应力场的不确定性，很难用函数形式表达，只能通过某些量测数据加以分析。目前，主要研究的是由围岩自重应力形成的应力场，重力应力场的估算可以采用连续介质力学的方法。

2.1.1 应力场的理论解析

因初始地应力场的存在，在力学原理上，隧道开挖就成为在已有初始应力场的地层中开孔。单洞隧道结构中圆形断面的受力在弹性力学中有完整的解析解，图 2.1 所示为一单洞圆形隧道计算力学模型。对于双洞结构的受力情况，在弹性条件下可以利用两个单洞应力场进行叠加。

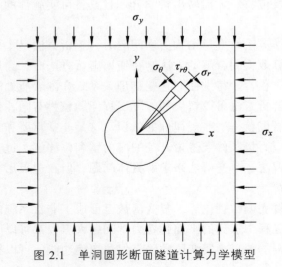

图 2.1 单洞圆形断面隧道计算力学模型

1. 重力作用下的围岩初始应力场

首先分析围岩在自重作用下的初始应力场。假定地表面为水平面，则在均匀地层中任一点的垂直应力为：

$$\sigma_y = \gamma h \tag{2.4}$$

水平应力为：

$$\sigma_x = \frac{\nu}{1-\nu}\gamma h = \lambda\gamma h \tag{2.5}$$

式中：h ——隧道埋深（m）;

　　　γ ——围岩的容重（kN/m^3）;

　　　ν ——围岩的泊松比;

　　　λ ——围岩的静止侧压力系数，$\lambda = \dfrac{\sigma_x}{\sigma_y}$。

这时的σ_y、σ_x为主应力，则可得到极坐标表示的应力状态：

径向应力：

$$\sigma_r = \frac{1}{2}(\sigma_x + \sigma_y) - \frac{1}{2}(\sigma_y - \sigma_x)\cos 2\theta \tag{2.6}$$

切向应力：

$$\sigma_\theta = \frac{1}{2}(\sigma_x + \sigma_y) + \frac{1}{2}(\sigma_y - \sigma_x)\cos 2\theta \tag{2.7}$$

剪应力：

$$\tau_{r\theta} = \frac{1}{2}(\sigma_y - \sigma_x)\sin 2\theta \tag{2.8}$$

2. 单洞开挖后的弹性二次应力状态

根据弹性力学平面应变问题的静力平衡方程：

$$\frac{\partial \sigma_r}{\partial r} + \frac{1}{r}\cdot\frac{\partial \tau_{r\theta}}{\partial \theta} + \frac{\sigma_r - \sigma_\theta}{r} + K_p = 0 \tag{2.9}$$

$$\frac{1}{r}\cdot\frac{\partial \sigma_\theta}{\partial \theta} + \frac{\partial \tau_{r\theta}}{\partial r} + \frac{2\tau_{r\theta}}{r} + K_\theta = 0 \tag{2.10}$$

几何方程：

$$\varepsilon_r = \frac{\partial u_r}{\partial r} \tag{2.11}$$

$$\varepsilon_\theta = \frac{u_r}{r} + \frac{1}{r}\cdot\frac{\partial u_\theta}{\partial \theta} \tag{2.12}$$

$$\gamma_{r\theta} = \frac{1}{r} \cdot \frac{\partial u_r}{\partial \theta} + \frac{\partial u_\theta}{\partial r} - \frac{u_\theta}{r} \qquad (2.13)$$

物理方程：

$$\varepsilon_r = \frac{1-\nu^2}{E}\left(\sigma_r - \frac{\nu}{1-\nu}\sigma_\theta\right) \qquad (2.14)$$

$$\varepsilon_\theta = \frac{1-\nu^2}{E}\left(\sigma_\theta - \frac{\nu}{1-\nu}\sigma_r\right) \qquad (2.15)$$

$$\gamma_{r\theta} = \frac{2(1+\nu)}{E}\tau_{r\theta} \qquad (2.16)$$

式中：E——弹性模量；

ν——泊松比。

令 $\alpha = \dfrac{r_0}{r}$，r_0 为隧道开挖半径，r 为围岩中某点到隧道中心的距离，则可以得到圆形洞室开挖后的二次应力状态：

$$\sigma_r = \frac{\sigma_y}{2}\left[(1-\alpha^2)(1+\lambda) + (1-4\alpha^2+3\alpha^4)(1-\lambda)\cos 2\theta\right] \qquad (2.17)$$

$$\sigma_\theta = \frac{\sigma_y}{2}\left[(1+\alpha^2)(1+\lambda) - (1+3\alpha^4)(1-\lambda)\cos 2\theta\right] \qquad (2.18)$$

$$\tau_{r\theta} = -\frac{\sigma_y}{2}(1-\lambda)(1+2\alpha^2-3\alpha^4)\sin 2\theta \qquad (2.19)$$

由二次应力状态的公式可见，如果围岩体为无穷大，则处于弹性应力状态的围岩应力与围岩的弹性参数（E、ν）无关，洞室壁面的应力与洞室尺寸也无关。

图 2.2 分别列出了 $\lambda=0$、$\lambda=1$ 时圆形隧洞围岩沿水平轴线和垂直轴线的各点应力值。

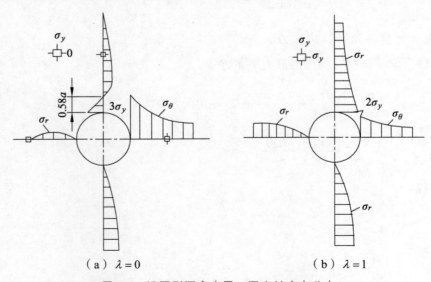

（a）$\lambda=0$ 　　　　　　　　（b）$\lambda=1$

图 2.2　沿圆形洞室水平、竖直轴应力分布

由图可见：

（1）侧壁中点，在 $\lambda = 0 \sim 1$ 时，洞室周边的切向应力都为压应力，最大值为 $3\sigma_y$（ $\lambda = 0$ ），最小值为 $2\sigma_y$（ $\lambda = 1$ ），随着距离 r 的增加，切向应力逐渐减小，并趋于初始应力状态。

径向应力在洞室周边等于 0，当 $\lambda = 0$ 时，径向应力先随着距离的增加而增加，而后随着距离的继续增加而减小，最后趋于 0（ $\lambda = 1$ 时趋于初始状态的水平应力）。

（2）拱顶处，随着 λ 值的改变，洞室周边的切向应力由拉应力 σ_y（ $\lambda = 0$ ）变化为压应力 $2\sigma_y$（ $\lambda = 1$ ），当 $\lambda = 1/3$ 时，切向应力为 0。径向应力由 0 逐渐增加到初始的应力状态。

由此可见，洞室开挖后的二次应力分布范围是有限的，其值视 λ 大小不同大致在 $(5 \sim 7)r_0$ 范围内，在此范围外，围岩仍处于初始应力状态。现行公路隧道设计规范中，普通分离式隧道间距的确定也是以此为理论依据的。

3. 单洞开挖后的弹塑性二次应力状态

围岩的塑性是指围岩在应力超过一定值后产生塑性变形的性质。此时，应力即使不增加，变形也将继续增加。当围岩内应力超过围岩的抗压强度后，围岩发生塑性变形并迫使塑性变形的围岩向洞室内滑移，形成塑性区，塑性区内围岩因而变得松弛，其物理力学性（ c、φ 值）也发生变化。

在分析塑性区内应力状态时，需解决下述三个问题：

（1）确定形成塑性变形的塑性判据或破坏准则。

（2）确定塑性区内的应力应变状态。

（3）确定塑性区的范围。

在弹塑性分析解中，多假定发生塑性条件的应力圆包络线是一条直线，即莫尔-库仑准则，如图 2.3 所示。

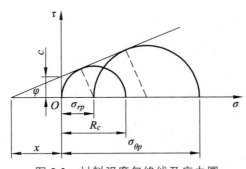

图 2.3　材料强度包络线及应力圆

设塑性区内的径向应力为 σ_{rp}，切向应力为 $\sigma_{\theta p}$，若 $\lambda = 1$，则 $\sigma_{\theta p}$ 与 σ_{rp} 就成为最大和最小主应力，其破坏准则为：

$$\sigma_{\theta p}(1 - \sin\varphi) - \sigma_{rp}(1 + \sin\varphi) - 2c\cos\varphi = 0 \qquad (2.20)$$

式中：c——岩体内粘聚力；

φ——岩体内摩擦角。

若令：

$$\xi = \frac{1+\sin\varphi}{1-\sin\varphi}, \quad R_c = \frac{2\cos\varphi}{1-\sin\varphi}c$$

则有：

$$\sigma_{\theta p} - \xi\sigma_{rp} - R_c = 0 \tag{2.21}$$

将破坏判据代入轴对称（$\lambda=1$）塑性区的应力平衡方程，如图 2.4 所示。

$$\frac{\mathrm{d}\sigma_{rp}}{\mathrm{d}r} + \frac{\sigma_{rp} - \sigma_{\theta p}}{r} = 0 \tag{2.22}$$

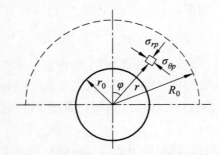

图 2.4　塑性区内单元体受力状态

即可求得轴对称条件下的塑性区内的应力状态：

径向应力：

$$\sigma_{rp} = \frac{R_c}{\xi-1}\left[\left(\frac{r}{r_0}\right)^{\xi-1} - 1\right] \tag{2.23}$$

切向应力：

$$\sigma_{\theta p} = \frac{\xi r^{\xi-1} - r_0^{\xi-1}}{(\xi-1)r_0^{\xi-1}}R_c \tag{2.24}$$

根据弹塑性分界面上的应力协调条件，可求得塑性区范围的大小 R_0：

$$R_0 = r_0\left[\frac{2}{\xi+1}\cdot\frac{\sigma_y(\xi-1)+R_c}{R_c}\right]^{\frac{1}{\xi-1}} \tag{2.25}$$

上式表明，塑性边界 R_0 与围岩的初始状态 σ_y，围岩本身的物理力学性质 c、φ 值，以及洞室开挖尺寸 r_0 有关。洞室半径越大，围岩越差，初始应力越大，塑性区也越大。对于非轴对称情况，塑性区不再是一圆形，此处不再讨论。

2.1.2　位移场的理论解析

前面已经求得的弹性力学应力解结果，当 $\lambda=0$ 时，应力解可以表示如下：

$$\sigma_r = \frac{\sigma_y}{2}\left[\left(1-4\frac{r_0^2}{r^2}+3\frac{r_0^4}{r^4}\right)\cos 2\theta + \left(1-\frac{r_0^2}{r^2}\right)\right] \tag{2.26}$$

$$\sigma_\theta = \frac{\sigma_y}{2}\left[\left(1+\frac{r_0^2}{r^2}\right)-\left(1+3\frac{r_0^4}{r^4}\right)\cos 2\theta\right] \tag{2.27}$$

$$\tau_{r\theta} = -\frac{\sigma_y}{2}\left(1+2\frac{r_0^2}{r^2}-3\frac{r_0^4}{r^4}\right)\sin 2\theta \tag{2.28}$$

该结果为在只有单向初始应力场作用下的应力场分布。根据物理方程可以求得各方向的应变，再联立几何方程，可以得到径向位移解：

$$u_r = \frac{(1+\nu)\sigma_y}{2E}\left[r-\frac{r_0^4}{r}+(1-\nu)\frac{4r_0^2}{r}\right]\cos 2\theta + \frac{(1+\nu)\sigma_y}{2E}\left[(1-2\nu)r+\frac{r_0^2}{r}\right] \tag{2.29}$$

由于洞室位移分析一般仅考虑径向位移，故上式只给了径向位移解。当 $r = r_0$ 时，洞室周边径向位移分布情况为：

$$u_r = \frac{\sigma_y}{E}(1-\nu)r_0(2\cos 2\theta + 1) \tag{2.30}$$

可以看出，在 $\lambda = 0$ 时：拱顶向洞室内部移动，其位移为 $\frac{3\sigma_y}{E}(1-\nu)r_0$；而在拱腰处，径向位移为 $-\frac{\sigma_y}{E}(1-\nu)r_0$，向洞室外方向移动。

当 $\lambda = 1$ 时，洞室周边径向位移分布则满足下面公式：

$$u_r = \frac{\sigma_y}{E}(1-\nu)r_0\left[2\cos 2\theta + 1 + 2\cos 2(\theta+90°)+1\right] = \frac{2\sigma_y}{E}(1-\nu)r_0 \tag{2.31}$$

根据上式的结果，不难得到，当 $\lambda = 1$ 时，洞室周边任一点处的径向位移不随角度的变化而改变，大小均为 $\frac{2\sigma_y}{E}(1-\nu)r_0$，向洞室内部移动。

2.2　单洞圆形断面隧道开挖复变函数解析解

2.2.1　弹性力学的复变函数表示

要获得小净距隧道围岩应力和位移的复变函数解析解，需要有映射函数、单洞问题解析解和交替法三个条件。此处只考虑单洞问题，故仅讨论前两项。洞室围岩应力场和位移场的求解，在一定条件下，可以归化为力学上的平面弹性孔口问题。而弹性力学平面问题的应力解法最终归结为：在给定的应力边界条件下求解一个双调和方程，该方程是一个四阶偏微分方程，如式（2.32）所示：

$$\frac{\partial^4 U}{\partial x^4} + 2\frac{\partial^4 U}{\partial x^2 \partial y^2} + \frac{\partial^4 U}{\partial y^4} = 0 \tag{2.32}$$

式（2.32）可简写为：$\nabla^2\nabla^2 U = 0$ 或 $\nabla^4 U = 0$，而满足这个方程的函数 U 称为双调和函数。直接求解式（2.32）的边值问题较为困难，一般采用逆解法和半逆解法。复变函数中的解析函数，其实部和虚部都满足拉普拉斯方程，而该方程的解一定是双调和函数。因此，利用复变函数可以直接求出双调和函数的通解，再利用边界条件去确定具体问题的解，这样可克服直接求解式（2.32）带来的困难。

1. 双调和函数的复变函数表示

式（2.29）双调和函数的解，可用两个解析函数表示，如式（2.33）所示：

$$U = \frac{1}{2}[\bar{z}\varphi(z) + z\overline{\varphi(z)} + \theta(z) + \overline{\theta(z)}] = \frac{1}{2}\mathrm{Re}[\bar{z}\varphi(z) + \theta(z)] \tag{2.33}$$

2. 应力分量和位移分量的复变函数表示

在不计体力的条件下，用应力函数 U 表示的应力分量为式（2.34）：

$$\sigma_x = \frac{\partial^2 U}{\partial y^2},\ \sigma_y = \frac{\partial^2 U}{\partial x^2},\ \tau_{xy} = -\frac{\partial^2 U}{\partial x\partial y} \tag{2.34}$$

U 中的两个解析函数 $\varphi(z)$ 和 $\theta(z)$ 的具体形式一旦由边界条件确定下来以后，根据式（2.34），应力分量可由这两个解析函数给出，如式（2.35）、式（2.36）和式（2.37）：

$$\tau_{xy} = \mathrm{Im}[\bar{z}\varphi''(z) + \psi'(z)] \tag{2.35}$$

$$\sigma_x = 2\mathrm{Re}[\varphi'(z)] - \mathrm{Re}[\bar{z}\varphi''(z) + \psi'(z)] \tag{2.36}$$

$$\sigma_y = 2\mathrm{Re}[\varphi'(z)] + \mathrm{Re}[\bar{z}\varphi''(z) + \psi'(z)] \tag{2.37}$$

其中，用 $\psi(z)$ 表示 $\theta'(z)$。同样，位移分量的复变函数表示为：

$$2G(u + iv) = k\varphi(z) - z\overline{\varphi'(z)} - \overline{\psi(z)} \tag{2.38}$$

式中：$k = 3 - 4\nu$ 时为平面应变，$k = (3 - \nu)(1 + \nu)^{-1}$ 时为平面应力；$G = 0.5E(1 + \nu)^{-1}$。

3. 边界条件的复变函数表示

基本的边界条件有两类，即位移边界条件和应力边界条件。位移边界条件可以利用下式写出：

$$2G(u + iv) = k\varphi(z) - z\overline{\varphi'(z)} - \overline{\psi(z)} \tag{2.39}$$

此时边界上 $u = \bar{u}$，$v = \bar{v}$ 是给定的，自变量 z 为边界上的值，通常用 t 表示为：

$$k\varphi(t) - t\overline{\varphi'(t)} - \overline{\varphi(t)} = 2G(\bar{u} + i\bar{v}) \tag{2.40}$$

$t \in$ 边界 L。在直角坐标系下的应力边界条件为：

$$\begin{cases} \sigma_x l + \tau_{xy} m = X_n \\ \tau_{xy} l + \sigma_y m = Y_n \end{cases} \tag{2.41}$$

l、m 是所讨论边界点的单位外法矢 n 的方向余弦，X_n 及 Y_n 分别是沿 x 轴及 y 轴的给定面力分量。设 A 为边界线 L 上的起算点，B 为边界上任一点，将上式变换为边界线 L 上的矢量表示为：

$$-\varphi(t) - t\overline{\varphi'(t)} - \overline{\varphi(t)} = -i\int_A^B (X_n + iY_n)\mathrm{d}s \tag{2.42}$$

4. $\varphi(z)$ 和 $\psi(z)$ 的讨论

1）$\varphi(z)$ 和 $\psi(z)$ 的确定

如前所述，若能求出满足给定边界条件的两个解析函数 $\varphi(z)$ 和 $\psi(z)$，则应力分量和位移分量均可利用前述公式求出。现在要讨论的问题是，同一应力和位移的 $\varphi(z)$ 和 $\psi(z)$ 是否唯一。

根据式（2.35）、式（2.36）和式（2.37）可以知道，用 $\varphi(z)+icz+\gamma$ 替换 $\varphi(z)$，用 $\psi(z)+\gamma'$ 替代 $\psi(z)$，可以获得相同的 σ_x、σ_y 和 τ_{xy}。其中，c 是任意实常数，γ 和 γ' 为任意复常数。若还要求位移分量不变，根据式（2.38）则只能取 $c=0$，此时以 $\varphi(z)+\gamma$、$\psi(z)+k\overline{\gamma}$ 分别代替 $\varphi(z)$ 和 $\psi(z)$，则位移分量不变。

2）$\varphi(z)$ 和 $\psi(z)$ 在有限多连通域和无限域中的形式

由前所述，$\varphi(z)$ 和 $\psi(z)$ 的求解是整个平面弹性复变函数解法的核心和前提，因此明确其在有限多连通域和无限域中的数学形式，可以方便以后具体解法的讨论。对于有限多连通域，$\varphi(z)$ 和 $\psi(z)$ 的形式为：

$$\varphi(z)=-\frac{1}{2\pi(1+k)}\sum_{k=1}^{m}(X_k+iY_k)\ln(z-z_k)+\varphi_0(z) \tag{2.43}$$

$$\psi(z)=\frac{k}{2\pi(1+k)}\sum_{k=1}^{m}(X_k-iY_k)\ln(z-z_k)+\psi_0(z) \tag{2.44}$$

式（2.43）和式（2.44）适用于多连通域有 m 个内边界 L_1，L_2，…，L_m 和一个外边界 L_{m+1} 的情形。式中：X_k 和 Y_k 分别表示内边界 $L_k (k=1, 2, \cdots, m)$ 上面力沿 x 轴和 y 轴的合力分量；z_k 为内边界 L_k 所围成的孔内任一点。对于无限域，$\varphi(z)$ 和 $\psi(z)$ 的形式为：

$$\varphi(z)=-\frac{1}{2\pi(1+k)}(X+iY)\ln z+(B+iC)z+\varphi_0(z) \tag{2.45}$$

$$\psi(z)=\frac{k}{2\pi(1+k)}(X-iY)\ln z+(B'+iC')z+\psi_0(z) \tag{2.46}$$

式中：B、C、B' 和 C' 均为实常数，$\varphi_0(z)$、$\psi_0(z)$ 都为无穷远点领域内的单值解析函数，其形式为：

$$\varphi_0(z)=a_0+\frac{a_1}{z}+\frac{a_2}{z^2}+\cdots \tag{2.47}$$

$$\psi_0(z)=b_0+\frac{b_1}{z}+\frac{b_2}{z^2}+\cdots \tag{2.48}$$

由前述知，$\varphi_1(z)$ 和 $\psi_1(z)$ 用 $\varphi_1(z)+icz+\gamma$ 和 $\psi_1(z)+\gamma'$ 分别代替时，并不影响应力。因此，可取 $a_0=0$、$b_0=0$ 和 $c_0=0$。$\varphi_0(z)$、$\psi_0(z)$ 中三个实常数 B、B' 和 C' 有明确的力学含义，即：

$$B=\frac{\sigma_x^{\infty}+\sigma_y^{\infty}}{4}, \quad B'=\frac{\sigma_y^{\infty}-\sigma_x^{\infty}}{2}, \quad C'=\tau_{xy}^{\infty} \tag{2.49}$$

式中：σ_x^{∞}、σ_y^{∞} 和 τ_{xy}^{∞} 为无穷远处的应力，即无穷远处的面力必须是均布的。在一些实际问题中，往往无穷远处的外力分布不是 σ_x^{∞}、σ_y^{∞} 和 τ_{xy}^{∞}，而是给出两个主应力 N_1、N_2 及对应于 N_1 的主轴与 x 轴的夹角 β，则此时的 B、B' 及 C' 按下式来确定：

$$B=\frac{N_1+N_2}{4}, \quad B'+iC'=-\frac{1}{2}(N_1-N_2)e^{-2i\beta} \tag{2.50}$$

2.2.2 圆形隧道围岩应力场的柯西积分解法

用复变函数理论求解复杂孔口断面问题时可以采用三类方法，分别为幂级数法、柯西积分法以及解析延拓法。解析延拓法需要的数学知识较多，目前已很少用到。幂级数法多适用于求解简单问题，在复杂断面条件下，其近似映射函数较复杂，多将待求的应力函数和映射函数组合式采用级数展开式，然后根据应力边界条件等式两边同幂项相等，获得几十项甚至是上百项的方程，后续求解工作复杂。

Harnack 定理表明，将应力边界条件方程转化为积分方程后所获得的解是原问题解。在求解具体问题时，对应力边界条件式作柯西积分算子后就可以直接利用柯西积分公式求解，使求解过程大为简化。虽然圆形隧道在断面形状上是简单的，应用其他多种解法也可以获得围岩应力场解析解，但应用柯西积分法对圆形隧道应力场进行研究仍有一定的意义，可以为后续利用近似映射函数推导复杂断面的隧道围岩应力和位移的柯西积分解奠定基础。

1. 圆形隧道条件描述及映射函数

z 平面上，已知隧道断面形状为圆形，隧道纵向长度远大于断面尺寸，假定围岩性质一致，可以采用平面应变问题的方法进行研究。取隧道的任一截面作为代表，设隧道埋深为 H，半径为 R_0。当隧道埋深与孔径相比很大时（一般 $H \geqslant 20R_0$），可以忽略重力梯度影响，把重力作用转化为无限远处作用有 p_1 和 p_2 的外载来求解，与原问题的误差较小。考虑初始应力场为自重应力场，则竖向应力为 $p_1 = \gamma H$，水平应为 $p_2 = \lambda p_1$，其中 γ 为围岩容重，λ 为侧压力系数。不考虑支护（毛洞），原问题就构成荷载和结构都是轴对称的平面应变圆孔问题，如图 2.5（a）所示。ζ 平面上有一单位圆，如图 2.5（b），映射函数 $\omega(\zeta)$ 将该单位圆映射成图 2.5（a）所示半径为 R_0 的圆，该映射函数为：

$$z = \omega(\zeta) = R_0 \zeta \tag{2.51}$$

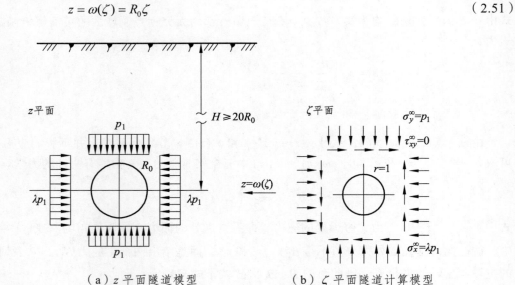

（a）z 平面隧道模型　　　　（b）ζ 平面隧道计算模型

图 2.5　圆形隧道计算模型

2. 圆形隧道平面力学问题的复变函数表示

1）z 平面上 $\varphi(z)$ 和 $\psi(z)$ 及边界条件

由前述知，求得解析函数 $\varphi(z)$ 和 $\psi(z)$ 的数学表达式，便可获得圆形隧道围岩应力场。根据上述圆形隧洞的条件描述及式（2.42）、式（2.43）和式（2.44），$\varphi(z)$、$\psi(z)$ 和边界条件在平面上为：

$$\varphi(z) = Bz + \varphi_0(z) \tag{2.52}$$

$$\psi(z) = B'z + \psi_0(z) \tag{2.53}$$

$$\varphi(t) + t\overline{\varphi'(t)} + \overline{\psi(t)} = 0 \tag{2.54}$$

其中，B、B' 和 C'，根据式（2.49）有：

$$C' = \tau_{xy}^{\infty} = 0, \quad B = \frac{\sigma_x + \sigma_y}{4} = \frac{\gamma H(1+\lambda)}{4}, \quad B' = \frac{\sigma_y - \sigma_x}{2} = \frac{\gamma H(1-\lambda)}{4} \tag{2.55}$$

2）以 ζ 为变量表示的解析函数边界条件

ζ 平面上，单位圆边界点用 σ 表示，其他点用 ζ 表示，将映射函数 $\omega(\zeta)$ 代入式（2.52）和式（2.53）后，$\varphi(z)$、$\psi(z)$ 及边界条件的表达式转化成以 ζ 和 σ 为变量表示：

$$\varphi(z) = BR_0\zeta + \varphi_1(\zeta) \tag{2.56}$$

$$\psi(z) = (B' + iC')R_0\zeta + \psi_1(\zeta) \tag{2.57}$$

$$\varphi_1(\sigma) + \sigma\overline{\varphi'_1(\sigma)} + \overline{\psi_1(\sigma)} = -2BR_0\sigma - B'R_0\overline{\sigma} \tag{2.58}$$

从上面的变换可知，若能求得 $\varphi_1(\zeta)$ 和 $\psi_1(\zeta)$，便可得到隧洞的围岩应力，下面用柯西积分法进行求解。

3. 解析函数 $\varphi_1(\zeta)$ 和 $\psi_1(\zeta)$ 的求解

1）解析函数 $\varphi_1(\zeta)$ 的求解

根据 Harnack 定理，对式（2.58）两边作柯西积分算子得：

$$\frac{1}{2\pi i}\oint_L \frac{\sigma\overline{\varphi'_1(\sigma)}}{\sigma - \zeta}\mathrm{d}\sigma + \frac{1}{2\pi i}\oint_L \frac{\varphi_1(\sigma)}{\sigma - \zeta}\mathrm{d}\sigma + \frac{1}{2\pi i}\oint_L \frac{\overline{\psi_1(\sigma)}}{\sigma - \zeta}\mathrm{d}\sigma = -\frac{1}{2\pi i}\oint_L \frac{2BR_0\sigma + B'R_0\overline{\sigma}}{\sigma - \zeta}\mathrm{d}\sigma \tag{2.59}$$

式中：L 为逆时针方向的单位圆周线；ζ 为圆外任意点。则式（2.58）与式（2.59）等价，对边界条件方程的求解就化成了积分方程的求解。这样积分式中各项就可以利用无限域中的柯西积分公式进行求解了。

因 $\varphi_1(\sigma)$ 和 $\psi_1(\sigma)$ 是单位圆外解析函数 $\varphi_1(\zeta)$ 和 $\psi_1(\zeta)$ 的边界值，根据解析函数理论关于圆的对称点原理及解析开拓理论，易知 $\overline{\psi_0(\sigma)}$ 及 $\sigma\overline{\varphi'_0(\sigma)}$ 为圆内解析函数的边界值，根据无限域中的柯西积分公式，方程（2.59）中各项积分有（常数项略去）：

$$\frac{1}{2\pi i}\oint_L \frac{\varphi_1(\sigma)}{\sigma - \zeta}\mathrm{d}\sigma = -\varphi_1(\zeta) \tag{2.60}$$

$$\frac{1}{2\pi i}\oint_L \frac{\overline{\psi_1(\sigma)}}{\sigma - \zeta}\mathrm{d}\sigma = 0 \tag{2.61}$$

$$\frac{1}{2\pi i}\oint_L \frac{\sigma\overline{\varphi'_1(\sigma)}}{\sigma-\zeta}d\sigma = 0 \tag{2.62}$$

$$-\frac{1}{2\pi i}\oint_L \frac{2BR_0\sigma + B'R_0\overline{\sigma}}{\sigma-\zeta}d\sigma = \frac{B'R_0}{\zeta} \tag{2.63}$$

将上述各积分值代入式（2.59）后，有：

$$\varphi_1(\zeta) = -\frac{B'R_0}{\zeta} \tag{2.64}$$

2）解析函数 $\psi_1(\zeta)$ 的求解

将应力边界条件式（2.58）两边取共轭后，对式子两边作柯西积分算子：

$$\frac{1}{2\pi i}\oint_L \frac{\varphi_1(\sigma)\overline{\sigma}}{\sigma-\zeta}d\sigma + \frac{1}{2\pi i}\oint_L \frac{\overline{\varphi_1(\sigma)}}{\sigma-\zeta}d\sigma + \frac{1}{2\pi i}\oint_L \frac{\psi_1(\sigma)}{\sigma-\zeta}d\sigma = -\frac{1}{2\pi i}\oint_L \frac{2BR_0\overline{\sigma} + B'R_0\sigma}{\sigma-\zeta}d\sigma \tag{2.65}$$

对上式各积分项进行积分并略去常数项，有：

$$\frac{1}{2\pi i}\oint_L \frac{\overline{\varphi_1(\sigma)}}{\sigma-\zeta}d\sigma = 0 \tag{2.66}$$

$$\frac{1}{2\pi i}\oint_L \frac{\psi_1(\sigma)}{\sigma-\zeta}d\sigma = -\psi_1(\zeta) \tag{2.67}$$

$$\frac{1}{2\pi i}\oint_L \frac{\varphi_1(\sigma)\overline{\sigma}}{\sigma-\zeta}d\sigma = \frac{1}{2\pi i}\oint_L \frac{B'R_0}{(\sigma-\zeta)\sigma^3}d\sigma = -\frac{B'R_0}{\zeta^3} \tag{2.68}$$

$$-\frac{1}{2\pi i}\oint_L \frac{2BR_0\overline{\sigma} + B'R_0\sigma}{\sigma-\zeta}d\sigma = \frac{2BR_0}{\zeta} \tag{2.69}$$

将上述各积分值代入式（2.65）后，有：

$$\psi_1(\zeta) = -\frac{B'R_0}{\zeta^3} - \frac{2BR_0}{\zeta} \tag{2.70}$$

4. 解析函数 $\varphi(z)$ 和 $\psi(z)$ 的求解

将求得的 $\varphi_1(\zeta)$ 和 $\psi_1(\zeta)$ 代入式（2.56）和（2.57），有：

$$\varphi(z) = BR_0\zeta - \frac{B'R_0}{\zeta} \tag{2.71}$$

$$\psi(z) = B'R_0\zeta - \frac{2BR_0}{\zeta} - \frac{B'R_0}{\zeta^3} \tag{2.72}$$

将上述两式的 ζ 转化成 z 后有：

$$\varphi(z) = Bz - \frac{B'R_0^2}{z} \tag{2.73}$$

$$\psi(z) = B'z - \frac{2BR_0^2}{z} - \frac{B'R_0^4}{z^3} \tag{2.74}$$

5. 应力、位移计算

计算模型见图 2.5，相关参数的计算如下：

$$\lambda = \frac{\nu}{1-\nu}, \quad \sigma_y^\infty = \gamma H, \quad \sigma_x^\infty = \lambda \sigma_y^\infty$$

$$B = \frac{\sigma_x^\infty + \sigma_y^\infty}{4}, \quad B' = \frac{\sigma_y^\infty - \sigma_x^\infty}{2}, \quad C' = \tau_{xy}^\infty = 0$$

将式（2.73）和式（2.74）代入式（2.35）～式（2.37）后有：

$$\sigma_x + \sigma_y = 4\operatorname{Re}\left[B + \frac{B'R_0^2}{z^2} \right] \tag{2.75}$$

$$\sigma_y - \sigma_x = 2\operatorname{Re}\left[-\frac{2B'R_0^2\bar{z}}{z^3} + B' + \frac{2BR_0^2}{z^2} + \frac{3B'R_0^4}{z^4} \right] \tag{2.76}$$

$$\tau_{xy} = \operatorname{Im}\left[-\frac{2B'R_0^2\bar{z}}{z^3} + \frac{2BR_0^2}{z^2} + \frac{3B'R_0^4}{z^4} + B' \right] \tag{2.77}$$

将计算参数代入式（2.75）～式（2.77）后，便可算出圆形隧道围岩任意点的应力，同样，将计算参数代入式（2.38）也可求出圆形隧道围岩任意点的位移，此处不再详述。

2.3　单洞马蹄形断面隧道开挖解析解

马蹄形结构断面型式是山岭隧道一种常用的结构断面型式，目前对其按照弹性力学的平面应变问题进行理论求解尚有难度。对这种非圆形断面，通常有两种求解方式，即等代圆方法或复变函数方法。

2.3.1　等代圆方法

基于前述理论分析可知，对于圆形单孔洞室，目前已建立了相对完善的弹性解和弹塑性解，而对于非圆形隧道，则可以将该断面简化为一个圆形，即等代圆，再利用前两节所述圆形断面的方法进行求解。该方法以洞室的几何形状和大小为基本量，并假定某种依赖关系进行等代，而未考虑应力状态等其他因素的影响，有一定的近似性，但分析较为简单，是国内外隧道分析中广泛采用的一种方法。这种几何等代圆半径的方法主要有以下三种方式：

1. 取断面外接圆半径

如图 2.6（a）所示，隧道各部分尺寸与等代关系以下式表示：

$$R_0 = \frac{\sqrt{H^2 + \frac{B^2}{4}}}{2\cos\left(\arctan\frac{B}{2H}\right)} \tag{2.78}$$

式中：R_0——外接圆半径；

      H——隧道断面高度；

      B——隧道断面跨度。

2. 取圆拱半径

如图 2.6（b）所示，设隧道跨度为 b，圆拱对应圆心角为 α，则圆拱半径 R_0 为：

$$R_0 = \frac{b}{2\sin\frac{\alpha}{2}} \tag{2.79}$$

3. 取大小半径和之半

如图 2.6（c）所示：

$$R_0 = \frac{a_1 + a_2}{2} \tag{2.80}$$

以上三种方法都比较简单，对于隧道工程中常用的高跨比为 0.8~1.25 的洞室大体都是适用的。但对于一些大跨度或高边墙的洞室，适应性较强的方法是对第三种方法改进后的方法，即取代圆为隧道高度 h 与跨度 b 之和的 1/4，如图 2.6（d）、（e）、（f）所示：

$$R_0 = \frac{h+b}{4} \tag{2.81}$$

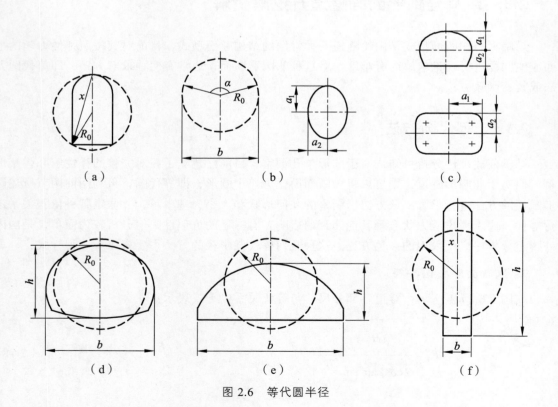

图 2.6　等代圆半径

2.3.2　复变函数方法

用弹性力学复变函数法求解复杂洞室断面围岩应力场和位移场解析解，一般思路是通过保角变换，建立单位圆与实际断面之间的映射函数，将以复杂断面为边界的问题转变成以单位圆为边界的问题，然后进行应力和位移的求解。因此，映射函数的求解是问题的关键。然而，对简单形状的孔口（如圆形、椭圆形等），能找出精确的映射函数，而对实际洞室，多采用近似法求解映射函数。近似映射函数的形式一般可采用泰勒级数或洛朗级数的形式表示，其中，函数中项数的确定和各项复变系数的求解是问题的难点。

实际上，现有的单位圆与任意曲线之间的映射函数求解方法，在数学理论上都较完整，但计算方法却没有引起人们的足够重视，这也限制了复变函数解法在隧道工程中的应用。下面将详细介绍马蹄形断面隧道的解析解复变函数求解方法。

1. 映射函数的建立

由黎曼映射定理可知，从某一单连通域到任意给定单连通区域，一定存在共形映射，且变换具有唯一性。假设映射函数 $Z = \omega(\zeta)$ 能将单位圆边界线的外部保角映射到给定单连通区域边界线的外部，如图 2.7，则映射函数采用洛朗级数的形式可满足此映射关系。映射函数形式如下：

$$Z = \omega(\zeta) = \sum_{n=1}^{\infty} C_n \zeta^{-(n-2)} \tag{2.82}$$

其中：$C_n = A_n + iB_n$，A_n、B_n 分别为实常数。

根据边界对应定理，对 $Z = \omega(\zeta)$，只要能将图 2.7 中左边的单位圆周线映射到右边的复杂边界线，即只要满足这两条边界线的对应关系，则该函数就能将单位圆边界线的外部保角映射到复杂边界线的外部。z 平面上边界线的坐标以平面坐标表示：

$$z = x + iy \tag{2.83}$$

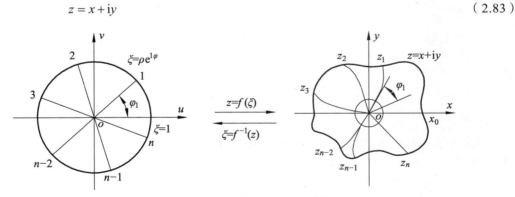

图 2.7　复杂边界单连通域共形映射

在 ζ 平面上，边界线上点坐标以三角函数表示，为：

$$\zeta = \cos\varphi + i\sin\varphi \tag{2.84}$$

由上述算式及实部虚部相等，有：

$$x = \sum_{n=1}^{\infty}[A_n \cos(n-1)\varphi + B_n \sin(n-1)\varphi] \qquad (2.85)$$

$$y = \sum_{n=1}^{\infty}[-A_n \sin(n-1)\varphi + B_n \cos(n-1)\varphi] \qquad (2.86)$$

根据式（2.85）和式（2.86）可知，如果 A_n、B_n 确定，则 z 和 ζ 的对应关系就完全确定。下面研究 A_n、B_n 的求解过程。

2. 映射函数的求解

映射函数是以洛朗级数的形式给出的，在实际求解时只能取有限项作近似。假设级数取 m 项，则有 $2m$ 个待定的实系数。要求出这些系数，由式（2.85）和式（2.86）知，在 z 和 ζ 平面上必须知道 m 的对应点，而事实上对应点的关系是未知的。可采用奇偶插值点反复相互迭代法求解。

1）迭代过程

把 ζ 平面单位圆圆周分为 $2m$ 等份，则圆周上有 $2m$ 个点，相邻两奇数点的幅角差和相邻两偶数点的幅角差都为 $\Delta\varphi = \dfrac{2\pi}{m}$，奇数点的幅角为 φ_{2k}、偶数点的幅角为 $\varphi_{2k+1}(k = 0,1,\cdots,m-1)$，分别如下：

$$\varphi_{2k} = \frac{2k\pi}{m} \qquad (2.87)$$

$$\varphi_{2k+1} = \frac{(2k+1)\pi}{m} \qquad (2.88)$$

在 $z = \omega(\zeta)$ 取 m 项多项式的情形下，在 z 平面边界线上任意取 m 个 z_k，假设其与 ζ 平面单位圆上的偶数点对应，则根据式（2.85）～式（2.86），可求得一组 $A_j^{(0)}$、$B_j^{(0)}$（系数上标的"0"表示由偶数对应点求得，"1"表示由奇数对应点求得）：

$$A_j^{(0)} = \frac{1}{m}\sum_{k=1}^{m}[x_k \cos(i-1)\varphi_{2k} - y_k \sin(i-1)\varphi_{2k}] \qquad (2.89)$$

$$B_j^{(0)} = \frac{1}{m}\sum_{k=1}^{m}[x_k \sin(i-1)\varphi_{2k} + y_k \cos(i-1)\varphi_{2k}] \qquad (2.90)$$

其中：$j = 1$，2，$\cdots$，m。

因前面在 z 平面区域边界线上 m 个 z_k 点是任意制定的（其坐标为 x_k、y_k），这样求出的 A_j、B_j 是不正确的，但却可作为用迭代法求出正确的 A_j、B_j 的第一步。

将 $A_j^{(0)}$、$B_j^{(0)}$ 代回式（2.85）和式（2.86），根据 ζ 平面上 m 个奇数点幅角 φ_{2k+1}，在 z 平面上可以得到一组与其对应的（$\widetilde{x_k}$，$\widetilde{y_k}$），若这些点全部落在 z 平面的边界线上，则说明前面一组 $A_j^{(0)}$、$B_j^{(0)}$ 是正确的结果，否则将 $\widetilde{x_k}$、$\widetilde{y_k}$ 定出的 $\widetilde{z_k}$ 移至边界线上，再利用奇数点的方程去求 $A_j^{(1)}$、$B_j^{(1)}$，再将此代入偶数点的方程中去检验，这样反复迭代，直到这一轮的 $A_j^{(1)}$、$B_j^{(1)}$ 与下一轮的 $A_j^{(0)}$、$B_j^{(0)}$ 很接近为止。令 $A_j^{(0)} = A_j^{(1)}$，$B_j^{(0)} = B_j^{(1)}$，代入式（2.85）和式（2.86）即求得所需映射函数。

2）对应点调整和迭代次数

对应点的调整采用法线逼近法，即对每次算出的 $\widetilde{z_k}$（$\widetilde{x_k}$，$\widetilde{y_k}$），无论它是在边界线内还是在线外，都将 $\widetilde{z_k}$ 和坐标原点相连，连线与实际边界线必有一个交点，用此交点代替 $\widetilde{z_k}$，计算下轮的 A_j、B_j，每次调整都是向实际边界线无限逼近的过程。按此步骤反复迭代，需要确定迭代次数，这与工程要求的精度（即映射边界与实际边界的误差）及迭代的有效性有关系，若前一次迭代计算出的坐标值和后一次迭代后计算出的坐标值的差值很小，则不需继续迭代下去。对于隧洞开挖来讲，本身就存在超欠挖，对精度要求相对较低，故用绝对误差来控制，如下式：

$$\left|\widetilde{z_k} - z_k\right| < \varepsilon \tag{2.91}$$

$$\left|\widetilde{z_k}^{(m)} - \widetilde{z_k}^{(m-1)}\right| < \varepsilon \tag{2.92}$$

式中：$\widetilde{z_k}$ 和 z_k 分别表示映射坐标和实际边界点坐标；$\widetilde{z_k}^{(m-1)}$ 和 $\widetilde{z_k}^{(m)}$ 分别为前后次迭代后映射坐标。对于隧道工程，ε 取 0.005 m 已经足够。

3. 两待求解析函数及边界条件在 ζ 平面上的表示

柯西积分公式表明，解析函数 $f(z)$ 在闭围线上的值 $f(t)$ 完全决定了它围成的区域 D 内任一点的值。弹性力学边值问题用复变函数表示时，正是由两个解析函数在边界上值的一定组合去确定两个解析函数。对于圆形或椭圆形断面，其映射函数较简单，但对于矩形、直墙式和马蹄形等孔口断面，找到精确的映射函数 $\omega(\zeta)$ 几乎是不可能的，只能采用满足工程精度要求的近似映射函数来代替。为满足精度要求，近似函数的项数通常取十几项甚至是数十项。实际上，无论近似映射函数取多少项，只要该函数在讨论域内的奇点个数是有限的，从柯西积分公式和留数定理出发，由两个解析函数在边界上值的一定组合去确定两个解析函数是可行的。

由前述知，映射函数 $\omega(\zeta)$ 为 ζ 平面上单位圆外域到 z 平面上实际断面洞室外域的共形映射。z 平面上待求的两个解析函数为 $\varphi_1(z)$、$\psi_1(z)$，以 ζ 为自变量表示如下：

$$\varphi_1(z) = \varphi_1[\omega(\zeta)] \xrightarrow{\text{写成}} \varphi(\zeta) \tag{2.93}$$

$$\psi_1(z) = \psi_1[\omega(\zeta)] \xrightarrow{\text{写成}} \psi(\zeta) \tag{2.94}$$

$$\varphi_1'(z) = \frac{\mathrm{d}\varphi_1(z)}{\mathrm{d}z} = \frac{\mathrm{d}\varphi(\zeta)}{\mathrm{d}\zeta} \cdot \frac{\mathrm{d}\zeta}{\mathrm{d}z} = \varphi'(\zeta)\frac{1}{\omega'(\zeta)} \xrightarrow{\text{写成}} \Phi(\zeta) \tag{2.95}$$

$$\psi_1'(z) = \frac{\mathrm{d}\psi_1(z)}{\mathrm{d}z} = \frac{\mathrm{d}\psi(\zeta)}{\mathrm{d}\zeta} \cdot \frac{\mathrm{d}\zeta}{\mathrm{d}z} = \psi'(\zeta)\frac{1}{\omega'(\zeta)} \xrightarrow{\text{写成}} \Psi(\zeta) \tag{2.96}$$

同样在 z 平面上的边界条件方程，在 ζ 平面上表示如下：

$$\varphi(\sigma) + \frac{\omega(\sigma)}{\overline{\omega'(\sigma)}}\overline{\varphi'(\sigma)} + \overline{\psi(\sigma)} = f(\sigma) \tag{2.97}$$

$$\varphi(\sigma) = B\omega(\sigma) + \varphi_0(\sigma) \tag{2.98}$$

$$\psi(\sigma) = (B' + iC')\omega(\sigma) + \psi_0(\sigma) \tag{2.99}$$

σ 为 ζ 平面上单位圆周的边界点，$f(\sigma)$ 为洞周面力。在 $\omega(\zeta)$ 已知的前提下，只要求得满足边界条件的 $\varphi(\zeta)$、$\psi(\zeta)$，原问题就得以解答。

4. $\varphi(\zeta)$、$\psi(\zeta)$ 的求解

1）边界条件式的积分处理

考虑洞室开挖后没有支护，即洞周面力为 0，将式（2.98）和式（2.99）代入式（2.97）得：

$$\varphi_0(\sigma) + \frac{\omega(\sigma)}{\omega'(\sigma)}\overline{\varphi_0'(\sigma)} + \overline{\psi_0(\sigma)} = -2B\omega(\sigma) - (B' - iC')\overline{\omega(\sigma)} \tag{2.100}$$

根据上式可求得 $\varphi_0(\zeta)$ 和 $\psi_0(\zeta)$，代入式（2.98）和式（2.99）获得 $\varphi(\zeta)$、$\psi(\zeta)$ 的具体表达式。将式（2.100）两边作柯西积分算子可得：

$$\frac{1}{2\pi i}\oint_L \frac{\omega(\sigma)\overline{\varphi_0'}}{\omega'(\sigma)(\sigma - \zeta)}d\sigma + \frac{1}{2\pi i}\oint_L \frac{\varphi_0(\sigma)}{\sigma - \zeta}d\sigma + \frac{1}{2\pi i}\oint_L \frac{\overline{\psi_0(\sigma)}}{\sigma - \zeta}d\sigma$$
$$= -\frac{1}{2\pi i}\oint_L \frac{2B\omega(\sigma)}{\sigma - \zeta}d\sigma - \frac{1}{2\pi i}\oint_L \frac{(B' - iC')\overline{\omega(\sigma)}}{\sigma - \zeta}d\sigma \tag{2.101}$$

根据 Harnack 定理可知，式（2.100）与式（2.101）等价，问题便化成了后一方程的求解。

2）积分方程中的映射函数问题

在式（2.101）中，共有三项积分算子中含有映射函数。前文中关于映射函数的研究，均是单位圆外无限域与原隧道洞室外无限域之间的映射，如图 2.8 所示，根据研究结果知映射函数的项数为有限项，此处取 k 项，映射函数具体形式为：

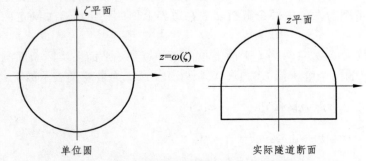

图 2.8　单位圆外无限域映射至隧洞外无限域

$$\omega(\zeta) = \sum_{n=1}^{k} C_n \zeta^{-(n-2)} \tag{2.102}$$

$$C_n = A_n + iB_n \tag{2.103}$$

式（2.103）中 A_n 和 B_n 均为实数，实际洞室断面尺寸确定后，按前述方法可求得具体数值。

3）柯西积分公式

柯西积分公式使用条件为被积函数 $f(z)$ 在有限域 S^+ 内解析，积分算子里的点 ζ 也在该域内，如图 2.9 所示。

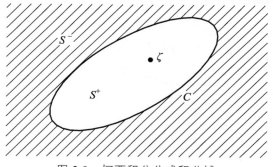

图 2.9　柯西积分公式积分域

在闭围线 γ 上的积分值等于解析函数在该点上的值，为：

$$\frac{1}{2\pi i}\int_{\gamma}\frac{f(\sigma)\mathrm{d}\sigma}{\sigma-\zeta}=f(\zeta),\ \zeta\in S^{+} \tag{2.104}$$

而广义柯西积分公式还包括下述另外三个公式。

如果 $f(z)$ 为 S^{+} 内的解析函数，则有：

$$\frac{1}{2\pi i}\int_{\gamma}\frac{f(\sigma)\mathrm{d}\sigma}{\sigma-\zeta}=0,\ \zeta\in S^{+} \tag{2.105}$$

如果 $f(\zeta)$ 为 S^{-} 内的解析函数，则有：

$$\frac{1}{2\pi i}\int_{\gamma}\frac{f(\sigma)\mathrm{d}\sigma}{\sigma-\zeta}=-f(\zeta)+f(\infty)\quad\zeta\in S^{-} \tag{2.106}$$

$$\frac{1}{2\pi i}\int_{\gamma}\frac{f(\sigma)\mathrm{d}\sigma}{\sigma-\zeta}=f(\infty)\quad\zeta\in S^{-} \tag{2.107}$$

4）$\varphi_{0}(\zeta)$ 的求解

根据柯西积分公式（2.106），易求式（2.101）左边中间项的积分为：

$$\frac{1}{2\pi i}\int_{\gamma}\frac{\varphi_{0}(\sigma)\mathrm{d}\sigma}{\sigma-\zeta}=-\varphi_{0}(\zeta)+\varphi(\infty) \tag{2.108}$$

式（2.101）右边第一项的被积函数为 $-2B\omega(\sigma)$，根据式（2.102）易知 $\omega(\sigma)$ 中第一项和第二项为圆内解析函数，其他各项为圆外解析函数，由柯西积分公式（2.105）和式（2.106）知该项积分为（用留数定理同样可以求得）：

$$-\frac{1}{2\pi i}\oint_{L}\frac{2B\omega(\sigma)}{\sigma-\zeta}\mathrm{d}\sigma=2B\left(\frac{C_{3}}{\zeta}+\frac{C_{4}}{\zeta^{2}}+\cdots+\frac{C_{k}}{\zeta^{k-2}}\right)+\omega(\infty)=2B\sum_{n=3}^{k}C_{n}\zeta^{-(n-2)}+\omega(\infty) \tag{2.109}$$

式（2.101）左边第三项积分则要进行推导。由复变函数理论中关于圆的对称点原理知，如果 ζ 是单位圆外的点，该点关于单位圆的反射点为 z，如图 2.10 所示，则有：

$$\zeta\bar{z}=1,\zeta=\frac{1}{\bar{z}} \tag{2.110}$$

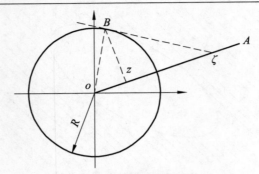

图 2.10　关于圆周的对称点

设 $f(z)$ 为圆内点 z 的函数，定义 $f_*(\zeta)$ 为：

$$f_*(\zeta) = \overline{f\left(\frac{1}{\overline{\zeta}}\right)} \tag{2.111}$$

由式（2.110）有：

$$f_*(\zeta) = \overline{f(z)} \tag{2.112}$$

不难证明，若 $f(z)$ 是圆内的解析函数，则 $\overline{f\left(\dfrac{1}{\overline{z}}\right)}$ 是圆外解析函数，反之亦然。若 ζ 是圆上的点，则 z 和 $\overline{z}$ 也必是圆上的点，因此有 $\psi_0(\sigma)$ 是圆外解析函数 $\psi_0(\zeta)$ 在圆周上的值，则必有 $\overline{\psi_0(\sigma)}$ 是圆内解析函数 $\overline{\psi_0\left(\dfrac{1}{\overline{z}}\right)}$ 在圆周上的值。因此根据柯西公式（2.105），式（2.101）左边第三项的积分为：

$$\frac{1}{2\pi}\oint_L \frac{\overline{\psi_0(\sigma)}}{\sigma - \zeta}\,\mathrm{d}\sigma = 0 \tag{2.113}$$

式（2.101）右边第二项的被积函数中含有因子 $\overline{\omega(\sigma)}$，因 σ 为单位圆上的点，即积分路径是固定在单位圆上的，因此由 $\omega(\zeta)$ 的表达式，可对 $\overline{\omega(\sigma)}$ 做如下变换：

$$\overline{\omega(\sigma)} = \sum_{n=1}^{k}\overline{C_n}\sigma^{-(n-2)} = \frac{\overline{C_1}}{\sigma} + \overline{C_2} + \overline{C_3}\sigma + \cdots + \overline{C_k}\sigma^{(k-2)} \tag{2.114}$$

由此可知（2.114）右边展开项中第一项在圆内有原点这一奇点，而其他各项在圆内均解析，因此，根据柯西公式（2.105），除第一项外其他各项的积分易知为 0，而第一项的积分则转化为求留数问题，因此有：

$$-\frac{1}{2\pi}\oint \frac{(B' - \mathrm{i}C')\overline{\omega(\sigma)}}{\sigma - \zeta}\,\mathrm{d}\sigma = -\mathrm{Res}\left[\frac{B'\overline{C_1}}{(\sigma - \zeta)\sigma}, 0\right] = \frac{B'\overline{C_1}}{\zeta} \tag{2.115}$$

再讨论式（2.101）左边第一项的积分求解。令其被积函数为：

$$F(\sigma) = \frac{\omega(\sigma)}{\overline{\omega'(\sigma)}} \overline{\varphi_0'(\sigma)} \qquad (2.116)$$

其共轭为：

$$\overline{F(\sigma)} = \frac{\overline{\omega(\sigma)}}{\omega'(\sigma)} \varphi_0'(\sigma) \qquad (2.117)$$

$\varphi_0(\zeta)$ 是圆外解析函数，其一阶导数 $\varphi_0'(\zeta)$ 也是圆外解析函数；$\omega(\zeta)$ 是将原隧道洞室外无限域映射到圆外无限域的映射函数，显然是单位圆外解析函数，因此 $\omega'(\zeta)$ 亦是单位圆外解析函数。再讨论 $\omega(\sigma)$，因 σ 为单位圆周上的点，$\overline{\omega(\sigma)}$ 的展开式为（2.114），易知 $\overline{\omega(\sigma)}$ 为下式在圆周上的取值：

$$\frac{\overline{C_1}}{\xi} + \overline{C_2} + \overline{C_3}\xi + \cdots + \overline{C_k}\xi^{(k-2)} = \sum_{n=1}^{k} \overline{C_n}\xi^{(n-2)} \qquad (2.118)$$

显然式（2.118）是圆外解析函数。由上述讨论可知 $\overline{F(\zeta)}$ 是单位圆外解析函数，而 $\overline{F(\sigma)}$ 是 $\overline{F(\zeta)}$ 在圆周上的取值；根据圆的对称点原理知，$F(\sigma)$ 是圆内解析函数 $F\left(\dfrac{1}{z}\right)$ 在单位圆周上的取值，故有

$$\frac{1}{2\pi} \oint_L \frac{\omega(\sigma)\overline{\varphi_0'(\sigma)}}{\omega'(\sigma)(\sigma-\zeta)} \mathrm{d}\sigma = 0 \qquad (2.119)$$

由上述讨论结果即可求得 $\varphi_0(\zeta)$ 为（略去常数项不影响应力和位移值）：

$$\varphi_0(\zeta) = -2B\sum_{n=3}^{k} C_n\zeta^{-(n-2)} - B'\overline{C_1}\zeta^{-1} \qquad (2.120)$$

5）$\psi_0(\zeta)$ 的求解

将方程（2.100）等式两边取共轭得：

$$\overline{\varphi_0(\sigma)} + \frac{\overline{\omega(\sigma)}}{\omega'(\sigma)}\varphi_0'(\sigma) + \psi_0(\sigma) = -2B\overline{\omega(\sigma)} - (B'+\mathrm{i}C')\omega(\sigma) \qquad (2.121)$$

对方程（2.121）两边作柯西积分算子得到：

$$\frac{1}{2\pi\mathrm{i}} \oint_L \frac{\overline{\omega(\sigma)}\varphi_0'(\sigma)}{\omega'(\sigma)(\sigma-\zeta)} \mathrm{d}\sigma + \frac{1}{2\pi\mathrm{i}} \oint_L \frac{\overline{\varphi_0(\sigma)}}{\sigma-\zeta} \mathrm{d}\sigma + \frac{1}{2\pi\mathrm{i}} \oint_L \frac{\psi_0(\sigma)}{\sigma-\zeta} \mathrm{d}\sigma$$
$$= -\frac{1}{2\pi\mathrm{i}} \oint_L \frac{2B\overline{\omega(\sigma)}}{\sigma-\zeta} \mathrm{d}\sigma - \frac{1}{2\pi\mathrm{i}} \oint_L \frac{(B'+\mathrm{i}C')\omega(\sigma)}{\sigma-\zeta} \mathrm{d}\sigma \qquad (2.122)$$

重复上述讨论和求解过程，可得：

$$\frac{1}{2\pi} \oint_L \frac{\overline{\varphi_0(\sigma)}}{\sigma-\zeta} \mathrm{d}\sigma = 0 \qquad (2.123)$$

$$\frac{1}{2\pi}\oint_L \frac{\psi_0(\sigma)}{\sigma-\zeta}\mathrm{d}\sigma = -\psi_0(\zeta)+\psi_0(\infty) \qquad (2.124)$$

$$-\frac{1}{2\pi i}\oint_L \frac{2B\overline{\omega(\sigma)}}{\sigma-\zeta}\mathrm{d}\sigma = \frac{2B\overline{C_1}}{\zeta} \qquad (2.125)$$

$$-\frac{1}{2\pi i}\oint_L \frac{(B'+iC')\omega(\sigma)}{\sigma-\zeta}\mathrm{d}\sigma = B'\sum_{n=3}^{k}C_n\zeta^{-(n-2)} \qquad (2.126)$$

再研究方程（2.122）左边第一项的积分，对该项积分要分两步讨论。当 $\omega(\zeta)$ 中的项数 $k \leqslant 2$ 时，有：

$$\varphi'(\zeta)=B'C_1\zeta^{-2}, \omega'(\zeta)=C_1, \overline{\omega(\zeta)}=C_1\zeta^{-1}+C_2 \qquad (2.127)$$

根据留数定理有：

$$\frac{1}{2\pi i}\oint_L \frac{\overline{\omega(\sigma)}\varphi_0'(\sigma)}{\omega'(\sigma)(\sigma-\zeta)}\mathrm{d}\sigma = -B'C_1\zeta^{-3}-B'C_2\zeta^{-2} \qquad (2.128)$$

当 $\omega(\zeta)$ 中的项数 $k>2$ 时，有：

$$\frac{\varphi_0'(\sigma)}{\omega'(\sigma)}=\frac{2B\sum\limits_{n=3}^{k}(n-2)C_n\sigma^{-(n-1)}+B'C_1\sigma^{-2}}{C_1-\sum\limits_{n=3}^{k}(n-2)C_n\sigma^{-(n-1)}} \qquad (2.129)$$

由于 σ 为单元圆周上的取值，因此有：

$$\frac{\varphi_0'(\sigma)}{\omega'(\sigma)}=\frac{2B\sum\limits_{n=3}^{k}(n-2)C_n\sigma^{(k-n)}+B'C_1\sigma^{(k-3)}}{C_1\sigma^{(k-1)}-\sum\limits_{n=3}^{k}(n-2)C_n\sigma^{(k-n)}} \qquad (2.130)$$

式（2.130）分母中的 $C_1, C_2, \cdots C_k$ 为映射函数 $\omega(\zeta)$ 的系数，显然整个分母的模不为零，式（2.130）相对应的函数在圆内解析。而与 $\overline{\omega(\sigma)}$ 相对应的函数 $\overline{\omega(\zeta)}$，由式（2.118）知，第一项在单位圆内有奇点，而其他各项均为圆内解析函数，因此根据留数定理有：

$$\frac{1}{2\pi i}\oint_L \frac{\overline{\omega(\sigma)}\varphi_0'(\sigma)}{\omega'(\sigma)(\sigma-\zeta)}\mathrm{d}\sigma = 2B\overline{C_1}\zeta^{-1} \qquad (2.131)$$

根据上述推导有：

$$\psi_0(\zeta)=\begin{cases} -2B\overline{C_1}\zeta^{-1}-B'C_2\zeta^{-2}-B'C_1\zeta^{-3}-B'\sum\limits_{n=3}^{k}C_n\zeta^{-(n-2)} & k\leqslant 2 \\ \\ -B'\sum\limits_{n=3}^{k}C_n\zeta^{-(n-2)} & k>2 \end{cases} \qquad (2.132)$$

6）$\varphi(\zeta)$ 和 $\psi(\zeta)$ 的求解

将式（2.120）和（2.132）代入式（2.98）和（2.99）有：

$$\varphi(\zeta) = B\omega(\zeta) + \varphi_0(\zeta) = B\omega(\zeta) - B'\overline{C_1}\zeta^{-1} - 2B\sum_{n=3}^{k} C_n\zeta^{-(n-2)} \tag{2.133}$$

$$\psi(\zeta) = (B' + iC')\omega(\zeta) + \psi_0(\zeta)$$
$$= \begin{cases} B'C_1\zeta - 2BC_1\zeta^{-1} - B'C_2\zeta^{-2} - B'C_1\zeta^{-3} & k \leqslant 2 \\ B'C_1\zeta & k > 2 \end{cases} \tag{2.134}$$

5. $\varphi(\zeta)$、$\psi(\zeta)$ 的验证

从上述通过柯西积分法推导 $\varphi(\zeta)$、$\psi(\zeta)$ 的过程可知，$\omega(\zeta)$ 的项数是任意整数项 k，是针对任意洞室断面形状的。本章第 2.2 节中已针对圆形隧道的两个解析函数做了柯西积分法研究，是本节研究内容的特例。现将圆形洞室的 $\omega(\zeta)$ 代入式（2.133）和（2.134）进行计算，与第 2.2 节作比较验证。

由式（2.102）易知，圆形隧道的映射函数为 $\omega(\zeta) = R\zeta$，即式中的 $C_1 = R$，$C_2, C_3, \cdots C_k = 0$，代入式（2.133）和（2.134）中得：

$$\varphi(\zeta) = BR\zeta - \frac{B'R}{\zeta} = Bz - \frac{B'R^2}{z} \tag{2.135}$$

$$\psi(\zeta) = B'C_1\zeta - \frac{C_1^2(B'\zeta^{-3} + 2B\zeta^{-1})}{C_1 - 0} = B'z - \frac{2BR^2}{z} - \frac{B'R^4}{z^3} \tag{2.136}$$

由此，该结果与第 2.2 节的研究结论一致。

6. 以 ζ 表示的应力和位移计算公式

第 2.2 节中式（2.35）~ 式（2.38）给出了 σ_x、σ_y 和 τ_{xy} 及位移 u、v 与 $\varphi_1(z)$ 和 $\psi_1(z)$ 的关系；式（2.93）~ 式（2.96）给出了 $\varphi_1(z)$、$\psi_1(z)$、$\varphi_1'(z)$、$\psi_1'(z)$ 与 $\varphi(\zeta)$、$\psi(\zeta)$、$\omega(\zeta)$ 及其一阶导数之间的关系；而任意隧道断面的 $\varphi(\zeta)$ 和 $\psi(\zeta)$ 的表达式由式（2.133）和式（2.134）给出，现写出求解 σ_x、σ_y、τ_{xy} 及位移 u、v 的具体表达式如下：

$$\begin{cases} \sigma_x + \sigma_y = 4\operatorname{Re}\left[\dfrac{\varphi'(\zeta)}{\omega'(\zeta)}\right] \\ \sigma_y - \sigma_x + 2i\tau_{xy} = \dfrac{2}{\omega'(\zeta)}[\overline{\omega(\zeta)}\varPhi'(\zeta) + \omega'(\zeta)\varPsi(\zeta)] \end{cases} \tag{2.137}$$

$$2G(u + iv) = k\varphi(\zeta) - \frac{\omega(\zeta)}{\overline{\omega'(\zeta)}}\overline{\varphi'(\zeta)} - \overline{\psi(\zeta)} \tag{2.138}$$

$$\varphi(\zeta) = 2BC_1\zeta - B'\overline{C_1}\zeta^{-1} - B\omega(\zeta), \quad \psi(\zeta) = B'C_1\zeta \tag{2.139}$$

$$\varPhi(\zeta) = \frac{\varphi'(\zeta)}{\omega'(\zeta)}, \quad \varPsi(\zeta) = \frac{\psi'(\zeta)}{\omega'(\zeta)}, \quad \omega(\zeta) = \sum_{n=1}^{k} C_n\zeta^{-(n-2)} \tag{2.140}$$

采用平面应变计算模式，式（2.138）中 k 和 G 的取值已在第 2.2 节中给出。

2.4 双洞马蹄形断面隧道开挖解析解

目前，针对双洞平行隧道开挖问题的理论分析，采用的研究方法主要有幂级数法、双极坐标法、复变函数法与 Schwarz 交替法。

级数展开法的优点是数学概念明确，不需太复杂的数学知识，缺点是仅能计算出圆孔或椭圆孔的一般解，对于任意形状的孔洞无能为力，并且由于级数存在一定的收敛条件，其应用受到限制。

双极坐标法能把偏心圆、全空间涵括双圆及半空间涵括一个孔洞的复连通域里的问题归到同一个问题的求解过程中，在早期计算多孔洞问题时被广泛采用，但双极坐标法在计算多连通域时也有其缺点：① 仅仅能计算在一定布置条件下简单孔的解，比如要求两圆孔必须对称布置等；② 仅仅能计算出简单孔洞的一般解，对于形状较复杂的孔洞无能为力。

Schwarz 交替法作为一种解析方法，能将多连通域问题归结为一系列的单连通域问题来求解；利用复变函数的保角变换功能，可以求解形状较复杂的洞室。因此可以将两种方法结合，求解复杂形状的双孔隧道问题。随着计算机计算能力的提高，Schwarz 交替法在求解双洞问题中已经得到了较为广泛地应用。

2.4.1 Schwarz 交替法

对于半无限平面内开挖双孔隧道问题，由于存在两个洞室边界，故属于多连通域问题。多连通域不能单值地保角映射到单连通域，因此，通过映射到单位圆去求解的方法不能直接用于解决多连通域问题。如果在多连通域中能找到一个易于求解的典型双连通域，则对双连通域也可采用单连通域的求解思路进行求解。

Schwarz 交替法作为一种解析方法，是将双连通域问题归结为一系列的单连通域问题后再进行求解。利用 Schwarz 交替法求解两平行洞室问题的基本过程如下：首先，假设两洞室分别为先行洞和后行洞，首先在介质中开挖出先行洞，其应力解可利用柯西积分法获得。此时，后行洞虽未开挖，但其周边的应力可以求出，即得到后行洞周边的附加面力（这里把洞边不为零的面力称为附加面力）。其次，再开挖后行洞，即在后行洞周边作用与附加面力大小相等、方向相反的平衡外力（也称反面力），使得后行洞周边满足零面力边界条件。此时，如果设想先行洞不存在，则也是一个单连通域问题，由此可求出在后行洞周边反面力作用下只存在后行洞时的解，随之可得此时在先行洞周边引起的附加面力。如果算出的先行洞周边面力为零分布，则这两次计算叠加就相当于两个洞都存在时的解答；如果不为零，则要使先行洞周边加上一组反面力，使先行洞周边的合面力为零，而后行洞周边又会产生附加面力。为消除两个洞室边界上的附加面力，再继续反复求解，直至两个孔洞周边均满足零面力边界条件，然后把每次迭代的计算结果叠加起来就得到原问题的解。

2.4.2 解析延拓法

在一段弧（或闭曲线）上给定满足 Holder 条件的复变函数，若要求解适合全平面的分区解析函数，则一般是把平面弹性力学边值问题划归为 Riemann 问题，利用 Riemann 问题的解答进行求解。这是平面弹性复变函数方法中最有效的方法，可以解决柯西积分等方法不能解决的问题。

该方法具体如下：设 z 平面上有两个开区间域 D_1、D_2，有一个公共的子域 S，记 $D = D_1 + D_2$，设函数 $f_1(z)$、$f_2(z)$ 满足：

（1）在 D_1 中 $f_1(z)$ 解析，在 D_2 中 $f_2(z)$ 解析。

（2）在 S 中 $f_1(z) = f_2(z)$。

满足这两个条件的 $f_1(z)$、$f_2(z)$ 互为解析延拓，假定函数 $f(z)$ 满足如下条件：

$$\begin{cases} f(z) = f_1(z) & z \in D_1 \\ f(z) = f_2(z) & z \in D_2 \end{cases} \tag{2.141}$$

则 $f(z)$ 在 $D_1 + D_2$ 中解析，而 $f_1(z)$、$f_2(z)$ 分别是它在 $D = D_1 + D_2$ 中的一部分。若事先知道 D_1 中的 $f_1(z)$，则能求出 D_2 中的 $f_2(z)$，即可求出 $D = D_1 + D_2$ 范围内的解析函数 $f(z)$。若公共子域变成一段 D_1、D_2 和公共边界 L，可以证明如果

$$\begin{cases} f(z) = f_1(z) & z \in D_1 \\ f(z) = f_2(z) & z \in D_2 \\ f(z) = f_1(z) = f_2(z) & z \in L \end{cases} \tag{2.142}$$

则 $f(z)$ 在 $D_1 + D_2 + L$ 中解析。此时，$f_2(z)$ 是 $f_1(z)$ 穿过公共边界 L 到 D_2 的解析延拓，这样的解析延拓称为连续延拓，可以证明连续延拓有唯一性。

利用连续延拓可以证明 Schwarz 对称原理，即如果上半平面为单连通域 D_1，其边界的一部分为实轴上的一条直线 L，则在 D_1 中解析、在 $D_1 + L$ 上连续的函数 $f_1(z)$ 可以解析延拓穿过 L，只要 $f_1(z)$ 在 L 上取得实数值，这时 $f_2(z) = \overline{f_1(z)}$，$f_2(z)$ 的定义域正是 $f_1(z)$ 的定义域对实轴的镜像。

2.4.3 双洞任意形状断面隧道开挖的解析延拓法求解

在弹性半平面空间（$y \leqslant 0$），假定有任意形状的隧洞 1 和隧洞 2 布置在任意位置，分析模型如图 2.11 所示，相应的直角坐标系分别用 $x_1 O_1 y_1$ 和 $x_2 O_2 y_2$ 表示；记 $z_{1(x,y)}$ 和 $z_{2(x,y)}$ 分别为 $x_1 O_1 y_1$ 和 $x_2 O_2 y_2$ 坐标系下的坐标。其中：c 为两洞圆心的相对位置矢量，为了使迭代的求解过程具有一般性，两孔相对位置的矢量 c 可随意指定。P_1 为水平原岩地应力，P_2 为垂直原岩地应力。把 z 平面上任意形状的孔洞映射到 ζ 平面时，其映射函数与逆映射函数之间的关系如图 2.12 所示，z_1、z_2、c 都用复数表示。

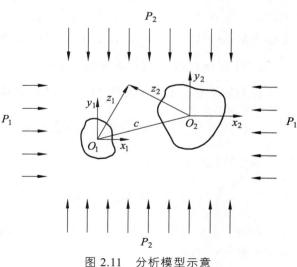

图 2.11 分析模型示意

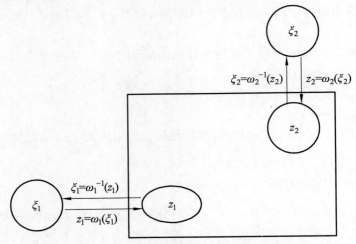

图 2.12　映射函数与逆映射函数关系

根据解析延拓法以及 Schwarz 交替法的原理，针对半无限空间内任意形状的两洞室的求解过程如下：

（1）利用解析延拓法求出在原岩地应力 P_1、P_2 作用下只存在隧洞 1 时的应力函数 $\varphi_1^{(1)}(z_1)$、$\psi_1^{(1)}(z_1)$，再求出 $\varphi_1^{(1)}(z_1)$、$\psi_1^{(1)}(z_1)$ 在 ζ 平面上的应力函数 $\varphi_{11}(\zeta_1)$、$\psi_{11}(\zeta_1)$。

（2）利用应力函数 $\varphi_{11}(\zeta_1)$、$\psi_{11}(\zeta_1)$，求出隧洞 1 开挖在隧洞 2 边界处所产生的附加面力 $f_{12}(\sigma_2)$。

（3）设隧洞 1 不存在，在半无限空间开挖隧洞 2，在隧洞 2 周边作用与附加面力 $f_{12}(\sigma_2)$ 大小相等、方向相反的反面力，利用复变函数法求出只存在隧洞 2 时的解 $\varphi_{22}(\zeta_2)$、$\psi_{22}(\zeta_2)$；再求出 $\varphi_{22}(\zeta_2)$、$\psi_{22}(\zeta_2)$ 在 z_2 平面上的逆映射函数 $\varphi_{(1)}^{(2)}(z_2)$、$\psi_{(1)}^{(2)}(z_2)$。利用坐标变换公式求出 $\varphi_{(1)}^{(2)}(z_2)$、$\psi_{(1)}^{(2)}(z_2)$ 在 $x_1 O_1 y_1$ 坐标系下的变换形式 $\varphi_{(1)}^{(2)}(z_1)$、$\psi_{(1)}^{(2)}(z_1)$，至此完成一次完整的迭代过程。

按上述步骤重复迭代计算，把两孔周边各加一次反面力定义为完成一次迭代（第一次迭代除外），计算时需注意隧洞周边的边界条件仅为相邻隧洞开挖所引起的反面力。因逐次逼近求解，为区别每次求出的应力函数 $\varphi(z)$ 和 $\psi(z)$ 以及附加面力 $f(\sigma)$，对函数添加数字标号：上标表示迭代计算的次数，下标则分别表示隧洞 1 和隧洞 2 的计算结果。

1. 半无限弹性平面存在隧洞 1 的解

将半无限平面 z_1 上任意形状的隧洞 1 的外域映射到 ζ_1 平面的单位圆外域，其映射函数为：

$$z_1 = \omega(\zeta_1) = R_1\left(\zeta_1 + \sum_{k=0}^{N} C_k \zeta_1^{-k}\right) \tag{2.143}$$

其逆映射函数可表示为：

$$\zeta_1 = \omega_1^{-1}(z_1) = r_1\left(z_1 + \frac{M_1}{z_1} + \frac{M_2}{z_1^2} + \cdots + \frac{M_m}{z_1^m}\right) \tag{2.144}$$

同理，当平面只有隧洞 2 时，把 z_2 平面上隧洞 2 的外域映射到 ζ_2 平面的单位圆外域，其映射函数为：

$$z_2 = \omega(\zeta_2) = R_2\left(\zeta_2 + \sum_{k=0}^{N} B_k \zeta_2^{-k}\right) \tag{2.145}$$

其逆映射函数可表示为：

$$\zeta_2 = \omega_2^{-1}(z_2) = r_2\left(z_2 + \frac{M_1}{z_2} + \frac{M_2}{z_2^2} + \cdots + \frac{M_m}{z_2^m}\right) \tag{2.146}$$

其中，式（2.143）和式（2.145）中的系数 R_1、R_2 反映隧洞大小，而 $B_0 \cdots B_N$、$C_0 \cdots C_N$ 分别反映隧洞的形状和隧洞在复平面坐标系中的位置。映射函数与逆映射函数之间的关系参见图 2.12。

利用解析延拓法可求出平面内仅存在隧洞 1 时，隧洞 1 周边的应力函数 $\varphi_1^{(1)}(z_1)$、$\psi_1^{(1)}(z_1)$，进而求出 $\varphi_1^{(1)}(z_1)$、$\psi_1^{(1)}(z_1)$ 在 ζ 平面上的映射函数 $\varphi_{11}(\zeta_1)$、$\psi_{11}(\zeta_1)$。

2. 已知应力函数 $\varphi_{11}(\zeta_1)$、$\psi_{11}(\zeta_1)$ 求隧洞 2 周边多余面力

假设 $f_{12}(\sigma_2)$ 为 $\varphi_{11}(\zeta_1)$ 和 $\psi_{11}(\zeta_1)$ 在隧洞 2 周边引起的多余面力，$f_{12}(\sigma_2)$ 在 z_2 平面上可表示为：

$$f_2(t_2) = \varphi_2(t_2) + t_2 \overline{\varphi_2'(t_2)} + \overline{\psi_2(t_2)} \tag{2.147}$$

式中：t_2 为 z_2 坐标下隧洞 2 周边点的坐标。

上式在 ζ_2 平面上可表示为：

$$f_{12}(\sigma_2) = \varphi_{12}(\sigma_2) + \frac{\omega_2(\sigma_2)}{\omega_2'(\sigma_2)} \overline{\varphi_{12}'(\sigma_2)} + \overline{\psi_{12}(\sigma_2)} \tag{2.148}$$

式中：σ_2 为 ζ_2 平面上隧洞 2 周边点的面力。

两应力复变函数 $\varphi_1(t_1)$ 和 $\psi_1(t_1)$ 在 z_2 平面上的表达式为：

$$\begin{cases} \varphi_2(t_2) = \varphi_1(t_2 + c) \\ \psi_2(t_2) = \psi_1(t_2 + c) + \overline{c}\varphi_1'(t_2 + c) \end{cases} \tag{2.149}$$

用 W_1 表示隧洞 2 周边点在 z_1 坐标系下的坐标，即 $W_1 = \sigma_2 + c$，则：

$$f_2(\sigma_2) = \varphi_1(W_1) + W_1 \overline{\psi_1'(W_1)} + \overline{\psi_1(W_1)} \tag{2.150}$$

假定 γ_1 为 ξ_1 坐标系下隧洞 2 周边点的坐标，则通过映射函数 $W_1 = \omega_1(\gamma_1)$ 和逆映射函数 $\gamma_1 = \omega_1^{-1}(T_1)$，可得：

$$f_{12}(\sigma_2) = \varphi_{11}(\gamma_1) + \frac{\omega_1(\gamma_1)}{\omega_1'(\gamma_1)} \overline{\varphi_{11}'(\gamma_1)} + \overline{\psi_{11}(\gamma_1)} \tag{2.151}$$

3. 隧洞 2 单位圆外域应力函数 $\varphi_{22}(\zeta_2)$ 和 $\psi_{22}(\zeta_2)$ 的求解

面力 $f_{12}(\sigma_2)$ 是一个矢量，在 ζ_2 平面上为分布在单位圆圆周上以 2π 为周期的矢量函数，可用式（2.152）来逼近 $f_{12}(\sigma_2)$ 在隧洞 2 周边多余面力的分布，即：

$$f_{12}(\sigma_2) \approx \sum_{k=-N}^{N} E_k \sigma_2^k \tag{2.152}$$

式中：E_k——负数逼近式中 σ_2 的幂次项系数。

当 N 取足够大时，可以精确逼近隧洞 2 周边多余面力，隧洞 2 周边应满足的应力边界条件为：

$$f_{12}(\sigma_2) + X = 0 \tag{2.153}$$

其中：X 表示隧洞 2 周边所需施加的反力。

隧洞 2 周边所需满足的边界条件为：

$$\varphi_{22}(\sigma_2) + \frac{\omega_2(\sigma_2)}{\omega_2'(\sigma_2)}\overline{\varphi_{22}'(\sigma_2)} + \overline{\psi_{22}(\sigma_2)} = -\sum_{k=-N}^{N} E_k \sigma_2^k \tag{2.154}$$

利用柯西积分计算得到：

$$\varphi_{22}(\zeta_2) = \frac{C_1}{\zeta_2} + \frac{C_2}{\zeta_2^2} + \frac{C_3}{\zeta_2^3} + \cdots + \frac{C_N}{\zeta_2^N} \tag{2.155}$$

$$\psi_{22}(\zeta_2) = -\sum_{k=1}^{N}\overline{E_k}\zeta_2^{-k} + \overline{N_1}\zeta_2 + \overline{N_2}\zeta_2^2 + \overline{N_{N-3}}\zeta_2^{N-3} + \overline{N_{N-2}}\zeta_2^{N-2} \tag{2.156}$$

根据逆映射函数求出 $\varphi_{22}(\zeta_2)$、$\psi_{22}(\zeta_2)$ 在 z 平面上对应的函数 $\varphi_{(1)}^{(2)}(z_2)$、$\psi_{(1)}^{(2)}(z_2)$；应力函数 $\varphi_1^{(1)}(z_1)$、$\psi_1^{(1)}(z_1)$ 和 $\varphi_{(1)}^{(2)}(z_2)$、$\psi_{(1)}^{(2)}(z_2)$ 的叠加即为 Schwarz 交替法第一次迭代的结果，至此任意形状双隧洞的第一次迭代完成。

由于迭代求解从隧洞 1 开始，故第一次迭代求解完成之后，隧洞 2 周边满足零应力边界条件；而由于 $\varphi_{22}(\zeta_2)$、$\psi_{22}(\zeta_2)$ 的存在，隧洞 1 周边可能仍有多余面力存在。在隧洞 1 周边施加相应的反面力，可求出在该反面力作用下只有隧洞 1 的解 $\varphi_{31}(\zeta_1)$ 和 $\psi_{31}(\zeta_1)$，所利用的应力边界条件为：

$$\varphi_{31}(\sigma_1) + \frac{\omega_1(\sigma_1)}{\omega_1'(\sigma_1)}\overline{\varphi_{31}'(\sigma_1)} + \overline{\psi_{31}(\sigma_1)} = -\sum_{k=-N}^{N} F_k \sigma_1^k \tag{2.157}$$

式中：$\varphi_{31}(\zeta_1)$——ζ_1 平面上单位圆外域解析函数 $\varphi_{31}(\zeta_1)$ 在单位圆上的值；

$\psi_{31}(\zeta_1)$——ζ_1 平面上单位圆外域解析函数 $\psi_{31}(\zeta_1)$ 在单位圆上的值；

F_k——隧洞 1 周边多余面力的级数逼近过程中各幂次项系数。

如此反复迭代求解，直到两隧洞周边附加面力小于一定限值为止。此后每次迭代过程，所利用的应力边界条件都如式（2.157），在不同次的迭代和拟挖不同隧洞时，仅变换相应的量即可。除第一次迭代计算外，在其后每次迭代求解过程中，每个单洞问题的边界条件都为隧洞边的反面力。

根据上述解析算法及具体的精度要求，可进行任意次的迭代计算，最终计算结果为所有次迭代结果的叠加。

4. 利用应力函数计算应力和位移

假定最终叠加后两应力函数为 $\varphi(\zeta)$ 和 $\psi(\zeta)$，其中 ζ 可以是 ζ_1 或 ζ_2（但函数的具体表达形式不同），则由下式可得到正交曲线坐标系下的应力分量组合形式：

$$\begin{cases} \sigma_\theta + \sigma_r = 4\,\mathrm{Re}[\Phi(\zeta)] \\ \sigma_\theta - \sigma_r + 2\mathrm{i}\tau_{r\theta} = \dfrac{2\zeta^2}{r^2}\cdot\dfrac{1}{\omega'(\zeta)}[\overline{\omega(\zeta)}\Phi'(\zeta) + \omega'(\zeta)\psi(\zeta)] \end{cases} \tag{2.158}$$

式中：σ_θ——正交曲线坐标系下环向应力；

σ_r——正交曲线坐标系下径向应力；

$\tau_{r\theta}$——正交曲线坐标系下剪切应力；

r——映射平面上径向坐标。

根据求出的 σ_θ、σ_r 和 $\tau_{r\theta}$，求解在物理坐标下的 σ_x、σ_y 和 τ_{xy}。

由应力边界条件和位移边界条件确定的应力复变函数和复应力函数有所差别。利用由应力边界确定的两应力复变函数和复应力函数计算位移场时，会多出一个刚性位移，此刚性位移可通过一定的边界条件予以消除，即距离两隧洞足够远处（理论上应该是无穷远处）的位移为 0。

以应力函数 $\varphi_1^\nabla(z_1)$、$\psi_1^\nabla(z_1)$ 表示消除了刚性位移后的应力函数表达式，在第一映射坐标系 $x_1 O_1 y_1$ 中，$\underline{\varphi}_1^\nabla(z_1)$、$\underline{\psi}_1^\nabla(z_1)$ 按照下式确定：

$$\underline{\varphi}_1^\nabla(z_1) = \varphi_1^\nabla(z_1) - Bz_1 \tag{2.159}$$

$$\underline{\psi}_1^\nabla(z_1) = \psi_1^\nabla(z_1) - (B' + iC')z_1 \tag{2.160}$$

式中：$\underline{\varphi}_1^\nabla(z_1)$、$\underline{\psi}_1^\nabla(z_1)$ 为在 $x_1 O_1 y_1$ 坐标系下求解位移场的两个复应力函数；$\varphi_1^\nabla(z_1)$、$\psi_1^\nabla(z_1)$ 为在 $x_1 O_1 y_1$ 坐标系下复应力函数的形式。

$\varphi_1^\nabla(z_1)$、$\psi_1^\nabla(z_1)$ 按照下式确定：

$$\varphi_1^\nabla(z_1) = \varphi_1(z_1) + m + ni \tag{2.161}$$

$$\psi_1^\nabla(z_1) = \psi_1(z_1) + m' + n'i \tag{2.162}$$

公式中 $\varphi_1(z_1)$、$\psi_1(z_1)$ 为应力边界条件下求出的复应力函数，m、n、m'、n' 均为实常数。

根据位移场边界条件，可确定围岩内任一点的位移：

$$2G(u + iv) = k\overline{\underline{\varphi}_1'^\nabla(z_1)} - \overline{\underline{\psi}_1^\nabla(z_1)} \tag{2.163}$$

2.4.4　双洞马蹄形断面隧道开挖解析解求解

在双洞隧道开挖问题中，等直径双圆形断面隧道开挖问题的求解过程相对较简单，这里直接给出了该问题采用复变函数方法求解得到的应力解结果：

$$\sigma_\theta = S_0 + S_1 \cos 2\theta - 4\sum_{k=1}^{\infty} ka_k[r^{-(k+1)}\cos(k+1)\theta + (-1)^{k+1}\rho^{-(k+1)}\cos(k+1)\alpha] \tag{2.164}$$

各计算参数按照下列公式取值：

$$\rho = \sqrt{r^2 + D^2 - 2Dr\cos\theta}$$

$$\alpha = \arctan\frac{r\sin\theta}{r\cos\theta - D}, \quad S_0 = -\frac{\sigma_y^\infty - \sigma_x^\infty}{2}, \quad S_1 = -\frac{\sigma_y^\infty + \sigma_x^\infty}{2}$$

其中：D 代表双洞圆心之间的距离。

而对于双洞马蹄形断面的隧道开挖问题，可根据前述关于双洞任意形状断面的解析思路，建立马蹄形的共形映射函数，利用解析延拓法和 Schwarz 交替法进行反复迭代求解。因求解过程过于烦琐，此处不再详述。

第 3 章　小净距隧道设计关键技术

隧道支护结构的设计理论和方法经历了一个长期的发展过程。早期多采用矿山法，只考虑衬砌承受围岩压力，而未考虑围岩本身亦是承载结构的组成部分，衬砌厚度往往偏大。自新奥法理念得到推广以来，支护结构的设计开始重视围岩保护与加固，充分发挥围岩的自承能力，并综合考虑支护结构与围岩相互作用的影响。锚网喷柔性支护结构被广泛应用于初期支护。

和地面建筑结构相比，隧道结构在物理力学模式上是一个高度复杂的体系，两者设计有本质的差异，主要体现在：

（1）地面建筑结构是抵抗荷载的，所承受的荷载清晰明确。隧道结构体系是由围岩、初期支护和二次衬砌组成的一个整体，其中围岩既是荷载，又是承载结构；隧道结构体系所承受的荷载是由支护结构和围岩之间的相互作用确定的，而非一个明确的荷载。

（2）在地面建筑结构中，每一结构组成部分都是事先根据标准荷载计算确定的，采用业界公认的理论、方法进行计算、验证，受力条件明确。隧道结构工程是在具有初始地应力场的围岩中开挖修建，地应力场很难事先准确确定，且各结构组成部分逐步参与受力，每一分部施工阶段都伴随着围岩的应力重分布和支护条件的变化。

（3）地面建筑结构是各向同性的连续介质，其内力及变形可由连续介质力学准确计算。隧道结构的组成部分之一——围岩，存在节理、裂隙、岩层分界线、地质构造、岩性变化及地下水等，在力学上构成了不连续面，是典型的各向异性非连续介质，且包含弹性、黏弹性、弹塑性、塑性等不同力学状态，要准确模拟力学本构关系并计算应力变形是很难的。

基于这样的特点，隧道结构的设计应根据围岩条件和设计条件选择合适的设计方法。主要设计方法包括标准设计方法、类比设计方法（经验设计方法）和解析设计方法。

标准设计方法是指在设计隧道断面、支护型式、衬砌结构时，采用根据以往隧道工程实践和经验编制的标准支护模式的设计方法，适用于一般围岩条件下的标准隧道断面设计。

类比设计方法是指在围岩条件特殊或设计条件特殊时，采用已实施过、经过工程实践证明是安全和经济的结构模式的设计方法。

解析方法主要有两种：传统的结构力学方法和近代的岩体力学方法。前者即荷载-结构设计模式，把围岩和支护结构分开考虑，围岩作为给定荷载，支护结构作为承载结构，围岩的承载能力既考虑在给定荷载中，也考虑在支护结构和围岩之间的相互作用上（以约束抗力形式出现）；后者是地层-结构设计模式，把围岩和支护结构视为一体，两者相互作用，共同为承载结构体系。

上述设计方法中，在有标准支护模式的条件下，以标准设计为主要设计方法；在没有标准支护模式时，则要根据围岩条件、结构特点等选择类比设计或解析设计方法。

随着现代科学技术的发展，一些新近发展起来的数学力学方法，如边界单元法、无限单元法、离散单元法等开始在隧道结构工程静力和动力分析中得到应用，具有人工智能的专家系统方法、各种模式识别和系统反演（包括灰色系统理论、概率测度分析、神经网络分析以及混沌理论、分形理论等）方法也开始在隧道工程的研究和设计中得到应用。

3.1 分 类

不同的小净距隧道以及隧道不同净距洞段，其地质条件和围岩等级不同、两洞间净距不同，必然导致洞间相互影响程度不同，因而对工程建设安全和质量的威胁也不同，必须基于实际，分类采取不同的工程应对措施。否则，会导致设计采取的工程措施缺乏理论指导，措施偏强往往经济性不理想，措施偏弱又容易出现安全隐患。

西南交通大学何川教授根据不同围岩等级和双洞间净距，将隧道之间按相互影响程度进行分类，提出如表 3.1 所示的分类体系，将小净距隧道划分为 A 类（严重影响）、B 类（中等影响）和 C 类（轻微影响）三个类别，并拟定了相应的工程应对措施。不同类别小净距洞段建议措施如表 3.2 所示。

表 3.1 隧道小净距洞段分类

围岩条件及加强措施		小净距隧道分类			分离式单洞
		A 类（严重影响）	B 类（中等影响）	C 类（轻微影响）	
围岩级别	Ⅲ	$\leqslant 0.375B$	$(0.375 \sim 0.75)B$	$(0.75 \sim 2.0)B$	$\geqslant 2.0B$
	Ⅳ	$\leqslant 0.5B$	$(0.5 \sim 1.0)B$	$(1.0 \sim 2.5)B$	$\geqslant 2.5B$
	Ⅴ	$\leqslant 0.75B$	$(0.75 \sim 1.5)B$	$(1.5 \sim 3.5)B$	$\geqslant 3.5B$
加强措施	中隔岩柱	重点加固	需要加固	不加固	按单洞设计
	初期支护	加 强	加 强	视具体情况定	按单洞设计
	二次衬砌	加 强	视具体情况定	不加强	按单洞设计

备注：表中 B 为隧道断面宽度，下同。

表 3.2 不同类别小净距隧道影响程度及建议措施

分类	影响程度	建议措施		
A	严重影响	现场勘查	地质调查	详细调查
			既有结构物调查	详细调查
		影响预测	经验分析	必 需
			数值分析	必 需
		支护体系	初期支护	必须加强
			二次衬砌	必须加强
		中隔岩柱加固	加固方案	专项研究

分类	影响程度	建议措施		
A	严重影响	施工措施	先行洞	必须加强
			后行洞	必须加强
		监控量测	必测项目	必需
			选测项目	必需
B	中等影响	现场勘查	地质调查	详细调查
			既有结构物调查	详细调查
		影响预测	经验分析	必需
			数值分析	视具体情况定
		支护体系	初期支护	可加强
			二次衬砌	视具体情况定
		中隔岩柱加固	加固方案	专项研究
		施工措施	先行洞	视具体情况定
			后行洞	必须加强
		监控量测	必测项目	必需
			选测项目	必需
C	轻微影响	现场勘查	地质调查	详细调查
			既有结构物调查	详细调查
		影响预测	经验分析	必需
			数值分析	不需要
		支护体系	初期支护	视具体情况定
			二次衬砌	不需加强
		中隔岩柱加固	加固方案	视具体情况定
		施工措施	先行洞	不需要
			后行洞	根据监测数据定
		监控量测	必测项目	必需
			选测项目	视具体情况定

根据影响程度不同，不同分类的小净距隧道相应的工程措施也不同。从工程风险性角度看，A类最高，B类适中，C类最低，相应的工程造价也表现为A类最高，B类适中，C类最低。

3.2 设计荷载确定

在各种设计方法中，荷载-结构模式因为概念清晰、计算简易，目前在隧道设计中被广泛

采用。这种设计方式，最关键的是荷载确定。不同于地面建筑结构荷载对象明确、荷载大小确定，隧道的力学特性是荷载、结构一体化，很难有一个明确的荷载对象，不得不"人为"计算一个荷载值，并把此荷载作用到支护结构上。该荷载定义为"松弛荷载"，即松弛岩块作用在支护结构上的压力。

确定围岩的松弛荷载主要包括原位测试法、理论公式计算法和统计法三种方法。

原位测试法：在隧道工程现场测量、收集应力应变等相关力学指标，可获得较为准确的围岩、结构荷载状态，但目前限于测量技术和手段，较难及时、大面积地测量、收集围岩和结构的荷载值，应用尚不广泛。

理论公式计算法：采用成熟的理论公式或本构关系计算围岩荷载，由于地质条件千差万别，本构关系往往作了各种假定和简化，计算常数很难准确取值，目前尚没有一种能适合于各种客观实际的统一理论。

统计法：在大量实际资料和一定理论分析的基础上，按围岩分类提出经验公式，作为确定围岩荷载的依据。

目前，小净距隧道设计荷载的确定多采用统计法，并辅以原位测试法和理论公式计算法进行验算。

3.2.1　深埋和浅埋隧道分界标准

普罗托吉雅柯诺夫根据对顿巴斯矿区等矿山坑道的多年观测和在松散介质中的模型试验，创立了普氏地压理论：认为地层中有许多节理、裂隙，以及各种夹层等软弱结构面，破坏了地层的整体性，因此岩层可在一定程度上被视为松散体；认为地下洞室开挖后，由于围岩应力重分布，在洞室上方形成抛物线形状的压力拱，拱内土石重量就是作用在衬砌上的围岩压力，如图 3.1 所示。

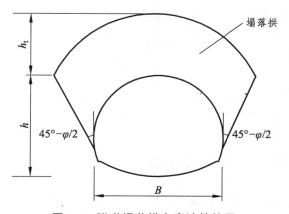

图 3.1　隧道塌落拱高度计算简图

一般而言：Ⅰ～Ⅲ级围岩中的深埋隧道，围岩压力主要为形变压力，其值可按释放荷载计算；Ⅳ～Ⅵ级围岩中的深埋隧道，围岩压力为松散荷载，可按普氏地压理论中塌落拱内土石重量作为计算荷载；浅埋隧道由于埋深浅，不能形成塌落拱，需结合埋深及等效荷载高度确定计算荷载。

对深、浅埋隧道的分界，目前没有统一的标准，可按工程设计经验进行界定，也可按不影响地面为限进行界定。

公路隧道深埋、浅埋的分界，按荷载等效高度值，并结合地质条件、施工方法等因素综合判定。由《公路隧道设计规范》，垂直均布荷载为：

$$q = \gamma h_p \tag{3.1}$$

$$h_p = 0.45 \times 2^{s-1} \omega \tag{3.2}$$

式中：γ——围岩容重（kN/m³）；

　　　s——围岩级别；

　　　ω——宽度影响系数，$\omega = 1 + i(B - 5)$；

　　　B——隧道宽度（m）；

　　　i——B 每增减 1 m 时的围岩压力增减率，以 $B = 5$ m 的围岩垂直均布压力为准，当 $B < 5$ m 时取 $i = 0.2$，$B > 5$ m 取 $i = 0.1$。

荷载等效高度的判定公式为：

$$H_P = (2 \sim 2.5) h_q \tag{3.3}$$

$$h_q = \frac{q}{\gamma} \tag{3.4}$$

式中：H_P——深、浅埋隧道分界深度（m）；

　　　h_q——荷载等效高度（m）；

　　　q——按式（3.1）算出的隧道垂直均布压力（kN/m²）；

采用矿山法施工时，Ⅳ～Ⅵ级围岩取 $H_P = 2.5 h_q$，Ⅰ～Ⅲ级围岩取 $H_P = 2.0 h_q$。

铁路隧道深埋、浅埋分界，基于调查资料，一般按表 3.3 取值。

表 3.3　铁路隧道深、浅埋分界参考值

围岩级别	Ⅵ	Ⅴ	Ⅳ	Ⅲ	Ⅱ	Ⅰ
分界值	（4～6）D	（2.5～3.5）D	（1.5～2.5）D	（0.5～1）D	（0.3～0.5）D	（0.15～0.3）D

备注：表中 D 为隧道洞径。

3.2.2　深埋小净距隧道设计荷载

对于Ⅳ～Ⅵ级围岩中的隧道，当埋深超过一定限值后，由于围岩的"成拱作用"，其松动压力仅是隧道洞周某一范围（塌落拱）内岩体的重量，而与隧道埋深无关。根据相邻隧道净距的不同，两相邻洞室的塌落拱曲线存在以下四种情况：

工况 1：当相邻隧道净距 $D = 0$ 时，无中隔岩柱支撑，两洞室变为开挖跨度为两洞室开挖跨度之和（2B）的一个大洞室，按两洞室开挖宽度之和（2B）的单洞进行计算，其塌落拱曲线如图 3.2 所示。

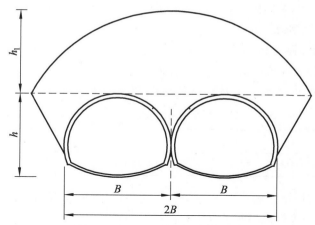

图 3.2 工况 1 塌落拱曲线示意

$$h_1 = 0.45 \times 2^{s-1}\omega \tag{3.5}$$

$$\omega = 1 + i(2B - 5) \tag{3.6}$$

式中：h_1——工况 1 垂直均布压力等效高度（m）。

实际设计中，在 $D = 0$ 或者 D 值很小工况下，隧道应归为连拱隧道范畴，按连拱隧道进行设计和施工。连拱隧道与小净距隧道的荷载分布模式是不同的。此处为便于力学推导和比较，假定在此工况下按小净距荷载模式执行。

工况 2：相邻隧道塌落拱交叠，从而形成一个连通的塌落拱，连通的塌落拱高度小于工况 1 下产生的塌落拱高度，大于单洞隧道产生的塌落拱高度，即：$h_1 > h_2 > h_3$，如图 3.3 所示。

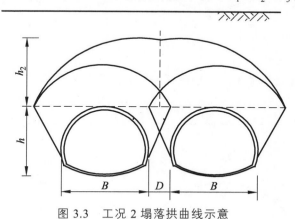

图 3.3 工况 2 塌落拱曲线示意

部分考虑中隔岩柱的支撑作用，假定垂直均布荷载等效高度进行线性折减，h_2 采用线性插值计算得出。

$$h_2 = \zeta(h_1 - h_3) + h_3 \tag{3.7}$$

$$\zeta = \frac{D_0 - D}{D_0} \tag{3.8}$$

式中：h_2——工况 2 垂直均布压力等效高度（m）；

　　　h_3——工况 3 垂直均布压力等效高度（m）；

　　　ζ——附加荷载系数；

　　　D——两隧道间净距（m）；

　　　D_0——塌落拱交叠与相离的临界净距（m）。

不同级别围岩塌落拱交叠与分离的临界值 D_0 见表 3.4。

表 3.4　小净距隧道塌落拱交叠与分离的临界值 D_0

围岩级别	I ～ III	IV	V	VI
净距临界值 D_0	0.5B	0.75B	1.0B	1.25B

工况 3：相邻隧道塌落拱相切，但不产生连通的塌落拱，与单洞隧道基本相同，如图 3.4 所示，其垂直均布压力等效高度见式（3.9）。

$$h_3 = 0.45 \times 2^{s-1}[1+i(B-5)] \tag{3.9}$$

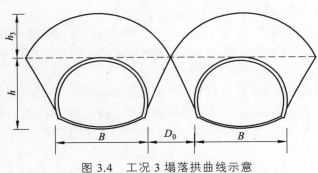

图 3.4　工况 3 塌落拱曲线示意

工况 4：相邻隧道塌落拱相离，如图 3.5 所示，荷载等效高度按单洞计算。

$$h_4 = h_3 = 0.45 \times 2^{s-1}[1+i(B-5)] \tag{3.10}$$

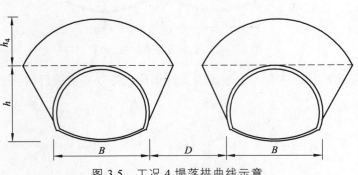

图 3.5　工况 4 塌落拱曲线示意

根据上述四种情形，深埋小净距隧道垂直均布等效荷载计算如下：

$$q = \gamma h \begin{cases} \gamma h_1 (D=0) \\ \gamma h_2 (0 < D < D_0) \\ \gamma h_3 (D = D_0) \\ \gamma h_4 (D > D_0) \end{cases} \tag{3.11}$$

作用在衬砌上的水平均布荷载可按表 3.5 确定。

表 3.5　围岩水平均布压力

围岩级别	I 、II	III	IV	V	VI
水平均布荷载 e	0	$< 0.15q$	$(0.15 \sim 0.3)q$	$(0.3 \sim 0.5)q$	$(0.5 \sim 1.0)q$

3.2.3　浅埋小净距隧道设计荷载

浅埋隧道荷载分下述三种情况计算：

（1）埋深 H 小于或等于等效荷载高度 h_q 时，荷载视为均布垂直压力，如图 3.6 所示。

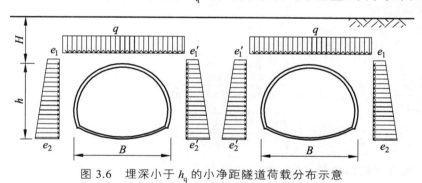

图 3.6　埋深小于 h_q 的小净距隧道荷载分布示意

隧道顶部垂直压力：

$$q = \gamma H \tag{3.12}$$

式中：q——垂直均布荷载（ kN/m^3 ）；

　　　H——隧道埋深（m）。

其余符号意义如前。

作用于隧道两侧水平围岩压力：

$$e_1 = e_1' = \gamma H \tan^2 \left(45° - \frac{\varphi_c}{2} \right) \tag{3.13}$$

$$e_2 = e_2' = \gamma (h+H) \tan^2 \left(45° - \frac{\varphi_c}{2} \right) \tag{3.14}$$

式中：h——隧道高度（m）；

　　　φ_c——围岩计算内摩擦角（°）；

e_1——隧道外侧隧顶高度处的水平作用力（kN/m^2）；

e_1'——隧道内侧隧顶高度处的水平作用力（kN/m^2）；

e_2——隧道外侧隧底高度处的水平作用力（kN/m^2）；

e_2'——隧道内侧隧底高度处的水平作用力（kN/m^2）。

在城市区域修建小净距隧道时，在隧道极浅埋工况下，还需考虑地表动荷载。

（2）埋深 H 大于 h_q，小于 H_P，且破裂面交点位于地表及以上，如图 3.7 所示。在该情况下，两隧道破裂面不相交，可以参照规范按分离式单洞计算。

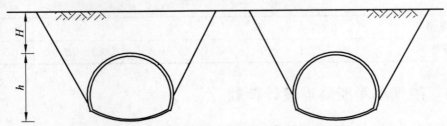

图 3.7　相邻隧道破裂面交于地表及以上

隧道顶部垂直压力：

$$q = \gamma H\left(1 - \frac{H}{B}\gamma \tan\theta\right) \tag{3.15}$$

$$\lambda = \frac{\tan\beta - \tan\varphi_c}{\tan\beta[1 + \tan\beta(\tan\varphi_c - \tan\theta) + \tan\varphi_c \tan\theta]} \tag{3.16}$$

$$\tan\beta = \tan\varphi_c + \sqrt{\frac{(\tan^2\varphi_c + 1)\tan\varphi_c}{\tan\varphi_c - \tan\theta}} \tag{3.17}$$

式中：θ——顶板土柱两侧摩擦角（°），为经验值；

　　　λ——侧压力系数；

　　　β——破裂角（°）。

作用在衬砌上的水平压力：

$$e_1 = e_1' = \lambda\gamma H \tag{3.18}$$

$$e_2 = e_2' = \lambda\gamma(h + H) \tag{3.19}$$

（3）埋深 H 大于 h_q，小于 H_P，但破裂面交点位于地表以下，如图 3.8 所示。

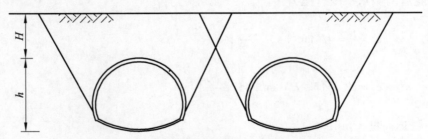

图 3.8　相邻隧道破裂面交于地表以下

对于该种情况，可以假定岩（土）体中形成如图 3.9 所示破裂面，即隧道外侧是一与水平成 β_1 角的斜直面，内侧下部为一与水平成 β_2 角的斜直面。根据隧道开挖后岩（土）体运动规律，假设隧道顶上覆土柱 *FGHI* 下沉，从而带动两侧土体 *AEF* 和 *BCDG* 下沉，出现 *AE* 和 *BCD* 破裂面。当土柱 *FGHI* 下沉时，两侧土体对其施加摩擦阻力 T_1 和 T_2，T_1、T_2 作用方向分别与 *EF*、*DG* 成 θ 角，θ 角的值参照表 3.6 选取。

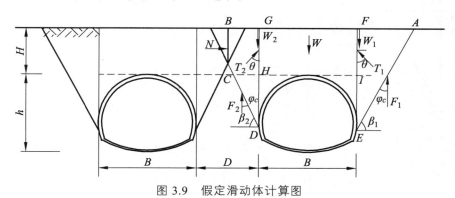

图 3.9　假定滑动体计算图

表 3.6　各级围岩的 θ 值

围岩级别	I ~ Ⅲ	IV	V	Ⅵ
θ 值	$0.9\varphi_c$	$(0.7\sim0.9)\,\varphi_c$	$(0.5\sim0.7)\,\varphi_c$	$(0.3\sim0.5)\,\varphi_c$

由对称性知，对称面 *BC* 面上无剪力，又根据开挖后土体的运动规律知，*BC* 面上的法向作用力 N 必小于静止土压力，为安全计，可取 $N=0$。

由图 3.9 可见，小净距隧道上覆土岩体 *FGHI* 的重力为 W，外侧三棱体 *AFE* 岩体重力为 W_1，内侧四棱体 *BCDG* 岩体重量为 W_2，外侧未扰动岩体对滑体的阻力为 F_1，内侧未扰动岩体对滑体的阻力为 F_2，当滑体 *FGHI* 下沉时，两侧受到 T_1 和 T_2 的竖向分力阻力，则作用在 *HI* 面上的垂直压力总值 $Q_{浅}$ 为：

$$Q_{浅} = W - T_1 \sin\theta - T_2 \sin\theta \tag{3.20}$$

外侧三棱体自重为：

$$W_1 = \frac{1}{2}\gamma\frac{(H+h)^2}{\tan\beta_1} \tag{3.21}$$

式中：β_1——外侧破裂面与水平面的夹角（°）。

如图 3.10（a）所示，由正弦定理可得：

$$\frac{T_1\sin\theta}{\sin(\beta_1-\varphi_c)} = \frac{W_1}{\sin[90°-(\beta_1-\varphi_c+\theta)]} \tag{3.22}$$

可得：

$$T_1 = \frac{1}{2}\gamma(H+h)^2\frac{\lambda_1}{\cos\theta} \tag{3.23}$$

式中：λ_1——隧道外侧侧向压力系数。

$$\lambda_1 = \frac{\tan \beta_1 - \tan \varphi_c}{\tan \beta_1 [1 + \tan \beta_1 (\tan \varphi_c - \tan \theta) + \tan \varphi_c \tan \theta]} \quad (3.24)$$

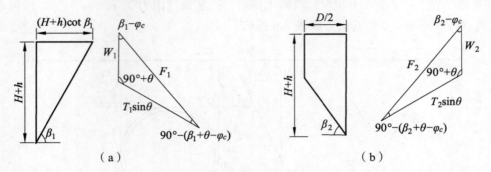

图 3.10 假定滑动体受力分析

式中，除 β_1 值外，其余值皆为已知，所以，T_1 值随 β_1 值的大小而变化。假定 β_1 是下滑岩体达到极限平衡时的破裂面倾角，那么根据 T_1 的极限条件即可将其求出，即令 $\dfrac{\mathrm{d}T_1}{\mathrm{d}\beta_1} = 0$，有：

$$\tan \beta_1 = \tan \varphi_c + \sqrt{\frac{(\tan^2 \varphi_c + 1) \tan \varphi_c}{\tan \varphi_c - \tan \theta}} \quad (3.25)$$

内侧四棱体自重为：

$$W_2 = \frac{1}{2} \gamma D (H+h) - \frac{1}{8} \gamma D^2 \tan \beta_2 \quad (3.26)$$

或

$$W_2 = \frac{1}{2} \gamma (H+h) \frac{H+h}{\tan \beta_2} \left[\frac{D}{H+h} - \frac{D^2 \tan \beta_2}{4(H+h)^2} \right] \tan \beta_2 \quad (3.27)$$

如图 3.10（b）所示，由正弦定理可得：

$$\frac{T_2}{\sin(\beta_2 - \varphi)} = \frac{W_2}{\sin[90° - (\beta_2 - \varphi + \theta)]} \quad (3.28)$$

可得：

$$T_2 = \frac{1}{2} \gamma (H+h)^2 \frac{\lambda_2}{\cos \theta} \left[\frac{D}{H+h} - \frac{D^2 \tan \beta_2}{4(H+h)^2} \right] \tan \beta_2 \quad (3.29)$$

$$\lambda_2 = \frac{\tan \beta_2 - \tan \varphi_c}{\tan \beta_2 [1 + \tan \beta_2 (\tan \varphi_c - \tan \theta) + \tan \varphi_c \tan \theta]} \quad (3.30)$$

令 $\eta = \left(\dfrac{D}{H+h} - \dfrac{D^2 \tan \beta_2}{4(H+h)^2} \right) \tan \beta_2$，代入式（3.29）得：

$$T_2 = \frac{1}{2} \eta \gamma (H+h)^2 \frac{\lambda_2}{\cos \theta} \quad (3.31)$$

式中：η——净距影响系数，$0<\eta<1$；

　　　β_2——内侧破裂面与水平面的夹角（°）；

　　　λ_2——隧道内侧侧向压力系数。

设作用于隧道顶部的垂直压力外侧为 q_1，内侧为 q_2，内外侧之间按线性变化，如图 3.11 所示。

由于只有洞顶部分的摩阻力对垂直压力有影响，因此 T_1、T_2 只计洞顶部分。经推导，q_1 和 q_2 可采用下面同一表达式表示，式中侧压系数根据计算的部位不同，分别采用外侧侧压系数 λ_1 和内侧侧压系数 λ_2。

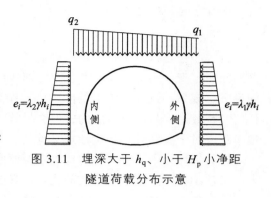

图 3.11　埋深大于 h_q、小于 H_p 小净距隧道荷载分布示意

$$q_i = \gamma h \left(1 - \frac{\lambda_i H \tan \theta}{B} \right) \tag{3.32}$$

式中，在一定条件下，除 β_2 值外，其余值皆为已知，故 T_2 值随 β_2 值的大小而变化。假定 β_2 是下滑岩体达到极限平衡时的破裂面倾角，那么根据 T_2 的极限条件即可将其求出，即令 $\dfrac{dT_2}{d\beta_2} = 0$，有：

$$\tan \beta_2 = \frac{\sqrt{(\tan^2 \varphi_c + 1)\left[(\tan \varphi_c \tan \theta + 1) + \dfrac{4(H+h)}{D}(\tan \varphi_c - \tan \theta) \right]}}{\tan \varphi_c - \tan \theta} - \frac{\tan \varphi_c \tan \theta}{\tan \varphi_c - \tan \theta} \tag{3.33}$$

由于 HD、IE 与 GH、FI 相比往往较小，而且衬砌与土体之间的摩擦角也不相同，前面分析时均按 θ 计，当中间土块下滑时，由 GH 及 FI 面传递，考虑压力稍大对结构设计偏于安全，因此，摩阻力不计隧道部分而只计洞顶部分，即在计算中用 H 替代 $H+h$，则总垂直压力 $Q_浅$ 为：

$$Q_浅 = W - T_1 \sin \theta - T_2 \sin \theta = W - \frac{1}{2}\lambda H^2 (\eta \lambda_2 + \lambda_1) \tan \theta \tag{3.34}$$

又因为滑体重量为：

$$W = BH\gamma \tag{3.35}$$

故作用在支护结构上的均布荷载为：

$$q_浅 = \frac{Q_浅}{B} = \gamma h \left(1 - \frac{\lambda_1 + \eta \lambda_2}{2B} \tan \theta \right) \tag{3.36}$$

作用在隧道外侧的水平侧向压力为：

$$e_i = \lambda_1 \gamma h_i \tag{3.37}$$

作用在隧道内侧的水平侧向压力为：

$$e_i' = \lambda_2 \gamma h_i \tag{3.38}$$

3.3 合理净距

合理净距是指在满足一定的投资、施工和现场条件下，能确保小净距隧道施工过程及运营期间稳定安全的最小净距，这个距离应既能确保工程施工安全及工程质量，又能满足既定的投资、规划、设计及施工条件。从工程实践经验看，采取强大的预加固方案和辅助措施，任何净距隧道都是可以建成的，但会导致工程造价显著增加。结合实际确定小净距隧道的合理净距，对于线路规划和设计意义重大。

在具体设计中，科学合理地确定两洞间净距非常重要，既要充分利用中隔岩柱的承载能力，发挥小净距隧道结构型式的优点，又要有效控制先、后行洞开挖施工时的相互影响。

现行公路、铁路规范及研究人员对相邻隧道间最小净距的建议取值如表 3.7 所示。其中，公路、铁路规范均对双洞间的最小净距作了相应规定，从定量上确定了小净距隧道和分离式隧道的划分标准，其出发点主要是考虑两相邻隧道应分别置于围岩应力相互影响及施工影响范围之外，规定偏于保守。从工程实践而言，部分隧道的净距小于规范所限定的最小值，也取得了成功，说明了规范规定取值还有一定的优化空间。研究人员的结论和规范要求有一定偏差，对于相邻隧道间最小净距建议取值均明显小于规范要求，这与研究方法、具体工程条件以及所选用的评价准则等方面的差别有关。

表 3.7 两相邻单洞隧道间的最小净距建议值

围岩级别	Ⅱ	Ⅲ	Ⅳ	Ⅴ	备注
最小净距	0.5B	（0.5~1.0）B	（1.0~1.5）B	（1.5~2.0）B	厦门市政
	0.3B	0.3B	0.5B	0.75B	已有研究
	2 m	2 m	4 m	7~10 m	已有研究
	—	0.25B	0.5B	0.75B	已有研究
	（2.0~2.5）B	（2.0~2.5）B	（2.5~3.0）B	（3.0~5.0）B	铁路规范
	1.5B	2.0B	2.5B	3.5B	公路规范

3.3.1 基于开挖力学分析的合理净距

1. 合理净距判断准则

要确定小净距隧道的合理净距，首先应明确采用何种判断准则。合理净距的判断准则主要包括位移判别准则、应力判别准则、塑性区判别准则和地面沉降判别准则。

在围岩地质、水文条件、隧道埋深、施工方案、周边环境都确定的条件下，按确定的判断准则，找到相应指标随净距变化的规律，尤其是发生突变的规律，可得到小净距隧道的合理净距。

1）塑性区准则

隧道开挖完成后，由于应力重分布，隧道周边围岩出现弹塑性区域，并以椭圆弧的形式向外扩大。对于小净距隧道，两洞的弹塑性区域可能会发生相交、重叠，造成中隔岩柱应力集中。当中隔岩柱应力超过围岩极限应力时，将产生塑性屈服进入破坏状态。如果中隔岩柱塑性区贯通，将造成整体失稳。

塑性区判别准则要求中隔岩柱塑性区不能连通，分析时取最大等效塑性应变值随净距变化的突变点为合理净距。

2）围岩应力准则

坚硬围岩抗剪切强度往往较高，破坏一般由张性破裂引起，即围岩产生大量平行于洞壁的裂缝，导致局部掉块、垮塌。在坚硬围岩地质条件下的小净距隧道施工过程中，后行洞开挖会引起先行洞和中隔岩柱应力的叠加，出现张性破裂，甚至导致围岩失稳。

围岩应力准则要求隧道开挖完成后不产生张拉破坏，隧道围岩应力不允许超过其极限抗拉强度，分析时取应力值随净距变化的突变点为合理净距。

3）位移判别标准

围岩沉降收敛变形是判定围岩是否稳定的一个重要指标，规范和设计往往会给出不同围岩级别隧道允许沉降位移值。小净距隧道受力变形机理较为复杂，其位移要求应更严格：作为保障结构安全最为关键的中隔岩柱，其位移变化也是重点判别依据；此外，除洞室本身开挖引起的位移变形外，后行洞开挖引起的先行洞围岩附加变形也是判断围岩及隧道结构是否稳定的重要依据。

分析时，可取位移值随净距变化的突变点为合理净距。

4）地面沉降判别准则

地面沉降判别准则以隧道开挖后地面沉降值是否超过规范值为判别标准，分析时取最大地面沉降值随净距变化的突变点为合理净距。另外，通过分析地面沉降曲线可以得到左右洞开挖的互相影响程度随净距变化的规律，也可把影响程度趋于稳定的净距值作为合理净距。

以上准则，在已建和在建的小净距隧道工程实践中得到了一定的检验和应用，具备一定的指导意义和适用性。

2. 位移判别

以Ⅴ级围岩浅埋隧道为例（其余各级围岩合理净距判别方法类似），建立数学模型，分析净距变化对围岩稳定性的影响。在数值模型中，隧道埋深取 10 m，开挖工法采用全断面法，右洞为先行洞，左洞为后行洞。在左右两洞洞周各设置 28 个特征点，如图 3.12 所示。分别针对不同净距工况，分析小净距隧道洞周围岩稳定性指标的规律特征。

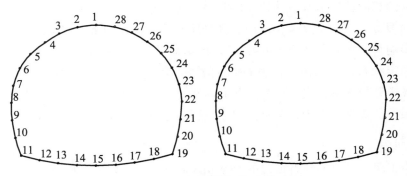

图 3.12　洞周特征点示意

不同净距工况，隧道左右洞周特征点的水平、竖向位移曲线如图 3.13、图 3.14 所示。在相同围岩等级、埋深条件下，净距是隧道围岩位移变形的主要影响因素。

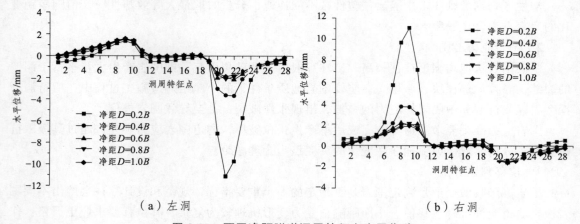

（a）左洞 　　　　　　　　　　　　　　　（b）右洞

图 3.13　不同净距隧道洞周特征点水平位移

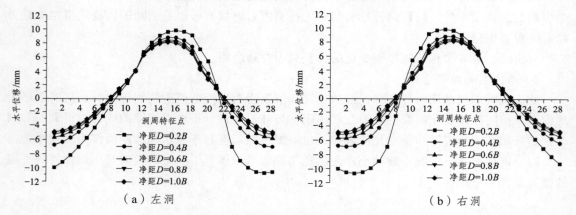

（a）左洞 　　　　　　　　　　　　　　　（b）右洞

图 3.14　不同净距洞周特征点竖向位移

如图 3.13 所示，当净距 $D < 0.6B$ 时，净距对洞周水平位移影响大，随净距减小，洞周各点的水平位移增大，洞周最大水平位移（中隔岩柱拱脚处）增大明显，但不呈线性增加，净距越小时增长幅度越大；当净距 $D \geqslant 0.6B$ 时，随净距增大，洞周水平位移变化平缓，接近于单洞隧道开挖的相同位置水平位移值，此时净距对水平位移影响小。

如图 3.14 所示，当净距 $D < 0.6B$ 时，随净距减小，拱顶和拱底周围的竖向位移增大，此时净距对其影响大，尤其是净距为 $0.4B$ 时，计算结果超过该级别围岩允许位移值或不收敛，隧道趋于不稳定状态；当净距 $D \geqslant 0.6B$ 时，随净距增大，中隔岩柱上部的竖向位移变化平缓，接近于单洞隧道开挖的拱顶竖向位移，此时净距对其影响减弱。

因此，根据位移判别准则，V 级围岩小净距隧道可选择净距 $D = 0.6B$ 为合理净距。

3. 应力判别

不同净距工况，隧道洞周特征点的 Von-Mises 应力曲线如图 3.15 所示。

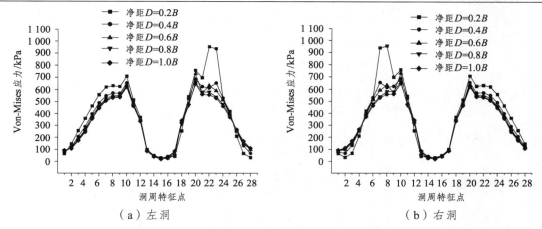

（a）左洞　　　　　　　　　　（b）右洞

图 3.15　不同净距隧道洞周特征点 Von-Mises 应力曲线

　　由图可见，拱顶处的 Von-Mises 应力较小，变化平缓，无应力集中现象；墙脚处的 Von-Mises 应力较大，出现应力集中现象，且应力梯度明显，隧道开挖在中隔岩柱位置产生了应力叠加效应；不同净距的当量应力分布差异较大，随净距减小，洞周最大应力不呈线性增加，净距较小时增加幅度大。

　　在中隔岩柱的中轴线设置 11 个特征点，如图 3.16 所示。不同净距工况，隧道开挖后，中隔岩柱的 Von-Mises 应力曲线如图 3.17 所示。随净距减小，中隔岩柱的 Von-Mises 应力增大，尤其拱腰处 Von-Mises 应力增大明显。当净距 $D < 0.8B$ 时，变化斜率大；当净距 $D \geqslant 0.8B$ 时，中隔岩柱最大 Von-Mises 应力随净距增大变化平缓，净距对其影响减弱。

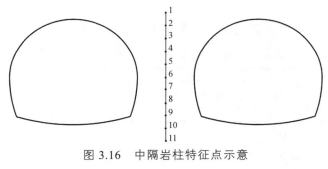

图 3.16　中隔岩柱特征点示意

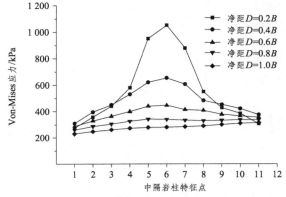

图 3.17　不同净距中隔岩柱特征点的 Von-Mises 应力曲线

不同净距中隔岩柱特征点与净距的关系如图 3.18 所示，最大 Von-Mises 应力如表 3.8 所示。

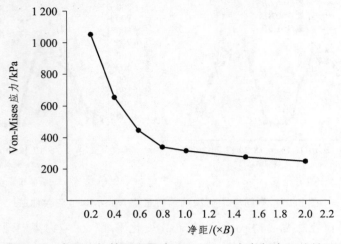

图 3.18　中隔岩柱特征点最大 Von-Mises 应力与净距的关系

表 3.8　不同净距下中隔岩柱特征点的最大 Von-Mises 应力

净距 D	0.2B	0.4B	0.6B	0.8B	1.0B	1.5B	2.0B
最大 Mises 应力/kPa	1051.9	654.4	447.0	340.1	315.6	275.6	248.2

综上，根据应力判别准则，V 级围岩小净距隧道可选择净距 $D=0.8B$ 为合理净距。

4. 塑性区判别

不同净距隧道的最大等效塑性应变值如表 3.9 所示，其与净距的关系如图 3.19 所示。

表 3.9　不同净距隧道开挖最大等效塑性应变

净距 D	0.2B	0.4B	0.6B	0.8B	1.0B	1.5B	2.0B
最大等效塑性应变/（$\times 10^{-3}$）	16.2	3.34	1.01	0.845	0.565	0.538	0.446

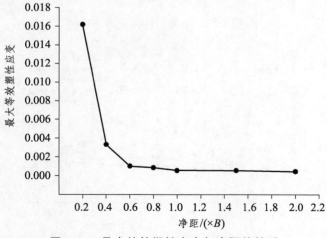

图 3.19　最大等效塑性应变与净距的关系

如图，当净距 $D < 0.6B$ 时，随净距减小，左右两洞等效塑性应变的叠加效应逐渐增大，塑性区已基本贯通，最大等效塑性应变增大迅速，斜率大，此时净距对塑性区分布的影响大；当净距 $D \geqslant 0.6B$ 时，随净距增大，左右两洞等效塑性应变的叠加效应逐渐减小，塑性区叠加部分逐渐分开，最大等效塑性应变变化平缓，此时净距对塑性区分布的影响逐渐减弱。当净距 $D \geqslant 1.0B$ 时，左右两洞的等效塑性应变已经趋于单洞隧道的等效塑性应变。

净距为 $0.4B$ 时计算不收敛，表明双洞间中隔岩柱的塑性区贯通，隧道趋于不稳定。故就塑性区判别准则，V 级围岩小净距隧道可选择净距 $D = 0.6B$ 为合理净距。

5. 地面沉降判别

在城市区域修建小净距隧道时，必须控制修建过程对地表建筑物和地下管线等周边环境造成的不利影响，地面沉降是重要控制指标。

Peck 基于大量实测数据的回归分析，得到单洞隧道开挖时的沉降曲线如图 3.20 所示。地面沉降曲线 Peck 公式如下：

$$S(x) = S_{\max} \exp\left[\frac{-x^2}{2i^2}\right] \tag{3.39}$$

式中：$S(x)$——距离隧道中线 x 处的沉降值（mm）；

　　　$S_{\max}$——隧道中线上地面最大沉降值（mm）；

　　　i——变曲点到隧道中线的距离（m）。

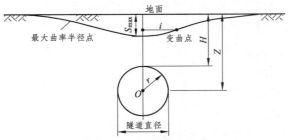

图 3.20　Peck 沉降曲线

通过数值计算，得到单洞开挖时地面的沉降曲线，利用 MATLAB 对此曲线进行高斯拟合，使其满足 Peck 公式。数值计算与 Peck 公式拟合得到的地面沉降曲线如图 3.21 所示。

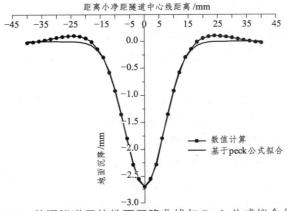

图 3.21　单洞隧道开挖地面沉降曲线与 Peck 公式拟合曲线

　　MATLAB 高斯曲线拟合的结果为：$i = 6.724\,984$，相关系数（R）$= 0.998\,9$，判定系数（R^2）$= 0.997\,7$。（相关系数是用以反映变量之间相关关系密切度的统计指标，相关系数的绝对值大于 0.8，可认为两个变量有很强的相关性。相关系数的平方称为判定系数。）

　　小净距隧道开挖时，地面沉降曲线的示意如图 3.22 所示，左右洞开挖位移场相互叠加的组合沉降比单洞隧道开挖时的地面沉降要大，沉降槽更宽。左右洞的相互影响作用还会引起附加沉降，在不同的净距下，附加沉降有所不同。

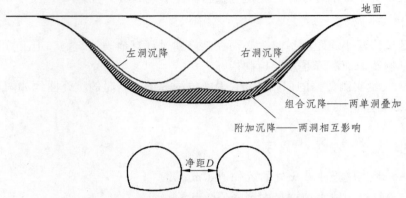

图 3.22　小净距隧道开挖地面沉降曲线示意

　　前述通过曲线拟合得到了单洞隧道开挖时的地面沉降曲线 $S(x)$，同理，可推出不同净距下，小净距隧道开挖时的组合沉降公式 $f(x)$。

$$\begin{cases} f(0.2B) = S(0.1B) + S(-0.1B) \\ f(0.4B) = S(0.2B) + S(-0.2B) \\ f(0.6B) = S(0.3B) + S(-0.3B) \\ f(0.8B) = S(0.4B) + S(-0.4B) \\ f(1.0B) = S(0.5B) + S(-0.5B) \\ f(2.0B) = S(1.0B) + S(-1.0B) \end{cases} \qquad (3.40)$$

　　组合沉降只能反映小净距隧道左右洞地面沉降曲线叠加后效果，不能反映左右洞相互影响引起的附加沉降。附加沉降大小反映了左右洞的相互影响程度。随净距增大，附加沉降会逐渐减小并趋于稳定，变异点的净距值可认为是小净距隧道的合理净距。

　　建立不同净距工况下小净距隧道开挖的数学模型，得到开挖后的地面沉降，同时根据叠加公式 $f(x)$，得到数值计算的地面沉降曲线与拟合公式叠加的地面沉降曲线，如图 3.23 所示。

　　随净距增大，数值模拟及公式叠加的地面沉降曲线均由单峰逐渐变为双峰，最大沉降值逐渐减小，但公式叠加的沉降趋势变化速度比数值模拟下的变化速度慢。当净距 $D \le 0.6B$ 时，数值模拟最大地面沉降值大于两单洞开挖地面沉降叠加最大值，净距影响作用明显，且随净距减小，影响越来越大；当净距 $D > 0.6B$ 时，数值模拟最大地面沉降值小于两单洞开挖地面沉降叠加最大值，净距影响作用减小。当净距 $D = 2.0B$ 时，数值模拟地面最大沉降值趋于接近单洞开挖时的最大地面沉降值，此时净距影响可忽略不计。

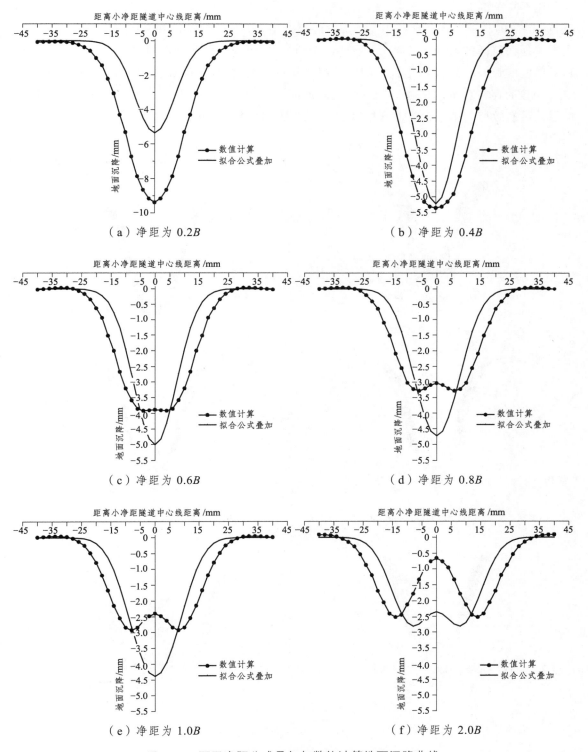

图 3.23　不同净距公式叠加与数值计算地面沉降曲线

在不同净距工况下，由两洞相互影响而产生的附加沉降如图 3.24 中黑色部分所示。当净距 $D < 0.6B$ 时，随净距逐渐减小，附加沉降逐渐增大，两洞之间的相互影响逐渐增大，此时净距对地面沉降的影响大；当净距 $D \geqslant 0.6B$ 时，数值模拟的小净距隧道开挖地面沉降曲线和由单洞隧道开挖地面沉降叠加的曲线趋于接近，此时的附加沉降逐渐减小且趋于稳定。中隔岩柱的存在会抑制两隧道开挖引起的地面沉降叠加，当净距很小时，对中隔岩柱进行加固，可有效控制小净距隧道开挖时的最大地面沉降值。因此，可选择净距 $D = 0.6B$ 作为合理净距。

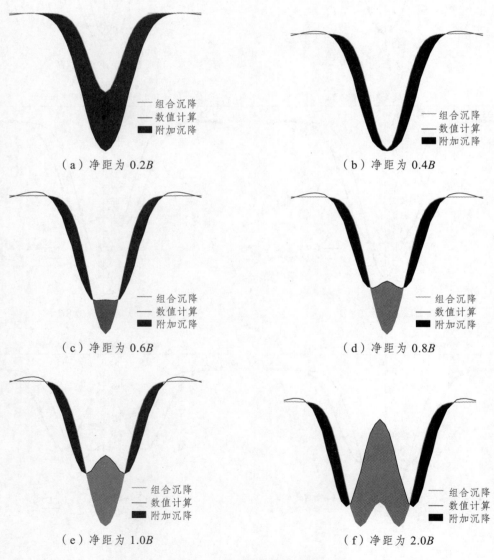

图 3.24　不同净距附加沉降

通过数值计算得到单洞隧道开挖和不同净距隧道开挖时的地面沉降曲线如图 3.25 所示。

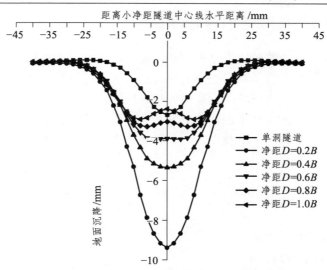

图 3.25　不同净距隧道开挖时的地面沉降曲线

随净距增大，隧道开挖地面沉降曲线由单峰形状逐渐变为双峰形状，当净距 $D = 0.6B$ 为单峰到双峰的临界点；随净距增大，地面沉降的最大值逐渐减小，最后趋于单洞隧道开挖时的地面沉降最大值；当净距 $D \geq 0.6B$ 时，地面沉降槽的宽度基本趋于稳定，基本在小净距隧道中心线左右 25 m 的范围之中，也是开挖的主要影响范围。

不同净距工况，隧道开挖时地面沉降的最大值如表 3.10 所示，地面沉降最大值与净距关系曲线如图 3.26 所示。

表 3.10　不同净距隧道开挖时地面沉降最大值

净距 D	0.2B	0.4B	0.6B	0.8B	1.0B	1.5B	2.0B
最大地面沉降值/mm	−9.387	−5.353	−3.915	−3.287	−2.924	−2.578	−2.528

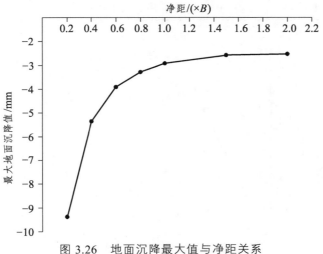

图 3.26　地面沉降最大值与净距关系

因此，根据地表沉降判别准则，可选择净距 $D = 0.6B$ 为合理净距。

3.3.2 基于强度折减法的合理净距

强度折减法主要用于边坡稳定性分析。在强度折减法中，边坡稳定的安全系数定义为使边坡刚好达到临界破坏状态时，对岩土体材料的抗剪强度进行折减的程度，即定义安全系数为岩土体实际抗剪强度与临界破坏时折减后剪切强度的比值。

强度折减法通过调整岩土体的强度指标粘聚力 c 和内摩擦角 φ 对稳定性进行数值分析，不断增加折减系数，反复计算至不收敛，达到临界状态，得到的折减系数即为安全系数 F_s。

$$c_F = c / F_i \tag{3.41}$$

$$\varphi_F = \arctan\left(\frac{\tan\varphi}{F_i}\right) \tag{3.42}$$

式中： c_F ——折减后的粘聚力（kPa）；

φ_F ——折减后的内摩擦角（°）；

F_i ——折减系数。

1. 安全系数

把强度折减法应用到小净距隧道围岩稳定性分析中，可得出其在不同净距下的安全系数，判断其安全程度，确定其合理净距。通常是采用计算不收敛、广义剪应变或等效塑性应变全断面贯通且塑性应变达到一定程度作为破坏标准。

基于强度折减法的不同净距安全系数如表 3.11 所示，安全系数与净距的关系如图 3.27 所示。从图可见：当净距 $D < 0.6B$ 时，随净距减小，安全系数变化斜率大，净距对安全系数的影响大；当净距 $D \geqslant 0.6B$ 时，安全系数变化平缓，净距对安全系数影响减弱。因此，可选择净距 $D = 0.6B$ 为合理净距。

表 3.11 基于强度折减法的不同净距安全系数

净距 D	$0.2B$	$0.4B$	$0.6B$	$0.8B$	$1.0B$	$1.5B$	$2.0B$
安全系数	1.323 8	1.486 9	1.640 6	1.696 9	1.742 5	1.812 9	1.825 6

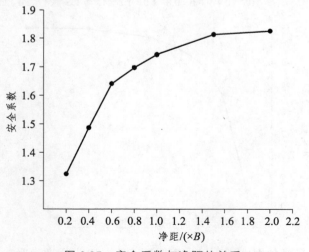

图 3.27 安全系数与净距的关系

2. 最大等效塑性应变

以安全系数为折减系数的不同净距隧道最大等效塑性应变如表 3.12 所示，最大等效塑性应变与净距的关系如图 3.28 所示。

表 3.12　不同净距隧道最大等效塑性应变

净距 D	0.2B	0.4B	0.6B	0.8B	1.0B	1.5B	2.0B
最大等效塑性应变/($\times 10^{-2}$)	5.43	4.31	3.21	2.83	2.68	2.39	2.17

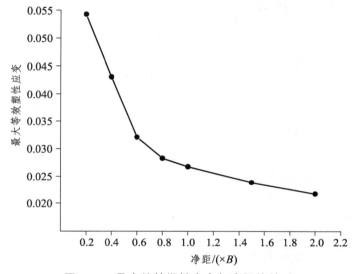

图 3.28　最大等效塑性应变与净距的关系

从图中可见，在以安全系数为折减系数的临界条件下：当净距 $D < 0.8B$ 时，随净距减小，最大等效塑性应变值变化斜率大，增大明显，中隔岩柱塑性区发生了贯通；当净距 $D \geqslant 0.8B$ 时，随净距增大，最大等效塑性应变值变化平缓，中隔岩柱塑性区未贯通，净距对其影响减弱。因此可以选择净距 $D = 0.8B$ 作为合理净距。

综上，分析安全系数与净距的关系，得到净距 $D = 0.6B$ 为合理净距；分析最大等效塑性应变与净距的关系，得到净距 $D = 0.8B$ 为合理净距。保守考虑，基于强度折减法的合理净距为 $D = 0.8B$。

3.3.3　基于开挖弹性应变能密度的合理净距

1. 弹性应变能理论

岩体在受到外力作用下会产生弹性变形，外力所做的功一部分转化为岩体的动能，一部分积蓄在岩体内部，形成弹性应变能。岩体单位体积内积蓄的弹性应变能称为弹性应变能密度。

在隧道开挖过程中，岩土体中原有的平衡被打破，能量主要转化为围岩的弹性应变能。在围岩变形过程中，岩土体能量以径向应力做功的形式传播，导致围岩的弹性应变能聚集。当围岩积蓄的应变能到达某一程度后，在硬脆性围岩中，可能诱发崩块甚至岩爆等灾害；在软弱围岩中，变形将由弹性变形转为塑性变形，导致围岩大变形甚至坍塌等。

隧道纵向长度远大于隧道宽度，当围岩处于弹性变形阶段时，可按平面应变问题分析其受力特征。将隧道等代为半径为 r_0 的圆形隧道，可直接引用平面应变轴对称结果计算距圆心 r 处围岩的应力和位移，即：

$$\sigma_1 = \sigma_\theta = P\left(1 + \frac{r_0^2}{r^2}\right)$$
$$\sigma_2 = P \tag{3.43}$$
$$\sigma_3 = \sigma_r = P\left(1 - \frac{r_0^2}{r^2}\right)$$

$$u_r = \frac{(1+\nu)P}{E} \cdot \frac{r_0^2}{r^2} \quad (r \geqslant r_0) \tag{3.44}$$

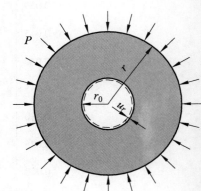

式中：σ_1、σ_2、σ_3——第 1、第 2、第 3 主应力；

　　　σ_θ——环向应力；

　　　P——r 处围岩径向压力；

　　　σ_r——径向应力；

　　　u_r——开挖后半径处围岩径向位移；

　　　ν——泊松比；

　　　E——围岩弹性模量。

开挖力学示意如图 3.29 所示。

图 3.29　圆形洞室开挖力学示意

可计算出围岩的应变能密度 U 为：

$$U = [\sigma_1^2 + \sigma_2^2 + \sigma_3^2 - 2\nu(\sigma_1\sigma_2 + \sigma_2\sigma_3 + \sigma_1\sigma_3)]/2E \tag{3.45}$$

隧道开挖前围岩的弹性应变能密度 U_y 为：

$$U_y = \frac{P^2[3(1-2\nu)]}{2E} \tag{3.46}$$

将式（3.43）代入式（3.45），可得到隧道开挖后围岩弹性应变能密度 U_w：

$$U_w = P^2[3(1-2\nu) + 2(1+\nu)r_0^4/r^4]/2E \tag{3.47}$$

隧道开挖后，围岩弹性应变能密度的增量 ΔU 为：

$$\Delta U = U_w - U_y = P^2[(1+\nu)r_0^4/r^4]/E \tag{3.48}$$

隧道开挖后与隧道开挖前的围岩弹性应变能密度的比值为：

$$U_w/U_y = 1 + \frac{2(1+\nu)}{3(1-2\nu)}r_0^4/r^4 \tag{3.49}$$

围岩在自重荷载下储存应变能，在隧道开挖后，远部岩体通过对隧道围岩做功的形式释放自身的应变能，导致围岩应变能增大。

对于各向同性弹性体，根据广义 Hooke 定律：

$$\begin{cases} \sigma_x = \lambda\theta + 2\mu\varepsilon_x, \tau_{yz} = \mu\gamma_{yz} \\ \sigma_y = \lambda\theta + 2\mu\varepsilon_y, \tau_{zx} = \mu\gamma_{zx} \\ \sigma_z = \lambda\theta + 2\mu\varepsilon_z, \tau_{xy} = \mu\gamma_{xy} \end{cases} \qquad (3.50)$$

$$\lambda = \frac{E\nu}{(1+\nu)(1-2\nu)} \qquad (3.51)$$

$$\mu = \frac{E}{2(1+\nu)} \qquad (3.52)$$

如果用应力来表示弹性应变能，即为应变余能，其表达式如下：

$$B(\sigma) = \frac{1}{2}\sigma_{ij}\varepsilon_{ij} = \frac{1}{2E}[(1+\nu)\sigma_{ij}\varepsilon_{ij} - \nu\sigma_{kk}\varepsilon_{jj}] \qquad (3.53)$$

令指标 $i = j$，得：

$$\sigma_{kk} = (3\lambda + 2\mu)\varepsilon_{kk} \qquad (3.54)$$

展开后得：

$$B(\sigma) = \frac{1}{2E}[\sigma_x^2 + \sigma_y^2 + \sigma_z^2 - 2\nu(\sigma_x\sigma_z + \sigma_x\sigma_y + \sigma_y\sigma_z) + 2(1+\nu)(\tau_{xy}^2 + \tau_{xz}^2 + \tau_{yz}^2)] \qquad (3.55)$$

式中：$B(\sigma)$——应变余能（等于应变能密度），i、j、k 为指标；

σ_{ij}——微元面上的应力；

σ_x、σ_y、σ_z、τ_{xy}、τ_{yz}、τ_{zx}——应力分量；

ε_x、ε_x、ε_x、γ_{yz}、γ_{zx}、γ_{xy}——应变分量；

ε_{ij}——应变增量。

2．小净距隧道开挖弹性应变能密度

对隧道开挖进行数值模拟，选取隧道拱腰水平线截线。围岩各点弹性应变能密度 U_w / U_y 随 r / r_0 的变化规律曲线如图 3.30 所示。理论计算结果表明：隧道开挖后，在 1 倍隧道半径范围内，围岩弹性应变能密度聚集；在 1~2 倍隧道半径范围内，围岩弹性应变能密度逐渐减小；大于 2 倍隧道半径时，围岩弹性应变能密度逐渐趋于稳定，接近于原始围岩的弹性应变能密度。数值计算结果表明：隧道开挖后，在 2 倍隧道半径范围内，围岩弹性应变能密度聚集；在 2~3 倍隧道半径范围内，围岩弹性应变能密度逐渐减小；大于 3 倍隧道半径时，围岩弹性应变能密度逐渐趋于稳定，接近于原始围岩的

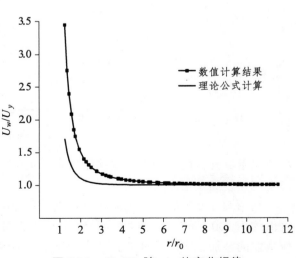

图 3.30　U_w / U_y 随 r / r_0 的变化规律

弹性应变能密度。两者计算结果有一些差距，是因为边界条件和本构关系的差异。

图 3.31 所示为仅单洞开挖后的围岩弹性应变能密度等值线图，图 3.32 为左右洞都开挖后的围岩弹性应变能密度等值线图。

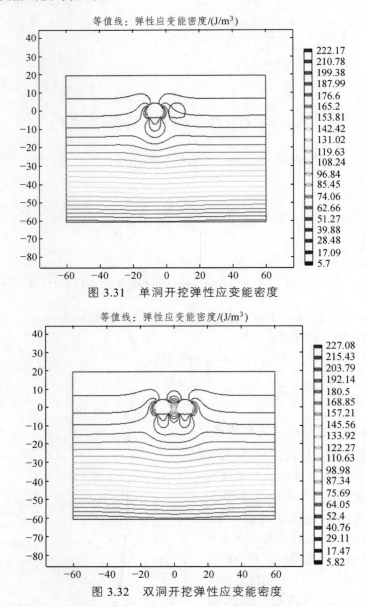

图 3.31　单洞开挖弹性应变能密度

图 3.32　双洞开挖弹性应变能密度

仅单洞开挖时，弹性应变能密度主要集聚于拱脚位置，约为 103 J/m^3，是原始围岩弹性应变能密度的 9 倍左右。

当两洞都开挖时，左右洞相互影响，弹性应变能叠加，左右洞拱脚位置的弹性应变能密度值约为 130 J/m^3，增加幅度为 25%，是原始围岩弹性应变能密度的 11 倍。由于左右洞弹性应变能的叠加，中隔岩柱的弹性应变能密度最大值约为 190 J/m^3，是原始围岩弹性应变能密度的 17 倍左右，明显高于单洞拱脚的弹性应变能密度。

图 3.33 所示为不同工况下，隧道拱脚位置水平线上各点开挖弹性应变能密度曲线。

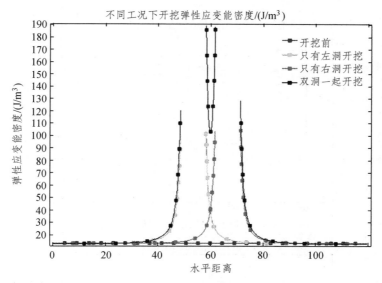

图 3.33　不同工况下开挖弹性应变能密度曲线

3.合理净距

不同净距工况，开挖弹性应变能密度等值线如图 3.34 所示。由图可见：当净距 $D \leqslant 0.6B$ 时，开挖弹性应变能密度叠加效应明显，尤其是中隔岩柱部分，弹性应变能密度数值偏大且集中，已经发生了贯通，此时中隔岩柱容易发生破坏，尤其是当净距 $D \leqslant 0.2B$ 时；当净距 $D > 0.6B$ 时，开挖弹性应变能密度叠加效应逐渐减弱，当净距 $D = 2.0B$ 时，开挖的弹性应变能密度和单洞隧道开挖的弹性应变能密度趋于接近。

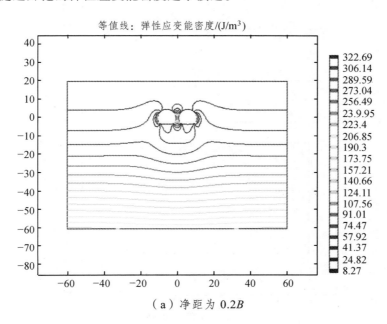

（a）净距为 0.2B

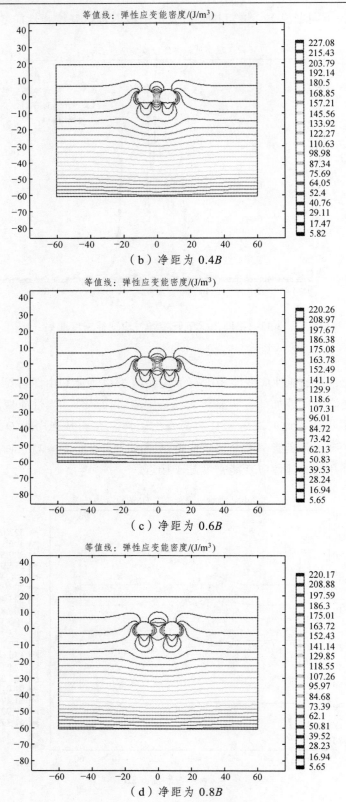

（b）净距为 0.4B

（c）净距为 0.6B

（d）净距为 0.8B

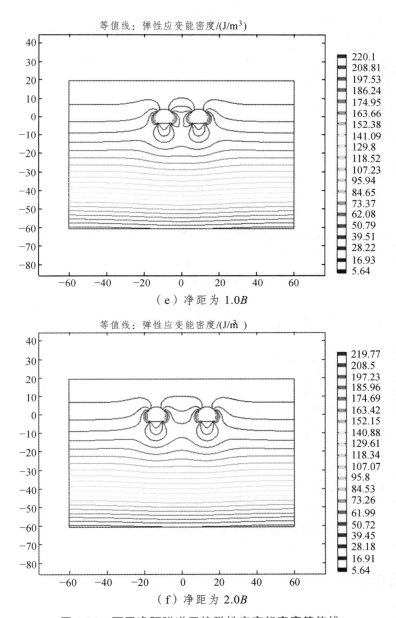

图 3.34 不同净距隧道开挖弹性应变能密度等值线

不同净距下拱腰截线的弹性应变能密度曲线如图 3.35 所示。

中隔岩柱最大弹性应变能密度与净距关系如图 3.36 所示。

可见：当净距 $D = 0.2B$ 时，开挖弹性应变能密度截线最大值约为 350 J/m^3，出现在中隔岩柱的位置；当净距 $D = 0.4B$ 时，开挖弹性应变能密度的最大值约为 190 J/m^3；当净距 $D = 0.6B$ 时，开挖弹性应变能密度截线最大值约为 150 J/m^3。随净距增大，开挖弹性应变能密度截线最大值变化趋势逐渐趋于稳定。

净距 $D = 0.6B$ 的位置为开挖弹性应变能密度变化的临界点，可以取 $D = 0.6B$ 为合理净距。

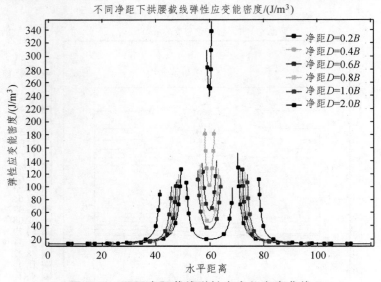

图 3.35   不同净距截线弹性应变能密度曲线

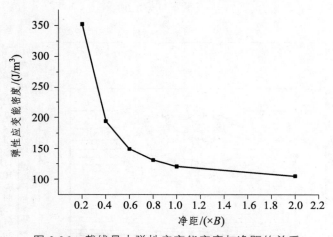

图 3.36   截线最大弹性应变能密度与净距的关系

3.4   支护设计

小净距隧道支护结构一般采用复合式衬砌。复合式衬砌是由初期支护、二次衬砌及中间夹防水层组合而成的衬砌型式，应综合考虑使用要求、围岩级别、隧道净距、隧道断面形状、开挖方法、施工顺序等条件，通过工程类比和结构计算综合分析进行设计。

结构计算时，根据二次衬砌的施作时间采用不同的计算方法。如果二次衬砌是在初期支护变形基本稳定后施作，则计算的重点是确定初期支护的应力状态和围岩的稳定性。如果二次衬砌是在初期支护变形稳定前施作，则二次衬砌将和初期支护共同承受围岩的后续变形所产生的压力，不仅需要确定初期支护的应力状态和围岩的稳定性，还要确定二次衬砌的应力状态。

表 3.13 所示为两车道小净距隧道复合式衬砌的常用设计参数。

表 3.13　两车道小净距隧道复合式衬砌常用支护参数

支护手段	围岩级别				
	V	IV	III	II	I
超前支护	超前大管棚、超前小导管	超前大管棚、超前小导管或超前锚杆	超前小导管或超前锚杆(局部)	—	—
初期支护	锚、喷、网及钢拱架	锚、喷、网及钢拱架	锚、喷、网	锚(局部)、喷、网(局部)	喷、网(局部)
C25/C30 喷射混凝土/cm	20 ~ 30	15 ~ 25	8 ~ 20	5 ~ 15	5 ~ 10
锚杆长度/m	3.5 ~ 6.0	3.0 ~ 4.5	3.0 ~ 4.0	2.5 ~ 3.5	—
锚杆间距/cm	50 ~ 80	80 ~ 100	100 ~ 150	120 ~ 150	—
中隔岩柱贯通锚杆/cm	50 ~ 80	80 ~ 100	100 ~ 150	—	—
型钢拱架间距/cm	50 ~ 80(拱、墙、仰拱)	80 ~ 100(拱、墙)	—	—	—
格栅拱架间距/cm	—	—	50 ~ 80(拱、墙)	—	—
二次衬砌/cm	45 ~ 60	35 ~ 50	35 ~ 45	30 ~ 40	30 ~ 35
仰拱/cm	40 ~ 55	35 ~ 45	35 ~ 40	30	30

3.4.1　超前支护设计

超前支护指隧道开挖前预先设于开挖轮廓线以外一定范围内，并与开挖面后方支架共同组成的支护系统，可以在隧道开挖后至洞内支护结构产生支护作用前的时段内，支撑围岩，维持围岩稳定。隧道超前支护类型包括管棚、超前小导管及超前锚杆。

1. 管　棚

管棚是将钢花管安插在已钻好的孔中，沿隧道开挖轮廓线外排列而成，管内注浆，与开挖面后方的导向墙套拱或型钢拱架组合而成预支护系统，以支撑和加固自稳能力极低的围岩。管棚特点是支护能力强，适用于含水砂土质地层、破碎带、浅埋隧道或地面有重要建构筑物的洞段，对防止软弱围岩下沉、松弛和坍塌效果明显。为加强管棚刚度，还可在管内加钢筋笼。

管棚在地层中的作用：一是可以提高地层的刚度和承载能力；二是可以隔断地层重点位移向地面传递；三是可以将地面沉降曲线呈现的不均匀正态分布变为平均分布，有利于控制地表沉降。

管棚通常采用直径为 70 ~ 127 mm 的无缝钢管，特别地段也可采用 300 ~ 500 mm 大钢管，钢管壁厚一般不小于 6 mm，管壁注浆孔交错布置，钢管内注入水泥砂浆，水灰比为 0.8 : 1 ~ 1 : 1，注浆压力为 0.5 ~ 3 MPa。管棚长度为 10 ~ 40 m，特殊情况下，配合洞内钻进精确定位、纠偏及地面钻进导向，长度也可超 100 m。管棚外插角为 1 ~ 5°，环向间距为 30 ~ 50 cm。

2. 超前小导管

超前小导管一般配合钢拱架使用，既能加固洞壁一定范围内的围岩，又能支托围岩，是砂土地层、砂卵石地层、断层破裂带、软弱围岩隧道超前加固常规措施。

小导管一般采用直径为 42～50 mm、壁厚 4～6 mm 的热轧无缝钢管，单根长 3～6 m，环向间距为 20～50 cm，外插角 3～15°，小导管靠管口处预留 30～40 cm 的止浆段，前部注浆孔按直径为 6～8 mm、间距 10～20 cm 梅花形布置，根据注浆目的和地质情况选择单液浆或双液浆，注浆压力为 0.5～1 MPa。

3. 超前锚杆

超前锚杆用于支托拱上部临空的围岩，主要用于Ⅲ级以上破碎围岩的超前支护，一般采用 ϕ22 螺纹钢全长黏结砂浆锚杆和迈式（自进式）注浆锚杆。全长黏结砂浆锚杆以钢拱架为支点，锚杆长度多为 3～6 m；迈式锚杆是一种将钻进、注浆、锚固等功能合为一体的锚杆，适用于岩体破碎、成孔困难的围岩。

3.4.2　初期支护设计

初期支护设计原则是适当控制围岩变形量，及时构筑支护结构，恰当选择支护结构刚度，以保证隧道的安全稳定和经济合理。初期支护应根据工程所处的工程地质和水文地质条件、工程的重要性等因素合理设计支护型式（喷射混凝土支护、喷射混凝土＋钢筋网支护、喷射混凝土＋锚杆支护、喷射混凝土＋锚杆＋钢筋网支护、喷射混凝土＋锚杆＋钢筋网＋钢拱架支护等）和支护参数（喷层厚度、锚杆长度、网径、钢拱架间距等）。

1. 喷射混凝土

喷射混凝土在支护结构中主要起如下作用：对围岩节理、裂隙起充填作用，将不连续的岩层层面胶结起来，产生楔效应而增加岩块间的摩擦系数，防止岩块沿软弱面滑移，促使表面岩块稳定；有一定黏结力和抗剪强度，能与岩层粘贴并与围岩形成统一承载体系；能及时、分层施喷，喷层虽薄但具有较高的早期强度，能控制围岩变形，即使围岩有一定变形，也不致坍塌，从而提高围岩的自承作用。

在一般围岩条件下，采用喷射混凝土，其设计强度一般不低于 C20，厚度为 5～30 cm。围岩松散、稳定性极差的，可采用钢纤维喷射混凝土。与不掺钢纤维的同级喷射混凝土相比，钢纤维喷射混凝土抗弯强度可提高 30%～90%，抗拉强度可提高 30%～60%，抗压强度可提高 5%～10%，抗冲击力可提高 8 倍以上，韧性可提高 10 倍以上。钢纤维喷射混凝土设计强度等级不应低于 C25，钢纤维掺量宜为混凝土体积的 1%～1.5%（为混凝土质量的 3%～6%），喷层厚度为 5～30 cm。

为发挥围岩的自承作用，喷射混凝土支护应具有一定的柔性，喷层最大设计厚度不宜超过 35 cm，当喷层不能满足支护抗力要求时，可用锚杆、钢筋网或钢拱架予以加强。

配合喷射混凝土可使用钢筋网，钢筋网可提高喷射混凝土的抗剪和黏结强度，有利于抵抗围岩塌落和承受冲击荷载，提高喷层的整体性，使喷层应力分布均匀，从而减少混凝土收缩和喷层裂缝。钢筋网可设 1～2 层，采用 ϕ6～ϕ8 钢筋，钢筋间距 15～30 cm，搭接长度不小于 30d（d 为钢筋直径）。钢筋网喷射混凝土保护层厚度应不小于 2 cm，当采用双层钢筋网时，两层钢筋网之间的间隔距离应不小于 6 cm。

2. 锚　杆

小净距隧道初期支护的锚杆主要为系统锚杆和加固中隔岩柱的预应力锚杆。

系统锚杆在支护结构中作用如下：一是悬吊作用，隧道围岩被节理、裂隙或断层切割，开挖爆破震动可能引起局部岩块失稳，采用锚杆将不稳定的岩块悬吊在稳定岩体上，或将应力降低区内不稳定的围岩，悬吊在应力降低区以外的稳定岩体上；二是组合梁作用，在水平或倾角小的层状岩体中，锚杆能使岩层紧密结合，形成类似组合梁结构，增加层面间的抗剪强度和摩擦力，提高围岩稳定性；三是加固作用，软弱围岩开挖后，洞内临空面变形较大，当沿隧道周边布设系统锚杆，向围岩施加径向压力而形成承载拱后，与喷射混凝土支护共同承受围岩的形变压力，可减少围岩变形，提高围岩的整体稳定性。

系统锚杆按锚固方式可分为全长黏结型、端头锚固型和摩擦型三类。全长黏结型锚杆有普通水泥砂浆锚杆、早强水泥砂浆锚杆、树脂锚杆、中空注浆锚杆和自进式注浆锚杆等，端头锚固型锚杆有机械锚固锚杆、树脂锚固锚杆、快硬水泥卷端头锚杆等，摩擦型锚杆有楔管锚杆、水胀锚杆等。

锚杆设计和选型需结合地质情况、加固目的进行，常用锚杆直径 ϕ22 ~ ϕ32，长度为 3 ~ 8 m，间距为 80 ~ 100 cm（不宜大于 150 cm）。针对围岩破碎、成孔困难的地层，可采用 ϕ27 ~ ϕ32 自进式锚杆，锚杆露头部分加垫板。

当隧道净距较小时，采用预应力锚杆对中隔岩柱施加侧向约束并加固是确保隧道结构安全的重要加固措施。施加侧向约束的机理如莫尔圆解析图 3.37 所示。

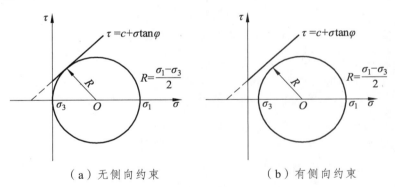

（a）无侧向约束　　　　　　　（b）有侧向约束

图 3.37　莫尔圆解析

由莫尔准则可知，中隔岩柱内岩体中任意一点的剪应力大小可表示为：

$$\tau_{max} = \frac{\sigma_1 - \sigma_3}{2} \tag{3.56}$$

式中：τ_{max}——岩体内某点的最大剪应力；

σ_1——岩体内某点的第一主应力；

σ_3——岩体内某点的第三主应力。

如果对中隔岩柱侧壁不施加约束，则在围岩表面处，$\sigma_3 = 0$，$\tau_{max} = \dfrac{\sigma_1}{2}$；施加约束后，在围岩表面处，$\sigma_3 > 0$，$\tau_{max} = \dfrac{\sigma_1 - \sigma_3}{2}$。无论对中隔岩柱施加侧向约束与否，$\sigma_1$（竖向围岩压力）始终不变，必然有 $\tau_{无约束\,max} > \tau_{约束\,max}$。因此，对中隔岩柱施加了侧向约束后处于三维受压状态，围岩抗压强度随着侧压的增加而提高，不但减小了围岩拉应力区，避免了拉伸破坏，也大大降低了围岩内部的剪应力，改善了中隔岩柱的受力状态，提高了围岩承载力。

预应力锚杆对中隔岩柱施加的侧向约束为：

$$\sigma_x = \frac{N}{a \cdot b} \tag{3.57}$$

式中：N——锚杆预应力（kN）；

  a——锚杆纵向间距（m）；

  b——锚杆环向间距（m）。

预应力设计值的确定与围岩条件、净距大小和锚杆布设间距等多种因素有关，锚杆杆体材料的抗拉极限强度是主要控制指标。设计上应根据中隔岩柱垂直应力大小，选取合理的锚杆布设间距和预应力指标。预应力锚杆规格有 $\phi22$、$\phi25$、$\phi32$ 等几种，锚杆间距为 0.5 ~ 1 m，预加应力应不小于 100 kPa。预应力锚杆的锚固端必须锚固在稳定岩层中。

3. 钢拱架支护

对于地质条件较差的隧道，要求支护结构对围岩施加较大的约束力，常采用钢拱架来加强支护结构的刚度。钢拱架的支护机理是在喷射混凝土还不能提供足够刚度时，由钢拱架承受围岩荷载，减缓围岩变形速度。随着喷射混凝土层的凝结硬化和强度的逐渐增长，围岩荷载转由喷射混凝土、钢拱架、锚杆联合支护体系共同承担。

钢拱架支护包括型钢拱架（工字钢拱架、U 型钢拱架、H 型钢拱架）和格栅钢拱架。

型钢拱架具有较大的支护强度和刚度，安装后可立即承受开挖所引起的松动压力，在以下条件时使用：自稳时间很短的 V、VI 级围岩，在锚杆或喷射混凝土支护发挥作用前，可能发生围岩失稳或坍塌危险时；浅埋、偏压隧道，当早期围岩压力增长快，需要提高初期支护的早期强度和刚度时；在砂卵石、土夹石或断层泥等地层中，以及为了抑制围岩大的变形需增加支护抗力时。工字钢钢拱架通常采用 I22b ~ I25b 工字钢，U 型钢拱架常采用 25U 钢拱架。

格栅拱架是由钢筋焊接而成的格栅架构，断面由三根或四根主筋组成，与喷射混凝土黏结较好，当喷射混凝土达到一定强度后，能与喷射混凝土共同承受逐渐增长的围岩压力，多用于软岩、土砂地层隧道。格栅拱架能充分体现新奥法柔性支护理念，在不需要立即承受荷载的环境下，是拱架设计的优先选择。

钢拱架间距根据地质条件一般为 0.5 ~ 1.2 m。钢拱架榀与榀之间必须用直径为 18 ~ 22 mm 的钢筋连接，连接筋间距不大于 1 m，在钢拱架支护内缘、外缘交错布置。钢拱架与围岩之间的混凝土保护层不应小于 4 cm，临空一侧的混凝土保护层厚度不应小于 2 cm。

3.4.3　二次衬砌设计

在 Ⅰ 级围岩隧道中，围岩和初期支护变形较小，且很快趋于稳定，故二次衬砌不承受围岩压力，其主要作用是防水、利于通风和修饰面层；在 Ⅱ、Ⅲ、Ⅳ 级围岩中，虽然围岩和初期支护变形小，二次衬砌承受不大的围岩压力，但考虑到运营后锚杆钢筋锈蚀、围岩松弛区逐步发展、初期支护质量不稳定等原因，施作二次衬砌可提高支护衬砌的安全度；Ⅴ、Ⅵ 级围岩，尤其是 Ⅵ 级围岩，由于岩体松软、破碎、浅埋、偏压等，围岩变形未趋于基本稳定而提前施作二次衬砌，此时，二次衬砌是承载结构，要承受较大的后期围岩形变压力。

复合式衬砌的二次衬砌一般采用钢筋混凝土，衬砌断面宜采用连接圆顺的等厚度断面，仰拱厚度宜与拱墙厚度相同。Ⅰ、Ⅱ 级围岩二次衬砌不受力或受力不大，根据施工和结构要求确定衬砌厚度，可采用二次衬砌最小厚度；Ⅲ ~ Ⅵ 级围岩复合式衬砌按承载结构设计，通常为 30 ~ 50 cm。

围岩较差的地段应设仰供：一般 Ⅳ、Ⅴ、Ⅵ 级围岩地段的小净距隧道应设置仰拱；Ⅲ 级围岩可设仰拱；Ⅰ、Ⅱ 级围岩岩体坚硬、完整性较好，可不设仰拱。

3.4.4　预留变形量

预留变形量大小可根据围岩级别、断面大小、隧道埋深及施工方法等，采用工程类比法确定，也可参照表 3.14 选用，根据现场监控量测结果进行调整。

表 3.14　小净距隧道预留变形量参考值

围岩级别	Ⅱ	Ⅲ	Ⅳ	Ⅴ	Ⅵ
预留变形量/mm	10 ~ 50	50 ~ 80	80 ~ 120	100 ~ 150	现场量测确定

注：围岩破碎取大值，围岩完整取小值。

3.5　设计案例

3.5.1　济南顺河高架玉函路隧道

1. 工程概况

济南顺河高架南延工程是济南市快速路网规划系统的重要组成部分，为城市主干路。其中，玉函路隧道全程位于玉函路正下方，北起玉函立交南引道，南至玉函路—七里山路交叉口以南，与英雄山路高架相接，全长 3.3 km，暗挖段 2 335 m，设计速度 50 km/h。隧道除进出口端为连拱隧道外，K1 + 163 ~ K2 + 990 段共计 1 827 m 为小净距隧道，上下行隧道间净距为 1.8 ~ 3.5 m 不等。隧道纵断面埋深 6 ~ 11.7 m。玉函路两侧建筑林立，数百栋老旧房屋基础距离隧道边墙 1.8 ~ 6 m 不等；隧道正上方地下管线复杂，分布有供水管、雨水管、污水管、燃气管线及电力管线等。

隧道平面线路详见图 3.38。

图 3.38　玉函路隧洞平面线路

隧址处第四系地层为填土、坡洪积成因的湿陷性黄土、黏性土及碎石土，下伏奥陶系石灰岩，马鞍山路口及其以北为燕山期辉长岩侵入体。在勘探深度范围内可分为 6 层。地层自上而下主要有：

（1）填土：分为杂填土与素填土。杂填土含大量砖块、碎石、灰渣等建筑垃圾。素填土为灰褐色、可塑，以黄土、黏土为主。

（2）黄土、碎石：该层以湿陷性黄土为主，湿陷性中等，局部为碎石。黄土为黄褐色，可塑—硬塑，局部呈坚硬状态。碎石母岩成分为灰岩，呈次棱角状，混褐黄色黏性土。

（3）粉质黏土、碎石：该层以粉质黏土为主，局部为碎石。粉质黏土呈浅棕黄—棕黄色，可塑—硬塑，局部呈坚硬状态，含铁锰氧化物、零星碎石。碎石呈杂色，稍—中密，母岩成分为灰岩，呈次棱角状，混棕黄色黏性土。

（4）黏土、碎石、粉质黏土：该层以黏土为主，局部有碎石与粉质黏土夹层。黏土为棕黄色，可塑—硬塑，局部呈坚硬状态，含铁锰氧化物、零星碎石。碎石杂色，中密，母岩成分为灰岩，次棱角状，混褐黄色黏性土。粉质黏土为褐黄色、可塑—硬塑，含铁锰氧化物、零星碎石。

（5）辉长岩：按风化程度，可分为全风化辉长岩、强风化辉长岩及中风化辉长岩。全风化辉长岩呈黄绿色，密实，原岩剧烈风化呈细砂状、土状。强风化辉长岩呈黄绿—灰绿色，密实，原岩强烈风化呈中粗砂状，含少量母岩碎块。中风化辉长岩呈灰绿色，细—中粒状结构，块状构造，原岩中等风化，节理裂隙较发育。

（6）石灰岩、泥灰岩：根据岩性、基岩完整程度、风化程度等可分为较完整中风化石灰岩、较破碎中风化石灰岩、破碎中风化石灰岩、强风化泥灰岩、中风化泥灰岩，局部有洞隙黏土及侵入的强风化辉长岩、中风化辉长岩岩体。

各层岩土物理力学指标及参数见表 3.15。

表 3.15　岩土物理力学指标及参数

岩土名称	重度 /（kN/m³）	承载力基本容许值/kPa	压缩模量 /MPa	变形模量 /GPa	泊松比	弹性抗力系数 /（MPa/m）	粘聚力 /kPa	内摩擦角 /（°）
①杂填土	19.0						10	10
①₁素填土	19.0						15	10
①₂碎石素填土	19.5						5	20
②黄土	17.2	140	8.4	0.010	0.38	100		
②₁碎石	20.0	300	25.0	0.020	0.35	150	5	30
③粉质黏土	18.7	180	8.4	0.010	0.37	100		
③₁碎石	20.0	350	30.0	0.024	0.35	150	5	30
④黏土	19.1	220	9.9	0.010	0.42	120		
④₁碎石	20.0	400	35.0	0.029	0.35	150	5	30
④₂粉质黏土	19.1	200	7.6	0.010	0.38	100		
⑤₁全风化辉长岩	17.0	300		0.030	0.40	100	12	20
⑤₂强风化辉长岩	18.0	500		1.000	0.39	120	50	22
⑤₃中风化辉长岩	22.0	800		2.200	0.33	250	200	35
⑥中风化石灰岩	25.0	2000		7.000	0.26	500	700	39
⑥₁中风化石灰岩	22.0	1000		2.400	0.31	300	300	30
⑥₂中风化石灰岩	20.0	800		1.300	0.35	150	100	25
⑥₃强风化泥灰岩	17.0	450		1.000	0.40	100	50	20
⑥₄强风化泥灰岩	19.0	500		1.100	0.37	120	80	21
⑥₅中风化泥灰岩	21.0	800		2.000	0.35	200	200	27
⑥₆洞隙黏土	18.6	220		0.010	0.38	100	40	16

其中，马鞍山路以南基岩为灰岩，存在岩溶现象，岩溶为浅覆盖型，洞隙垂直高度一般为 0.5～4.1 m，洞隙内一般充填棕红色硬塑黏土，混碎石及风化碎屑，部分钻孔中黏土洞呈串珠状，空间上可能连通。

区域内未见明显褶皱，沿线节理裂隙发育，有多条破碎带。

以左线为例，沿线围岩情况见表 3.16。典型洞段地质纵断面如图 3.39 所示。

表 3.16　玉函路隧道围岩分级

里程	长度/m	工程地质特征	围岩级别	围岩自稳能力
ZK0 + 855 ~ ZK0 + 996	141	上覆土层厚 2.4 ~ 5.3 m，下伏强—中风化泥岩，局部为中风化石灰岩，洞顶岩石厚度 1.3 ~ 2.7 m	V	本段埋深较小，拱部可能产生松动破坏或坍方
ZK0 + 996 ~ ZK1 + 144	148	上覆土层厚 2.5 ~ 5.1 m，下伏中风化石灰岩，岩溶发育，洞顶岩石厚 2.7 ~ 3.8 m	V	本段局部可能发生掉块或小坍方
ZK1 + 144 ~ ZK1 + 327	183	上覆土层厚 2.3 ~ 5.0 m，下伏中风化石灰岩，受破碎带影响岩体破碎，局部为辉长岩侵入体，洞顶岩石厚 1.1 ~ 3.3 m	V	本段拱部可能产生松动破坏或坍方
ZK1 + 327 ~ ZK1 + 509	182	上覆土层厚 8.8 ~ 11 m，下伏中风化石灰岩，洞顶岩石厚 0.7 ~ 2.9 m	V	本段洞顶岩石较薄，可能产生松动破坏或坍方
ZK1 + 509 ~ ZK1 + 902	393	洞顶基本为土层，以黄土、填土为主，局部为黏土、粉质黏土、碎石，土层厚度 11.1 ~ 11.4 m	V	本段围岩无自稳能力，可能产生塑性变形或挤压破坏
ZK1 + 902 ~ ZK2 + 092	190	上覆土层厚 9.8 ~ 10.5 m，下伏中风化石灰岩，洞顶岩石厚 0.7 ~ 1.7 m	V	本段洞顶岩石较薄，可能产生松动破坏或坍方
ZK2 + 092 ~ ZK2 + 343	251	上覆土层厚 2.4 ~ 9.2 m，下伏中风化石灰岩，局部夹泥灰岩，洞顶岩石厚 1.3 ~ 8.8 m	V	本段可能发生掉块，洞顶岩石较薄处可能产生松动破坏或坍方
ZK2 + 343 ~ ZK2 + 819	476	洞顶基本为土层，以粉质黏土为主，局部为黄土，土层厚 9.5 ~ 10.8 m	V	本段围岩无自稳能力，可能产生塑性变形或挤压破坏
ZK2 + 819 ~ ZK3 + 041	222	上覆土层厚 2.6 ~ 6.8 m，下伏中风化石灰岩，洞顶岩石厚 2.4 ~ 5.5 m	V	本段局部可能发生掉块或小坍方
ZK3 + 041 ~ ZK3 + 191	150	上覆土层厚 1.9 ~ 4 m，下伏中风化石灰岩，受破碎带影响岩体破碎，洞顶岩石厚 0.8 ~ 3.3 m	V	本段拱部可能产生松动破坏或坍方

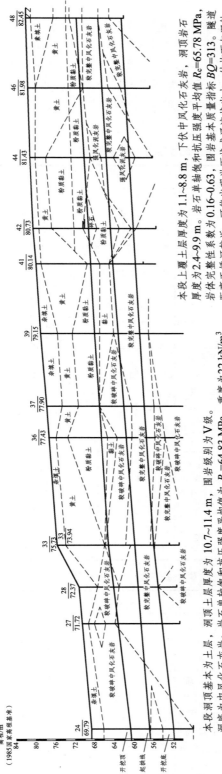

图 3.39　玉函路隧道局部洞段地质纵断面

本段上覆土层厚度为 1.1~8.8 m，下伏中风化石灰岩，洞顶岩石单轴饱和抗压强度平均指标 R_c=65.78 MPa，岩体完整性系数为 0.16~0.63，围岩基本质量指标 BQ=313。隧道距离王绣河较近，可能出现涌水或涌流状况，结构面与洞轴线夹角相交，围岩基本质量指标修正值 [BQ]=223，围岩级别为 V 级。中风化石灰岩：重度为 22 kN/m³，地基承载力基本容许值 [f_{a0}]=1 000 kPa，内聚力 c=100 kPa，内摩擦角 φ =25°，弹性抗力系数 k=150 MPa/m。弹性模量 E=1.3 GPa，泊松比 μ=0.45。

本段洞顶及基本为土层，围岩级别为 V 级。洞顶土层厚度为 10.7~11.4 m，岩石单轴抗压强度平均值为 R_c=64.83 MPa，洞底为中风化石灰岩：岩石基本承载力基本容许值 [f_{a0}]=1 000 kPa，内聚力 c=100 kPa，内摩擦角 φ =25°，弹性抗力系数 k=150 MPa/m。洞底承载力基本容许值 [f_{a0}]=450 kPa，地基承载力基本容许值 [f_{a0}]=450 kPa，泊松比 μ=0.45，弹性抗力系数 k=150 MPa/m。

本段洞顶基本为土层，重度为 19 kN/m³，弹性模量 E=1.1 GPa，泊松比 μ=0.31，弹性模量 E=1.3 GPa，泊松比 μ=0.45，泊松比土层。洞底局部为强风化泥灰岩：重度为 22 kN/m³，内聚力 c=80 kPa，内摩擦角 φ =21°，内摩擦角 φ =25°，弹性抗力系数 k=1 20 MPa/m。

2. 设 计

玉函路隧道为城市复杂环境下的超浅埋小净距隧道，地质条件差，距离建筑物近，拱顶管线复杂，应结合工程类比和计算分析综合确定支护参数，并适当加强。标准段设计 V_a 型、V_b 型和 V_c 型支护衬砌，应急车道加宽段设计 V_a 型支护衬砌。V_a 型衬砌适用于 V 级围岩岩层初期支护及二次衬砌，V_b 型衬砌适用于 V 级围岩岩层与土层过渡段初期支护及二次衬砌，V_c 型衬砌适用于 V 级围岩土层初期支护及二次衬砌。标准段衬砌支护参数见表 3.17，应急车道衬砌支护参数见表 3.18。

表 3.17 隧道衬砌支护参数（标准段）

衬砌类型	超前支护	初期支护						二次衬砌
		系统锚杆		钢筋网	钢拱架	喷射 C25 混凝土		现浇 C40 混凝土
						拱、墙	仰拱	拱墙、仰拱
V_a 型	$\phi42$ 超前注浆小导管，4 m 长，1.8 m（纵）×0.4 m（环）	拱部	$\phi25$ 中空注浆锚杆，3 m 长，1 m（纵）×1 m（环）	$\phi8$，@15 cm×15 cm，单层，拱部及边墙布置	I20b 钢架，间距 60 cm	28 cm	20 cm	55 cm 钢筋混凝土 $\phi22@15$ cm
		边墙	$\phi25$ 中空注浆锚杆，3.5 m 长，1 m（纵）×1 m（环）					
V_b 型	$\phi108$ 管棚，30 m 长，0.4 m（环）；$\phi42$ 超前注浆小导管，3.5 m 长，1.5 m（纵）×0.4 m（环）	拱部	$\phi25$ 中空注浆锚杆，3 m 长，1 m（纵）×1 m（环）	$\phi8$，@15 cm×15 cm，双层，拱部及边墙布置	I25b 钢架，间距 50 cm	35 cm	35 cm	55 cm 钢筋混凝土 $\phi25@15$ cm
		边墙	$\phi25$ 中空注浆锚杆，3.5 m 长，1 m（纵）×1 m（环）					
V_c 型	$\phi108$ 管棚，30 m 长，0.4 m（环）；$\phi42$ 超前注浆小导管，3.5 m 长，1.5 m（纵）×0.4 m（环）	拱部	$\phi25$ 中空注浆锚杆，3 m 长，1 m（纵）×1 m（环）	$\phi8$，@15 cm×15 cm，双层，拱部、边墙及仰拱布置	I25b 钢架，间距 50 cm	35 cm	35 cm	55 cm 钢筋混凝土 $\phi25@15$ cm
		边墙	$\phi42$ 径向注浆小导管，4 m 长，1 m（纵）×1 m（环）					

表 3.18 隧道衬砌支护参数（应急车道）

衬砌类型	超前支护	初期支护						二次衬砌
		系统锚杆		钢筋网	钢拱架	喷射 C25 混凝土		现浇 C40 混凝土
						拱、墙	仰拱	拱墙、仰拱
V_a 型	$\phi42$ 超前注浆小导管，4.5 m 长，1.8 m（纵）×0.4 m（环）	拱部	$\phi25$ 中空注浆锚杆，4 m 长，1 m（纵）×1 m（环）	$\phi8$，@15 cm×15 cm，单层，拱部及边墙布置	I25b 钢架，间距 60 cm	35 cm	35 cm	60 cm 钢筋混凝土 $\phi25@15$ cm
		边墙	$\phi25$ 中空注浆锚杆，4 m 长，1 m（纵）×1 m（环）					

隧道标准段内轮廓如图 3.40 所示,应急车道内轮廓如图 3.41 所示,衬砌断面如图 3.42~图 3.44 所示。

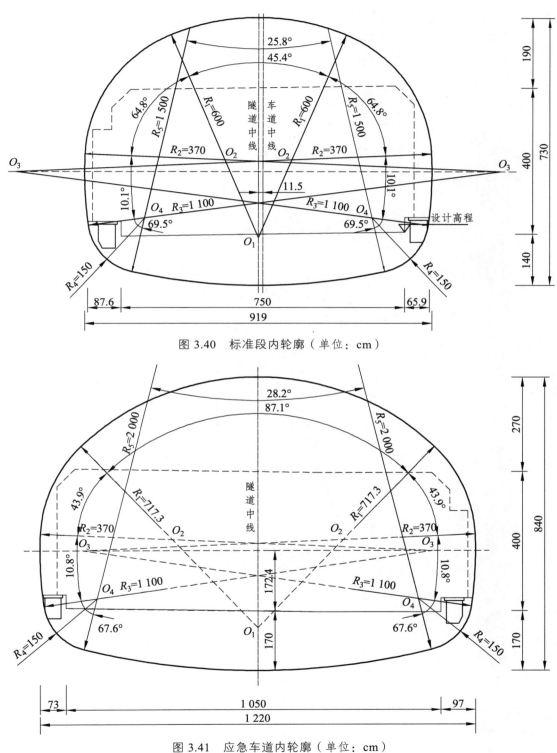

图 3.40　标准段内轮廓（单位：cm）

图 3.41　应急车道内轮廓（单位：cm）

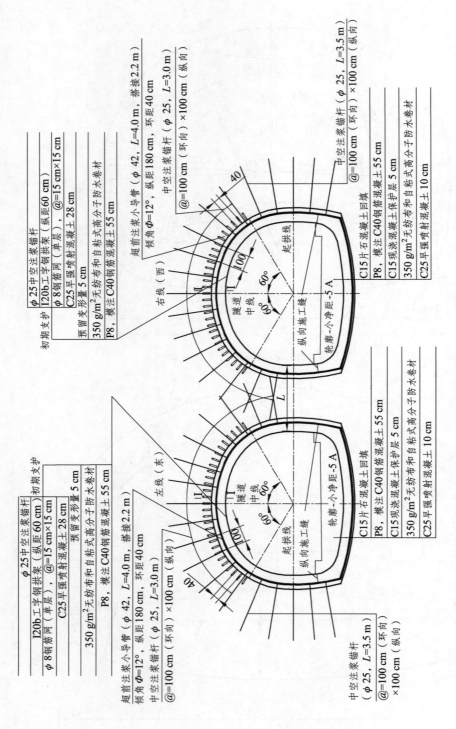

图 3.42 V_a 级围岩衬砌断面（单位：cm）

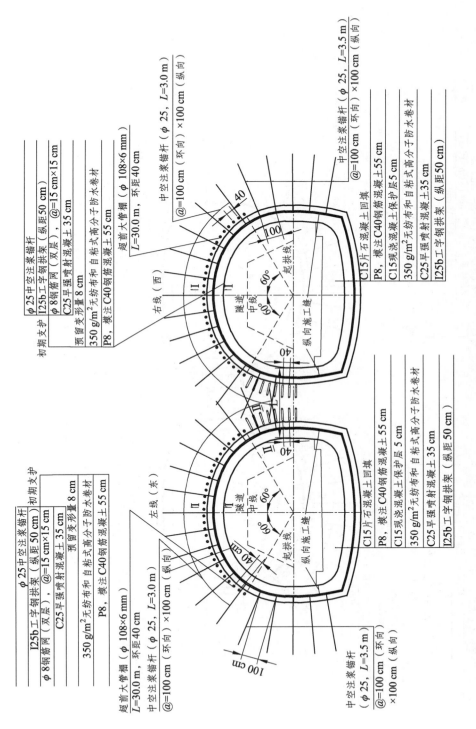

图 3.43　Vᵦ 级围岩衬砌断面（单位：cm）

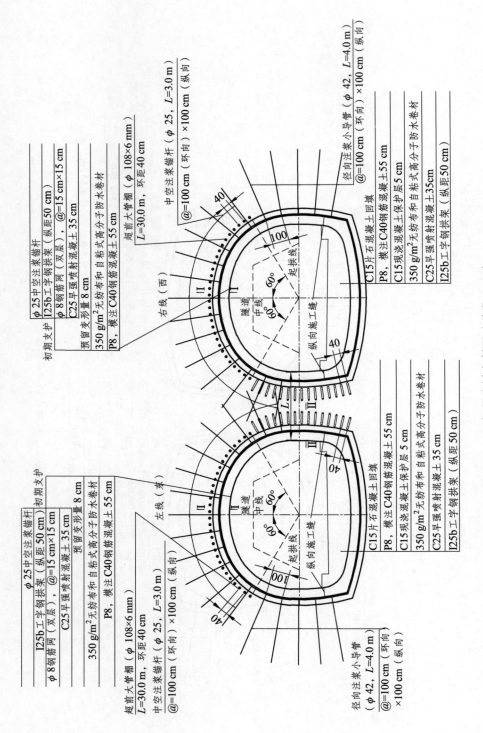

图 3.44 V_c 级围岩衬砌断面（单位：cm）

由于玉函路为城市主干道，地面交通流量大，沿线建筑物密集，地下管线复杂，为尽量减轻对全线居民的干扰，在设计上，隧道岩石段采用悬臂掘进机开挖，软土段采用人工开挖。隧道标准段断面在石质围岩条件下采用上下台阶开挖法，在土质条件下采用上下台阶预留核心土开挖法；应急车道断面采用单侧壁导洞开挖法。

隧道位于玉函路下方，在开挖过程中将不同程度地引起深层土体的扰动、地面沉降，有可能导致地面建筑和地下构筑物的开裂破损甚至倒塌，必须采取必要措施对沿线两侧距离较近的建筑物进行保护。设计措施如下：沿隧道纵向布置 ϕ108 注浆钢管桩，桩间距 0.5 m，桩长根据实际地层分布情况确定，当隧道仰拱基底以上为土质围岩时，钢管桩桩底高程应低于隧道底不小于 2 m，当隧道仰拱基底以上为岩质隧道时，钢管桩桩底嵌入岩石中不小于 2 m；隧道内拱顶加强超前支护，采用 ϕ108 超前大管棚或 ϕ42 超前小导管注浆加固。

玉函路隧道施工期地表车流量大，动荷载效应明显，且洞身地质松软破碎，两洞间净距仅为 1.8～3.5 m，必须确保中隔岩柱稳定可靠，不出现塑性区域或至少保证塑性区域不能贯穿或连通。在设计上，中隔岩柱加固方案如图 3.45 所示。

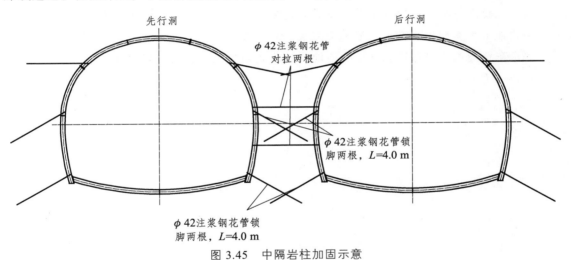

图 3.45　中隔岩柱加固示意

3.5.2　贵阳北京东路隧道

1. 工程概况

贵阳北京东路为城市快速路，自北京路—宝山路交叉口起，向东经过壁园溪林、金狮小区、新里程、华润房开，其后上跨东二环、水东路、南明河，终点处下穿绕城高速。北京东路 1 号隧道和 0 号隧道均为浅埋小净距隧道，设计速度 60 km/h，双向六车道，上下行隧道间距仅 4 m。隧道围岩等级全部为 V 级。

1 号隧道起讫里程 K0＋260～＋960，全长 700 m，其中，K0＋270～＋400 段左线为明挖隧道，K0＋611～＋692 段为明挖涵洞段，其余洞段均为浅埋小净距隧道，洞顶覆土厚度为 5.4～19 m。1 号隧道位于扬子准地台黔北台隆贵阳复杂构造变形区，贵阳向斜北端东翼。

K0 + 530 附近发育一条 F₁ 断层，断层走向近南北向：断层东侧（隧址区 K0 + 530 ~ + 960 段）为二叠系龙潭组碳酸盐可溶岩及碎屑岩夹煤线地层；断层西侧（隧址区 K0 + 400 ~ + 530 段）为三叠系大冶组碳酸盐可溶岩地层，偶夹厚度不大的碎屑岩。隧址区岩体较破碎—极破碎，节理、裂隙发育—很发育。

0 号隧道起讫里程 K1 + 020 ~ + 400，全长 380 m，均为浅埋小净距隧道，洞顶覆土厚度为 2 ~ 28 m。0 号隧道位于扬子准地台黔北台隆贵阳复杂构造变形区，贵阳向斜北端东翼。K1 + 300 处发育一条 F₂ 断层，断层走向近南北向。断层两侧为二叠系龙潭组碎屑岩夹碳酸盐岩层。隧址区岩体较破碎—极破碎，节理、裂隙发育—很发育。

隧址区主要地层为：

（1）杂填土：杂色，为混凝土、砖块、碎石、黏土及生活垃圾等构成，层厚 1 ~ 4.6 m。

（2）黏土：褐黄色，以硬塑、可塑为主，层厚 1 ~ 4.8 m。

（3）三叠系大冶组：岩性为中风化灰、深灰色薄层—中厚层灰岩，偶夹深灰、灰黑色泥页岩。强风化岩体仅分布于基岩面浅部。

（4）二叠系龙潭组：岩性主要为泥质灰岩和泥岩、砂岩等碎屑岩夹煤线。

主要地下水类型为孔隙水、节理裂隙水、岩溶水。

北京东路隧道 1 号隧道和 0 号隧道地质纵断面如图 3.46、图 3.47 所示。

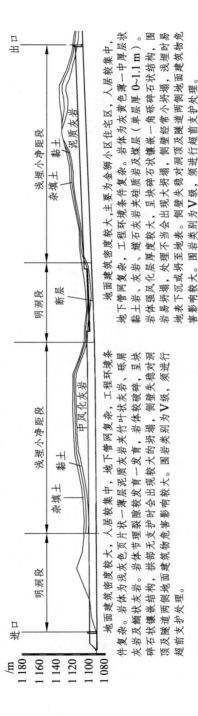

图 3.46　贵阳北京东路隧道 1 号隧道地质纵断面

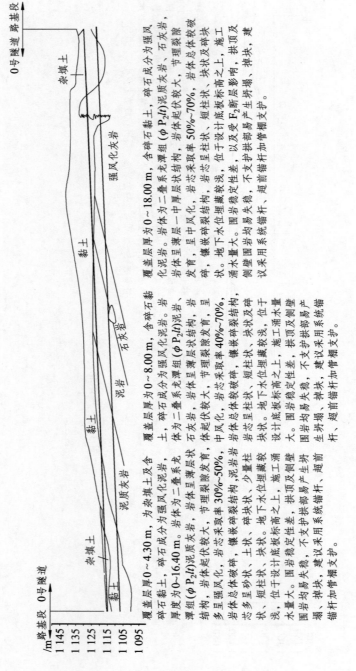

图 3.47 贵阳北京东路隧道 0 号隧道地质纵断面

覆盖层厚 0～4.30 m，为杂填土及含碎石黏土，碎石成分为强风化泥岩，厚度为 0～16.40 m。岩体为二叠系龙潭组（φ P$_2$lt）泥岩、石灰岩，岩体呈薄层状结构，节理裂隙发育，岩体起伏较大，多呈强风化，岩体破碎，镶嵌碎裂结构，岩芯呈柱状、土状、块状，位于设计底板标高之上，地下水位埋藏较浅，施工涌水量大。围岩均易失稳、掉块，拱顶及侧壁产生拼塌，建议采用系统锚杆、超前锚杆加管棚支护。

覆盖层厚 0～8.00 m，含碎石黏土，碎石成分为强风化泥岩。岩体为二叠系龙潭组（φ P$_2$lt）泥岩、石灰岩，岩体呈薄层状结构，岩体起伏较大，节理裂隙发育，呈中风化，岩芯采取率 30%～50%，岩体总体较破碎，泥岩岩芯呈柱状，少量柱块状，镶嵌碎裂结构，土状、块状。位于设计底板标高之上，地下水位埋藏较浅，施工涌水量大。围岩稳定性差，不支护拱顶及侧壁易产生拼塌、掉块，建议采用系统锚杆、超前锚杆加管棚支护。

覆盖层厚为 0～18.00 m，含碎石黏土，碎石成分为强风化泥岩、石灰岩，岩体为二叠系龙潭组（φ P$_2$lt）泥质灰岩、石灰岩，岩体起伏较大，节理裂隙发育，呈薄层状结构，呈中风化，岩芯采取率 50%～70%，岩体总体较破碎，镶嵌碎裂结构，岩芯呈柱状，短柱状，块状及碎块状，位于设计底板标高之上，以及受 F$_2$断层影响，施工涌水量大。围岩均易失稳、掉块，拱顶及侧壁易产生拼塌，不支护拱部易产生拼塌、掉块，建议采用系统锚杆、超前锚杆加管棚支护。

　　北京东路隧道沿线建构筑物密度极大，依次穿越贵阳市万东小区、贵开路拆迁安置房等建筑，如图 3.48 所示，隧道穿越主要建筑物详见表 3.19。地下管线十分复杂，包括电力、通信、燃气、供水等管线。

图 3.48　北京东路隧道平面线路

表 3.19　隧道穿越主要建筑物统计

序号	建筑物名称	结构型式	里程	基础与隧道关系
1	沙河村民房	2~3 层砖混结构，条形基础	K1+020~+090	位于隧顶，垂直距离为 2~10 m
2	民房	2~3 层砖混结构民房，浆砌基础	K0+400~+530	基础底部距离隧顶较近
3	贵开路安置房	8 层砖混结构，条形基础	K0+440~+480	位于隧顶，垂直距离约 10 m
4	金狮小区 2#和 3#楼	8 层砖混结构，人工挖孔桩基础	K0+440~+510	位于隧顶，垂直距离约 7 m
5	贵乌变电站	高压线路铁塔和地下管线复杂	K0+530~+570	位于隧顶，垂直距离约 10 m
6	金狮小区第 22 栋、第 24 栋、第 27 栋，金狮幼儿园	3~7 层砖混结构，条形基础或独立基础	K0+530~+920	位于隧道右边线线外 2~5 m
7	金狮中学	2 层框架结构，人工挖孔桩基础	K0+580~+660	桩基础穿越隧道
8	金狮小区第 6 栋、第 9 栋	3~7 层砖混结构，条形基础或独立基础	K0+670~+760	位于隧道左边线线外 0~5 m
9	金狮游泳馆	2 层砖混结构，独立柱基	K0+720~+760	最深基底距隧顶 0 m
10	金狮小区住宅楼第 21 栋	7 层砖混结构，条形基础	K0+790~+810	距隧顶 6 m
11	金狮小区住宅楼第 17 栋	7 层砖混结构，条形基础	K0+840~+890	距隧道左边线 0 m，距隧顶约 15.8 m
12	金狮小区住宅楼第 18 栋	7 层砖混结构，条形基础	K0+860~+890	位于隧顶，垂直距离为约 18 m
13	金狮小区住宅楼第 20 栋	8 层砖混结构，条形基础	K0+900~+915	位于隧顶，垂直距离为 19 m
14	高压线路铁塔		K0+960	位于隧道右边线线外 2~5 m

部分建筑和隧道结构位置关系如图 3.49～图 3.52 所示。

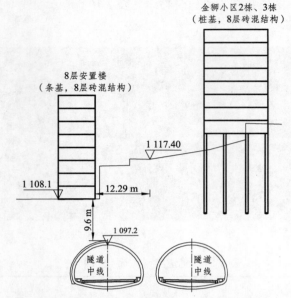

图 3.49　隧道线位与金狮小区 2 栋、3 栋位置关系

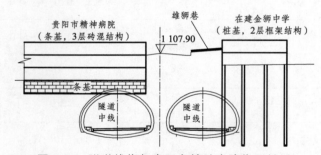

图 3.50　隧道线位与贵阳市精神病院位置关系

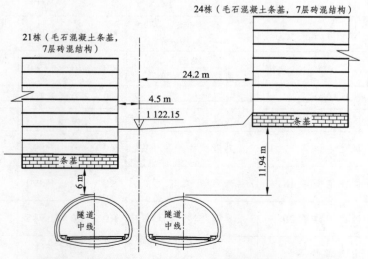

图 3.51　隧道线位与金狮小区 21 栋、24 栋位置关系

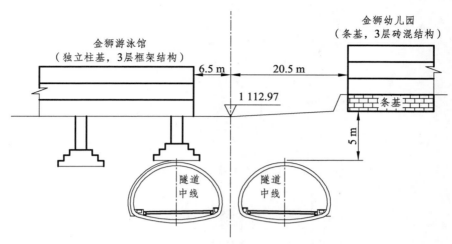

图 3.52　隧道线位与金狮游泳馆位置关系

2. 设　计

贵阳北京东路 0 号隧道和 1 号隧道暗挖洞段全部为 V 级围岩小净距隧道，其隧道衬砌支护参数如表 3.20 所示，隧道标准段内轮廓如图 3.53 所示，衬砌断面如图 3.54、图 3.55 所示。

表 3.20　隧道衬砌支护参数

衬砌类型 支护措施			复合式衬砌支护参数	
			1 号隧道	0 号隧道
初期支护	喷混凝土厚度/cm		33	28
	锚杆	长度/m	4.5	4.5
		间距/cm	80×50	80×50
	钢筋网 $\phi 8$		@20 cm×20 cm	@20 cm×20 cm
	钢拱架		0.5 m 间距，I25a 工字钢	0.5 m 间距，I22a 工字钢
	预留变形量/cm		18	15
	超前小导管	范围/(°)	拱顶 124	拱顶 124
		环向间距/cm	35	35
		长度/m	3	4.5
二次衬砌厚度/cm			80	70

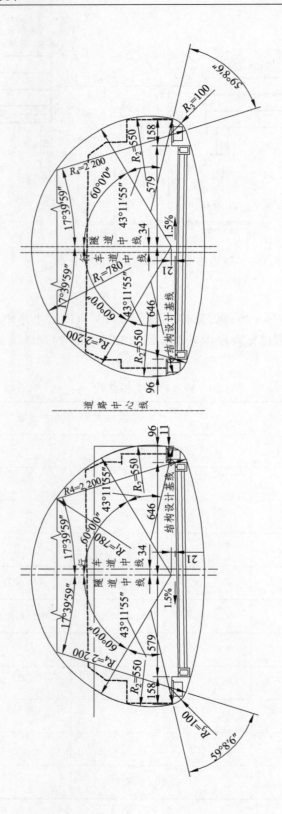

图 3.53　隧道标准段内轮廓（单位：cm）

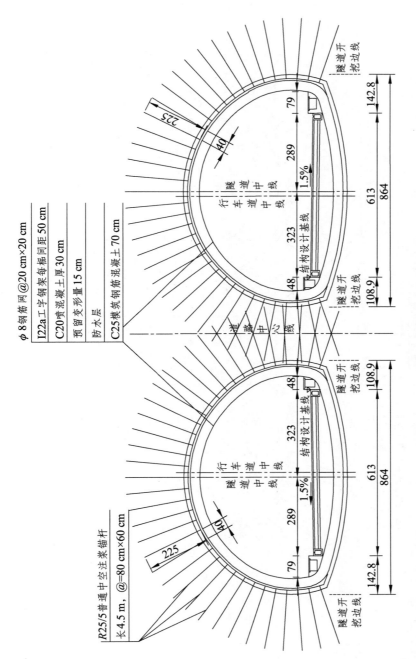

图 3.54　Ⅴ_a 型衬砌断面（单位：cm）

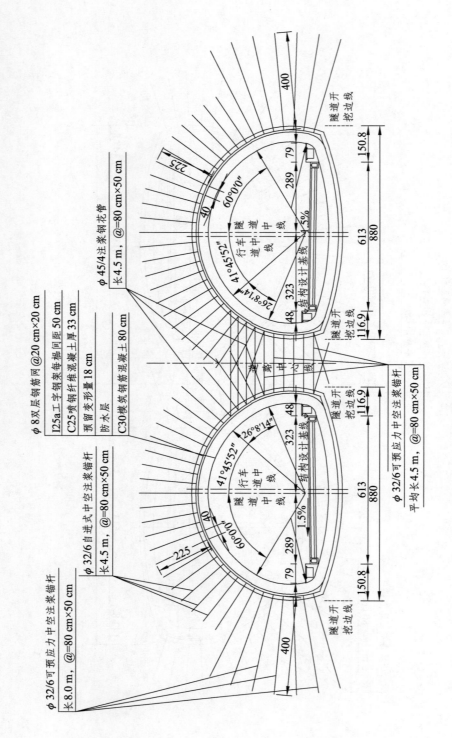

图 3.55 Ⅴ型衬砌断面（单位：cm）

隧道岩质洞段采用留核心土环形开挖，由于隧顶房屋众多，采用控制爆破。隧道土质洞段和进出洞采用 CRD 法（交叉中隔壁法）开挖。

由于地表建筑密集，设计采用了较强的超前支护措施，分不同洞段采用了管棚或超前小导管模式。

管棚施工范围为 K0 + 530 ～ + 590、K0 + 700 ～ + 820 及进出洞洞口。管棚长 35 m，环向间距为 40 cm，采用外径 $\phi108$、壁厚 6 mm 的热轧无缝钢管，沿隧道周边以 2°外插角设置，两环搭接长度为 6 m，如图 3.56 所示。

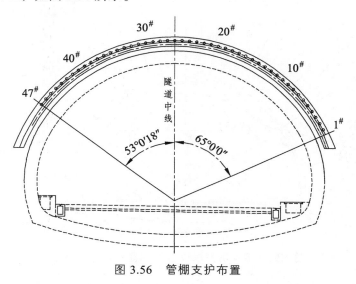

图 3.56　管棚支护布置

超前小导管布置在全隧洞段拱顶 120°范围，一环 55 根，采用 3 m 长 $\phi45$ 无缝钢管，壁厚 4 mm，在钢管端头 2.5 m 范围内钻 $\phi8$ 注浆孔，梅花形布置，环向间距 35 cm，纵向排距 1 m，搭接长度为 2 m，外插角 5 ～ 7°，如图 3.57 所示。

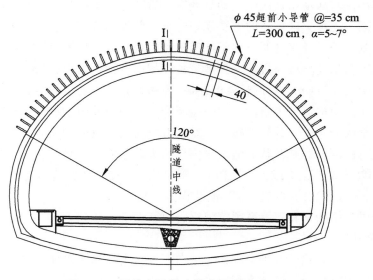

图 3.57　超前小导管支护布置（单位：cm）

地下水丰富洞段采用水泥水玻璃双液注浆，其余洞段采用单液注浆。双液浆水泥：水玻璃为 1：0.5（质量比），水玻璃浓度模数为 2.4，波美度为 35°Bé；单液浆水泥浆水灰比为 1：1。

由于隧道正穿多处建构筑物，为控制地表沉降，针对下穿房屋洞段增加 ϕ80 锚筋桩，如图 3.58 所示。

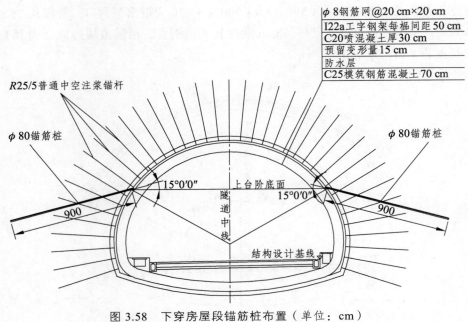

图 3.58　下穿房屋段锚筋桩布置（单位：cm）

3.5.3　都汶高速紫坪铺隧道

1. 工程概况

作为连接成都市与阿坝州藏区的主动脉通道，都汶高速公路在"5·12"汶川特大地震后成为进入汶川灾区、支援灾区重建的重要规划通道。紫坪铺隧道（原董家山隧道）是都汶高速公路的主要控制工程。隧道进洞口位于江家院子附近，为紫坪铺镇都江村所辖；出洞口位于麻溪乡瓦窑村下白果坪陡坡与缓坡交界地带；穿越山脊为董家山、云华山；为左右线分离的平行双洞，左洞长 4 111 m，右洞长 4 081 m；道路设计行车速度 60 km/h。

隧址区位于龙门山构造带中南段，二王庙断裂（龙门山前山断裂）与映秀断裂（龙门山中央断裂）所限制的断块上，其间展布了一系列背、向斜以及逆冲断裂，其中褶皱轴面和断层面剖面上呈向北西倾斜的叠瓦状。隧址区内褶曲为龚家向斜、龚家背斜、沙家坝向斜，断层共 10 条，均与隧道轴线正交或大角度相交。隧址区岩体受地质构造影响严重，岩体较破碎，节理裂隙较发育，普遍发育有两组"X"形共轭剪节理。

隧道穿越地层为第四系和三叠系须家河组，由新至老分述如下：

1）第四系全新统

该层主要分布于江家院子、龚家院子、上白果坪、下白果坪等地，按其成因分为坡残积层、崩积层、冲洪积堆积层、滑坡堆积层。

坡残积、崩积层：厚 0 ~ 20.0 m，由黄灰色、褐黄色粉质黏土、碎块石土组成。粉质黏土一般厚 0 ~ 3 m，覆盖于碎块石及基岩之上，松散—稍密。

冲洪积层：分布于进口两侧冲沟一带，厚 0 ~ 22.4 m，为褐黄色漂（块）石土，稍湿、稍密，粒径为 0.2 ~ 2.0 m。

滑坡堆积层：分布于出口段下白果坪滑坡，厚 0 ~ 18 m。由块、碎石土及低液限黏土、粉土组成。碎块石土成分主要为砂岩、少数泥岩，杂乱堆积，松散—稍密，湿—饱水，黏土层为滑带土，呈层状，隔水，使滑体富水。

2）三叠系上统须家河组

该层为隧道穿越的主要地层，按岩性组合特征分为三段，一段在区内缺失，隧道穿过地层主要是二、三段，其中隧址区内三段仅出露下部地层，二段分十五个岩性层。

须家河组三段：出露于 F_{10} 断层下盘，由黄灰色、褐黄色厚层状粗粒砂岩、细砾岩及泥质粉砂岩组成，中部夹少量炭质泥岩。

须家河组二段：单数层多以泥岩为主，夹粉砂岩或炭质泥岩及煤线；双数层则以砂岩或粉砂岩为主夹泥质岩类。

其中，出口段（汶川端）左右线由普通分离式段向洞口方向逐渐靠拢，形成小净距段，与 1 500 m 长的庙子坪特大桥相接。隧道净距从 21.86 m 渐变到 3.83 m，小净距段长共 205 m；隧道埋深从 121.8 m 渐变至 5.4 m；隧道岩性以泥岩为主，夹炭质泥岩及粉砂岩，围岩级别由 Ⅲ 级变到 Ⅴ 级，该段地质纵断面如图 3.59 所示。

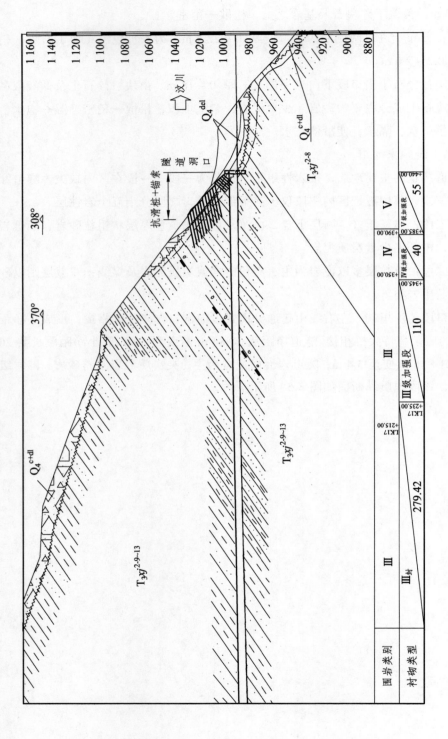

图 3.59 紫坪铺隧道小净距段纵断面

2. 设　计

汶川端洞口小净距段根据地质、两线间净距共划分为四段，如图 3.60 所示，设计参数详见表 3.21。

图 3.60　小净距平面分段（尺寸单位：cm）

表 3.21　隧道衬砌支护参数

衬砌类型	初期支护					模筑混凝土厚度/cm	仰拱/cm
	喷射混凝土厚度/cm	锚杆		钢筋网/cm	钢架纵向间距/cm		
		长度/cm	纵×横间距/cm				
V（超浅）	24	350	60×80	20×20	80	50	50
V	24	350	60×80	20×20	80	40	40
IV	15	350	100×100	25×25	—	35	35
III	12	300	120×120	局部 25×25	—	35	—

1）K17 + 466 ~ K17 + 446 段（LK17 + 461 ~ LK17 + 441 段）

左右明洞间净距为 2.56 ~ 4.05 m，该段按连拱削竹式明洞修筑。

2）K17 + 446 ~ K17 + 390 段（LK17 + 441 ~ LK17 + 385 段）

该段为 V 级围岩洞段，埋深小，且位于古滑坡体内，左右洞间中隔岩柱厚度为 3.83 ~ 8.53 m，隧道埋深为 5.4 ~ 45.6 m。岩性主要以深灰色泥岩为主，夹炭质泥岩及粉砂岩，岩层向洞内倾斜，倾角为 32 ~ 40°，岩层与轴线大角度相交。隧道浅埋，围岩以碎块状镶嵌结构或碎石状压碎结构为主。

隧道洞口位于下白果坪滑坡地带，隧道轴线与滑坡主轴基本一致，纵长 142 m，宽 160 m，面积约 2.1×10^4 m^2，厚 8 ~ 18 m，体积 2.73×10^5 m^3，属中型堆积层古滑坡。滑坡地貌宏观上较明显，总体呈圈椅状，滑坡后缘形成一圆弧形斜坡，坡角为 30 ~ 35°，滑体两侧有鼻状山脊，滑坡中部为一平坦的平台，并略向山内倾斜。滑体中地下水较为丰富。

在设计上，地表采用抗滑桩、预应力锚索、注浆锚杆、地表注浆等措施加固土体；LK17 + 441 ~ LK17 + 411 段采用水平预应力对拉锚杆和水平 $\phi42$ 注浆小导管加固中隔岩柱，LK17 + 411 ~ LK17 + 385 段采用水平 $\phi42$ 注浆小导管加固中隔岩柱。预应力对穿式锚杆和注浆小导管均按纵环向间距 60 cm×80 cm 布设，水平注浆小导管与隧道纵向夹角按 60°控制。开挖采用微振动爆破、台阶法留核心土环形开挖。

该段为加强衬砌段，衬砌结构如图 3.61 所示。中隔岩柱加固如图 3.62 所示。

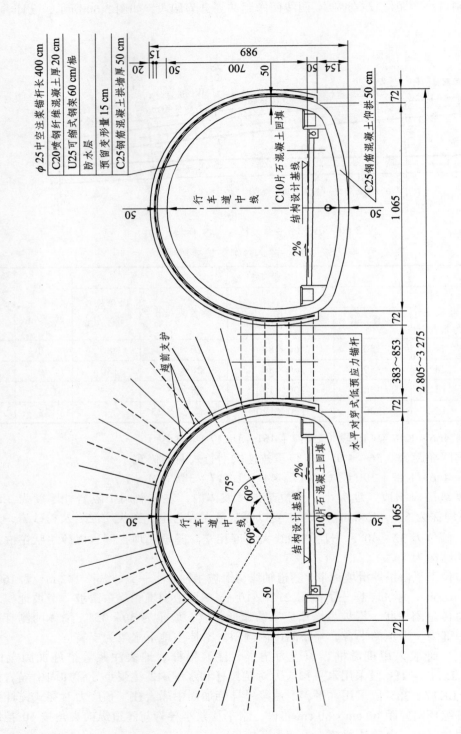

图3.61 Ⅴ级围岩加强衬砌结构设计（单位：cm）

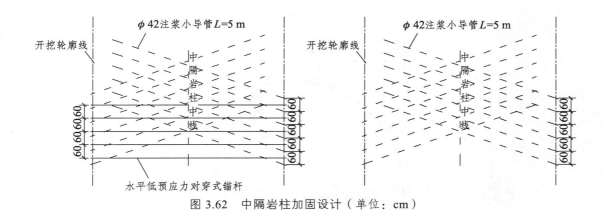

图 3.62　中隔岩柱加固设计（单位：cm）

对穿式锚杆设计预应力为 90 kN，采用二次张拉工艺施工。在先行洞开挖时安装，并待钻孔内水泥砂浆强度达到设计强度后施加预拉力 40 kN；后行洞开挖暴露锚杆端部后，拆除预安装的丝扣保护包装，施加预拉力到 90 kN，再对先行洞补张拉到 90 kN。对穿式低预应力锚杆安装如图 3.63 所示。

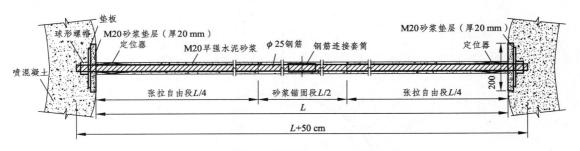

图 3.63　对穿式低预应力锚杆安装示意

3）K17 + 390 ~ K17 + 350 段（LK17 + 385 ~ LK17 + 345 段）

该段为Ⅳ级围岩洞段，左右洞间中隔岩柱厚度为 8.63 ~ 12.36 m，隧道埋深为 45.6 ~ 73.4 m，岩性为灰色薄层状泥岩及黄灰色细砂岩互层，岩层向洞内倾斜，倾角为 35°，岩层走向与轴线呈大角度相交。岩体呈碎块状镶嵌结构。

该段开挖采用短台阶光面爆破开挖。该段衬砌结构设计如图 3.64 所示。

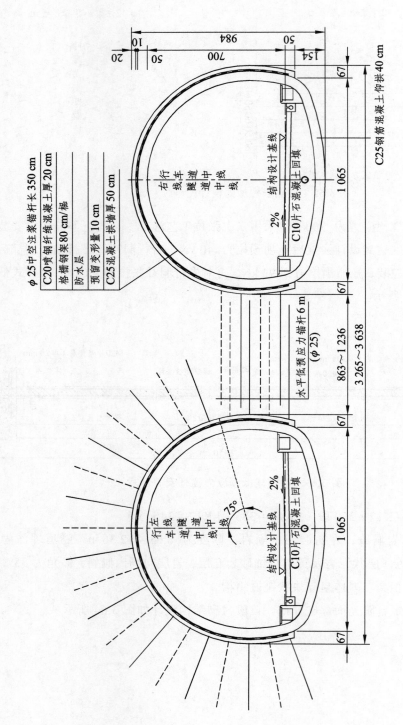

图 3.64 Ⅳ级围岩加强衬砌结构设计（单位：cm）

中隔岩柱采用水平低预应力非对穿锚杆加固，设计预拉力 90 kN，采用一次张拉工艺，如图 3.65 所示。

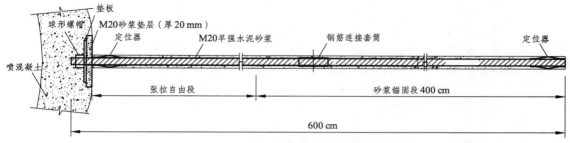

图 3.65　低预应力非对穿锚杆安装示意

4）17 + 350 ～ K17 + 240 段（LK17 + 345 ～ LK17 + 235 段）

该段为Ⅲ级围岩洞段，左右洞间中隔岩柱厚度为 12.82 ～ 21.86 m，隧道埋深为 73.4 ～ 121.8 m。围岩以黄灰色、灰色中—厚层状细—粗粒砂岩为主，为硬质岩，抗压强度为 35 ～ 78 MPa，岩体纵波波速为 3.0 ～ 4.5 km/s，岩体完整性系数为 0.63，属完整岩体。该段地层夹少量泥岩及炭质泥岩。轴线与岩层走向呈 60°相交，岩层倾向洞内，倾角为 32 ～ 37°，呈单斜状。岩体呈大块状砌体结构或碎块状镶嵌结构。围岩稳定性较好。

该段开挖采用全断面光面爆破开挖。该段衬砌结构设计如图 3.66 所示。

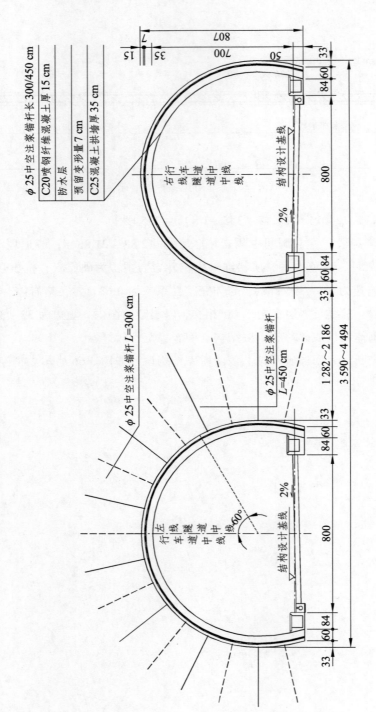

φ25中空注浆锚杆长 300/450 cm
C20喷钢纤维混凝土厚 15 cm
防水层
预留变形量 7 cm
C25混凝土拱墙厚 35 cm

右行车线隧道中线

结构设计基线

2%

800

φ25中空注浆锚杆 L=300 cm

φ25中空注浆锚杆
L=450 cm

左行车线隧道中线

结构设计基线

60°

2%

800

图 3.66 Ⅲ级围岩加强衬砌结构设计（单位：cm）

第 4 章　小净距隧道施工力学行为与施工方法

　　作为修建于围岩中的地下洞室结构，隧道结构最大的特点是结构与围岩始终共生共存：围岩既是荷载的主要来源，即构成作用于结构体系上的荷载来源，其本身又与支护体系共同形成承载结构，成为承载结构的一个重要组成部分。隧道结构体系并不仅仅只是初期支护和二次衬砌体系，而是由周围围岩体与各种支护结构共同构成。

　　隧道开挖前，围岩处于三维应力状态，其极限承载能力大于原始内力，处于稳定平衡状态。隧道开挖后，出现了临空面，应力重新调整，径向应力降低，重力、构造应力和工程应力等使围岩向隧道断面内移动，与此同时，围岩极限自承能力降低，形成了二次应力。如果围岩强度高于二次应力，则围岩是稳定的；如果围岩强度低于二次应力，则必须进行支护，否则，围岩就会发生破坏、失稳。围岩的破坏是从围岩表面开始的，逐渐向深部开展，依次形成塑性软化区、塑性强化区和弹性区，如图 4.1 所示。塑性强化区和弹性区是围岩承载的主体，塑性软化区是支护的对象。选择合适的施工方法，适时对软化区进行支护，可以提高围岩强度，有利于其自身稳定；同时，软化区围岩再对塑性强化区的围岩实施作用，增大了强化区围岩压力，使强化区围岩的承载力得到提高。所以，通过支护或加固软化区围岩，可以提高强化区围岩的强度，使围岩的自承能力得以部分发挥，实现深部围岩的稳定，并使其成为主要承载区。

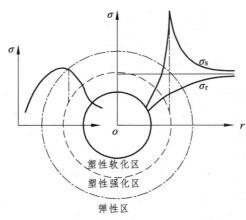

图 4.1　围岩分区与支护示意

　　开挖过程就是对围岩加载的过程，围岩发挥的自承力是导致围岩移动和破坏的荷载的反作用力。隧道施工的核心就是采用合适的施工方法，在施工过程中保持动态平衡，保护围岩，使岩达到稳定平衡状态。基于这一核心，各种不同的设计理念和工法本质都是一致的，都是基本维持围岩原始状态，合理发挥围岩的自承能力，通过围岩与支护系统共同作用，达到足够强度，确保形成稳定平衡体系。

围岩强度较高时，虽然随隧道开挖发生变形，极限承载能力下降，但还是大于初始应力，待内部应力调整完毕，变形收敛后，围岩依旧处于稳定平衡状态；围岩强度较差时，开挖后围岩处于加速变形阶段，极限承载能力急剧下降，如果不及时施加支护，围岩将处于不稳定平衡状态。介于这两者之间的围岩，在隧道开挖后，其变形过程可以分为两个阶段，第一阶段是形变压力阶段，第二阶段是松弛压力阶段。在形变压力阶段，围岩极限承载能力下降，但还是大于初始应力，围岩发挥的自承能力随变形增加而增加，所以在隧道开挖初期，要允许围岩发生一定的变形，及时采用柔性支护以发挥围岩的自承能力，若采用刚性支护结构限制围岩变形，支护结构将承受较大荷载。如果支护刚度偏小或支护时机偏晚，围岩变形发展到松弛压力阶段时，其极限自承能力迅速下降并小于初始应力。如图 4.2 所示，隧道刚开挖完成，若围岩自稳能力好、有一定自承能力，围岩和支护的刚度曲线交点 C（稳定点）应尽量靠近 N 点，可采用柔性支护，释放部分原始应力，允许围岩发生少量变形，使围岩承受的荷载尽可能大；若围岩自稳能力差、自承能力小，则围岩和支护的刚度曲线交点 C 应尽量靠近 A 点，要采用刚性支护控制围岩变形，使支护承受的荷载尽可能大，以保护围岩原始状态。

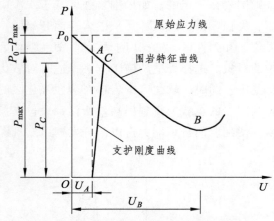

图 4.2　隧道支护原理的力-位移曲线

围岩是隧道施工方法选择最重要的对象和基础。隧道施工过程，从力学角度看，就是控制和调整围岩及结构力学状态变化的过程，施工方法就是通过围岩（对围岩加固，增加围岩强度和自稳性）、结构（强化结构）以及工序上（充分利用合理方案的工序时间来调整结构受力过程）的措施去控制和调整这个力学状态的手段和方法。只有系统研究围岩的性质和特点，深入掌握各种施工方法相应的力学行为和关键卡控环节，才能结合地质、环境条件有针对性地选择、优化和调整施工方法，减少建设过程中的安全隐患。

作为隧道结构中较为特殊的一类，小净距隧道施工过程先、后行洞结构受力、变形相互影响、干扰，其施工力学行为极其复杂，相应力学转化过程如图 4.3 所示。中隔岩柱作为施工期间的重要承载结构，其厚度小，在两洞施工过程中，该处围岩被反复扰动，强度降低，自稳性变差，施工中必须高度重视中隔岩柱处围岩的保护与加固。如果小净距隧道采用分部开挖的方式，如中隔壁法、双侧壁导坑法等，则围岩承载条件变化更复杂。

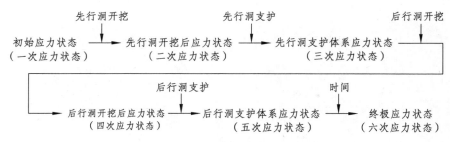

图 4.3　小净距隧道开挖力学转化过程

可见，小净距隧道的力学状态是极为复杂的，认识和了解施工过程中力学状态的变化，选择合适的施工方法，通过各种措施和工艺控制和调整结构的力学状态变化，对于安全施工非常重要。

4.1　施工力学行为

采用不同的施工方法，对围岩的影响及破坏程度是不同的，相应围岩收敛变形、塑性区发展趋势、应力应变状态也各不同。系统地把握各种施工方法在不同工况下的力学行为，对于根据地质条件选择科学合理的施工方法无疑有着重要的意义。

下面对五种小净距隧道施工中较为常见的施工方法组合工况进行分析，对比、分析不同开挖方法的应力应变特点。

工况 1：先行洞全断面法，后行洞全断面法。

工况 2：先行洞全断面法，后行洞台阶法。

工况 3：先行洞台阶法，后行洞 CD 法（中隔壁法）。

工况 4：先行洞 CD 法，后行洞 CD 法。

工况 5：先行洞 CD 法，后行洞 CRD 法。

隧道埋深取 10 m，净距取 3 m；先、后行洞间开挖工作面错距为 10 m，开挖步距为 2 m，台阶长度为 4 m。假定右洞为先行洞，左洞为后行洞。计算模拟的各种工况及其开挖步骤如图 4.4 所示。

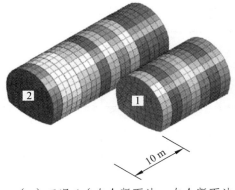

（a）工况 1（右全断面法，左全断面法）

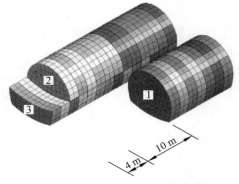

（b）工况 2（右全断面法，左台阶法）

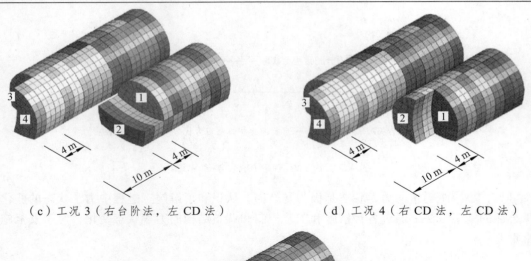

（c）工况 3（右台阶法，左 CD 法）　　（d）工况 4（右 CD 法，左 CD 法）

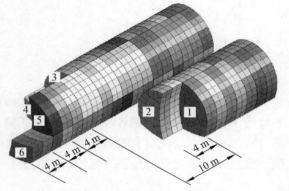

（e）工况 5（右 CD 法，左 CRD 法）

图 4.4　小净距隧道不同施工方法模拟

4.1.1　围岩及隧道变形分析

隧道设计、施工需重点考虑围岩变形收敛、中隔岩柱应力应变及应力集中等因素。尤其是城市区域小净距隧道，不仅需考虑结构自身安全，还需考虑对周边环境的影响，其变形沉降是否可控直接决定了地面重要建构筑物、地下重要管线是否安全。

不同工况下，左、右洞的拱顶和拱脚沉降、收敛位移分析结果见表 4.1。

表 4.1　隧道收敛变形分析

工况	左洞		右洞	
	拱顶位移/cm	拱脚位移/cm	拱顶位移/cm	拱脚位移/cm
工况一	−3.072	3.924	−3.031	3.916
工况二	−2.754	3.74	−2.979	3.921
工况三	−2.655	3.625	−2.702	3.793
工况四	−2.613	3.685	−2.567	3.675
工况五	−2.459	3.538	−2.621	3.681

不同工况下，隧道拱腰处收敛分析结果见表 4.2。

表 4.2　隧道水平收敛分析

工况	左洞水平位移/cm	右洞水平位移/cm
工况一	− 1.999	1.991
工况二	− 1.627	1.764
工况三	− 1.242	1.571
工况四	− 0.989	0.923
工况五	− 0.679	0.983

由隧道围岩沉降和水平收敛的分析可知，CRD 法最优，CD 法和台阶法次之，全断面法的竖向位移和水平收敛最大。可见，全断面法和台阶法施工工序较为简单，但沉降位移较大，适用于围岩完整性较好、强度较高的隧道；在围岩较为破碎、岩质较为软弱的隧道中，CRD 法工序虽然烦琐复杂，但对围岩沉降、收敛控制效果较为显著，适用于围岩软弱且变形控制严格的情况。

4.1.2　围岩应力分析

隧道结构力学的重要指标还包括结构受力和围岩应力重分布。Mises 应力是用于判断材料是否进入塑性的等效应力。Mises 应力越大，材料越接近塑性状态，当 Mises 应力超过某一特定值后，则可认为材料已进入塑性阶段。对于围岩而言，岩体进入塑性区后，将导致屈服应变出现，围岩承载力大幅降低，而结构承受的荷载将急剧增加，从而带来结构安全隐患。

洞周 Mises 应力主要集中在拱脚及中隔岩柱附近。中隔岩柱处围岩是否稳定很大程度上决定了施工过程结构安全与否。分别提取每个隧洞中隔岩柱处拱腰附近三个测点上的 Mises 应力值，并从中找出最大应力。不同施工方法的围岩 Mises 应力结果见表 4.3。

表 4.3　隧道中隔岩柱处拱腰应力分析

工况	左洞拱腰应力/MPa	右洞拱腰应力/MPa
工况一	48.1	43.8
工况二	41.8	43.9
工况三	36.4	43.3
工况四	35.9	35
工况五	32	34.7

可见，不同施工工法对小净距隧道结构受力和围岩应力重分布有重要的影响：CRD 法最优，CD 法和台阶法次之，全断面法中隔岩柱附近 Mises 应力最大。此外，CRD 法在中隔岩柱附近的最大 Mises 应力仅比 CD 法减少了 11%，表明 CRD 法中设置的临时仰拱在改善中隔岩柱附近应力状态上效果不及预期明显。

4.1.3 塑性区分析

小净距隧道双洞之间存在相互作用，后行洞施工作业对先行洞洞周的塑性区分布产生不良影响，这种影响与后行洞施工工法有很大关系。不同工况左、右洞室的塑性区分布如图 4.5 所示。

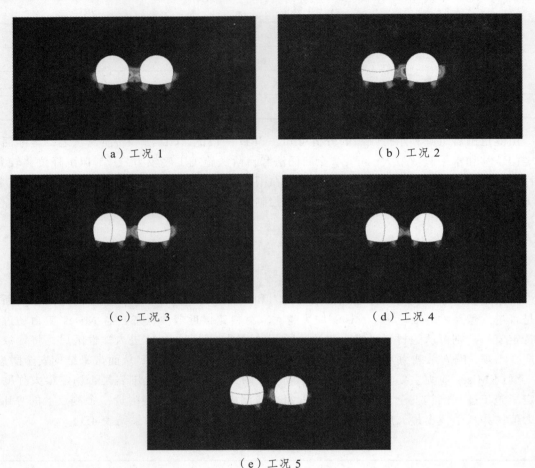

（a）工况 1　　　　　　　　　　　（b）工况 2

（c）工况 3　　　　　　　　　　　（d）工况 4

（e）工况 5

图 4.5　小净距隧道不同开挖工法下围岩塑性区分布

整体对比工况 1～工况 5 的塑性区分布结果，工况 1 塑性区范围最大，中隔岩柱处的塑性区已经贯穿，左右洞的拱脚附近也都出现了较大范围的塑性区，这将导致洞周围岩稳定性大幅降低，而工况 4、5 的塑性区范围最小。即，全断面开挖法造成的围岩扰动大于 CRD 法和 CD 法。从工况 1 到工况 5，随着开挖方法工序复杂程度的增加，中隔岩柱的塑性区范围整体上呈减小趋势。因此，CD 法和 CRD 法开挖隧道有利于保护中隔岩柱的强度和完整性，确保施工作业的安全。由分析可见，全断面法产生的塑性区范围、塑性应变最大，台阶法和 CD 法次之，CRD 法最优。

结合围岩收敛、应力及塑性区分布的分析结果，可见 CRD 法在控制围岩变形、改善洞周（尤其是中隔岩柱附近）应力状态、塑性区分布上效果最佳。在实际工程建设中，应在保障施工作业安全的前提下，结合具体的工程实际情况选取最优的施工方法。

综合各种不同施工方法的力学行为及进度、成本分析，结果详见表 4.4。

表 4.4　各种施工方法力学状态和特点

项　目	全断面法	台阶法	环形开挖法	CD 法	CRD 法
收敛变形控制	差	较差	中等	较好	好
塑性应力控制	差	较差	中等	较好	好
塑性区	大	较大	中等	较小	小
施工难度	小	较小	一般	较大	大
技术含量	小	较小	一般	较大	大
施工进度	快	较快	一般	较慢	慢
工程造价	小	较小	一般	较大	大

全断面法和台阶法施工简单，操作灵活，工期较短，具有比较理想的经济效益；而 CRD 法则施工工序复杂烦琐，效率低，对围岩扰动次数多，施工工期较长。围岩强度较高、完整性较好的小净距隧道宜采用台阶法，位于软弱围岩中的小净距隧道宜采用 CD 法和 CRD 法。对于埋深较浅、需严格控制地层变形的小净距隧道工程，CRD 法相比 CD 法在变形控制上效果更佳，应优先考虑 CRD 法开挖。

4.2　施工方法

隧道施工方法的选择，是基于工程地质和施工力学行为，在安全性、经济性和可实施性方面进行综合权衡的过程。其影响因素包括如下几类：

1）地质条件

地质条件对施工方法的选择起决定性的作用，包括围岩级别、完整破碎程度、自稳能力、地下水状态以及不良地质状态等。

2）环境条件

隧道施工安全，不仅包括结构自身安全，还包括周边环境安全。施工会对周边环境产生不利影响，如地表沉降、爆破振动、地下水流失等。尤其是城市隧道施工，如果地表有重要建构筑物或地下有重要管线，环境条件也是施工方法选择的重要考虑因素，甚至是决定性因素。

3）埋　深

隧道埋深与围岩的初始应力场以及多种因素相关，从而导致隧道结构和施工方法的不同。当埋深较大时，隧道结构除自重应力外，还需考虑构造应力；当埋深较小时，隧道设计荷载要考虑全土柱模式（水土重力），超浅埋隧道甚至还需考虑地面动荷载。在同样的地质条件下，由于埋深的不同，施工方法尤其是辅助施工方法将有很大的差异。

4）断面面积

隧道断面面积和形状，对于施工方法的选择也有一定的影响。断面过大，需考虑分部开挖，及早封闭成环。

5）工　期

施工工期涉及工程竣工运营时间，在一定程度上会影响施工方法的选择。尤其是某些政治性工程，选择施工方法时尤其需要考虑施工进度、机械化施工水平以及管理模式等。

6）施工条件

施工条件也是决定施工方法的重要因素，包括一个施工队伍所具备的施工能力、管理能力和工程经验。

针对小净距隧道而言，施工方法的选择更应偏重考虑地质条件和周边环境条件。先行洞施工方法和普通隧道类似：地质条件较好时，多从便于施工组织的角度，采取全断面法或台阶法施工；地质条件较差时，多从结构安全的角度考虑中隔壁法或交叉中隔壁法。后行洞不仅要考虑地质条件和周边环境条件，还必须考虑围岩经多次扰动后会弱化、松弛，应采用更能确保结构安全和施工安全的开挖方法，地质条件较好时多采用台阶法开挖，地质条件较差时多采用台阶法留核心土环形开挖、中隔壁法甚至交叉中隔壁法施工。小净距隧道建议开挖方法如表 4.5 所示。

表 4.5　小净距隧道建议开挖方法

围岩级别	施工方法	开挖顺序图例（以左侧洞为先行洞为例）		
		A	B	C
I、II	A 全断面法； B 全断面法与台阶法； C 台阶法与环形开挖法	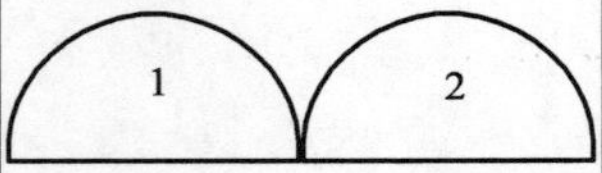	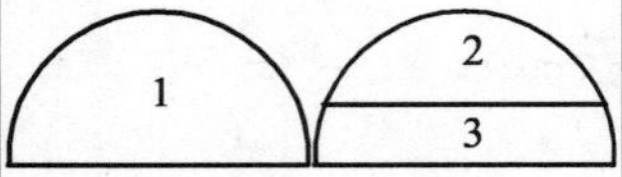	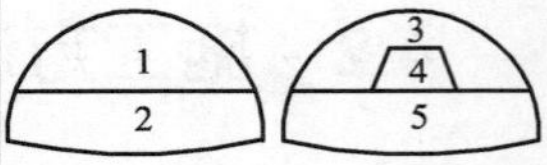
III	A 台阶法； B 台阶法与环形开挖法； C 台阶法与CD法	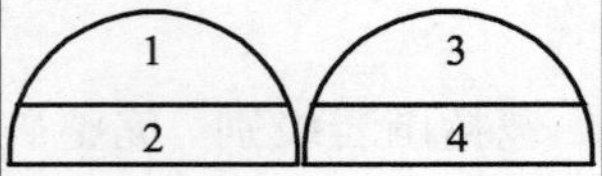	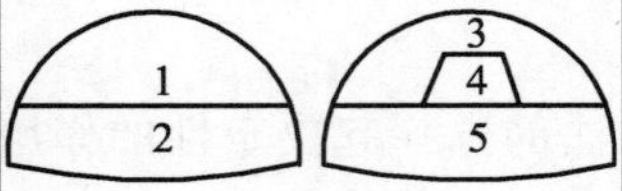	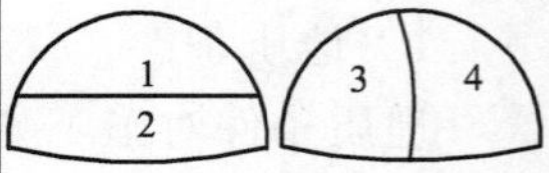
IV	A 台阶法与CD法； B 台阶法与CRD法； C 环形开挖与CRD法	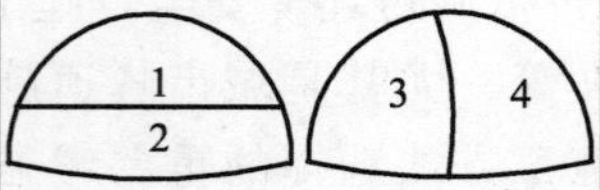	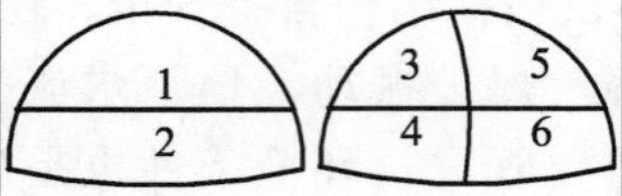	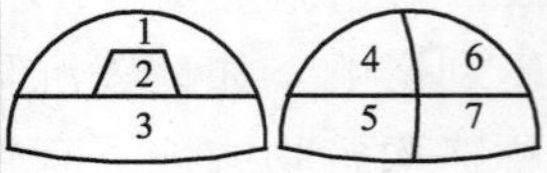
V	A 环形开挖与CD法； B 环形开挖与CRD法； C CD法与CRD法	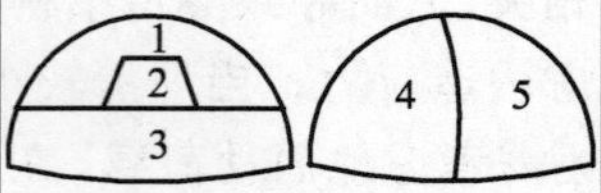	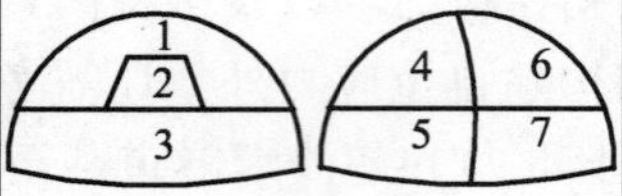	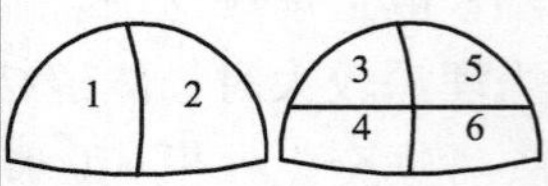
VI	A CRD法； B CRD法与双侧壁导坑法	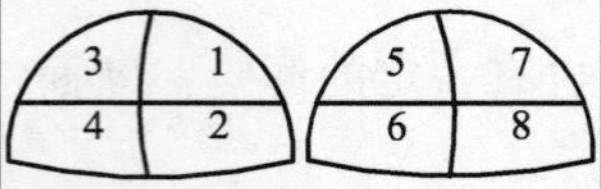		

但需要注意的是，无论小净距隧道采用哪种施工方法，都必须遵循如下基本技术原则：

（1）围岩是隧道的主要承载单元，施工中要注意保护围岩，避免过度破坏和损伤洞周围岩的强度，尤其是要保护中隔岩柱的强度和稳定，这是小净距隧道施工的重中之重。

（2）隧道施工过程是围岩力学状态不断变化的过程。施工方法的选择往往要综合权衡开挖分部控制与快速封闭时间：减少开挖分部有可能减少围岩内的应力变化和围岩松弛，有条件时应尽量采用全断面或大断面分部的开挖方法；开挖断面能在较短时间内闭合对安全极为重要，尤其是在软弱破碎围岩中，必须坚持"快速开挖、快速支护、快速封闭"的原则，使隧道开挖断面在较短时间内或较短距离内及早封闭。

（3）在围岩强度较高、完整性较好时，允许围岩有可控制的变形。一方面允许变形达到不致形成松弛的量级；另一方面又必须严格限制变形，使围岩不会过度松弛而丧失或大幅降低承载能力。而在软弱破碎围岩或浅埋条件下，及时控制变形和松弛的发展是非常重要的，必须避免拱顶区域以及中隔岩柱出现大面积塑性区。

（4）围岩与结构安全与否，往往以位移变形、应力应变等信息反馈出来。施工中须及时获取围岩、支护变形等信息，反馈、指导设计和施工。

4.2.1　全断面开挖法

全断面开挖法一次开挖成型，作业空间大，施工干扰小，适于配置高效率的开挖、装运、支护与衬砌设备的情况，可充分发挥机械的功效，实现机械化配套作业，隧道施工进度快、工效高。围岩较完整、自稳性较好的小净距隧道先行洞施工，多采用该施工方法。

全断面开挖法工艺流程如图 4.6 所示。

全断面开挖法需注意以下事项：

（1）加强对开挖工作面前方的地质调查、预报，及时掌握不良地质状况，及时采取有针对性的防治措施。

（2）为充分发挥全断面开挖法优点，应尽量配备高效率机械设备，各工序尽可能平行交叉作业，初期支护、仰拱作业、二衬施工形成流水作业，以提高隧道整体施工进度：采用先进的钻机超前钻孔，准确预报开挖工作面前方地质条件，及时对不良地质进行预加固处理；采用凿岩台车深孔钻爆，可提高开挖效率和钻爆质量；采用机械喷射手，喷射混凝土效率高，初期支护强度高、质量好；采用钢拱架安装设备，安装效率高，还极大地节省了人力成本；采用仰拱移动模架，可确保仰拱施工形成流水作业，紧跟开挖工作面，安全可控；采用防水板铺设台车，可有效提升防水板铺设效率。

（3）全断面开挖循环进尺必须根据隧道断面、围岩地质条件、机械设备能力、循环作业时间等情况合理确定。

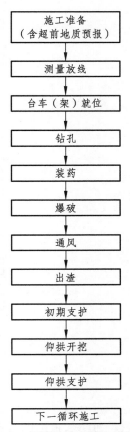

施工准备
（含超前地质预报）

↓

测量放线

↓

台车（架）就位

↓

钻孔

↓

装药

↓

爆破

↓

通风

↓

出渣

↓

初期支护

↓

仰拱开挖

↓

仰拱支护

↓

下一循环施工

图 4.6　全断面法开挖工艺流程

4.2.2 台阶法

1. 台阶法

台阶法是将隧道开挖断面分成上下两个或几个工作面，分部开挖的施工方法。台阶法兼具快速封闭围岩和便于设备、工序组织的优点，灵活多变、适应性强，不仅适用于地质条件较好的Ⅱ、Ⅲ级围岩，也适用于地质条件较差的Ⅳ、Ⅴ级围岩。遇到地质情况变化时，可以及时更改、变化成其他方法。

小净距隧道的施工，结合地质情况，常组合采用台阶法和其他施工方法进行开挖。台阶法工艺流程如图4.7所示。

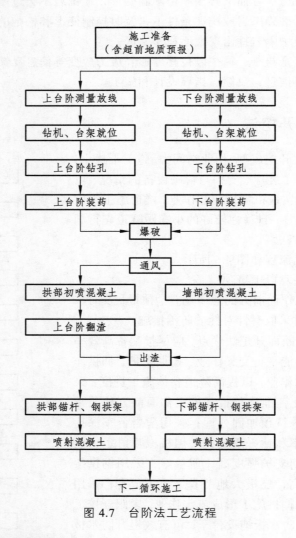

图 4.7　台阶法工艺流程

采用台阶法时需注意以下事项：

（1）台阶数根据围岩自稳能力及支护完成封闭所需时间而定。台阶数不宜超过3个，否则会增加开挖扰动围岩的次数，且不同台阶工作面的作业易相互干扰。

（2）台阶长度根据围岩地质条件、隧道断面、初期支护形成闭合的时间要求、各工作面所需空间大小等因素确定。围岩自稳性较好时，台阶长度应从便于组织施工的角度进行考虑，着重考虑设备配置及劳务队伍作业习惯，设置长台阶、短台阶、微台阶皆可。围岩稳定性较差时，台阶长度应着重从安全角度进行考虑，尽可能采用 1~1.5 倍洞径。

在隧道施工过程中，不仅环向产生承载拱，纵向也会产生承载拱，如图 4.8 所示。纵向承载拱一个承载基点在开挖工作面前方，另一个承载基点在已成环初期支护上。双向成拱，对于开挖安全是有利的。若台阶长度大于 1.5 倍洞径，将失去纵向承载拱受力结构。

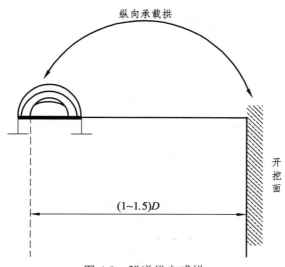

图 4.8　隧道纵向成拱

若台阶长度小于 1 倍洞径，如图 4.9 所示，则上部台阶位于开挖破裂面以外，围岩较差时，可能引起上台阶工作面整体下滑，故应结合开挖、支护、出渣配套机械设备所需空间和初期支护形成闭合的时间要求，尽可能将台阶长度控制在 1~1.5 倍洞径。

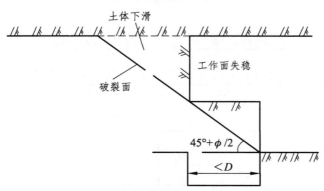

图 4.9　台阶过短引发工作面失稳

（3）在施工组织上，解决好上、下部台阶作业相互干扰的问题，提高施工效率。

2. 留核心土环形开挖法

当围岩地质条件一般，两洞净距较小时，为确保开挖工作面稳定，台阶法可变为预留核心土环形开挖法，如图 4.10 所示。上部台阶预留核心土，对开挖工作面形成反压，形成三维受力有利于稳定，同时核心土可作为拱部开挖及支护的工作平台。预留核心土环形开挖法宜采用机械或人工挖掘，不宜采用爆破作业。

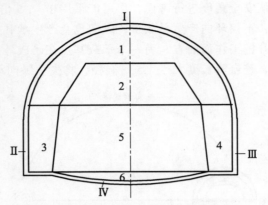

图 4.10　预留核心土环形开挖法步序

预留核心土环形开挖法工艺流程如图 4.11 所示。

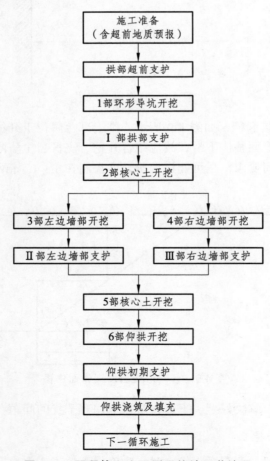

图 4.11　预留核心土环形开挖法工艺流程

采用预留核心土环形开挖法时需注意以下事项：

（1）预留核心土环形开挖法多应用于破碎软弱、自稳性差的隧道，或受近接施工影响较大的后行洞施工，开挖必须及时施作初期支护。钢拱架间采用纵向钢筋连接，以增强支护体系纵向刚度，同时采用锁脚锚杆（管）控制沉降收敛。

（2）结合隧道断面大小、机械设备配置和施工效率确定预留核心土面积及台阶长度。为确保核心土反压效果，核心土面积不宜小于上部台阶开挖断面的 60%，留置长度不宜小于 3 m。

（3）隧道沉降变形量值和变形稳定时间，与仰拱施作及时性直接相关。仰拱宜尽早封闭，且有足够刚度，以承担岩体应力。仰拱必须分段一次浇筑成型，不得左右分幅施工，以保证结构整体性。

4.2.3　中隔壁法和交叉中隔壁法

中隔壁法是将隧道分成左右两侧进行开挖，待先开挖侧完成，施作中隔壁，再开挖另一侧的施工方法。中隔壁作为主要承载结构，承担了施工过程中的竖向荷载，有利于结构稳定和沉降控制。中隔壁法适用于自稳能力差的 Ⅳ、Ⅴ 级围岩及不良地质小净距隧道，尤其在进出洞浅埋段应用较多。

当中隔壁法不能满足施工安全和沉降控制要求时，可在中隔壁法基础上加设临时仰拱，即交叉中隔壁法。交叉中隔壁法适用于大断面软弱围岩、偏压、浅埋小净距隧道或洞口浅埋破碎洞段及地面沉降控制严格洞段，尤其是后行洞开挖。

中隔壁法和交叉中隔壁法最大的特点是将大断面施工转化为小断面施工，每部开挖后可迅速形成钢拱架和喷射混凝土复合结构的环形封闭支护体系，受力体系完整，结构受力均匀。

交叉中隔壁法开挖步序如图 4.12 所示。

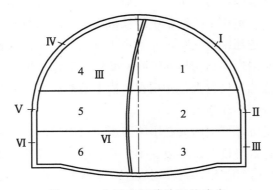

图 4.12　交叉中隔壁法开挖步序

交叉中隔壁法工艺流程如图 4.13 所示。

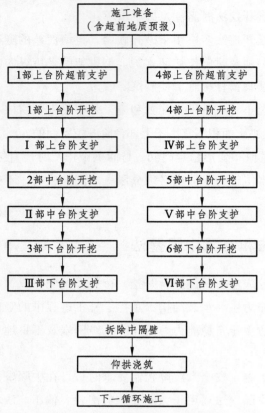

图 4.13　交叉中隔壁法工艺流程

采用中隔壁法或交叉中隔壁法时需注意以下事项：

（1）中隔壁法或交叉中隔壁法，多应用于岩体破碎松软地层，自稳性差，施工中一定要考虑隧道的时空效应，强调快速开挖、快速封闭。特别是浅埋隧道，地表控制要求严，必须在施工中坚持"管超前、严注浆、短进尺、强支护、早封闭、勤量测"的原则。

（2）开挖时，先行开挖侧采用台阶法自上而下分为 2 部或 3 部开挖，每开挖一部均应及时安设钢拱架、锚喷支护、施作中隔壁；中隔壁依次分部联结而成，迅速形成竖向荷载及侧压力承载结构；先、后开挖侧纵向间距拉开不小于 15 m 距离；围岩较差时，每个台阶底部设临时仰拱，以有效抑制围岩和结构早期沉降、变形，确保结构安全。

（3）围岩较差时，施工进尺越大，作用在结构上的荷载和内力的瞬时值越大，地面沉降瞬时值越大，必须控制每一循环施工进尺。

（4）台阶留置长度是沉降变形的关键影响因素。台阶过长，各阶段有充分的变形积累时间，将导致过大的变形；台阶过短，不便安排作业工序。有浅埋隧道沉降监测资料表明，当台阶长度大于 10 m 时，地面沉降量为台阶长度 3~5 m 工况的 1.2~1.3 倍。各部台阶长度越短，结构拱顶总沉降量越小，这是因为前一部的沉降尚未进入高速发展阶段即纳入后一部完成后的整体结构沉降，虽然后一部沉降量增大，但总体沉降值明显减小。因此，应结合喷射混凝土强度形成时间要求和作业平台要求，尽量缩短台阶长度。

（5）中隔壁拆除是结构受力体系转换的过程，必须高度重视结构安全。过早拆除，不仅不利于控制施工过程中的结构变形，还可能影响结构安全，故必须在全断面初期支护全部完成且沉降变形数据稳定后才能进行。中隔壁每次拆除纵向长度不应大于 6 m，拆除后立即施作仰拱，并及时进行拱墙二次衬砌。必要时，为确保安全，可保留中隔壁钢拱架承受竖向荷载，只破除钢拱架间混凝土，待浇筑仰拱后，再行割除钢拱架。

（6）交叉中隔壁法在控制隧道收敛变形和地面沉降方面优于中隔壁法，主要原因是交叉中隔壁法各个局部封闭成环时间短，隔墙和仰拱在抑制结构初期沉降变形方面起了关键作用。

4.2.4　双侧壁导坑法

双侧壁导坑法是先开挖隧道两侧导洞，及时施作导洞初期支护，再根据地质条件、断面大小，对剩余部分采用二台阶或多台阶开挖的施工方法，适用于Ⅳ级围岩浅埋段以及断面较大的小净距隧道进出洞段。

双侧壁导坑法开挖步序如图 4.14 所示，工艺流程如图 4.15 所示。

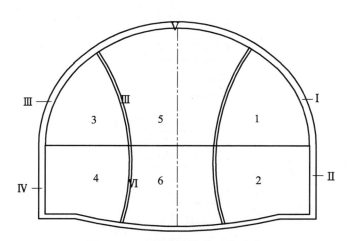

图 4.14　双侧壁导坑法开挖步序

采用双侧壁导坑法时需注意以下事项：

（1）施工中坚持"管超前、严注浆、短进尺、强支护、早封闭、勤量测"的原则。

（2）左右侧壁导洞前后距离控制不小于 15 m，侧壁导洞应超前中洞 30～50 m，确保先行开挖导洞洞周围岩应力重分布基本稳定后，再开挖后行导洞。

（3）中部开挖时，围岩经多次扰动后易出现大面积塑性区，必须及时施作仰拱以有效控制结构的沉降变形；为减少结构受力和拱顶下沉，可在拱部设临时竖撑，并在后续工序中，尽可能对临时竖撑采取托换措施；为保证中部围岩稳定，可在内壁间施作对拉锚杆。

（4）双侧壁导坑法开挖及支护分部较多，须高度重视每一分部的测量精确，确保在同一设计断面的钢拱架定位、安装准确，否则钢拱架连接时可能扭曲，承载能力降低。

（5）临时支护拆除过早，对控制结构沉降变形极为不利，对结构稳定也有影响。拆除应在全断面开挖完成环形封闭且沉降变形稳定后进行。沿纵向每次拆除长度不应大于 6 m，并逐段拆除。拆除后立即施作仰拱及二次衬砌。

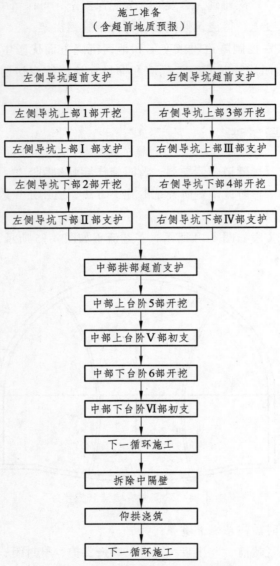

图 4.15　双侧壁导坑法工艺流程

第 5 章　小净距隧道超前加固技术

隧道修建的核心是动态平衡和保护围岩，合理发挥围岩的自承能力，通过围岩与支护系统共同作用，达到足够强度，形成稳定平衡体系。对于松软破碎围岩，其自承能力相对较小，在洞室开挖后迅速下降，围岩形变压力很快转化成松弛压力，围岩进入松弛状态，即很快从临界平衡状态向失稳状态转化。必须采取超前加固或预加固措施改善围岩的原始状态，提高其自承能力。经过预加固的围岩自承能力有了较大提高，自稳时间增长，这为隧道开挖后初期支护施作并达到设计强度、发挥作用赢得了时间。

相较普通隧道，小净距隧道在开挖过程中围岩受到多次扰动，尤其是中隔岩柱区域易形成塑性区贯通，其施工难度和结构安全风险皆大幅增加。城市小净距隧道修建难度尤大，体现在其穿越地层往往位于第四纪沉积系中，即软弱土层中，面临地表建构筑物众多、地下管线复杂等诸多环境风险，对环境保护和地表沉降控制要求极其严格，甚至达到苛刻的地步，通过初期支护和二次衬砌无法及时、有效控制地表和地中沉降，必须采取超前的预加固技术提高围岩强度，增强围岩在初期支护强度达到设计标准前的自稳性能。

针对软弱破碎围岩的小净距隧道，有效且应用较广泛的超前加固技术包括注浆技术、超前管棚和超前导管（锚杆）等技术，重点在于开挖工作面、中隔岩柱及周边重要建构筑物的预加固与保护。

5.1　注　浆

5.1.1　注浆原理

注浆是在一定的压力下，将可凝固的浆液压入围岩空隙内，充填凝固，提高围岩完整性和强度，改良围岩受力性能，达到加固、止水的目的。浆液注入围岩的过程，往往是先渗透，当通道被阻，浆液渗透困难时，进入到对周围地层进行压密阶段；当压力继续升高时，在围岩中产生劈裂形成新的缝隙，浆液顺缝隙进一步扩散；经过渗透、压密和劈裂过程，提高围岩完整性和强度，降低围岩渗透系数和含水率。

1. 浆液扩散机理

由于浆液具有黏度，其在岩体或土体中的流动规律可分为牛顿流体和非牛顿流体两类。

牛顿流体指符合牛顿黏性定律的流体，即任一点上的剪切应力都同剪切变形速率呈线性函数关系的流体。牛顿黏性定律如式（5.1）。

$$\tau = \mu \frac{\mathrm{d}u}{\mathrm{d}y} \tag{5.1}$$

式中：τ——剪切应力；

μ——流体动力黏性系数（即黏度）；

$\dfrac{\mathrm{d}u}{\mathrm{d}y}$——剪切变形速率。

牛顿黏性定律建立了黏性应力与流速分布之间的关系，但其不足在于仅仅适用于流体直线运动。将黏性应力与形变率的关系推广到任意黏性流体运动，即得到广义牛顿黏性定律。广义牛顿黏性定律表述为：假设流体是各向同性的，应力张量和变形速率张量呈线性齐次函数关系，其最一般线性关系为：

$$p_{ij} = -p\delta_{ij} + 2\mu\left(s_{ij} - \frac{1}{3}s_{kk}\delta_{ij}\right) + \mu' s_{kk}\delta_{ij} \tag{5.2}$$

式中：p_{ij}——应力张量，$p_{ij} = -p\delta_{ij} + \tau_{ij}$，$p$ 为各向同性压力，τ_{ij} 为偏应力张量；

s_{ij}——变形速率张量；

s_{kk}——各向同性体积变形速率张量；

δ_{ij}——克罗内克符号；

μ'——膨胀黏性系数。

非牛顿流体，是指不满足牛顿黏性定律的流体，即剪切应力与剪切应变率不是线性关系的流体。

在注浆浆液中，流动性较好的化学浆液属于牛顿流体，其特点是浆液凝胶前符合一般牛顿流体的流动特性，达到凝胶条件后迅速凝胶。

而常用的水泥浆或水泥-水玻璃双液浆等能形成结构的胶体溶液及悬浊液等注浆材料则属于宾汉流体，宾汉流体是非牛顿流体中的一种，当剪切应力超过剪切应力屈服值时开始流动，且剪切应力和剪切变形速率呈线性变化（图 5.1）。其关系如下：

$$\tau = \tau_0 + \mu \frac{\mathrm{d}u}{\mathrm{d}y} \tag{5.3}$$

式中：τ_0——剪切应力屈服值。

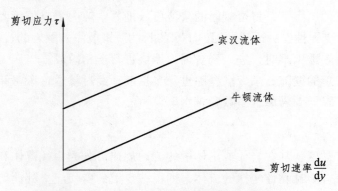

图 5.1　牛顿流体和宾汉流体的流变曲线

2. 注浆作用机理

在注浆加固过程中，浆液在围岩中扩散，其加固机理根据注浆围岩不同而有区别。

1）岩质围岩注浆加固

对于破碎岩质围岩，注浆可以填充围岩孔隙、裂隙，浆液凝固后将围岩紧密胶结，从而提高围岩密实度和整体性。隧道围岩经过开挖扰动，应力重新分布，将出现破裂区、塑性区和弹性区。注浆将导致原有裂隙扩展并产生新的裂隙，浆液充满裂隙后与围岩凝固胶结。

岩质围岩注浆加固一般包括如下几个阶段：

浆液充填阶段：注浆开始后，浆液流入并充填注浆管、注浆孔和围岩中较大的孔隙、裂隙。

初次劈裂阶段：采取带压劈裂注浆时，充填阶段完成后，注浆压力很快上升，当孔内浆液压力足以克服围岩抗拉强度时，将在最薄弱受力面上产生劈裂，形成新的裂隙、空隙，随后注浆压力迅速下降，注浆量增大。

二次劈裂阶段：初次劈裂阶段结束后，注浆充填完新产生裂隙、空隙后，注浆压力继续上升，浆液流量又将逐渐减小，继而产生二次劈裂。二次劈裂时的注浆压力大于初次劈裂时的注浆压力，后续随注浆压力持续增加，将产生多次劈裂。

结束注浆阶段：注浆多有压力控制指标，当注浆压力达到压力控制指标时，结束注浆。

2）无黏性土层加固

在无黏性土层中，注浆提高了土层的粘聚力 c 和内摩擦角 φ，从而提高土层强度，实现了加固作用。注浆材料通过劈裂、充填、渗透等作用将土层的裂隙、空隙充填、胶结。同时，浆液在化学反应过程中，某些化学剂与土层中的元素进行离子交换形成了新的物质，增加了土层的粘聚力。

注浆前无黏性土层的抗剪强度如下式：

$$\tau_{\mathrm{f}} = \sigma \tan \varphi \tag{5.4}$$

式中：τ_{f}——注浆前土层的抗剪强度（MPa）；

　　　σ——剪切面上法向有效应力（MPa）；

　　　φ——注浆前土层内摩擦角（°）。

注浆后，土层的抗剪强度表达如下：

$$\tau_{\mathrm{f}}' = \sigma \tan \varphi' + c \tag{5.5}$$

式中：τ_{f}'——注浆后土层的抗剪强度（MPa）；

　　　φ'——注浆后土层内摩擦角（°）；

　　　c——土层粘聚力（MPa）。

3）黏性土层加固

对于黏性土层，在注浆压力作用下，浆液克服了地层的初始应力和抗拉强度，在沿垂直于最小主应力的平面上劈裂并进入地层，形成脉状固结体。脉状浆液固结体与受注浆影响地层（由于浆液与地层颗粒的化学作用以及因浆液脉状扩散的注浆压力而挤密的地层）、未受注浆影响的原地层一起组成一种复合结构，共同承受外部荷载。

5.1.2　注浆分类

工程中，按注浆目的、孔位布置、注浆与开挖的关系、钻孔与注浆作业顺序等方式不同，注浆有多种分类。在注浆方案设计时，应根据注浆目的、地质状况、环境等因素进行综合比选、确定。

1. 按注浆的目的、作用分类

注浆按其目的、作用可以分为堵水注浆和加固注浆。

1）堵水注浆

堵水注浆的目的在于截堵地下水不侵入作业面，方便施工。堵水注浆要求注浆材料凝胶时间短，但不要求结石体强度，适用于围岩条件一般、涌水大的围岩。

2）加固注浆

加固注浆的目的在于加固围岩，提高围岩整体完整性和强度。加固注浆对浆液材料的结石体强度要求较高，但凝胶时间要求不严，适用于地层软弱破碎、地下水较少的地层。

2. 按注浆孔布置型式分类

注浆按注浆孔布置型式可分为全断面注浆、帷幕注浆和局部加固注浆。

1）全断面注浆

全断面注浆，注浆孔满布开挖工作面，加固范围包括开挖工作面及开挖轮廓线以外一定范围，多用于围岩极度软弱破碎、完全无自稳能力、富水、开挖断面大或地表有重要建构筑物的隧道超前加固。

全断面注浆加固效果好，能大幅提升围岩强度和自稳能力，有效控制围岩收敛变形，控制地表沉降，保障施工安全，但施工工期较长、工效较低、成本较高。

2）帷幕注浆

帷幕注浆，注浆孔布置于开挖工作面周边形成圈状，通过注浆形成一个加固帷幕圈，多用于围岩较软弱破碎、自稳能力较差或地表有较重要建构筑物的隧道超前加固。

帷幕注浆整体加固效果弱于全断面注浆，但工期、工效相对更优，成本相对较低。

3）局部注浆

局部注浆加固范围为开挖工作面局部范围或工作面前方局部区域，多用于开挖工作面局部破碎软弱或岩溶局部发育的隧道超前加固，在城市小净距隧道施工中，局部注浆多用于局部软弱地层及中隔岩柱的超前局部加固。

3. 按注浆与开挖的关系分类

注浆按其与开挖的关系可分为超前注浆和后注浆。

1）超前注浆

超前注浆即开挖前，针对开挖工作面前方围岩进行注浆，以提升围岩完整性和强度，确保初期支护强度达到设计要求前，围岩具备自稳性，保障施工安全。超前注浆包括超前地表注浆、开挖工作面超前注浆及通过先行洞对后行洞进行注浆等不同方式。

2）后注浆

后注浆即开挖以后的注浆，多采用径向注浆，包括开挖后的堵水注浆、初期支护背后空隙充填注浆、围岩加固注浆等。

4. 按钻孔、注浆作业顺序分类

注浆按钻孔、注浆作业顺序可分为前进式分段注浆、后退式分段注浆及全孔一次性注浆。

1）前进式分段注浆

前进式分段注浆，指从开挖工作面向前进方向进行分段注浆，钻孔一段、注浆一段，扫孔再向前钻孔、注浆，直至终孔，如图 5.2 所示。

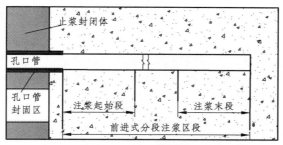

图 5.2　前进式分段注浆工艺

采用前进式注浆，注浆过程需重复扫孔，随时检查注浆效果，检查开挖工作面是否出水、钻孔是否稳定。必须保证前期钻孔注浆段不塌孔、注浆效果较好，才能钻、注后续段。一旦效果不佳，需补孔重新注浆。

对于前进式注浆，愈靠近开挖工作面，注浆效果愈好；愈往后，注浆效果愈差。据数据统计，注浆长度超过 20 m 后，效果大幅降低，注浆长度超过 30 m 后，效果仅有注浆开始段的 30%。

为确保前进式注浆效果，需保持一定的注浆压力，注浆前需设置止浆墙。若压力过大，会影响开挖工作面，造成初期支护变形。一般而言，隧道埋深较浅时不宜采用前进式注浆，隧道埋深较大或高压注浆时可采取前进式注浆。

总体而言，前进式注浆功效相对较低，工期相对较长，以在极软弱围岩或无自稳能力第四纪沉积系地质条件下为例，一个循环的注浆、开挖作业，平均折合进度为 0.5～1 m/d。

2）后退式分段注浆

后退式分段注浆，指钻孔到底后，从孔底向开挖工作面分段后退注浆，直至孔口，如图5.3 所示。

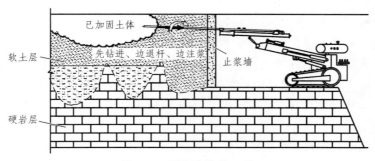

图 5.3　后退式注浆工艺

后退式注浆一般不需太大的注浆压力，无须设置止浆墙，相对功效较高、工期较短。在极软弱围岩或无自稳能力的第四纪沉积系地质条件下，一个循环的注浆、开挖作业，平均折合进度为 1～2 m/d。

后退式注浆愈靠后效果愈好，靠近开挖工作面效果略差，开挖工作面前方 0～5 m 段是注浆效果相对略差的孔段。

综合工效、工期、成本等多种因素，在城市小净距隧道超前加固中，后退式注浆优于前进式注浆。

3）全孔一次性注浆

全孔一次性注浆是将注浆孔一次钻到设计长度，安上孔口管及止浆装置，将注浆管下到孔底，注浆管只在孔底有一个出浆口，孔口密封，浆液从孔底返至孔口时，全孔一次注浆完成。

全孔一次性注浆工艺简单，工作量较小，但效果不如分段式注浆好，易造成浆液在地层中的不均匀扩散，适用于裂隙不甚发育，但分布均匀、含水量较小的岩层。

三种不同注浆方式对比见表 5.1。

表 5.1　不同注浆方式对比

注浆方式	优　点	缺　点	适用地层
前进式注浆	适用性强，安全性高，易保证钻孔前部注浆效果	需设置止浆墙，重复扫孔次数多，功效低，后部注浆效果较差	极度软弱破碎、水量较大、埋深大、成孔非常困难的地层
后退式注浆	功效高，不需重复扫孔，能保证全孔注浆效果	易卡钻杆，对孔口密封要求较高	软弱破碎、水量较小、成孔比较困难的地层
全孔一次性注浆	能保证孔底及钻孔全长均有浆液，能起到棚架作用	浆液易不均匀扩散，效果相对较差	软弱破碎、基本无水、成孔比较容易的地层

5.1.3　注浆材料

1. 注浆材料分类

注浆材料可以分为悬浊液型和溶液型材料两大类，如图 5.4 所示。悬浊液型材料由固体颗粒材料制成，其颗粒基本上处于分散悬浮状态；溶液型材料一般是化学浆液。近几十年来，注浆材料的研究工作发展很快，不仅悬浊液型浆液得到重大发展和提高，而且出现了多种溶液型化学浆液，种类繁多，适用面广。

评价注浆材料的主要指标包括浆液密度、浓度、粒度、流动度、黏度、凝胶时间、凝结时间、抗压强度、抗折强度、结石率、膨胀率等。

粒度即颗粒大小，对悬浊液型注浆材料而言，直接影响浆液的可注入性和扩散半径。粒度用比表面积表示，即质量为 1 g 的颗粒材料中的颗粒总表面积，单位符号为 cm^2/g 或 m^2/kg。

流动度是表示流动性好坏的指标，是影响浆液可注性的主要因素，流动度越高，可灌性就越好。

黏度是度量浆液黏滞性大小的物理量，是表示浆液在流动时由于相邻之间流动速度不同而发生内摩擦力的一种指标。黏度主要与浆液浓度有关，还与温度有关，工程上多用马氏漏斗测量。

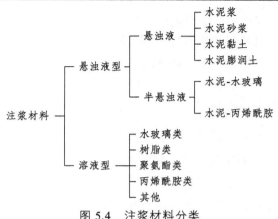

图 5.4　注浆材料分类

凝胶时间，指化学浆液从全部成分混合后至凝胶体形成的时间，可进一步细分为初凝时间和终凝时间。初凝时间指浆液凝胶至部分失去塑性的时间，终凝时间指浆液凝胶体已达到最终固有的性质、化学反应已终止的时间。影响凝胶时间的主要因素有水泥浆的水灰比、水玻璃的浓度、双液浆两种浆液的体积比、浆液的温度、水温、水泥质量、龄期等。

表 5.2 所示为各种注浆材料的基本性能、成分及适用范围。

表 5.2　各种注浆材料的基本性能、成分及适用范围

浆液材料	黏度/(Pa·s)	可注入最小粒径/mm	渗透系数/(cm/s)	凝胶时间	注浆方式	主要用途	主要成分
纯水泥浆	$(1.5\sim14)\times10^{-3}$	1	$1\times10^{-1}\sim1\times10^{-3}$	$12\sim24$ h	单液	大裂隙堵水或加固	水泥
水泥+各种附加剂	$(1.5\sim14)\times10^{-3}$	1	$1\times10^{-1}\sim1\times10^{-3}$	$6\sim15$ h	单液	大裂隙堵水或加固	水泥、一定量的附加剂
水泥-水玻璃	$(1.5\sim14)\times10^{-3}$	1	$1\times10^{-2}\sim1\times10^{-3}$	10 s$\sim$1 h	双液	中等裂隙、中砂堵水或加固	水泥、水玻璃
水玻璃类	$(3\sim4)\times10^{-3}$	0.1	1×10^{-2}	1 s$\sim$1 h	双液	小、细裂隙等堵水	水玻璃、其他外加剂
丙烯酰胺类	1.2×10^{-3}	0.01	$1\times10^{-5}\sim1\times10^{-6}$	1 s$\sim$1 h	双液	小、细裂隙等堵水	丙烯酰胺、亚甲基双丙烯酰胺、三乙醇胺、过硫酸铵
树脂类	$(5\sim6)\times10^{-3}$	0.06	1×10^{-3}	10 s$\sim$1 h	单液双液	小、细裂隙等堵水、加固	树脂
聚氨酯类	$(1\sim100)\times10^{-3}$	0.03	$1\times10^{-4}\sim1\times10^{-6}$	10 s$\sim$1 h	单液双液	小、细裂隙等堵水、加固	异氰酸酯、聚醚、乙苯二甲酸二丁酯、丙酮、三乙胺

注浆材料品种很多，性能各不相同。一种理想的注浆材料，应该满足以下要求：

（1）浆液黏度低，流动性好，可注性好，可进入细小缝隙和空隙。

（2）浆液凝固时间能够在几秒至几小时内调节，能较准确地控制。

（3）浆液结石率高，强度大。

（4）固化时无收缩现象，结石体的抗压、抗拉、抗折强度较高，结石体与岩石、混凝土、砂等有较高的胶结强度，且抗渗性能较好，抗冲刷性能好。

（5）浆液无毒，不污染环境，对人体无害。

（6）耐久性较好。

（7）配置方便，配合比操作容易。

2. 水泥浆液

水泥浆液分为普通水泥浆液和超细水泥浆液两类。

1）普通水泥浆液

普通水泥浆液具有料源广、成本低、结石强度高、单液注浆工艺简单等优点，但其可灌性差、凝胶时间长、早期强度和结石率低。为改善水泥浆材料的性能，在注浆时可掺入适量外加剂，如速凝剂、早强剂等。

在注浆过程中，浆液水灰比可根据现场情况进行调整，一般水灰比为 0.5：1～2：1。注浆开始时水灰比可稍大，而后逐渐变小。注浆的起始浓度根据钻孔吸水量确定，如表 5.3 所示。

表 5.3　钻孔吸水量与浆液起始浓度参考

钻孔最大吸水量/（L/min）	浆液浓度（水：灰）（体积比）
60～80	2：1
80～150	1.5：1
150～200	1.25：1 或 1：1
>200	1：1

2）超细水泥浆液

超细水泥平均粒径为 4 μm，最大粒径为 10 μm，比表面积为 8 000 cm²/g，可灌入渗透系数为 1×10^{-3}～1×10^{-4} cm/s 的细砂中，其可灌性与化学浆液相近，结石强度大于化学浆液。

结石强度方面，由于超细水泥比表面积大，有较高的化学活性，能较快地凝结固化，早期和后期强度大。3 天结石强度可达 25 MPa，3 个月强度可达 62 MPa，明显高于普通水泥同期强度。

凝胶时间方面，超细水泥浆液为 30 s～7 min。

表 5.4 所示为不同水灰比的水泥浆黏度，表 5.5 所示为水泥与超细水泥浆液性能及使用范围。

表 5.4　不同水灰比的水泥浆黏度

水灰比	0.6：1	1：1	1.5：1	2：1	2.5：1
普通水泥	90	50	35	20	15
超细水泥	45	30	15	8	7.5

表 5.5　普通水泥浆液和超细水泥浆液性能及使用范围

材料	优　点	缺　点	使用范围
普通水泥浆液	① 凝胶时间长，具有较长的可注期，注浆加固范围大； ② 具有极高的抗压、抗剪强度，能得到较好的注浆加固效果； ③ 单价低	① 初凝时间长，易被地下水稀释，影响其凝胶性能，不宜在水压高、水量大的条件下采用； ② 自身颗粒粗，在粉细砂层等地质条件下注浆困难； ③ 收缩率较大，不宜在防水等级要求高的条件下使用	适用于水量小、水压低、裂隙大的地质条件下注浆加固
超细水泥浆液	① 终凝时间较长，具有较长的可注期，注浆加固范围大； ② 固结体抗压、抗剪强度极高，能得到最好的注浆加固效果，在其他注浆材料很难达到效果的粉细砂层中，注浆效果好	① 终凝时间较长，受地下水稀释，影响其凝胶性能，因而在水压高、水量大的地质条件下会有一定的浆液损失； ② 单价高； ③ 略有收缩性	适宜于各种地层的注浆加固，特别是砂层、淤泥、粉质黏土和破碎围岩地层的注浆加固

3. 水泥-水玻璃双液浆

水泥-水玻璃双液浆（简称 CS 浆）既具有水泥浆的优点，又兼具部分化学浆液的优良性能，其凝胶时间可调整，可控制浆液的扩散范围，是地下水量较大的条件下常用的注浆材料。但是，水泥-水玻璃双液浆结石体稳定性较差，特别是在干燥地层条件下易风化崩解。

水玻璃又名硅酸钠（$Na_2O \cdot mSiO_2$），有固态和液态形式，注浆用的是水玻璃水溶液，其特征用模数和浓度表示，模数 $m = \dfrac{SiO_2 分子数}{Na_2O 分子数}$。模数小，不易凝固，结石体强度低；模数大，$SiO_2$ 含量高，强度高，黏度增大。模数过大过小对注浆均不利，一般要求模数 $m = 2.4 \sim 3.0$ 较为合适。水玻璃浓度以波美度表示，水玻璃波美度（°Bé）与比重之间换算如下：

$$水玻璃波美度 = 145 - \frac{145}{S.G} \tag{5.6}$$

式中：$S.G$——水玻璃比重。

水玻璃浓度对浆液凝胶时间的影响关系如表 5.6 所示。

表 5.6　水玻璃浓度对浆液凝胶时间的影响关系

水玻璃浓度/°Bé	30	35	40	45	50
凝胶时间/s	86	102	111	132	150

4. 改性水玻璃浆液

改性水玻璃浆液又称酸性水玻璃浆液，由普通碱性水玻璃加硫酸酸化后配置而成。改性水玻璃浆液在酸化过程中产生多聚硅酸，固结后呈胶状体，耐久性增加，优于固结体易崩解的碱性水玻璃浆液。

当地层不是碱性地层时，把水玻璃先制成 pH 为 2 的酸性水玻璃，再配弱碱溶液，双液注入地层。

当地层是碱性地层时，把水玻璃先制成 pH 为 4～6 的弱酸性水玻璃，直接注入地层，浆液在地层中自行固结。

改性水玻璃浆液的主要性能指标如表 5.7 所示。

表 5.7　改性水玻璃主要性能指标

密　度	1.19～1.21 g/cm^3
黏　度	2～5 Pa·s
酸碱度	pH = 4～6
凝胶时间	空气中 30～240 min，细砂中 5～30 min
单轴抗压强度	0.3～0.5 MPa

改性水玻璃料源广、价格适中、无毒、无污染、黏度低、可注性好，可作为粉细砂或砂砾地层的注浆加固和堵水材料。

5. 注浆材料的选择及配合比注意事项

注浆材料品种多，性能各不相同，其选择与地质条件及涌水量有关，通常需注意以下几方面：

（1）岩土分界线、不同土性的分界层是注浆的薄弱点，应防止浆液在该层扩散不均。为保证注浆效果，可采用分段注浆，不同地层采用不同浆液材料配合比及参数。

（2）地下水的流动性，导致注入浆液性质改变或被动水带走而流失，达不到固结充填防水的目的，需要改变浆液材料或配合比，让浆液尽快凝胶。

（3）断层破碎带和砂卵石地层，当裂隙宽度大于 1 mm 时，加固围岩或者堵水注浆，宜优先选用料源广、价格便宜的单液水泥浆和水泥-水玻璃浆液：采用水泥浆液时，水灰比宜采用 0.8∶1～2∶1，若需缩短胶凝时间，可加入食盐或三乙醇胺速凝剂；采用水泥-水玻璃浆液时，应根据凝胶时间配置，一般水泥浆液的水灰比为 0.8∶1～1.5∶1，水玻璃浓度为 25～40 °Bé，水泥浆与水玻璃的体积比宜为 1∶1～1∶0.3。

（4）断层地带，当裂隙宽度小于 1 mm 时，加固注浆宜优先采用水玻璃类和木胺类浆液。

（5）应根据工程的地质条件、注浆目的、浆液性能、注浆工艺及成本等因素，综合考虑、选择最适合的浆材。中、细、粉砂及细小裂隙岩层特别是流砂层，注浆加固对材料的粒径要求较高，普通水泥系材料在该类地层中渗透困难，往往造成劈裂现象，宜采用超细水泥系材料或渗透性好、遇水膨胀的化学类浆液。

水泥选用方面：普通硅酸盐水泥，结石率在 85% 左右；普通硫铝酸盐水泥，结石率为 98%～99%；超细硫铝酸盐水泥，结石率为 105%。以堵水为目的的注浆，宜用硫铝酸盐水泥。

水泥浆中掺合料要求如下：

砂：应为质地坚硬的天然砂或机制砂，粒径不宜大于 2.5 mm，细度模数不宜大于 2.0，SO$_3$ 含量宜小于 1%，含泥量不宜大于 3%，有机物含量不宜大于 3%。

粉煤灰：应为精选的粉煤灰，烧失量宜小于 8%，SO$_3$ 含量宜小于 3%，细度不宜低于同时使用的水泥细度。

水玻璃：模数宜为 2.4～3.0，浓度宜为 30～45 °Bé。

5.1.4　注浆设计

为确保注浆效果和质量，必须进行注浆设计，确定注浆相关参数。注浆设计前必须进行细致的工程调查，应涵盖如下内容：

（1）注浆区的地质构造及浆液可能流失的通道和空穴。

（2）地层的土质或岩性特征及分层状态。

（3）地层的强度及渗透程度。

（4）注浆对周围建筑物的影响分析。

在工程调查的基础上，确定采用何种注浆材料、多大注浆压力等参数，并在施工现场做单孔或群孔压注试验，通过试验确定注浆参数并将其纳入设计中，确保注浆有效。

1. 注浆加固范围的确定

注浆加固范围，指经注浆后，隧道周边围岩力学指标获得改善的有效范围。注浆范围过大，将成倍增加注浆工作量和浆液材料，影响工期和成本；相反，则达不到注浆加固的目的。

以提高软弱围岩强度为主要目的的注浆范围，可把注浆区域的围岩假定为弹性体，并假定离隧道中心 r 点处存在切向应力 σ_t，法向应力 σ_r，注浆范围以外的静水压力和地层压力之和为 P，隧道开挖平均半径 R_a，注浆范围半径 R，如图 5.5 所示。

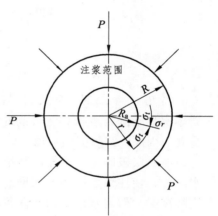

图 5.5　注浆范围的应力状态

则：

$$\sigma_r = P\frac{a^2 - \alpha^2}{a^2 - 1} \tag{5.7}$$

$$\sigma_t = P\frac{a^2 + \alpha^2}{a^2 - 1} \tag{5.8}$$

式中：$a = \dfrac{R}{R_a}$，$\alpha = \dfrac{R}{r}$。

当 $r = R_a$ 时，在隧道周壁处存在最大切向应力，法向应力为零，即：

$$\sigma_{t\max} = P\frac{2a^2}{a^2 - 1} = P\frac{2(R/R_a)^2}{(R/R_a)^2 - 1} \tag{5.9}$$

$$\sigma_r = P\frac{a^2 - \alpha^2}{a^2 - 1} = 0 \tag{5.10}$$

据式（5.8）可知，注浆区域围岩切向应力的最大值在隧道周壁，当 P 和 R_a 为定值时，$\sigma_{t\max}$ 值随 R 值变化，$\sigma_{t\max}$ 与比值 R/R_a 的关系如表 5.8 和图 5.6 所示。

表 5.8 $\sigma_{t\max}$ 与 R/R_a 的关系

$a=\dfrac{R}{R_0}$	0.5	1.0	1.5	2.0	2.5	3.0	3.5	4.0	4.5
$\sigma_{t\max}$ /MPa	∞	3.60P	2.67P	2.38P	2.25P	2.18P	2.13P	2.10P	2.08P

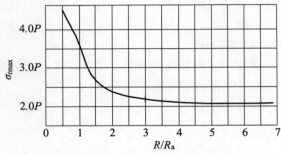

图 5.6 $\sigma_{t\max}$ 与 R/R_a 的关系曲线

当 $R/R_a \leqslant 1.5$ 时，曲线斜率较大；当 $R/R_a > 1.5$ 时，曲线斜率明显下降，意味着注浆范围增加，降低周边应力效果不显著。因此，注浆范围半径 $R<(1.5\sim2)R_a$ 是比较合理的。

在断层破碎带，不能以弹塑性模型分析。注浆有一定止水能力，使注浆区内的水压增高，当注浆区堵水效果达到一定程度时，假定水压均加在注浆区周围，此时，可把注浆区视为弹性体来考虑，用计算隧道的支撑压力 P_a 来确定注浆范围，如图 5.7 所示，稳定条件可用下式表示。

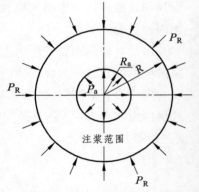

图 5.7 注浆范围的外力

$$\frac{P_a + c \cdot \cot\varphi}{P_R + c \cdot \cot\varphi} = \frac{1-\sin\varphi}{1-(R_a/R)^2\sin\varphi} \qquad (5.11)$$

则：

$$P_a = \frac{(P_R + c \cdot \cot\varphi)(1-\sin\varphi)}{1-(R_a/R)^2\sin\varphi} - c \cdot \cot\varphi \qquad (5.12)$$

式中：P_a——隧道支撑压力（MPa）；

　　　c——注浆区域围岩粘聚力（MPa）；

　　　φ——注浆区域围岩内摩擦角（°）；

　　　P_R——注浆区域以外压力（MPa）。

令　　　　　　　　$n=\dfrac{\sigma_c}{\sigma_p}$

式中：σ_c——注浆区域围岩抗压强度（MPa）；

　　　σ_p——注浆区域围岩抗拉强度（MPa）。

根据莫尔-库仑理论，$c \cdot \cot\varphi$、$\sin\varphi$ 与 n 和 σ_c 的换算关系为：

$$P_a = \left(P_R + \frac{\sigma_c}{n-1} \right) \times \frac{1 - \dfrac{n-1}{n+1}}{1 - \left(\dfrac{R_a}{R} \right)^2 \cdot \dfrac{n-1}{n+1}} - \frac{\sigma_c}{n-1} \tag{5.13}$$

得到 P_a 与 R/R_a 的关系曲线，如图 5.8 所示，当 $R/R_a > 2$ 时，曲线斜率明显下降，确定注浆范围半径 $R < 2R_a$ 是恰当的。

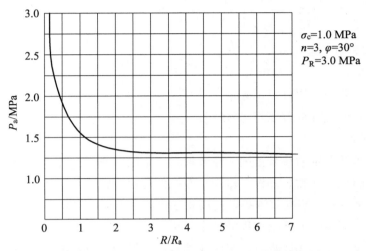

$\sigma_c = 1.0\ \text{MPa}$
$n=3,\ \varphi=30°$
$P_R = 3.0\ \text{MPa}$

图 5.8　支撑压力 P_a 与 R/R_a 的关系曲线

2. 注浆方案

1）注浆段长确定

在开挖工作面进行超前预注浆，需根据地质条件、钻孔机械及注浆设备等条件，确定注浆段长 l。一般情况下，设计段长 l 可取 $20 \sim 30$ m，对于岩体极度破碎段或涌水量大的洞段，可适当取短些。每次在注浆段长范围内开挖 $0.7l \sim 0.8l$，保留 $0.2l \sim 0.3l$ 不开挖，作为下一段注浆的止浆岩盘。

当采用带压注浆时，为稳定开挖工作面，防止浆液从开挖工作面渗出，必须预留止浆岩盘或设置止浆墙封闭开挖工作面。在注浆过程中，通过观察止浆墙的表层变化，可以直观地判断前方土体的受力状况，这对控制注浆压力和注浆间歇时间有很大的现实指导意义。止浆墙设置可以采用 $5 \sim 10$ cm 厚的喷射混凝土（多应用于常压注浆，主要防止浆液渗出）或模筑混凝土封闭层（多应用于高压注浆，确保注浆压力）作为止浆墙。

当采用高压劈裂注浆时，止浆墙厚度一般按式（5.14）计算：

$$D = K_0 \sqrt{\frac{WB}{2h[\sigma]}} \tag{5.14}$$

式中：D——止浆墙厚度（m）；

　　　K_0——安全系数，取 1.5；

　　　W——作用在止浆墙上的荷载（MN），$W = P \times F$，P 为注浆终压（MPa），F 为混凝土止浆墙面积（m²）；

B——隧道跨度（m）；

h——隧道高度（m）；

$[\sigma]$——混凝土允许抗压强度（MPa）。

若是止浆岩盘，则厚度可根据岩石的抗剪强度、注浆压力、开挖断面的平均直径等条件确定，如式（5.15）：

$$d = \frac{P_0 D_0}{4[\tau]} \tag{5.15}$$

式中：d——止浆岩盘厚度（m）；

P_0——注浆最大压力（MPa）；

D_0——开挖断面平均直径（m）；

$[\tau]$——岩石的允许抗剪强度（MPa）。

2）注浆孔布置

根据工程要求及确定的注浆范围、注浆段长、浆液材料、扩散半径等条件布置注浆孔，包括开孔及终孔间距、孔数、开挖工作面上布孔的几何形状。无论是全断面注浆还是帷幕注浆，布孔原则都是使各注浆孔浆液扩散范围相互重叠，不出现注浆"天窗"或"盲区"，造成注浆效果不理想，产生隧道开挖过程的安全隐患。

扩散半径指单个注浆孔注浆时，浆液在围岩中扩散的有效范围。影响浆液扩散半径的因素有浆液浓度及凝胶时间、岩层裂隙大小、透水系数、注浆压力以及压注时间等。在注浆过程中，可以适当调整注浆压力、注浆量、浆液浓度等参数，对扩散半径能起到一定的控制作用。注浆设计时需做现场注浆试验，确定扩散半径 R，无条件时可采用工程类比或经验公式。

对于较为均质的土层，扩散半径可按下式计算：

$$R = \sqrt[3]{\frac{300KhrtV_{w}}{nV_{g}} + r^3} \tag{5.16}$$

式中：R——浆液扩散半径（cm）；

n——围岩的空隙率（%）；

r——注浆孔半径（cm）；

V_{w}——水的黏度（Pa·s）；

V_{g}——浆液黏度（Pa·s）；

h——以水头表示的注浆压力（cm）；

K——围岩渗透系数（cm/s）；

t——注浆时间（s）。

破碎裂隙岩层注浆，浆液扩散范围主要受裂隙大小、延伸方向等影响。裂隙分布各向异性且不规则，相较均匀的土质地层，其浆液扩散半径更难确定，按工程类比，以全断面注浆为例，注浆孔间距可参见表 5.9 取值。

表 5.9　注浆孔间距　　　　　　　　　　　　单位: m

围　岩	注浆目的	
	止　水	加固地层
黏　土	—	1.0 ~ 2.0
砂质土	0.6 ~ 1.0	0.8 ~ 1.2
砂　砾	0.8 ~ 1.2	1.0 ~ 1.5
破碎岩层	1.5 ~ 6.0	

3）注浆压力设计

注浆压力决定了浆液扩散范围, 其一定要大于地下水压、地层压力等各种阻力值的总和。

从浆液扩散效果方面考虑, 注浆压力大, 浆液扩散范围也大, 注浆孔可相应减少, 注浆速度提高。但注浆压力过大, 可能会造成开挖工作面后方初期支护破坏, 对于埋深较浅的隧道, 甚至造成地面隆起, 影响地表建构筑物和地下重要管线安全。

注浆压力的影响因素较多, 如工程及水文地质条件、浆液类型、注入时间和注入方式等。在通常条件下, 注浆设计压力可采用以下经验公式计算:

（1）按已知的地下静水压力计算, 则设计注浆压力（终压值）为静水压力的 2 ~ 3 倍, 最大为 3 ~ 5 倍, 即:

$$p' < p < (3 ~ 5)p' \tag{5.17}$$

式中: p——设计注浆压力（终压值）（MPa）;

　　p'——注浆处静水压力（MPa）。

（2）根据注浆处隧道埋深计算, 城市隧道施工, 对软弱地层注浆多采用这种设计方法。注浆压力随注浆深度增加而增大, 浅部增加率快, 深部增加率慢。

$$p = KH \tag{5.18}$$

式中: p——设计注浆压力（终压值）（MPa）;

　　H——注浆处深度（m）;

　　K——由注浆深度确定的压力系数。

4）注浆量

注浆量受围岩条件、浆液类型、注浆技术水平及围岩裂隙分布各向异性等多种因素影响, 存在诸多的不确定性。因此, 计算的理论注浆量往往与实际的注入量相差很大, 应通过注浆试验予以修正。

设计时可用下式计算:

$$Q = An\alpha(1+\beta) \tag{5.19}$$

式中: Q——总注浆量（m³）;

　　A——注浆范围岩层体积（m³）;

　　n——围岩空隙率（%）;

　　α——浆液充填系数, 一般为 0.7 ~ 0.9;

　　β——注浆材料损耗系数, 无地下动水时, 一般取 0.1 ~ 0.15。

注浆作业时，可参照理论量来估算注浆量的大小，但实际操作时，以注浆压力和现场实际情况来灵活控制进浆量。

5.1.5 注浆设备及器具

1. 钻 机

在注浆作业中，钻孔需要较长的时间，钻孔效率直接决定注浆工效。为有效提高钻孔效率，减少施工作业时间，选择钻进速度快、性能优良的钻机非常重要。用于注浆钻孔的钻机最重要的指标包括扭矩、给进力和打击能。国外进口钻机价格昂贵、成本高，但钻进速度快、效率高，对于长大隧道和较差地质环境的小净距隧道可考虑采用。以下就几种应用较多的国外钻机做一简述：

1）KR803-1C 履带式锚固钻机

该钻机为德国 KLEMM 公司生产，可实现回转钻进、跟管钻进。钻机各工艺之间的转换配置方便简捷，操作灵活安全。该钻机作业如图 5.9 所示，其性能参数见表 5.10。

图 5.9　KR803-1C 锚固钻机作业

表 5.10　KR803-1C 钻机性能参数

履带宽度	400 mm
底盘宽度	2 300 mm
行走速度	2.60 km/h
动力臂长度	3 600 mm
爬坡能力	>40°
接地比压	47 kPa

续表

最大推进行程	3 600 mm
给进力	40 kN
起拔力	80 kN
给进速度	17.5~75 m/min
起拔速度	38.1 m/min
扭　矩	12 kN·m
动力头钻头直径	85 mm
液压夹持器直径	50~254 mm
液压夹持器扭矩	36~40 kN·m
柴油机功率	110 kW
液压系统工作压力	25 MPa
运输尺寸（长×宽×高）	7 800 mm×2 300 mm×2 700 mm
整机质量	10.5 t

2）RPD-150C 钻机

该钻机为日本矿研公司所产，适用于地下、隧道、边坡工程地质钻探、注浆加固、管棚支护等各类工程的深孔钻进，在长大隧道中的超前地质预报、注浆治水加固中应用广泛。该钻机采用回旋冲击单管钻进和套管钻进，配有旋转冲击动力头，可实现旋转和冲击一体化，有较高的冲击功，动力强劲、钻孔速度快、操作简单，钻杆可自动拆卸。该钻机外形如图 5.10所示，性能参数见表 5.11。

图 5.10　RPD-150C 钻机

表 5.11　RPD-150C 钻机性能参数

发动机	日本川崎发动机
额定输出功率	111 kW
燃油箱容积	150 L
液压系统	
液压泵	日本变量柱塞泵
液压油路	有一个回路
液压油箱容积	270 L
履带底盘	
行驶速度	2.2 km/h
长　度	2 670 mm
宽　度	2 250 mm
接地比压	7.2 N/cm^2
爬坡度	20°
液压支腿	后面有两个液压支腿，前部没有
钻架	
最大容许扭矩	9 kN·m
最大推进行程	2 760 mm
最大钻速	80 r/min
冲击动力锤	KD8-00B
液压夹持器直径	225 mm

3）MEDIAN 钻机

该钻机为法国 TEC System 公司设计制造的多功能岩土钻机，适用于隧道与地下工程超前地质钻探、注浆加固等工程的深孔钻进。该钻机配有 TP1700 型回转动力头，动力头回转转速的范围为 50～600 r/min，采用回旋单管钻进和套管钻进，钻孔深度为 100～150 m，钻杆可自动拆卸，可通过钻孔参数自动记录仪直观判断岩石的强度变化及水压力数值。该钻机外形如图 5.11 所示，性能参数见表 5.12。

图 5.11　MEDIAN 钻机

表 5.12　MEDIAN 钻机性能参数

最大钻孔深度	100～150 m
钻孔直径	≤100 mm
钻机最大推进力	60 kN
最大钻孔高度	5 m
单根钻杆长度	1.5 m、3 m
动力臂长度	3.6 m
动力臂侧向转动角度	+/－180°
动力臂摆角	－20～150°
履带接地长度	2 470 mm
履带宽度	500 mm
接地比压	60 kPa
钻进速度和扭矩	600 r/min、1.76 kN·m； 105 r/min、7 kN·m
给进速度	17（低速）/45（高速）m/min
走行速度	1.8 km/h
动力头行程	3.6 m

4）C6 钻机

该钻机为意大利 CASSAGRANDE 公司所产，可采用双动力系统使套管与钻杆同时跟进冲击回转钻进，钻孔直径为 40～250 mm。该钻机冲击钻进功率大，可在卵砾石层中施钻深 30 m 的钻孔。最大回转扭矩 13.55 kN·m，大扭矩回转钻进可提高钻孔精度及钻深能力。钻孔定位系统灵活，钻架配置双液动夹盘，方便夹紧及拆卸钻具。该钻机外形如图 5.12 所示，性能参数见表 5.13。

图 5.12　C6 钻机

表 5.13　C6 钻机性能参数

发动机	涡轮增压电喷发动机，欧洲 3 号排放标准
额定输出功率	127 kW
燃油箱容积	190 L
液压系统	
液压泵	德国力施勒公司变量柱塞泵
液压油路	有三个回路
工作压力	250 Pa
液压油箱容积	600 L
履带底盘	
行驶速度	1.7 km/h
长　度	2 990 mm
宽　度	2 250 mm
履带宽	400 mm
接地比压	68 kPa
爬坡度	53°
液压支腿	前后各有两个液压支腿
钻架	
最大容许扭矩	20 kN·m
最大推进行程	4 000 mm
最大钻速	530 r/min
冲击动力锤	可安装克鲁博 D21 打击装置
液压夹持器直径	254 mm

2. 注浆泵

注浆泵是注浆施工的关键设备，采用压缩油液或压缩空气为动力源，利用油缸或气缸和注浆缸具有较大的作用面积比，以较小的压力使缸体产生较高的注射压力。注浆泵的性能、质量对注浆作业的安全、效率起着决定性作用。以下就几种应用较多的注浆泵做一简述：

1）ZJB/BP-110/30 注浆泵

ZJB/BP-110/30 注浆泵的特点是只能注单液浆，可实现高压注浆，注浆过程流量大，其技术参数见表 5.14。

表 5.14　ZJB/BP-110/30 注浆泵技术参数

栓塞直径	45 mm
栓塞行程	100 mm
流　量	0 ~ 110 L/min
额定工作压	30 MPa
额定功率	55 kW
总质量	1.35 t
外形尺寸	1 982 mm × 1 056 mm × 900 mm

2）KBY 系列注浆泵

KBY 系列注浆泵采用分体式控制阀，特种吸、排阀和密封，可注单液浆或双液浆，其体积小、质量轻、应用较为广泛，其技术参数见表 5.15。

表 5.15　KBY 系列注浆泵技术参数

型号	注浆流量/（L/min）	注浆压力/MPa	外形尺寸/mm
KBY-50/70	50	0.5～7	1 600×720×700
KBY-80/70	80	0.5～8	1 600×720×700
KBY-30/120	30	0.1～12	1 600×720×700
KBY-160/30	160	0.1～3	1 600×720×700
KBY-60/100	60	0.1～10	1 600×720×700
KBY-100/35	100	0.1～3.5	1 600×720×700

3）PH15 双液注浆泵

PH15 双液注浆泵是一款应用较多的注浆泵，其技术参数见表 5.16。

表 5.16　PH15 双液注浆泵技术参数

最大流量	180 L/min
最大压力	7 MPa
电机功率	11 kW
质　量	0.3 t
外形尺寸	1 300 mm×720 mm×700 mm

5.1.6　注浆工艺

注浆虽按目的、注浆孔布置类型等不同有各种分类，但其工艺大体上有一定的相似性。以下以全断面超前注浆为例，简述注浆工艺。

1. 钻　孔

严格按照设计图纸要求进行布孔，将孔位直接定位标识在开挖工作面上，孔位偏差不得大于 5 cm，钻孔偏斜率最大允许偏差为 0.5%。在进行钻孔定位时，采用全站仪按三维坐标进行控制。钻孔前，按布好的孔位预设注浆孔口管。如果是高压劈裂注浆，还需在孔口管上安设高压闸阀。

根据孔位位置将钻机定位，钻头对准孔口管，在技术人员指导下按注浆孔设计角度调整钻杆角度。

第一个孔施钻时，要慢速运转，以确定在该地层条件下的钻进参数。钻孔时详细记录岩层、岩性以及孔内出渣情况，特别是穿越破碎带和地质异常地段时，作为优化注浆方案的依据。

2. 浆液配制

依据试验确定配合比，严格按配制顺序将注浆材料加入均匀搅拌。搅拌顺序一般为：水、水泥、外加剂及其他材料。浆液搅拌成型后，取样检查凝结时间是否符合设计要求，以便对浆液进行分析、评价。

3. 注　浆

注浆时按照顺序施作：从注浆断面两边到中间，间隔跳孔，逐渐加密，以达到挤密加固的目的。开始注浆后，控制好注浆压力。压力异常迅速增加时，应立即停机，以防破管伤人。准确测量吸浆量以判断是否需要改变水灰比，监测并适时调整浆液性能（比重、含灰量等），使浆液性能保持在最佳状态。为防止浆液过早堵塞浆液渗透通道或向设计注浆范围外扩散，浆液浓度遵循由稀到浓的原则逐级改变，在注浆量达到预期数量后注入浓浆对外渗通道予以封堵。对注浆孔周围有裂隙水渗流部位，浆液则采取由浓到稀或先双液后单液的方式，使先注入浆液随地下水流动，在流动通道中凝固，堵塞后续浆液外排通道，再换注稀浆或单液浆。必须精确掌握浆液转换时间，过早会导致对出水通道封堵无效，过迟则会堵塞后续浆液的压入通道。

单孔注浆结束条件：预注浆各孔段均达到设计终压并稳定 10 min，或注浆量不小于设计注浆量的 80%。

注浆过程应有专人进行过程控制，填写"注浆记录表"，记录注浆时间、注浆压力、浆液消耗量等数据，以便注浆结束后评估、检查注浆效果。

注浆结束后，需检查注浆效果。以加固为目的的注浆，可采取钻孔取芯法检查；以堵水为目的的注浆，可采取连续测流量的方法，当所测流量小于允许涌水量时，则注浆效果满足要求。

4. 注意事项

（1）在不同围岩情况下，注浆参数差别非常大。注浆设计前尽可能进行注浆试验，通过试验确定注浆参数，确保注浆设计针对性强、有效性高。

（2）城市小净距隧道大多埋深较浅，地表有建构筑物，地层中有重要管线（如雨、污水管，供水管或燃气管线），一定要控制注浆压力，防止注浆压力过大导致地面隆起，危及地面建构筑物安全或破坏地下管线。注浆过程必须严格监测地面沉降，并和洞内注浆作业面保持信息畅通，一旦异常立即停止，以防止对地表建构筑物或重要地下管线造成破坏。

（3）根据试验参数对注浆量进行预估，结合实际注浆量对注浆效果进行分析。注浆作业量较大时，首先须确保制浆设备和运输能力；其次是保证浆液的工作性能，以保证注浆连续进行。

（4）注浆过程中随时检查孔口、邻孔、覆盖层较薄部位有无串浆、跑浆现象，如发生串浆、跑浆现象，应立即停止注浆，采用间隔一孔或几孔压注的方法来控制，亦可采用间歇式注浆封堵串浆口，直至不再串浆、跑浆。

（5）在注浆过程中，严格控制注浆压力，同时密切关注浆量。当压力突然升高时，若浆液是单液水泥浆，则可能发生了堵管，应立即停机检查；若浆液是水泥-水玻璃双液浆，应关闭水玻璃泵，进行单液注浆或注清水，待泵压正常时再进行双液注浆。若浆液进浆量很大且注浆压力长时间不升高，则首先应调整浆液浓度和配合比，缩短凝胶时间。可采取小量低压力注浆或间歇式注浆，使浆液在裂隙中有相对滞留时间，以便凝结，但滞留时间不能超过混合浆液的凝胶时间。

5.2　超前长管棚

　　超前长管棚是软弱围岩隧道施工中稳定开挖工作面的一种主要超前加固方法。在隧道开挖前沿开挖轮廓线钻设与隧道轴线平行的钻孔,插入钢管并向管内注浆,固结钢管周围的围岩,形成棚架支护体系。长管棚的主要作用是提高围岩的抗剪强度,达到加固围岩并扩散围岩应力的目的;管棚结构的抗弯、抗剪强度可有效承受围岩松弛荷载,增强围岩在初期支护尚未施作或发挥作用前的自稳能力,稳定隧道开挖工作面,并同支护结构形成空间支撑系统。

　　管棚常采用直径为 70 ~ 127 mm 的钢管,特别地段也有采用直径为 300 ~ 500 mm 的大钢管的,壁厚一般不小于 6 mm,工程中多采用 $\phi108$ mm × 6 mm 厚热轧无缝钢管。管棚长度一般为 10 ~ 40 m。若设计管棚段落过长,可分组设置,纵向搭接长度应大于 3.0 m。

　　管棚质量直接决定了预支护效果,其质量一方面取决于管棚工作室和导向墙的施作精度,另一方面取决于高性能钻机。采用国产地质钻机时,若无导向墙或导向系统,管棚长度一旦大于 20 m,其精度无法保证,相邻管棚易在中后段出现"天窗",无法起到预支护设计效果;而在管棚工作室和导向墙精确施作的情况下,配以高性能钻机和地面导向系统,管棚长度即使大于 100 m,其精度也可以保证。

　　超前管棚的施工工艺流程详见图 5.13。下面结合紫坪铺隧道出口端管棚施工案例(管棚布置如图 5.14 所示),详述管棚施工工艺。

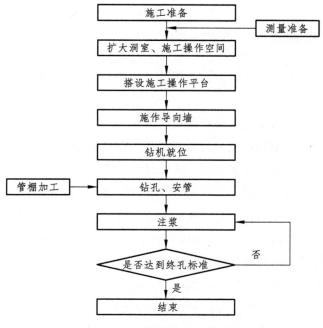

图 5.13　大管棚施工工艺流程

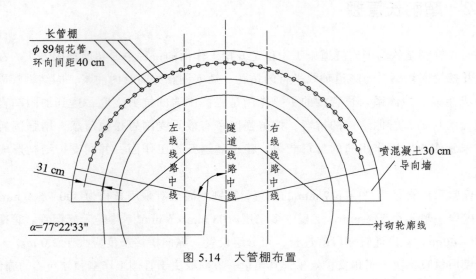

图 5.14 大管棚布置

5.2.1 施工准备

管棚钢管单节长度通常为 4 m，接头采用 15～20 cm 长丝扣连接（套管采用内丝扣，钢管端采用外丝扣），以保证连接强度和顺直。钢管壁钻有注浆花孔，孔径一般为 6～8 mm，间距为 10～15 cm，呈梅花形排列。

根据设计的管棚和导向墙位置，分别用全站仪和精密水准仪进行放样，要控制管棚位置与隧道开挖线之间的距离，以免出现管棚侵界现象。

5.2.2 工作室施工

施作管棚前应开挖工作室，根据钻机和钢管推进机的规格确定工作室尺寸，一般应超出隧道外轮廓线 0.5～1.0 m。

为保证导向管的安装精度，在洞外预制加工导向架。紫坪铺隧道出口端超前管棚导向架设计如图 5.15 所示，导向架制作及导向管安装由两榀格栅钢拱架组成，每榀格栅钢拱架主筋为双排 $\phi28$ 螺纹钢筋，纵向连接亦为 $\phi28$ 螺纹钢筋，采用 $\phi54$ 钢管斜撑加固，导向架纵向长 2.8 m。在导向架两端用 3 mm 钢板与格栅拱架全幅焊接，钢板焊接后，按纵向 2° 在导向架两侧钢板上放样导向管位置孔（孔径为 154 mm），再在导向架内预埋大管棚导向管（钢管管径为 153 mm）并与钢板焊接；导向架预制成型后运进洞内进行定位安装，如图 5.16 所示。

为便于施钻和提高钻孔精度，需施作混凝土导向墙。

在拱脚灌注高 60 cm 混凝土导向墙基础，将导向架固定在基础上，对导向管复测无误后，采用 I16 钢架及钢模安装导向墙模板，灌注 C30 混凝土，灌注过程中用全站仪对导向管进行全过程监控，确保导向管定位和角度不发生移动。

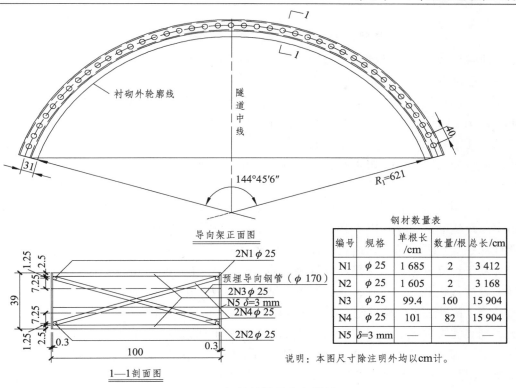

图 5.15　超前管棚导向架设计

钢材数量表

编号	规格	单根长/cm	数量/根	总长/cm
N1	ϕ25	1 685	2	3 412
N2	ϕ25	1 605	2	3 168
N3	ϕ25	99.4	160	15 904
N4	ϕ25	101	82	15 904
N5	δ=3 mm	—		

说明：本图尺寸除注明外均以cm计。

图 5.16　超前管棚导向加工及安装

5.2.3 钻 孔

钻机选型由一次钻孔深度和孔径决定。可选用前述国外进口钻机，也可选用国内的 YG 型全液压驱动动力头式钻机、KQL 型钻机或者其他地质钻机。

若选用国产地质钻机，需搭设钻机平台。平台支撑连接要牢固、稳定，防止施钻时钻机产生不均匀下沉、摆动、位移等，影响钻孔质量。

钻机要求与已设定好的孔口管方向平行，钻机位置必须精确核定。将钻具放入导向管中，采用红外线导向将钻杆、跟进管、导向管固定在一条直线上，钻杆方向和角度满足要求后即可施钻。可同时采用多台钻机进行钻孔。

导向控制直接关系到成孔精度和管棚质量，导向系统可根据现场实际选择。针对浅埋的城市小净距隧道，可选用 ECLIPSE 无线地下定位系统，管棚埋深在 8 m 以内的配备普通探棒，管棚埋深在 8 ~ 10 m 范围内的配备加强型探棒，埋深超过 10 m 后采用地磁地下定位系统。

为便于钢管安装，钻头采用比管棚钢管直径大 5 ~ 10 mm 的钻头。根据预埋的钢套管作为导向管进行钻孔。钻机开钻时，可低速钻进，待成孔达到一定深度后，根据地质情况逐渐调整钻速。钻进过程中确保动力器、扶正器、合金钻头按同心圆钻进。钻孔速度应保持匀速。钻头遇到夹泥夹砂层时，应控制钻进速度，避免发生夹钻现象；钻至易塌孔地层时，可采用跟管钻进。为避免钻头因自重下垂或遇到孤石不易控制钻进方向，开钻上挑角度控制为 1 ~ 3°，随时用测斜仪测量角度和钻进方向，作好钻进过程的原始记录，及时分析孔口岩屑，可兼作隧道超前地质预报的数据。

非跟管钻进时，钻孔后及时安设管棚钢管，避免塌孔。钢管逐节顶入，采用丝扣连接。为保证管棚钢管的连接薄弱位置不集中在同一断面，相邻两孔的管棚钢管接头应前后错开。同一横断面内的接头数不大于 50%，相邻钢管接头至少错开 1 m。需加强管棚刚度时，可在钢管内加钢筋笼再注浆。及时将钢管与钻孔壁间缝隙填塞密实，在钢管外露端焊上法兰盘、止浆阀，并检查焊接强度和密实度。

5.2.4 注 浆

注浆材料和配合比根据试验现场确定，一般情况下多采用水泥砂浆或水泥-水玻璃双液浆。浆液配置详见注浆部分内容。

注浆前对所有孔口安装止浆塞，同时对管口与孔口外侧进行密封处理。检查管路和机械状况，做压浆实验，确定合理的注浆参数。注浆分两步完成，当第一次注浆的浆液充分收缩后，进行第二次注浆，确保管棚填充密实。注浆采取注浆终压和注浆量双控，拱脚的注浆终压高于拱腰至拱顶的终压值。达到注浆终压后，持压 3 ~ 5 min 停止注浆。若注浆量超限，但长时间未达到压力要求，应调整浆液浓度继续注浆，直至符合注浆质量标准，确保钻孔周围岩体与钢管周围孔隙均为浆液充填，停止注浆。

注浆完毕后打设检查孔，检查注浆质量。有水地层可观察无管孔内涌水颜色及涌水量，涌水颜色如果清澈或夹带水泥渣块，则注浆效果较好；若涌水为泥浆颜色或涌水量仍较大时，应补注或重注。对注浆加固区进行钻孔取芯，判断注浆效果。

5.2.5　注意事项

根据目前的技术水平和设备能力，管棚长度可以突破 100 m，如北京地铁蒲黄榆车站超前管棚，最长达 148 m，管棚钻进过程采用地面导向，精度控制在 5‰以内。控制长管棚施工的关键环节主要如下：

1. 工作室和导向墙设置

根据钻机的几何尺寸、作业范围及下管要求设计、设置合适的工作室，确保钻机的工作效率和管棚精度。

导向架的制作及安装非常关键，管棚导向架宜在洞外整体定位加工，加工精度比洞内高，安装时先在洞内精确施作导向架基础，保证安装精度。

2. 钻孔精度控制

利用红外线辅助钻机定位，使钻杆快速、准确地固定在设计管棚轴线上。

施钻过程必须经常检查支架的稳固性，发现问题及时处理。测量人员应在支架顶面设置测量观测点，用经纬仪和精密水准仪对观测点进行测量，检查支架是否发生偏移或下沉。若处于浅埋区域，可采用地面辅助导向，更利于钻进的精确导向。

钻机选型对钻孔精度尤其重要，高性能的钻机是长管棚施工的有力保证。

3. 注浆控制

浆液配置必须按设计配合比进行。根据不同的围岩条件，选用不同的浆液配合比，掺加不同的外加剂。浆液配置所需的水泥、水玻璃、水及其他外加剂（如速凝剂等）均要经过试验检测，满足质量要求。

注浆过程中随时检查孔口、邻孔、覆盖层较薄部位有无串浆现象。如发生串浆，立即停止注浆或采用间歇式注浆封堵串浆口，也可采用麻纱、木楔、快硬水泥砂浆或锚固剂封堵，直至不再串浆再继续注浆；注浆时跳孔注浆，不能相邻孔连续注浆，以确保固结效果，同时达到控制注浆量的目的；根据注浆终压和注浆量双控注浆质量。

5.3　超前小导管和超前锚杆

超前小导管（超前锚杆）是稳定开挖工作面的一种预加固方法。在隧道开挖轮廓线外一定距离，以一定的外插角，向开挖面前方打（钻、压）入小导管（锚杆）并注浆，其作用机理主要是改善围岩中裂隙状态，提高围岩的物理参数，从而增强围岩稳定性，改善支护的变形和受力条件。通过小导管（锚杆）支持力作用，使小导管（锚杆）周围岩体形成压缩带，压缩带中岩体处于三向受压状态，强度提高，形成一个能承受一定荷载的稳定岩体，即承载环；注浆浆液改善了岩体的力学参数（弹性模量、粘聚力、内摩擦角等），提高了围岩本身的自稳能力。

超前小导管、超前锚杆适用于自稳时间较短或松散破碎的砂层、砂卵（砾）石层、土层、断层破碎带、涌水地段、软弱围岩地层的加固，施工设备简单，施工操作方便。

5.3.1 超前小导管

超前小导管工艺流程如图 5.17 所示。

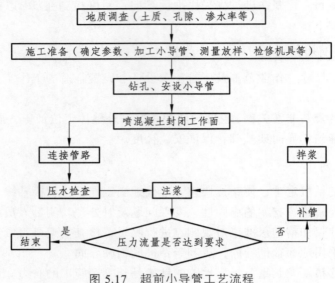

图 5.17　超前小导管工艺流程

1. 参数确定

超前小导管一般选用直径为 42～50 mm 热轧无缝钢管加工制成，长度多为 3～6 m。小导管布置间距根据围岩条件确定，多按 20～50 cm 选用，间距过大易导致小导管间的围岩掉块，间距过小则破坏围岩完整性。小导管既可采用均匀间距布置，也可由拱顶至拱脚采取由密至疏的不均匀布置，外插角大多为 3～15°。超前小导管可根据地质情况设置单排或双排。对于超前小导管注浆加固范围较长的地段，纵向搭接长度一般为 1～1.5 m。小导管前端加工成锥形，管壁钻注浆孔，孔径一般为 6～8 mm，孔间距为 10～20 cm，呈梅花形布置，尾部长度不小于 30 cm，作为不钻注浆孔的预留止浆段。

2. 测量布孔

小导管管孔一般布置在开挖轮廓线以外 5～10 cm。用全站仪对小导管位置进行测量放样，并在开挖工作面上作好标识。

3. 钻　孔

采用风钻或凿岩台车开孔，以设计的外插角向外钻孔。对于砂类土，也可采用直径比小导管稍大的钢管，将其缓缓插入土中，用高压风射孔，成孔后插入小导管。钻孔直径应大于设计导管直径 3～5 mm，孔深大于设计长度 10 cm。

钻孔完毕后，冲洗钻孔并检查孔深、孔径和倾斜度是否符合设计要求，工程中多采用气水联合法对钻孔进行冲洗。

为保证超前小导管的有效搭接长度，施工过程中应严格控制开挖进尺，以便下一循环的施工顺利进行。

4. 布　　管

钻孔检查合格后,用带冲击的风钻将小导管顶入孔中,或直接用锤击插入钢管,再用塑胶泥封堵导管孔口周围及工作面上的裂缝,以保证后续注浆效果。

小导管布管有两种方式:一是将小导管尾端焊于钢拱架上部,与钢拱架形成体系;二是钢拱架加工时,提前按设计位置制作成孔,在钢拱架安装后,小导管从已成孔中穿过,与钢拱架形成体系。无论采用哪种方式布管,务必保证小导管最终和钢拱架、喷射混凝土形成体系受力结构,而不是植筋式的单管受力结构。

布管顺序:从拱顶分别向左右方向进行,采取隔孔间隔布置;小导管的外露长度一般为 30 ~ 50 cm。

小导管布管如图 5.18 所示。

图 5.18　小导管布管

5. 注　　浆

注浆是小导管施工工艺中比较重要的一道工序,注浆质量直接影响小导管预支护效果。某些砂卵石地层或围岩破碎地层,施作小导管后依然掉块严重,多是因为注浆效果不佳所致。

注浆部分详见前述章节。

5.3.2　超前锚杆

超前锚杆可分为悬吊式超前锚杆及钢拱架(以格栅拱架为主)支撑超前锚杆。工程上一般采用钢拱架支撑超前锚杆。

悬吊式超前锚杆是在爆破前,将超前锚杆打入掘进前方稳定岩层内,末端支撑在拱部围岩内专为超前锚杆提供支点的径向悬吊锚杆;或支撑在作为支护的结构锚杆上,使其起到支护掘进进尺范围内拱部上方围岩,有效约束围岩在一定时间内不发生松弛坍塌的一种锚杆型式。

钢拱架支撑超前锚杆是超前锚杆末端从钢拱架腹部空间穿过,尾部与钢架焊接连成一体,与钢拱架一起,形成整体支护体系的一种锚杆型式。

超前锚杆施工工艺如图 5.19 所示。

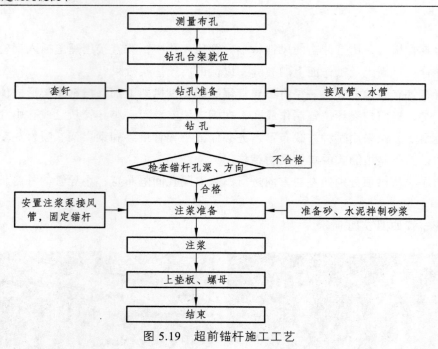

图 5.19　超前锚杆施工工艺

1. 参数选择

超前锚杆多设置在隧道拱部，也可设置在边墙部位。直径一般为 20 ~ 25 mm；若为迈式自进式锚杆，则直径为 32 mm。锚杆长度一般为 3 ~ 6 m，由地质情况和开挖进尺确定；拱部超前锚杆纵向搭接 1 m 以上；锚杆环向间距控制在 20 ~ 50 cm；锚杆外插角一般为 5 ~ 10°。

2. 测量布孔

超前锚杆的测量布孔同超前小导管工序。

3. 钻　孔

超前锚杆的钻孔同超前小导管工序。

4. 插入杆体

钻孔完毕后，采用气水联合法冲洗锚孔。经检查钻孔孔深、孔径和倾斜度符合设计要求后，安装锚杆。安装前，除去锚杆的油污、铁锈和杂质。

插入杆体，当采用人工手持插入有困难时，可用锤击或风动凿岩机送入，杆体插入孔内长度不应小于设计规定的 95%。

5. 注　浆

超前锚杆注浆一般采用普通硅酸盐水泥或水泥-水玻璃浆液。采用强度等级 32.5R 以上水泥，水玻璃用量为水泥质量的 3% ~ 5%，浆液水灰比宜为 0.7∶1 ~ 1∶1。如遇到隧道涌水量比较大时，可加入 3% ~ 4% 的氯化钙作速凝剂。

注浆时采用自下而上的顺序进行。为保证注浆效果，在孔口处设置止浆塞和排气管，如图 5.20 所示。

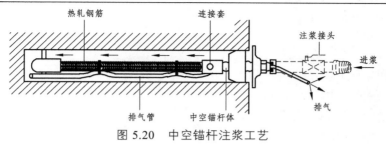

图 5.20　中空锚杆注浆工艺

5.4　中隔岩柱加固

5.4.1　中隔岩柱受力特性

中隔岩柱是小净距隧道承受荷载的主要部位，起着重要的支撑作用，对隧道结构稳定至关重要。当中隔岩柱厚度较小时，容易出现塑性区贯通状况，尤其是在软弱地层条件下，因多次扰动而失去原有的密实性，更为松散，其状态远比分离式隧道施工时差。在施作二次衬砌前，中隔岩柱存在失稳危险，需针对地质条件、周边环境和不同净距等综合因素采取不同的预加固措施和施工方法，以提高围岩承载能力，减小塑性区，保证中隔岩柱的稳定和施工安全。中隔岩柱的受力状态是采取合理加固措施的主要依据。

以公路隧道为例分析中隔岩柱处受力状态，假定隧道处于浅埋工况，上覆岩体均质，以自重应力为主。中隔岩柱的承载范围和计算简图如图 5.21 和图 5.22 所示。

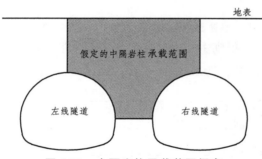

图 5.21　中隔岩柱承载范围假定

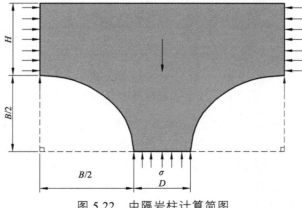

图 5.22　中隔岩柱计算简图

由竖向的受力平衡条件得:

$$\sigma D = A\gamma \qquad (5.20)$$

式中: σ ——中隔岩柱应力;

γ ——承载范围内岩体容重;

A ——承载范围面积;

D ——中隔岩柱厚度。

承载范围面积 A 可由几何关系得:

$$A = \frac{4-\pi}{8}B^2 + \left(\frac{B}{2}+H\right)D + HB \qquad (5.21)$$

式中: B ——隧道跨度;

H ——隧道埋深。

根据以上推导,可得出中隔岩柱应力为:

$$\sigma = \frac{\gamma B}{D}\left(\frac{4-\pi}{8}B+H\right) + \gamma\left(\frac{B}{2}+H\right) \qquad (5.22)$$

由计算简式可知,中隔岩柱应力与隧道净距之间的关系为: $D\to 0$, $\sigma\to\infty$; $D\to\infty$, $\sigma\to\gamma\left(\frac{B}{2}+H\right)$。即当净距较小时,中隔岩柱应力较大;随着净距增大,应力逐渐趋于常值 $\gamma\left(\frac{B}{2}+H\right)$。

以双车道公路隧道为例,主要计算参数取值如下: $B=12\ \text{m}$, $\gamma=19\ \text{kN/m}^3$(V 级围岩对应的重度), $H=25\ \text{m}$,计算得到中隔岩柱应力与隧道净距关系,如图 5.23 所示。

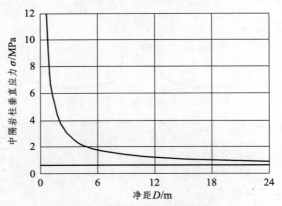

图 5.23 中隔岩柱应力-隧道净距关系

当净距大于 $1.5B$ 时,中隔岩柱应力基本趋于常值,为 1 MPa 左右,净距变化对中隔岩柱应力影响不显著;当净距小于 $0.5B$ 时,中隔岩柱应力随净距的减小而显著增大,量值为 2 ~ 8 MPa,对于 V 级围岩,容易导致中隔岩柱失稳,需采取有效加固处理措施;当净距值为 $0.5B$ ~ $1.5B$ 时,中隔岩柱应力变化较为平缓,量值为 1 ~ 2 MPa,对中隔岩柱略加处理或采取合理的施工措施后,其稳定性较容易得到保证。

以上分析基于不计支护受力的假定，在具有一定支护力的情况下，中隔岩柱应力会比以上分析结果小，分析结论是趋于保守的。

整理式（5.22），得：

$$\sigma = \gamma \left[\left(1 + \frac{B}{D} \right) H + \left(\frac{4 - \pi}{8} \cdot \frac{B}{D} + \frac{1}{2} \right) B \right] \qquad (5.23)$$

式（5.23）是在隧道为浅埋工况的假定下导出的，即中隔岩柱主要承受岩柱上方的地层自重荷载，应力与隧道埋深之间呈线性关系。仍以双车道公路隧道为例，主要计算参数取值如下：$B = 12$ m，$\gamma = 19$ kN/m³（以 V 级围岩对应的重度为例），计算得到的中隔岩柱应力与隧道净距关系，如图 5.24 所示。

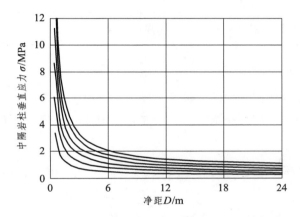

图 5.24　隧道不同埋深时的中隔岩柱应力-隧道净距关系

分析结果表明，隧道净距小于 $0.5B$ 时，中隔岩柱应力随净距的减小急剧增大；净距为 $0.5B \sim 1.5B$ 时，中隔岩柱应力变化平缓；净距大于 $1.5B$ 后，基本趋于常数。这一规律在不同埋深条件下基本相似。

5.4.2　中隔岩柱加固

中隔岩柱的加固方式主要有小导管注浆加固、系统长锚杆加固、对拉预应力锚杆加固以及几种方式组合的加固方法。

对于软弱破碎围岩，采用单一的加固方案，其加固效果可能并不明显，不能达到理想效果。仅采用小导管注浆进行加固，其效果与围岩的可注性、注浆参数的控制等关系较大；仅使用系统锚杆或预应力锚杆进行加固，可能出现锚杆内力过大而被拉断破坏或预应力损失过大而达不到加固目的的情况。故采用几种加固方式相结合的联合加固方案，加固效果优于单一的加固方案。

国内部分小净距隧道的中隔岩柱加固方式如表 5.17 所示。

表 5.17 国内部分小净距隧道中隔岩柱加固方式

隧道名称	围岩级别		
	Ⅲ 级	Ⅳ 级	Ⅴ 级
紫坪铺隧道	小导管注浆	小导管注浆＋对拉预应力锚杆	小导管注浆＋对拉预应力锚杆
北京东路隧道	无Ⅲ级围岩	无Ⅳ级围岩	预应力注浆锚杆＋小导管注浆
玉函路隧道	无Ⅲ级围岩	无Ⅳ级围岩	前进式分段注浆＋小导管注浆＋地表注浆
贵阳地铁七云区间	无Ⅲ级围岩	无Ⅳ级围岩	后退式注浆
鸣鹿 2 号隧道	无Ⅲ级围岩	小导管注浆	小导管注浆
成都地铁红牌楼区间	无Ⅲ级围岩	无Ⅳ级围岩	小导管注浆

1. 小导管注浆加固

对中隔岩柱采取小导管注浆加固，如图 5.25 所示。通过小导管本身和注浆浆液两方面的加固作用，小净距隧道在双洞开挖施工时，中隔岩柱塑性区域减小，不致产生贯通。

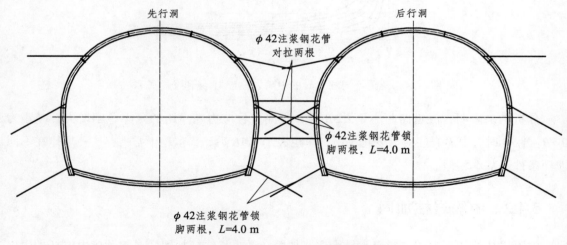

图 5.25 小导管注浆加固中隔岩柱

当采用注浆加固时，把注浆范围扩大到中隔岩柱顶部及底部，效果远远优于仅仅针对中隔岩柱核心部位注浆。

2. 系统锚杆加固

采用系统锚杆对中隔岩柱进行加固与支护，其机理是围岩的变形使锚杆受拉，从而调动锚杆的支护抗力，限制围岩的进一步变形，达到支护的目的。

采用系统锚杆对中隔岩柱进行加固如图 5.26 所示。

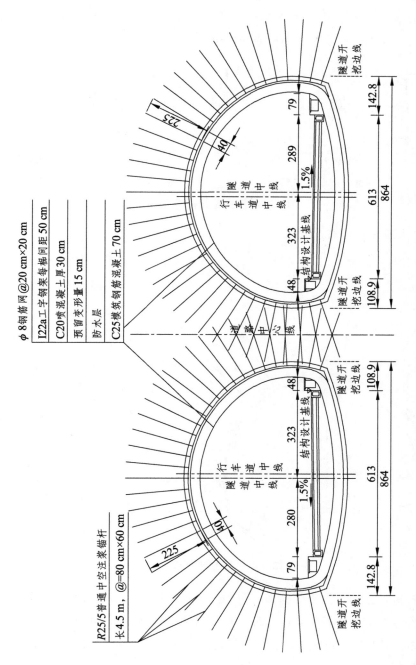

图 5.26　采用系统锚杆加固中隔岩柱（单位：cm）

锚杆在围岩中应力分布如图 5.27 所示。一般系统锚杆轴力分布不均匀，两端轴力较小，中性点附近轴力则很大，因此锚杆承载力未得到充分利用，如图 5.27（a）所示。当在中隔岩柱两侧施作系统锚杆时，两侧锚杆只在锚头部位提供较大支护力，而中隔岩柱中间部位将出现一段锚杆轴力空白或较小轴力叠加区域，如图 5.27（b）所示。由此可见，中隔岩柱两侧施作系统锚杆时，中隔岩柱受力与塑性变化改善程度不及设计预期。

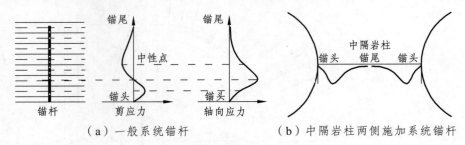

（a）一般系统锚杆　　　　（b）中隔岩柱两侧施加系统锚杆

图 5.27　系统锚杆应力分布

3. 水平对拉预应力锚杆加固

当中隔岩柱厚度较小时，采用水平对拉预应力锚杆进行加固是一种非常有效的加固方式，如图 5.28 所示。

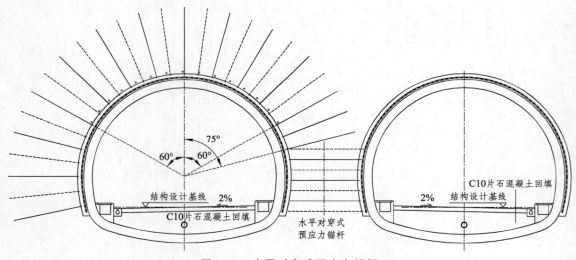

图 5.28　水平对穿式预应力锚杆

通过对锚杆进行张拉，给岩体施加一定预应力，锚杆轴力由张拉荷载和由地层开挖引起的形变荷载两部分组成。相较于系统锚杆，预应力锚杆轴力呈两头略大、中间略小的分布形态，沿杆长分布比较均匀，如图 5.29（a）所示，锚杆的承载力能得到较充分的利用。当在中隔岩柱两侧施作对拉预应力锚杆时，锚杆为一整体，中隔岩柱中间部位两端受力叠加，锚杆轴力均匀分布于中隔岩柱整体，避免了锚杆轴力空白或较小轴力区域的出现，能较好地维护围岩稳定，如图 5.29（b）所示。

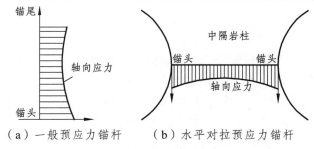

（a）一般预应力锚杆　　（b）水平对拉预应力锚杆

图 5.29　预应力锚杆应力分布

对拉预应力锚杆加固中隔岩柱原理可由图 5.30 和图 5.31 解释。当中隔岩柱顶部承受垂直应力 σ_y 时，对拉预应力锚杆通过两端的垫板对隧道围岩施加扩散的压力 σ_x。中隔岩柱的受力状态从两向受压变成三向受压，从而减小围岩的变形，增强围岩的稳定性，改变支护的变形和受力条件，进而提高了中隔岩柱的承载能力和稳定性。

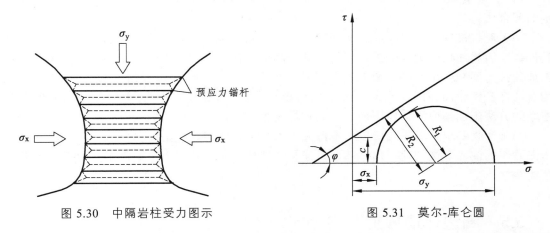

图 5.30　中隔岩柱受力图示　　　　　　　　图 5.31　莫尔-库仑圆

不考虑小净距隧道的初期支护，那么依据莫尔-库仑准则，得出中隔岩柱达到极限平衡状态时所需的压力为：

$$\sigma_{x\min} = \frac{1-\sin\varphi}{1+\sin\varphi}\sigma_y - \frac{\cos\varphi}{1+\sin\varphi}\cdot 2c \tag{5.24}$$

中隔岩柱上部垂直压力 σ_y 为：

$$\sigma_y = \frac{\gamma B}{D}\left(\frac{4-\pi}{8}B + H\right) + \gamma\left(\frac{B}{2} + H\right) \tag{5.25}$$

对拉预应力锚杆对中隔岩柱的压力为：

$$\sigma_x = \frac{N}{a\cdot b} \tag{5.26}$$

式中：N——锚杆预应力；

　　　a、b——锚杆纵向、环向间距。

锚杆通常采用普通 HRB335 钢筋，其极限抗拉力为：

$$N_{cr} = R_g \cdot \frac{\pi d^2}{4} \qquad (5.27)$$

式中：R_g——锚杆杆体钢材抗拉强度设计值，隧道规范取 $R_g = 268$ MPa；

d——锚杆直径，采用直径规格为 $\phi 25$。

可见，对拉预应力锚杆可使中隔岩柱受力状态从双向受压变成三向受压，可以提高中隔岩柱的承载能力和稳定性，主要用来加固中隔岩柱应力较大的区域。

对拉预应力锚杆的施工工艺如下：

（1）采用 $\phi 32$ 中空注浆锚杆，杆体极限抗拉力不小于 290 kN，预应力值为 90～110 kN。

（2）对拉锚杆孔宜垂直于中隔岩柱施作，在先行洞掘进完成后一次钻孔到位，锚杆长度宜长于锚杆孔 50 cm，当中隔岩柱厚度小于 5 m 时可采用一根通长锚杆，当中隔岩柱大于 5 m 时，锚杆可分段加工并采用连接套连接。

（3）锚杆安装前向钻孔内灌注 M20 早强水泥砂浆（要求浇筑 12 h 后抗压强度不小于 20 MPa），然后插入锚杆，杆体与孔壁间水泥砂浆应充填饱满。砂浆配合比采用实验室所确定的配合比。

（4）对拉锚杆采用先灌后二次张拉工艺，在先行洞开挖并待钻孔内水泥砂浆强度达到其设计强度后施加预应力 40 kN；后行洞开挖露出锚杆端部后，拆除预安装的丝扣保护包装，施加预拉力到 90～110 kN，然后先行洞补张拉到 90～110 kN。每根锚杆除砂浆锚杆段以外，均对锚杆杆体涂油并用宽 5 cm 的塑料袋缠绕包裹，形成张拉自由段。锚杆采用扭力扳手上紧螺帽的方法施加预应力，施工前应在洞外标定扳手力矩与锚杆拉力关系。

（5）注浆要求：出浆孔口压力不得大于 0.4 MPa；注浆管应插至距孔底 5～10 cm 处，随水泥砂浆的注入缓慢匀速拔出，随即迅速将杆体插入。若孔口无砂浆流出，应将杆体拔出重新注浆。

5.5 周边环境预加固与保护

在城市建筑物密集区域修建的隧道工程越来越多，不可避免地会引起周边建筑物的沉降。特别是城市小净距隧道施工，整体开挖断面大，先行洞和后行洞相互影响产生附加沉降，如果不及时对周边建筑物采取保护或加固措施，有可能造成周边建筑物沉降过大，导致损伤开裂，甚至坍塌破坏。

隧道施工对周边建筑物的影响主要在于隧道开挖引起地层变形，进而引起建筑物不均匀沉降或倾斜变形；此外，隧道开挖引起地层松弛塑性变形，会降低建筑物的地基承载力。当隧道洞身地质条件较好、埋深较大时，隧道开挖引起的变形影响范围可分成三个区域，即松动区、塑性区和弹性区：当建筑物基础位于松动区或塑性区时，地基变形导致基础承载力较大幅度降低；当建筑物基础位于弹性区时，地基变形对基础的影响较小。

对建筑物的保护和加固，主要是对处于松动区和塑性区的基础设置隔断结构或进行加固。隔断结构是在建筑物和在建隧道间设置隔离桩，隔断隧道开挖引起的应力和沉降的传递路线，对建筑物进行保护；加固是采用袖阀管等地表注浆方式，对建筑物地基土体进行加固，提升其强度和承载力。

5.5.1　隔离桩保护

在隧道施工过程中，为防止对邻近建筑物产生不利影响，在隧道结构与被保护的建筑物之间打设隔离桩来保护建筑物安全。隔离桩对周围的地层位移有很好的限制作用，能够有效控制周边建筑物的水平和竖向位移。工程中，常采用的隔离桩型式包括钢管桩、旋喷桩、钻孔灌注桩等，尤以钢管桩应用最为普遍。

1. 隔离桩作用机理

浅埋隧道在开挖过程中，很难形成天然塌落拱，围岩变形沉降很容易传递到地表。当周围无建筑物时，单洞隧道开挖引起的地表沉降满足 Peck 曲线；当周围有建筑物时，建筑物的荷载会产生偏压，导致岩土体的沉降、位移增大，增大作用在隧道支护结构上的内力。

隔离桩桩身深入到滑动面以下的稳定围岩中，当围岩向隧道开挖轮廓内变形、位移时，桩体可平衡滑动体的内滑推力，使桩前滑体达到稳定状态，控制桩后土体的位移变形，因此减小了周边建筑物的水平位移和竖向沉降，起到了保护建筑物的效果。

隔离桩刚度大，插入土层可提高土体的整体刚度，减小或阻止土体水平变形。此外，当隧道施工扰动土层时，隔离桩周围的土体产生不均匀变形，使土颗粒互相"楔紧"，在一定区域的土层中出现土拱效应（当隔离桩周围的土体由于隧道开挖卸荷而相对于桩身滑动时，受到桩体不同程度的约束，引起应力重新分布，产生不均匀位移，进而将土体的滑移推力传递到两侧拱脚处，即隔离桩处，形成土拱效应），有效阻止了桩后土体水平变形。隔离桩设置得越密集，土拱效应越明显，能更加有效地控制隔离桩周围土体的水平位移。

在隧道开挖过程中，地表一定范围内的土体不仅会发生水平侧向位移，同时还会发生竖向位移。当隔离桩周土体发生竖向变形时，隔离桩和土体产生摩擦力，可减少隔离桩与土体间的相对位移，控制土体的竖向位移，进而限制隔离桩外周边建筑物的位移。

图 5.32 所示为隔离桩的工作机理。

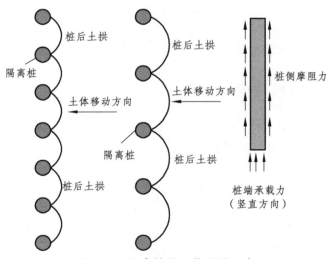

图 5.32　隔离桩的工作原理示意

2. 隔离桩施工工艺

工程中，应用最为普遍的隔离桩型式为钢管桩，其工艺流程如图 5.33 所示。

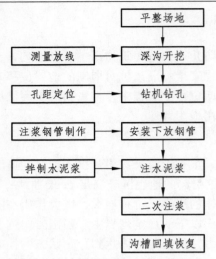

图 5.33　钢管桩施工工艺流程

测量放线时，需确定隧道开挖轮廓线及隔离桩地面桩位位置，将隔离桩中线确定为隔离桩沟槽开挖中心线。

开挖探沟，探明地下管线、地下障碍物等类型、位置、分布及深度，对隔离桩桩位现场调整。

钻机就位固定后施钻，直至设计深度，退钻杆成孔清孔。施工斜桩时，将带有吊锤的量角器放在钻杆上，通过横向调整钻杆，对准施钻点，钻杆角度符合设计要求，锁定立轴。施工时注意钻孔偏斜度，及时查偏纠偏。

钢管采用热轧无缝钢管，施工时采用丝扣连接、接长。

注浆浆液按设计拌制。注浆前进行现场试验，确定单孔注浆量和注浆压力。

为保证注浆质量和效果，可采用二次注浆方式，待第一次注入浆液初凝后，进行二次压力注浆。

施作钢管桩冠梁，加强钢管桩纵向体系强度，回填沟槽。

5.5.2　袖阀管加固与保护

在近接重要建构筑物施工时，也可采用袖阀管注浆等工艺对建筑物地基进行加固，从而减小隧道开挖引发的建筑物沉降。袖阀管注浆又称 Soletanche 法，由法国 Soletanche 公司首创，其注浆设备主要由注浆泵、花管、套壳料、橡胶圈、出浆口及射浆孔等组成，如图 5.34 所示。

袖阀管是浆液进入岩土体的通道，主要由花管和橡胶圈组成。花管一般采用钢管或 PVC 管，管壁钻小直径射浆孔，每组射浆孔外部包裹 1~2 层橡胶圈，防止泥浆或套壳料进入管内。

注浆时，把装有密封橡胶活塞的注浆管插入袖阀管内，浆液在压力作用下灌入袖阀管，橡胶圈则在灌浆压力作用下被胀开，

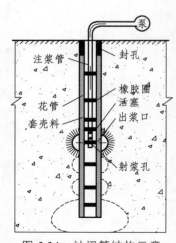

图 5.34　袖阀管结构示意

浆液穿过套壳料进入需加固地层。停止注浆后，橡胶圈会回弹收缩，封闭射浆孔，防止返浆。

与其他注浆工艺相比，袖阀管注浆工艺具有以下特点：

（1）袖阀管注浆工艺具有两个止浆系统，可以将浆液限定在注浆区域的任一段管道内，实现分段注浆，注浆效果好，成本低。

（2）止浆系统在袖阀管内可自由移动，可根据实际需求在某一注浆段反复注浆。

（3）根据地层特点，可在一根注浆管内不同区段采用不同的注浆材料，根据地层特点选择不同的注浆浆液，针对性强。

（4）每一注浆段的长度为 40～100 cm，根据地层情况，可随时调整注浆段长度，实现多点、分层、定量注浆，让浆液在地层中均匀分布，提高加固地层的整体稳定性。

袖阀管注浆工艺流程如图 5.35 所示。

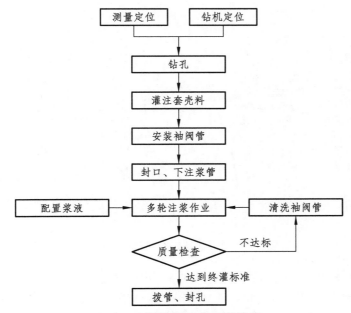

图 5.35 袖阀管注浆工艺流程

注浆前应进行现场试验，确定注浆压力、扩散半径、注浆量、水灰比等施工参数。

测量定位：根据设计图，准确放样定位出注浆孔位置，确定成孔深度。

钻孔：按指定孔径、孔深、倾斜度钻孔，钻进深度应达到注浆固结段。

配置套壳料：按设计的水泥、膨润土、水配合比配置套壳料，并在搅拌罐内充分拌和均匀。

洗孔：用高压水清洗成孔，减少孔内沉渣。

灌注套壳料：将配好的套壳料，泵送至孔底，自下而上灌注至孔口溢出，直至检测浓度达到要求为止。

安装袖阀管：依次将袖阀管和注浆芯管放入孔内，在下管的同时，可向管内注入清水，克服孔内浮力，使袖阀管顺畅下到孔底。

封口：在孔口周围，地面以下 1 m 深度范围内用速凝水泥砂浆封堵，更深范围内用碎石或砂进行填筑，以减少注浆过程中冒浆、串浆现象。

注浆：一般采用由下至上分段式注浆，每段注浆长度称为注浆步距，一般为 0.4 ~ 1.0 m，这样可有效减少地层不均匀性对注浆效果的影响。

5.6 工程案例

5.6.1 贵阳地铁七云区间隧道

贵阳地铁 2 号线七机路口站—云峰路站区间隧道位于白云区，线路出七机路口站沿白云北路、白云中路前行至云峰路站，线路起止里程为 DK10 + 273.3 ~ DK11 + 181.897，线路平面图如图 5.36 所示。隧道埋深为 8.2 ~ 16.9 m，线路净间距为 4.3 ~ 7.3 m，为标准城市小净距隧道，采用矿山法施工。

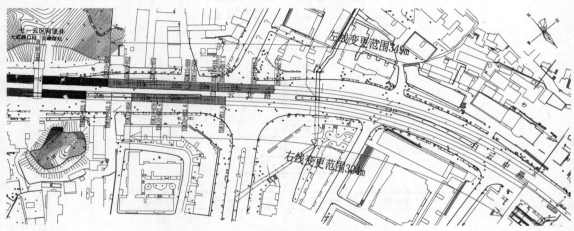

图 5.36 七云区间大里程段平面位置

其中，ZDK10 + 803.300 ~ ZDK11 + 181.898、YDK10 + 822.09 ~ YDK11 + 181.898 范围内隧道拱顶覆土层厚度为 8.2 ~ 10.3 m，洞身穿越软塑或可塑状红黏土层，红黏土遇水软化、崩解，完全无自稳能力。隧道洞身穿越地层如地质纵断面图 5.37 所示。

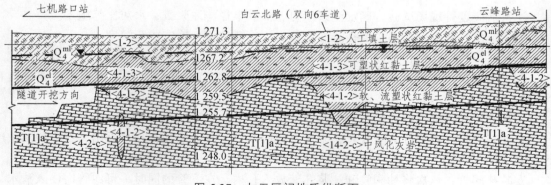

图 5.37 七云区间地质纵断面

<4-1-3>单元：可塑状红黏土层，呈褐黄色、砖红色，稍湿，遇水易软化，钻孔揭露该层厚度为 0 ~ 10 m，主要分布于素填土层下部、山体局部低洼及坡脚处。

<4-1-2>单元：软塑状红黏土层，呈褐黄色、砖红色，稍湿，遇水易软化，钻孔揭露该层厚度为 0 ~ 8.7 m，多分布于低洼溶槽地带及溶洞充填物中，分布零星、不连续，力学性质差，沉降量较大，对隧道围岩稳定影响较大。

<6-1-2>单元：软塑状红黏土，为溶洞充填，与<4-1-2>单元物质组成及物理力学性状一致，力学性质差。

<15-1-c>、<14-2-c>单元：中风化薄至中厚层白云岩，岩石组织结构少部分破坏，矿物成分基本未变化，裂隙较发育，上部岩体有一定溶蚀。

隧区内地下水类型主要有孔隙水、基岩裂隙水及岩溶管道水三种，富水性较高。本区间隧道地下水位位于隧道拱顶以上 2 ~ 3 m，且和附近湖泊有地下连通管道，设计日涌水量约 5 000 m³/d，实际施工中达到 20 000 m³/d。

左线开挖至 ZDK10 + 809 时，地下岩溶水涌出量大，开挖工作面完全无法自稳，出现明显滑坍险情，图 5.38 所示为现场地质状况。

图 5.38　七云区间红黏土段地质状况

1. 超前预加固方案

针对该隧道地质围岩情况，若不采取有效预加固措施，很难确保开挖过程安全。尤其是该隧道为小净距隧道，中隔岩柱和洞身开挖范围内为软塑状红黏土，完全无法承受荷载，极易导致开挖工作面及边墙垮塌，引发地表坍陷。

经反复论证，确定采取如下超前预加固方案对红黏土层进行分阶段综合加固治理，分三阶段：第一阶段，开挖工作面附近初期支护加强及止浆墙施工；第二阶段，采用后退式注浆对开挖工作面前方上半断面进行超前预加固注浆；第三阶段，施作超前大管棚。

2. 初期支护加强及止浆墙施工

1）初期支护加强

由于开挖工作面出现明显滑坍、涌泥险情，为保证已开挖段落安全，从开挖工作面后退 30 m，对这一范围内初期支护补充径向加强锚杆。加强锚杆位于拱腰位置（ϕ22 砂浆锚杆，长度 l = 3 m，间距为环 1 m × 纵 0.8 m）。

2）止浆墙施工

对开挖工作面已溜坍成斜坡的渣体进行注浆加固，在渣体内插入注浆管，浆液采用水灰比为 1：0.6 的水泥浆液。

对开挖工作面喷射混凝土施作止浆墙，采用网片 + 喷射混凝土，在墙基及止浆墙与隧道周边接触处施作锚筋（双排，R38N，单根 $l = 3$ m，间距为环 1 m × 纵 0.8 m），外露接茬长度 1 m。

3．超前预加固注浆

1）上半断面超前预加固注浆施工

根据现场实际及类似工程注浆加固案例，径向加固范围为上半断面及开挖轮廓线外 3 m，上半断面设置 2 环注浆孔，注浆采取后退式注浆工艺，注浆孔孔位设计如图 5.39 所示。

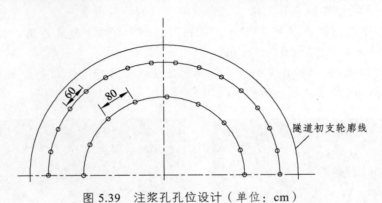

图 5.39　注浆孔孔位设计（单位：cm）

2）注浆设计参数

注浆设计参数如表 5.18 所示。

表 5.18　注浆设计参数

参数名称		参数值	备　注
纵向加固段长		20 m	不含止浆墙
径向加固范围		开挖工作面及开挖轮廓线外 3 m	
浆液扩散半径		1.5 ～ 2.0 m	
注浆速度		5 ～ 110 L/min	
注浆终压		0.5 ～ 1 MPa	施工时可适当调整
终孔间距		≤ 3 m	
注浆方式		分段后退式注浆	原则上分段长度为 2 m，施工中可适当调整
钻孔数量	注浆孔	25 个	出水重点区域可补孔
	大管棚	22 个	
	检查孔	根据现场情况确定	

3）注浆材料

注浆材料采用普通水泥-水玻璃双液浆、普通水泥单液浆，先利用双液浆堵水，再利用单液浆加固土层。注浆材料配合比如表 5.19 所示。

表 5.19　浆液配合比参数

名　　称	配合比参数		
	水灰比	体积比	水玻璃浓度
普通水泥-水玻璃双液浆	$m_W : m_C = (0.8 \sim 1) : 1$	$V_C : V_S = 1 : 1$	$30 \sim 35°Bé$
普通水泥单液浆	$m_W : m_C = (0.6 \sim 1) : 1$		

4）注浆顺序

注浆顺序按"由外到内、由上到下、间隔跳孔"的原则进行，以达到控域注浆、挤密加固的目的。

5）钻孔注浆

上半断面超前预注浆工艺流程如图 5.40 所示。

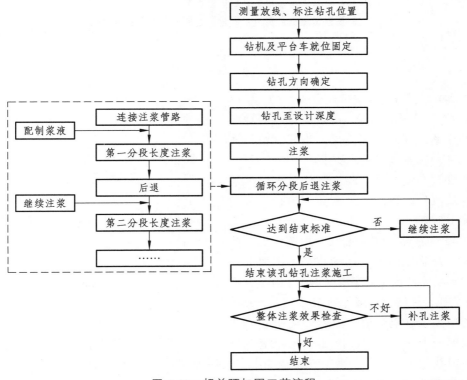

图 5.40　超前预加固工艺流程

钻机定位、钻孔，孔深 20 m。采取后退式分段注浆工艺注浆施工，注浆分段长度为 1~2 m（根据钻孔情况可现场调整），即钻进至孔底，进行注浆，注浆结束后再退 1~2 m 进行注浆，依次循环，直至结束该孔注浆。若钻孔过程中遇到突水、涌泥，则立即停止钻孔进行注浆。

6）注浆结束标准

单孔注浆结束标准：注浆压力达到设计压力时，即可结束该段注浆。当注浆量达到设计注浆量的 1.5 倍，压力仍不上升时，采取调整浆液凝胶时间的方式，使注浆压力达到设计终压，停止该孔注浆。

全段结束标准：设计的所有注浆孔均达到注浆结束标准，无漏注现象；按总注浆孔的 10%～15%设置检查孔，检查孔满足设计要求。

7）预加固效果检查及评定

单孔注浆量如图 5.41 所示。从图中可以看出：单孔吸浆量差异较大，个别孔吸浆量大，这主要和岩溶局部发育有关，浆液充填岩溶消耗量较大。

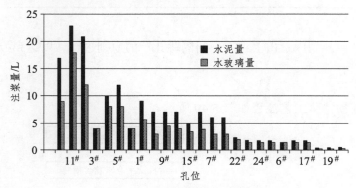

图 5.41　单孔注浆量走势

注浆结束后，分析注浆过程中的 P（压力）-Q（流量）-t（时间）曲线，并反算注浆后地层的浆液填充率，判断注浆效果。当浆液填充率达到 80%时，认为达到注浆要求。

从吸浆量变化可见，随注浆施工进行，地层得到有效改良，逐渐加固密实，单孔吸浆量呈明显减小趋势。

图 5.42 为注浆 P-Q-t 曲线。由图可见，注浆流量随着注浆压力上升逐渐减小，压力上升到 0.5 MPa 后，产生明显突变，迅速上升达到或超过设计终压，注浆流量降低到 15～25 L/min。

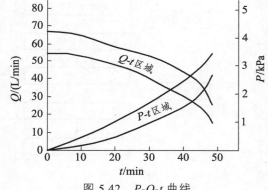

图 5.42　P-Q-t 曲线

除利用注浆过程中单孔注浆量及 P-Q-t 曲线进行数据分析外，还需选择可能出现的注浆薄弱环节进行钻孔取芯检查。在取芯过程中，检查孔不坍孔、不涌泥，浆液填充率达 80%，表明加固效果明显，芯样如图 5.43 所示。

1#孔

3#孔

2#孔

图 5.43　检查孔芯样

综合分析可知，本循环注浆施工，所有注浆孔都达到设计注浆压力。随着由外及内的注浆施工，后续钻孔注浆量明显减小，软弱地层也得到有效加固改良。在检查孔钻设过程中，钻进速度较快，未出现卡钻现象，成孔性较好。

根据详细分析和检查孔综合评判，注浆效果满足设计预期要求，达到了加固围岩的目的，待超前管棚支护完成后，可以开挖施工。

4. 超前管棚施工

1）超前管棚参数

超前管棚布设在隧道拱顶 180°范围内，长 20 m，外插角为 3～5°。

2）管棚的制作加工

管棚采用 76 mm 的无缝钢管，壁厚 8 mm，单节管长 2 m。钢管前端 20 cm 做成锥形易于插入，后端 1 m 范围内不开孔，周身按梅花形布设 15 mm 的压浆孔。

3）管棚布置

管棚具体布置如图 5.44 所示。

4）清孔、验孔并安装管棚

钻孔完成后钻杆退位，利用高压风清理钻渣，用测钎检测孔深，用测斜仪量测外插角。

采用人工推进管棚，孔深阻力大时，采用钻头慢慢顶进，推进时采用测斜仪检查钢管的偏斜度，超过设计要求的要及时纠正。

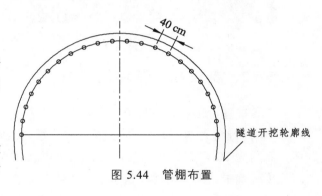

图 5.44　管棚布置

5）管棚注浆

管棚注浆采用双液浆。水泥浆液水灰比为 0.8：1～1.2：1，水玻璃浓度为 35 °Bé，在搅拌桶内加定量清水，再加定量的水玻璃，搅拌均匀即可。两种浆液通过注浆机在混合器处混合后进入孔口管。双液浆施工流程如图 5.45 所示。

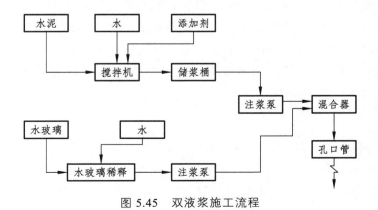

图 5.45　双液浆施工流程

当注浆量达到单孔注浆标准后，先停机，关掉高压球阀再泄压后，换孔注浆。

5. 注浆效果

经过注浆处理后，加固效果显著，开挖工作面具备自稳能力，开挖过程未见泥块掉落现象，如图 5.46 所示。在后行洞开挖过程中，中隔岩柱稳定，变形量可控，七云区间注浆取得了较好的效果。

图 5.46　隧道开挖效果

5.6.2　都汶高速紫坪铺隧道

紫坪铺隧道出口端 LK16＋775 位置处为沙家坝向斜，向斜轴部走向为 N30°E，倾向为 NW，轴面倾角为 70～80°。向斜核部较宽缓，西翼地层倾角为 30～40°，东翼受 F_{10} 断层破坏，倾角为 50～60°，围岩为泥岩，呈薄层状结构，较破碎。施工至此处，在隧道开挖工作面找顶过程中，拱部出现股状渗水，并伴有掉块，10 余小时后，拱部出现坍方，形成了约宽 6 m、长 1.5 m、高 3 m 的坍腔，坍腔顶部范围出现了多股股状涌水。渗水范围逐步扩大，渗水范围直径约达 1.5 m，隧道总涌水量达到了 15 000 m^3/d。

为保证施工顺利进行，同时保护当地的生态环境不受破坏，必须对前方涌水进行注浆封堵。根据"以堵为主、堵排结合"的处理原则，确定方案如下：为确保预注浆期间的施工安全，首先对已开挖渗水段落 LK16＋800～＋780 段进行周边注浆加固，加固范围为开挖轮廓线外 5 m；在 LK16＋780～＋775 段施工 C30 混凝土止浆墙，并采用 C15 片石混凝土对止浆墙与开挖工作面之间的空隙进行回填，待止浆墙浇筑完毕，利用预留管泵送 C15 混凝土对开挖工作面上方坍腔进行回填；利用止浆墙对 LK16＋775～＋735 段进行全断面深孔预注浆，注浆范围为开挖轮廓线外 10 m。

1. 止浆墙

于 LK16＋780～＋775 处设止浆墙，止浆墙采用 5 m 厚的 C30 混凝土，底部成楔形嵌入围岩，止浆墙基础嵌入基底 1.2 m 以上，基底面成反坡。止浆墙施工范围内的已施工 I18 工字钢钢架，每隔一榀拆除一榀，止浆墙与洞壁围岩采用 ϕ25 中空注浆锚杆连接，间排距为 50 cm，梅花形布置，锚杆长 4.5 m，锚入洞壁 3 m 或 3.5 m，外露 1.5 m 或 1 m，锚杆设置方向与隧道轴线成 45°，向掘进方向打入。如图 5.47 所示。

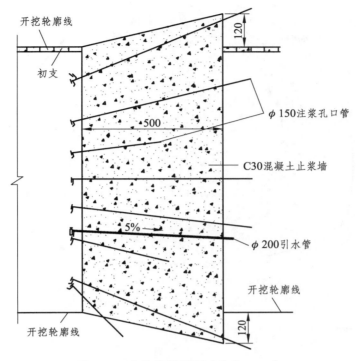

图 5.47　止浆墙纵断面（单位：cm）

止浆墙分三层浇筑。止浆墙底层施工采用草袋扎围堰的方式，左右幅分幅施工；先围堰将水从右侧排出，施工左幅止浆墙，待其混凝土达到一定强度后，在左幅止浆墙底层上预埋 10 根 ϕ200 无缝钢管用作排水管（纵坡为 5%），排水管均焊有法兰盘，用于连接高压闸阀；根据现场情况，要求排水管距离目前流水面高度为 40 ~ 50 cm，进水口焊接钢筋网片滤网；同时要求在其中 1 ~ 2 根排水管侧面焊接一根直径为 1.5 ~ 2 cm 的出水管，安装水压表，检测水压；待左幅止浆墙混凝土达到一定强度后，围堰改变水流从预埋排水管引出，施作右幅止浆墙底层。止浆墙左右幅之间，上下层之间均采用 ϕ28 螺纹钢筋连接，长度为 1 m，间距为 50 cm。

2. 布孔、钻孔

在 LK16 + 775 ~ + 735 段实施 40 m 长的全断面深孔预注浆，注浆加固范围为开挖轮廓线外 10 m，注浆段长 40 m，分四环实施，第一环长 10 m，第二环长 17 m，第三环长 27 m，第四环长 40 m。注浆孔布置由工作面向开挖方向呈伞形辐射，钻孔布置成数圈，内外圈按梅花形排列，并采用长短孔相结合的方式，以注浆充分为目的，浆液扩散半径为 2 m，孔底间距不大于 3 m。注浆孔孔位布置如图 5.48 所示。纵向布孔角度和深度如图 5.49 所示。

钻孔设备选用 SGZ-ⅢA 型地质钻机，钻孔时保证钻孔方位准确，确保浆液能达到预期部位。

注浆孔口管采用 ϕ150 无缝钢管，长 3 m，布置成伞状，按设计好的位置和角度钻孔预埋。孔口管固定牢固，防止在施工中偏位。

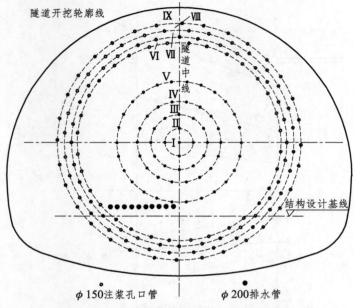

图 5.48　全断面深孔预注浆孔口布置断面

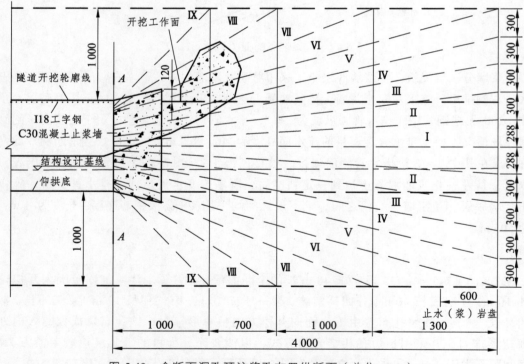

图 5.49　全断面深孔预注浆孔布置纵断面（单位：cm）

3. 注　浆

注浆采用 3SNS-A 变频高压注浆泵，最大额定压力为 10.0 MPa，最大排量为 100 L/min；采用 NJ-1200 型泥浆搅拌机，容积为 1200L；采用 ZJ-400 制浆机，最大容量为 400 L。

注浆主要以水泥浆或水泥-水玻璃双液浆为主,根据需要调节浆液配合比。纯水泥浆液的搅拌时间应不少于 30 s。将拌制好的浆液放入储浆桶时,安设一过滤网,对浆液进行过筛,自制备至用完时间小于 4 h。在水灰比较小或注浆暂停间隙,应对浆槽内浆液进行人工搅拌,以防止浆液沉淀。水玻璃在施工前根据需要的浓度,用比重计配置好并置于专用桶内。

每次注浆前,均测定该钻孔的水压、水量,以确定浆液类型和注浆终压。出水量采用桶装法测定,采用关闭高压闸并在止回阀位置安装一高压水表的方法测定水压。

在注浆过程中,准确测量吸浆量以判断是否需改变水灰比。密切监测浆液性能(比重、含灰量等),并适时调整,使浆液性能保持在最佳状态。普通纯水泥浆液的水灰比采用 1∶1、0.8∶1、0.6∶1 三个配合比。开始注浆水灰比为 1∶1。注浆顺序:从注浆段两边到中间,间隔跳孔,逐渐加密,以达到挤密加固的目的。

单位注浆结束标准:在设计压力下,吸浆率小于 1 L/min 时,持续 30 min 结束灌浆。

注浆结束后经检查孔评估,检查孔不坍孔、不涌水,且取芯芯样完整,认为注浆效果良好,可以进行后续开挖施工。从开挖效果来看,开挖工作面稳定,浆液填充率高,通过超前预加固实现堵水及围岩加固的效果十分明显,基本实现了隧道工作面的无水施工,达到了预期的目的。

5.6.3　济南顺河高架玉函路隧道

玉函路隧道位于车流量巨大的玉函路正下方,隧道埋深极浅,地质条件差,两洞间净距仅 1.8~3.5 m。由于施工期玉函路不断道,中隔岩柱极易在地表车辆动荷载反复作用下变形,导致开挖塑性区贯通,隧道失稳坍塌。此外,隧道周边建筑密集,多为 20 世纪七八十年代老旧房屋,房屋基础距隧道边墙仅 1.8~6 m 不等,且拱顶地层中管线密集,即使是偏大的地表沉降也会带来灾难性后果。鉴于隧道施工面临极其巨大的结构风险和周边环境风险,为确保工程建设安全,必须针对隧道洞身及拱顶黏土、黄土区域及中隔岩柱采取强大的超前加固措施,以增强围岩强度,提高围岩在浅埋动载下的自稳能力,控制地表沉降。

1. 超前加固方案

超前加固的总体思路为"分段治理、系统推进;重点突出、强化注浆;量测紧跟、实时监控"。

分段治理、系统推进:加固区段地层岩性间隔分布,针对不同的不良地质体类型应采取不同的注浆治理方案。因此,依据地层岩性将整个治理段划分为若干区域,针对性预加固处理,系统稳固推进。

重点突出、强化注浆:隧道开挖洞身分布有湿陷性黄土和黏土,中隔岩柱厚度小、地质条件差,重点采用以注浆为主的综合加固措施,对重点区域有针对性地采用不同的注浆工艺进行强化注浆。

量测紧跟、实时监控:由于隧道埋深极浅,且地表为城市主干道,为防止开挖过程围岩沉降过大危及地表建筑物或注浆压力过大导致地表隆起开裂,需加强围岩变形及地表沉降监测,并根据反馈信息动态调整施工方法及注浆参数,控制围岩变形和地表隆起在安全范围之内。

以隧道左洞 ZK2 + 002 ～ ZK2 + 192 里程、右洞 YK2 + 024 ～ YK2 + 237 里程为例，该段洞身上半断面为湿陷性黄土和黏土，针对该段超前加固制订了专项方案。

开挖工作面加固：

考虑到湿陷性黄土特殊的疏松土质结构，隧道开挖过程中易变形坍方，常规管棚及小导管注浆效果难以保证，故隧道开挖上半断面采用帷幕注浆加固，并辅以开挖工作面玻纤锚杆及超前小导管注浆加固。通过帷幕注浆对地层进行整体加固，尤其是针对黏性土和湿陷性黄土层，消除土体空隙，消除湿陷性，提高土体强度。通过玻纤锚杆及小导管注浆，稳定开挖工作面，控制黄土挤出变形，避免引发地面过大沉降。

中隔岩柱加固：

中隔岩柱加固是隧道施工期结构安全的关键，采用地表注浆与洞内加固相结合的综合加固措施：在地表，采用膜袋配合钢花管对中隔岩柱区域地表注浆；在洞内，采用先行洞开挖工作面边墙位置的超前预注浆与先行洞开挖后的局部径向补充注浆加固。三种预加固措施相结合，增强中隔岩柱强度，确保其在超浅埋动载条件下的稳定性。

周边建筑保护与预加固：

针对周边建筑沉降控制，在隧道和建筑物之间设双排钢管桩隔离，以减小隧道开挖对地表建筑的影响；同时，利用预埋袖阀管对建筑物地基进行加固，以增强其地基强度和承载力。

2. 开挖工作面加固

1）帷幕注浆

帷幕注浆方案设计如下，以 12 m 为一循环，分三环钻孔施工，如图 5.50 所示，加固范围为隧道上半断面及开挖轮廓线外 3 m 范围。第一环采用全孔长一次注浆，二、三环采用前进式分段注浆工艺。

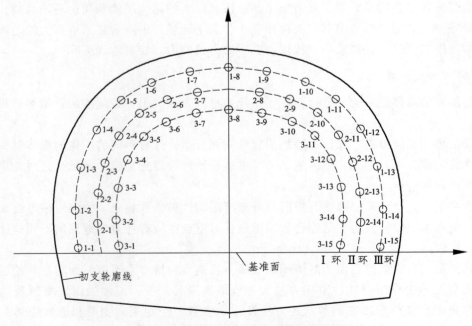

图 5.50　帷幕注浆钻孔开孔位置平面图

第一环钻孔针对开挖工作面前方 0~4 m 段，孔数为 15 个，开孔直径为 130 mm，深度为 6 m，如图 5.51 所示。

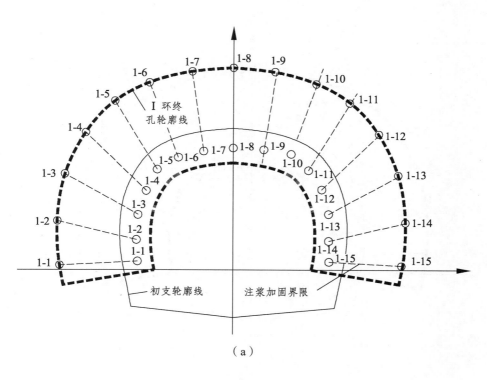

（a）

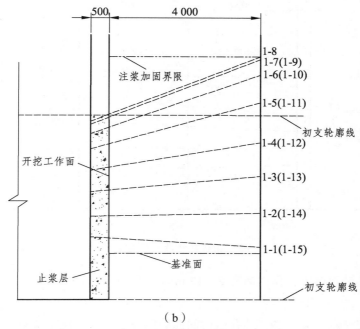

（b）

图 5.51　第一环钻孔及终孔位置（单位：mm）

第二环钻孔针对开挖工作面前方 4~8 m 段，孔数为 14 个，开孔直径为 130 mm，深度为 9 m，如图 5.52 所示。

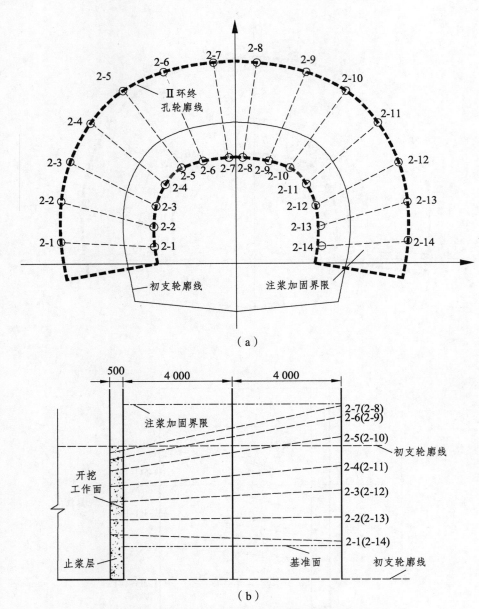

（a）

（b）

图 5.52　第二环钻孔及终孔位置（单位：mm）

第三环钻孔针对开挖工作面前方 8~12 m 段，孔数为 15 个，开孔直径为 130 mm，深度为 12 m，如图 5.53 所示。

为避免注浆过程串浆，各环钻孔由中间向两侧施工，采用跳孔法施工。完成全部第一环注浆后，再施工第二环钻孔作业。

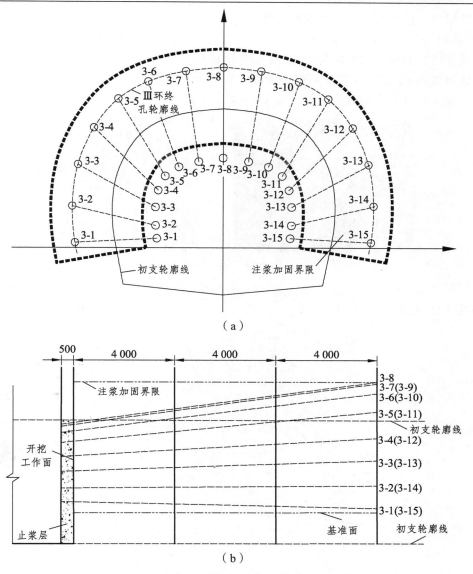

（a）

（b）

图 5.53　第三环钻孔及终孔位置（单位：mm）

在注浆过程中，实时监控地表沉降和周边建筑、地下管线位移变形情况，动态调整注浆参数，控制注浆压力及扩散范围，降低注浆对洞顶道路、上覆管线及周边建筑物的不利影响，确保注浆期间道路、管线及周边建筑物安全。

2）玻纤锚杆和小导管加固

为稳定开挖工作面,采用拱顶小导管注浆与工作面上半断面玻纤锚杆相结合的加固方式。

拱顶部位环向小导管采用 5 m 长 ϕ42 钢管，环向间距 30 cm，纵向搭接长度 1 m。

开挖工作面上半断面打设玻纤锚杆，通过玻纤锚杆的抗拉能力约束开挖工作面前方湿陷性黄土挤出变形，避免造成隧道过大的沉降；同时，通过在开挖工作面区域植筋式注浆加固，提升地层强度，稳定开挖工作面。

　　玻纤锚杆应用于开挖工作面加固,具有以下优点:玻纤锚杆抗折能力差,机械可直接挖除,施工功效不受影响;杆体全段锚固,锚注结合,加固了锚杆周围地层;高性能的玻纤锚杆抗拉强度可达到钢质锚杆的 1.5 倍;重量为同种规格钢质锚杆的 1/4 ~ 1/5,便于操作。

　　本隧道选用 FLϕ30 × 7 玻纤锚杆,如图 5.54 所示,长度为 6 m;注浆采用 BW-250/50 型注浆泵,注浆材料为水泥浆,水灰比为 1 : 1 ~ 1 : 1.5。

图 5.54　玻纤锚杆

　　玻纤锚杆在开挖工作面按 100 cm × 100 cm 梅花形布置,共 33 根,纵距 6 m,搭接 1 m,布置如图 5.55 和图 5.56 所示。

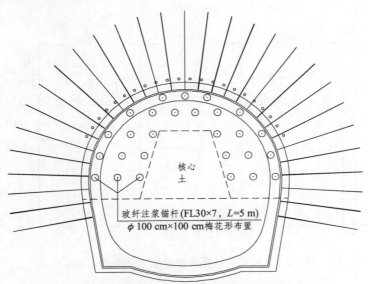

图 5.55　预留核心土与锚杆设置正断面

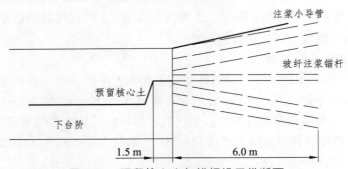

图 5.56　预留核心土与锚杆设置纵断面

玻纤锚杆的安设采用引孔顶入法，用吹孔法清孔，外露长度为 20 cm，以便连接孔口阀门和管路。采用注浆泵注浆，采用 1 : 1 水泥浆液，由高孔位向低孔位注浆，注浆压力逐渐缓慢提升，初始注浆压力为 0.5 ~ 1.0 MPa，终压为 1.2 MPa。

3. 中隔岩柱加固

1）地表注浆加固

利用夜间时间，对中隔岩柱采用钢花管地表注浆，入岩不小于 2 m。通过地面加固，提高中隔岩柱的抗剪强度及稳定性，将地面动荷载传至基岩，从而减小地表沉降。

对中隔岩柱的地表加固以 15 m 为一个注浆循环，采取隔孔注浆的方式，对中隔岩柱区域进行注浆加固。

其注浆工艺如图 5.57 所示。

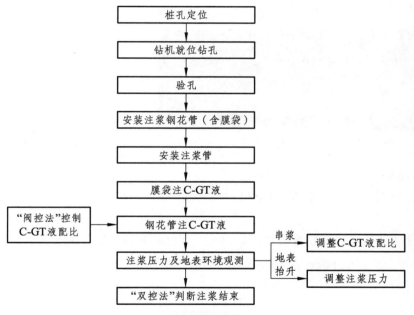

图 5.57　地表注浆工艺

沿中隔岩柱位置设置两排钢花管，采用钻机钻孔，孔径为 150 mm，排距为 0.9 m，呈梅花形布置，每排孔距为 0.75 m。孔位布置如图 5.58 所示。

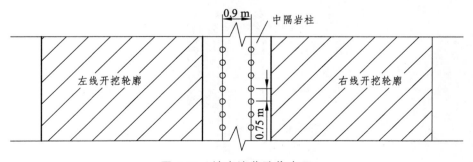

图 5.58　地表注浆孔位布置

采用φ108 无缝钢管，壁厚 6 mm，管壁钻注浆孔，孔间距为 0.3～0.5 m，孔径为φ6～φ10，梅花形均匀布置。钢花管提前设置膜袋，如图 5.59 所示。止浆塞采用膜袋，膜袋上设有φ15 塑料管，钢管采用钢板封口，预留注浆管。

封孔完毕后，钢管上端部连接注浆接头注浆，水泥浆液-GT 浆液双液浆配合比为 1∶1（水泥浆液与水泥-GT 浆液的体积比），水泥浆水灰比为 0.8∶1。

水泥浆液-GT 浆液双液采用双液双缸注浆泵注浆，根据调节不同挡位及球阀来控制水泥浆与 GT 浆液体积比，浆液在钻孔孔口通过三通混合后注浆。膜袋注浆效果如图 5.60 所示。

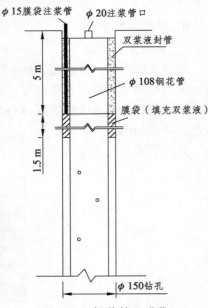

图 5.59 钢花管及膜袋

图 5.60 膜袋注浆效果

2）洞内注浆加固

中隔岩柱洞内注浆加固采用在开挖工作面位置的超前预注浆与开挖后的局部径向补充注浆措施。

超前预注浆采用在边墙位置施作纵向钻孔，对隧道开挖轮廓线外 4 m 进行注浆加固，钻孔注浆施工采用前进式分段注浆施工，采用φ108 孔径。地表及洞内注浆加固中隔岩柱如图 5.61 所示。

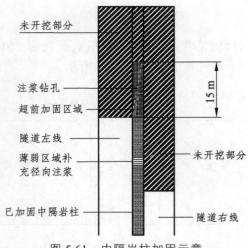

图 5.61 中隔岩柱加固示意

先行洞开挖后，对于中隔岩柱局部加固不完全区域采用 $\phi42$ 小导管补充注浆，小导管长度根据实际工程设置，如图 5.62 所示。

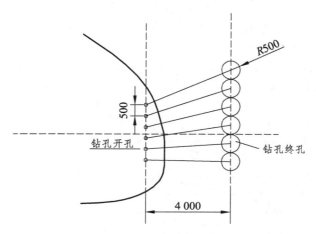

图 5.62　中隔岩柱局部补充径向加固（单位：mm）

4. 周边环境沉降控制

玉函路隧道周边有数百栋老旧房屋，房屋基础距离隧道边墙仅 1.8～6 m，且隧道埋深浅，拱顶为松软地层，隧道施工不可避免地会引起周边建筑物的沉降。

为保护周边建筑物，采用设置隔离桩、预埋袖阀管对建筑物地基进行加固的组合保护加固方案，如图 5.63 所示。

在开挖隧道与既有建构筑物之间打设两排隔离桩，隔离桩采用 $\phi108$ 微型钢管桩，桩间距为 0.5 m，排距为 1 m。微型桩成桩采用 ZY890 型液压潜孔钻机，成孔直径为 130 mm，桩底进入中风化岩石 2 m 或进入隧底以下 2 m；钻孔至设计桩长后，下钢管，注入水泥浆，如图 5.64 所示。

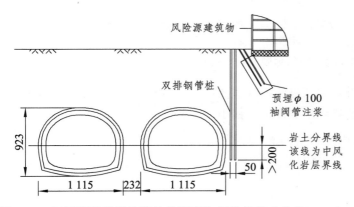

图 5.63　玉函路隧道周边建筑物隔离和保护措施（单位：cm）

图 5.64　已完成注浆的隔离钢管桩

对在建筑物下方的地基，预埋袖阀管进行注浆加固。浆液采用水泥浆，水灰比控制在 0.6∶1。

5. 加固效果

玉函路隧道经过超前加固处理后，整体加固效果较明显，开挖中可见工作面分布有网状凝胶浆脉，开挖过程总体较安全。土体加固前后对比如图 5.65 所示。由于隧道埋深极浅，地表车辆动荷载明显，即使已采取强大的超前加固措施，开挖中依然时有掉块现象，地表也有沉降超限发生。

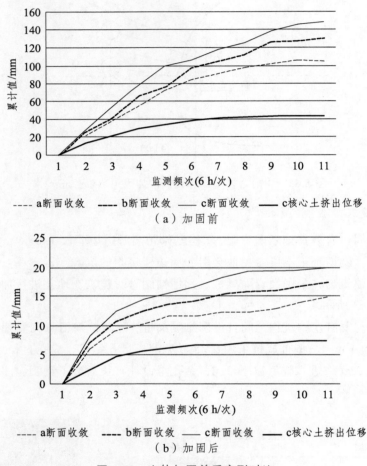

（a）加固前

（b）加固后

图 5.65　土体加固前后变形对比

方案也有一定可改进之处，针对埋深极浅的隧道预加固，不宜采用前进式分段注浆，因为注浆压力较难准确把握，偏大易导致地表隆起，偏小则不能确保注浆效果。

第6章　小净距隧道开挖技术

小净距隧道施工过程，先、后行洞结构受力、变形相互影响、干扰，围岩被反复扰动，承载能力下降，尤其是中隔岩柱处围岩受扰动、影响更为严重。为确保施工期安全，应选择合适的开挖方法，重视围岩保护，不损伤或少损伤遗留围岩的固有承载能力，预防和严控局部失稳引发整体失稳，合理发挥围岩自承作用，保持围岩和结构稳定。

小净距隧道的开挖方法包括钻爆法、浅埋暗挖法、铣挖法等，这就要求：采用钻爆法施工的隧道，必须控制爆破振动对围岩的扰动和损伤；采用浅埋暗挖法或铣挖法施工的隧道，必须控制不产生超欠挖。这是小净距隧道开挖的关键与核心。

6.1　爆破开挖技术

钻爆法在隧道工程施工中应用广泛，其基本原理是在岩体内钻孔，在孔内装填炸药，按一定顺序有序起爆，利用炸药的做功能力，破碎并抛掷岩石。钻爆法施工组织简单、对地质条件适应性强、开挖成本低，是我国修建岩质隧道和地下工程的主要方法。

相较露天爆破工程，隧道爆破具有以下特点：只有开挖工作面一个临空面，为提高爆破效率，必须创造新的临空面；爆破受地质情况与周边环境等条件控制，针对性强，技术要求高；爆破进尺受开挖断面、施工机械设备影响较大。

6.1.1　炸药破岩机理

埋置在岩石内的炸药爆炸后，产生冲击压力波，压力高达几万至几十万个大气压，瞬间对周围岩石产生强烈冲击。岩石直接受到炸药爆轰压力作用，被击得粉碎，形成粉碎区。

如图 6.1 所示，在应力波以药包为中心向外传播的过程中，迫使岩石质点做径向位移，假定所受压缩应力为 σ_c，则在该点切线方向上引起拉应力 σ_p。岩石抗拉强度远小于抗压强度，极易受拉破坏。当拉应力 σ_p 大于岩石的抗拉强度时，岩石被拉断，药包周围产生一系列放射状径向裂缝，裂缝一直伸展到拉应力小于岩石的极限抗拉强度处为止。

爆轰波冲击围岩的同时，高温高压的爆生气体也急剧膨胀，加强了冲击破坏作用，加剧了裂缝的扩大与发展，迫使已破碎岩石向前径向移动。离药包较远处为原岩体而无处移动，这样将会在药包附近岩体内暂时储存一部分能量（弹性波）。爆生气体的温度和压力随时间迅速下降，在药包中心形成一个应力降低区，被强烈压缩的岩石即行卸载，原储存的弹性能释放，原受压岩石向药包中心处移动。在岩石移动过程中，岩石发生切向压缩，在此压缩应力 σ_c' 的作用下引起拉伸应力 σ_p'，当此拉应力超过岩石抗拉强度时，岩石被拉断，使药包周围形成环状裂缝。这些径向裂缝和环状裂缝即构成了药包周围的破碎区。

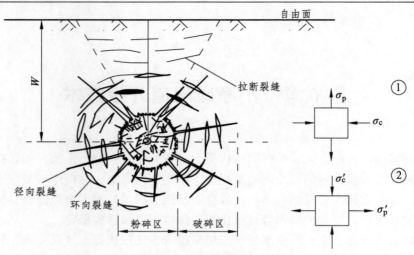

图 6.1 岩石爆破破岩过程

当药包处于自由面附近时，压缩应力波自药包中心向外传播到自由面后，产生反射，压缩波反射成拉伸波，产生的拉伸应力由自由面向药包中心传播。自由面岩石处于双向应力状态，其强度比三向应力状态低，当反射的拉伸应力大于该处岩石的抗拉强度时，岩石被拉断，在自由面附近的岩石形成了一系列张拉裂缝。当最小抵抗线合适时，自由面所产生的裂缝和药包周围的裂缝贯通在一起，在爆生气体膨胀做功的作用下，将已破碎的岩石抛出原岩体，形成爆破漏斗，如图 6.2 所示。图中：最小抵抗线 W 为药包中心至自由面的最短距离，爆破时，最小抵抗线方向的岩石最容易破碎，是爆破作用和岩石抛掷的主导方向；爆破漏斗半径 r 为爆破漏斗的底圆半径；爆破作用半径 R，又称为破裂半径，为药包中心到爆破漏斗底圆圆周上任一点的距离；爆破漏斗的可见深度 h 为自爆破漏斗中岩堆表面最低洼点到自由面的最短距离；爆破漏斗张开角 θ 为爆破漏斗的顶角。

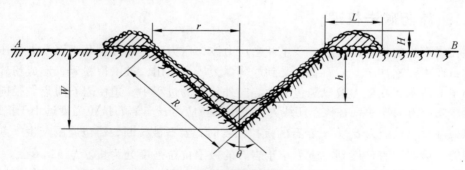

图 6.2 爆破漏斗示意

爆破漏斗底圆半径与最小抵抗线的比值称为爆破作用指数，用 n 表示，即：

$$n = \frac{r}{W} \tag{6.1}$$

爆破作用指数 n 在工程爆破中是一个极其重要的参数，其变化直接影响到爆破漏斗的大小、岩石的破碎程度和抛掷效果。

6.1.2　小净距隧道爆破设计

采用钻爆法开挖隧道，其施工进度、安全、质量、成本等要素都与爆破技术密切相关。爆破设计要综合考虑爆破进尺、岩渣块度、周边轮廓平顺度、超欠挖、爆破公害（振动、对围岩的破坏、飞石、冲击波、有害气体、噪声等）等影响因素。

爆破设计包括孔网参数、装药参数、网路参数等。其中：孔网参数指与炮孔尺寸有关的参数，包括孔深、炮孔间距、炮孔排距、最小抵抗线等；装药参数指炸药消耗、药卷直径、装填密度、药量、炸药类型、装药结构等；网路参数指各种起爆方式中，按不同技术要求而设计连接线路组成的方式。

爆破方案通常按图 6.3 所示流程进行。

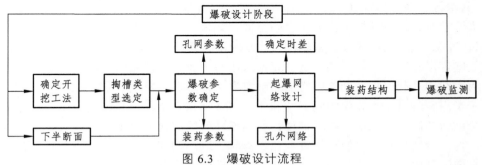

图 6.3　爆破设计流程

对于小净距隧道，爆破设计的核心在于爆破振动控制。任何爆破方式，首先爆破的部分均需掏槽，掏槽部位往往振动最大。降低振动的途径是降低同时刻起爆药量，再结合微差网路设计、干扰降振等技术措施，实现错峰降振。具体有效方法包括减少进尺（浅孔）、缩小孔间距（密孔）、多段位设计网路、合理确定起爆时差（振动不叠加）等。

1．孔网参数设计

隧道爆破炮孔一般分为周边孔、掏（扩）槽孔、掘进孔，如图 6.4 所示。爆破的本质是

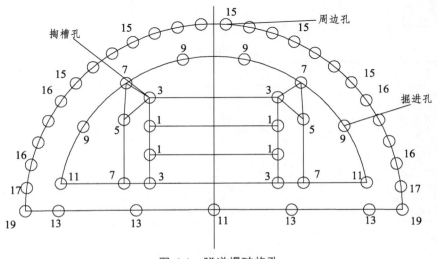

图 6.4　隧道爆破炮孔

将周边孔范围内的岩石爆落，形成平顺规整的轮廓面，并尽可能减小对围岩的扰动。"爆落"主要与装药集中度和最小抵抗线有关，"成型规整"主要与炮孔间距、炮孔密集系数、最小抵抗线有关，"减小围岩扰动"主要与不耦合系数有关。

周边孔——控制轮廓的所有炮孔，包括拱顶孔、拱腰孔、边墙孔、底板孔。

掏（扩）槽孔——包括掏槽和扩槽孔，针对隧道爆破只有一个临空面的特点，为提高爆破效果，在开挖断面适当位置，布置一些装药量较多的炮孔，先行爆破，爆出槽腔，为后续炮孔爆破创造新的临空面。

掘进孔——掏扩槽孔与周边孔之间的所有炮孔。

在炮孔布置上，先布置掏槽孔，再根据地质情况和开挖断面均匀布置掘进孔和周边孔。当爆破断面较大时，可根据上稀下密、周边适当加孔、中部均匀分布的原则布置掘进孔和周边孔。

1）掏槽区孔网参数设计

隧道开挖时，仅有开挖工作面一个临空面，如果不采取措施形成新的临空面，炮孔利用率不超过70%，且产生的爆破公害非常大。为给其他炮孔创造新的临空面，必须进行掏（扩）槽，这是隧道爆破设计的核心和关键。无论采用何种工法，最先爆破开挖的部位都必须进行掏槽，为后续炮孔起爆创造新的临空面。临空面条件越好，爆破效果越好。

对于小净距隧道，为确保中隔岩柱和相邻洞室结构安全，控制爆破振动是必要条件。基于隧道爆破做功原理，掏槽、扩槽部位炸药消耗较后续炮孔大，也是爆破振动最大的部位。施工中，为了少钻炮孔，少使用雷管段位，有时采取一掏到顶的做法，即掏槽自二抬孔（俗称）一直向上到内圈孔，这是错误的。从控制振动的角度看，一掏到顶的方式应禁止采用。严格控制掏槽高度是从源头上杜绝过大振动的先决条件。

一般情况下，掏槽孔应布置在开挖工作面的中下部。在软硬不均的岩层中，应布置在岩层比较薄弱的位置，一般布置在软岩中。掏槽孔必须比其他炮孔深15~25 cm，才能为掘进孔创造出足够深度的临空面。

掏槽通常分为直眼掏槽、斜眼掏槽和组合掏槽三类，不同掏槽方式的效果有本质区别。确定掏槽方式需综合考虑开挖断面、地质条件、设备配置、钻孔爆破水平、开挖技术要求等。一般而言，手持风动凿岩机施工常采用斜眼掏槽，凿岩台车施工一般采用直眼掏槽；在岩石特别坚硬或对振动有要求的条件下，采取手持风动凿岩机钻孔时，也可考虑组合掏槽方式。直眼掏槽和斜眼掏槽对比如表6.1所示。

表6.1　直眼掏槽与斜眼掏槽对比

项　目	直眼掏槽	斜眼掏槽
开挖断面适应性	断面适应性大，小断面更优越	适用于较大断面
地质条件适应性	韧性岩层不适用	适用于各种地质条件
爆破设计	爆破设计图简单	进尺不同，设计图随之变化
爆破进尺	可有较高的爆破进尺	爆破进尺受隧道宽度限制
钻孔精度	掏槽孔钻孔精度要求高	钻孔精度要求相对较低
炸药消耗	炸药消耗相对较大	炸药消耗相对较小
雷　管	雷管段数多，振动小	雷管段数少，振动大
爆破抛渣	爆破渣堆较集中，块度小	爆破抛渣相对较远，块度大

（1）直眼掏槽。

直眼掏槽是由若干个垂直于开挖工作面的互相平行的炮孔组成的，其中有一个或几个不装药的空孔，空孔的作用是为装药孔创造临空面。掏槽孔装药向空孔按一定起爆顺序爆破而逐渐形成槽腔，其后掘进孔再向槽腔按一定顺序爆破，如图6.5所示。

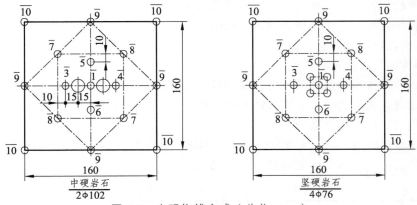

图 6.5　直眼掏槽方式（单位：cm）

直眼掏槽包括龟裂直眼掏槽、五眼梅花小直径中空直眼掏槽、螺旋形掏槽、菱形掏槽、无空孔直眼掏槽以及大直径中空直眼掏槽等。

大直径中空直眼掏槽通过较大直径的中空孔，扩大形成槽腔。采用这种掏槽方式，只要钻孔准确，按设计的装药量及起爆顺序实施，掏槽效果就有保证，炮孔利用率相较小直径炮孔掏槽高，一般在采用凿岩台车钻孔时使用，适用于中硬、硬岩的大断面深孔爆破。大直径中空直眼掏槽常用的有单螺旋掏槽、双螺旋掏槽、对称掏槽等几种型式，如图6.6所示。

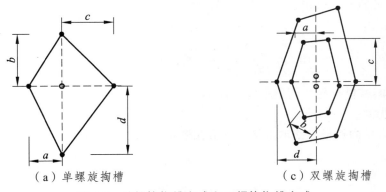

（a）单螺旋掏槽　　　　　　　（c）双螺旋掏槽

图 6.6　单螺旋掏槽方式和双螺旋掏槽方式

进行大直径中空直眼掏槽设计时，需考虑以下因素：

① 岩石性质。

影响直眼掏槽效果最重要的因素为岩石性质。首先应判明待爆破岩石性质偏脆性还是韧性，其次要了解岩石结构。岩性偏脆性且完整性好的，适于采用大直径中空直眼掏槽。

② 空孔直径与数量。

空孔直径、数量不同，使空孔与装药孔之间的岩石破碎及膨胀到空孔的难易性也不同。空孔直径越大、数量越多，岩石破碎与膨胀愈容易。此外，增加空孔数量或增大空孔直径，加大临空面，这对减小夹持作用，降低掏槽爆破的振动强度效果明显。确定空孔的直径、数量，需综合考虑设备配置、钻孔技术水平、施工进度及经济效益，同时，还需考虑岩石的膨胀系数满足膨胀余量要求。

③ 掏槽孔与空孔的距离。

孔距是影响掏槽效果最敏感的参数。孔距过大，爆破后岩石仅产生塑性变形而出现"冲炮"现象；孔距过小，会"挤死"邻近孔内的炸药而拒爆。设计孔距时，必须考虑装药孔与空孔之间的岩石破碎类型。

④ 炸药性能与装药量。

根据岩石性质选择相适宜的炸药，装药量需保证可充分破碎掏槽范围内的岩石，并将破碎后的岩石抛掷到槽腔之外。由于孔底的抵抗线增大，夹制作用大，孔底应采取加强装药措施，如耦合装药，或选用高爆力炸药等。

结合上述设计考虑因素，大直径中空直眼掏槽一般设置 1~4 个中心空孔，其孔径不宜小于 64 mm，装药孔到空孔的间距控制在 1.5~2 倍孔径，可参考表 6.2 进行设计。

表 6.2　中空大直径直眼掏槽爆破参数

围岩级别	空孔直径/mm	空孔个数	装药孔至空孔间距 a/mm	线装药量/（kg/m）
Ⅱ、Ⅲ	76~102	2~4	150~200	0.3~0.5
Ⅳ、Ⅴ	64~85	1~2	200~250	0.2~0.3

装药孔至空孔距离：

$$a = (1.5 \sim 2) \times D \tag{6.2}$$

式中：a——装药炮孔至空孔的距离（mm）；

　　　D——空孔直径（mm）。

线装药量：

$$q = 1.5 \times 10^{-3} \times \left(\frac{a}{D}\right)^{1.5} \times \left(a - \frac{D}{2}\right) \tag{6.3}$$

式中：q——直眼掏槽炮孔装药集中度（kg/m）。

（2）斜眼掏槽。

斜眼掏槽有单向掏槽、楔形掏槽、锥形掏槽等，如图 6.7 所示。

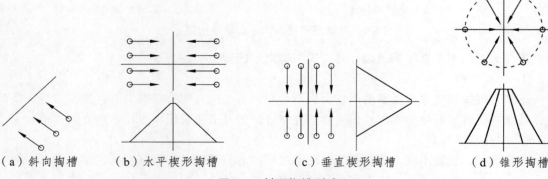

（a）斜向掏槽　　（b）水平楔形掏槽　　（c）垂直楔形掏槽　　（d）锥形掏槽

图 6.7　斜眼掏槽型式

锥形掏槽是由数个共同向中心倾斜的炮孔组成的。炮孔倾斜角度为 60～70°，石质越硬，倾角越小。孔底距离一般为 0.2～0.4 m，石质越硬，距离越小。各掏槽孔均布设于同一段毫秒雷管上，同时起爆，利用各方向上的炸药爆力将掏槽区内岩石爆出。爆破后的槽腔呈锥形，还需设扩槽孔将其扩大成较大的临空面。锥形掏槽一般应用于较坚硬（岩石坚固系数 $f = 4～10$）的整体性岩石爆破。

楔形掏槽由数对（一般为 2～4 对）对称的相向倾斜的炮孔组成，爆破后形成楔形的槽。楔形掏槽爆力比较集中，爆破效果较好，掏槽体积较大，可以适应各种不同坚固程度的岩层。楔形掏槽技术的关键是根据围岩级别及断面大小确定楔形炮孔口之间的距离。

根据楔形掏槽方向不同，楔形掏槽可分为垂直楔形掏槽和水平楔形掏槽，应用较广泛的是水平楔形掏槽，如图 6.8 所示。水平楔形掏槽利用多对斜向炮孔同时对称爆破形成楔形临空面，各孔向该临空面爆破。如果爆破进尺要求大，在断面允许时，可采用多重楔形掏槽。掏槽位置多布置在开挖断面中偏下部位，也不宜过低，否则会导致岩渣堆压过紧，不利装渣作业。

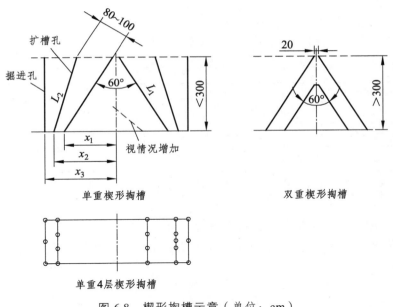

图 6.8　楔形掏槽示意（单位：cm）

水平楔形掏槽参数有掏槽夹角、掏槽孔层间距、掏槽高度、掏槽深度、孔底间距等。掏槽角度指成对炮孔的连线在平面投影上与开挖工作面的夹角，炮孔连线间夹角直接影响掏槽是否成功，是水平楔形掏槽的关键参数。当炮孔连线夹角为 60°时，炸药能量发挥最佳，爆破形成的临空面条件较好，可取得较好的爆破进尺，也有利于降低振动，缺点是飞石距离稍远。掏槽深度既直接影响到爆破振动大小，又关系到爆破的循环进尺。通过差分掏槽深度，可在实现合理进尺条件下，降低爆破振动。水平楔形掏槽原理如图 6.9 所示，掏槽参数如表 6.3 所示。

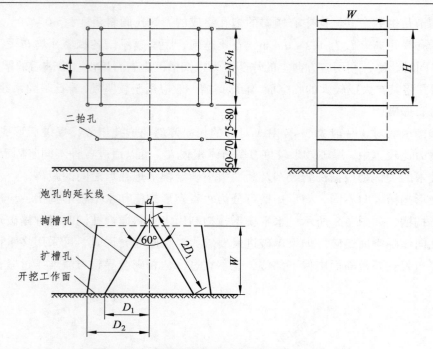

图 6.9　小净距隧道掏槽孔布置（单位：cm）

表 6.3　掏扩槽孔网参数

围岩分级	掏槽夹角 θ /（°）	层间距离 h/m	掏槽高度 H/m	掏槽孔底间距 d/m	掏扩槽孔口距离 D/m
Ⅲ	50~60	0.4~0.5	1.2~2.0	0.2	0.9~1.0
Ⅳ	45~60	0.5~0.6	1.5~1.8	0.2	1.1~1.2
Ⅴ	40~60	0.6~0.7	1.4~1.8	0.1	1.2~1.3

　　差分掏槽是根据总掏槽深度 W，将其分解为 W_1、W_2、W_3 等，按不同的比例，使炸药在掏槽区域均匀分布，如图 6.10 所示。这种方式又被称为复式掏槽，即双重掏槽、三层掏槽。

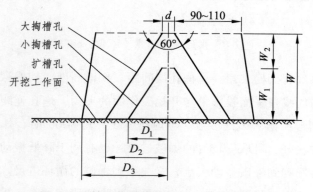

图 6.10　差分掏槽深度示意（单位：cm）

差分结合微差原理，可实现小抵抗线爆破开挖，极大地减少同段装药量，是采用斜眼掏槽降低振动最有效的途径之一，在现场应用较普遍。

常规爆破一次性掏槽深度可达 3.5 m 及以上，当超过该深度才采用复式掏槽。有严格振动控制要求的爆破工程，必须控制掏槽深度，再差分掏槽深度 W，可大幅降低爆破振动。差分原则见表 6.4。

表 6.4　降低隧道振动的掏槽深度设计

掏槽深度 W/m	小掏槽 W_1/m	大掏槽 W_2/m	W_2/W_1
0.9 ~ 1.3	0.5 ~ 0.8	0.4 ~ 0.5	0.5 ~ 0.6
1.3 ~ 1.7	0.8 ~ 0.85	0.5 ~ 0.9	0.6
1.7 ~ 2.2	1.0 ~ 1.3	0.7 ~ 1.1	0.6
2.2 ~ 2.7	1.3 ~ 1.6	0.9 ~ 1.1	0.6

注：掏槽孔比掘进孔深 0.1 ~ 0.25 m。

（3）组合掏槽。

组合掏槽以直眼掏槽为主，斜眼掏槽为辅，适用于可爆性较差的岩石或对爆破振动要求高的环境。采用手持风动凿岩机时常采用该掏槽方式，如图 6.11 所示。

组合掏槽，可充分利用超前长探孔作为空孔形成临空面，防止因直孔钻孔偏差导致爆破效果不佳，斜眼辅助掏槽可以提高炮孔利用率。

2）掘进孔孔网参数设计

炮孔深度决定每一循环的掘进进尺、工序时间、钻孔工作量、出渣工作量及相应的施工组织，还对开挖进度、围岩稳定和断面超欠挖有重大影响。炮孔深度小则掘进进尺较低，将加大成本，对围岩产生多次爆破扰动；炮孔深度大则装药量较大，将引起过大振动，不利于控制爆破。合理的炮孔深度，应是在隧道施工安全前提下，尽可能减小对爆破面

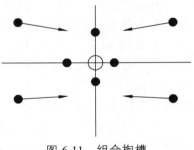

图 6.11　组合掏槽

以外围岩的扰动，避免过大的超欠挖。基于此，在小净距隧道中隔岩柱厚度较小时，根据经验，建议孔深：Ⅴ级围岩不大于 1.2 m，Ⅳ级围岩不大于 2.5 m，Ⅲ级围岩不大于 3.5 m。无论是直眼掏槽还是斜眼掏槽，掘进炮孔通常比掏槽孔浅 0.15 ~ 0.25 m，尤其是在硬岩洞段。

孔排间距包括炮孔间距和炮孔排距。排距为沿岩石移动方向的炮孔间垂直距离；孔距为垂直于排距方向的相邻炮孔间距离。

有：

$$m = a/b \tag{6.4}$$

$$a < l \tag{6.5}$$

式中：m——炮孔密集系数，取 1.0 ~ 1.25；

　　　a——炮孔间距（m）；

　　　b——炮孔排距（m）；

　　　l——炮孔孔深（m）。

不同孔深条件下的间排距见表6.5。

表6.5　隧道控制爆破掘进炮孔孔网参数

孔深 l/m	孔距 a/m	排距 b/m	m
0.8 ~ 1.2	0.8 ~ 1.0	0.7 ~ 0.8	1.0 ~ 1.25
1.2 ~ 1.5	1.0 ~ 1.2	0.8 ~ 0.9	1.0 ~ 1.25
1.5 ~ 2.0	1.0 ~ 1.3	0.9 ~ 1.0	1.0 ~ 1.25
2.0 ~ 2.5	1.0 ~ 1.3	0.9 ~ 1.0	1.0 ~ 1.25

若采用台阶法施工，则进行下台阶爆破时，在下台阶工作面上采取水平钻孔方式，临空面条件类似于露天台阶爆破，不同之处在于岩石的移动方向总是克服重力做功。下台阶爆破参数与露天台阶爆破类同，详见表6.6。

表6.6　下台阶（含仰拱）孔网参数

炮孔深度 l/m	炮孔间距 a/m	炮孔排距 b/m	最小抵抗线 W/m
1.5 ~ 3.5	1.0 ~ 1.3	0.8 ~ 1.0	1.0 ~ 1.2

3）周边孔孔网参数设计

周边孔又可细分拱顶/拱腰炮孔、边墙炮孔、底板炮孔和底角炮孔。周边孔的主要孔网设计参数包括周边孔间距 E、周边孔密集系数 m、最小抵抗线 W。

一般情况下，周边孔间距 $E = 0.45 ~ 0.65$ m。在软弱破碎围岩洞段施工时，孔间距按0.4 m考虑，结合围岩构造发育情况，周边孔位置可做适当调整，内移0.05 ~ 0.1 m；对均质、可爆性好的围岩，周边孔间距可取0.7 m；对中硬及以上岩石，周边孔间距可取0.55 ~ 0.6 m；对软岩地层，孔间距可取0.45 ~ 0.5 m。

周边孔炮孔密集系数 $m = E/W = 0.5 ~ 1.0$。m 过小表明 W 过大，此时光爆层不易沿两孔连线断开，易造成欠挖；m 过大表明 E 值升高，不易形成裂缝。通常按 $m = 0.8$ 取值来确定。软岩地层，取 $m = 0.5 ~ 0.7$；完整岩石地层，取 $m = 0.8$。周边孔的外插角不大于3°，且外斜值不大于5 cm/m。

2. 装药参数设计

装药参数设计包括炸药类型、炸药消耗、药卷直径、装填密度、药量、装药结构等内容。

1）炸药性能

炸药爆炸是一种高速化学反应过程。在这个过程中，炸药物质成分发生改变，生成大量爆生气体，释放大量热能，表现为对周围介质的冲击、压缩、破坏和抛掷作用。炸药的化学组成决定了其性能（包括敏感度、爆速、爆力、猛度、爆炸稳定性、殉爆距离和安定性等）。

（1）敏感度。

炸药的敏感度也称为感度，是指炸药在外界起爆能作用下发生爆炸反应的难易程度，包括热敏感度（爆发点）、火焰感度、机械感度、爆轰感度等。热敏感度是指让炸药爆炸的最低温度；火焰感度是指炸药对火焰（明火星）的敏感度，有些炸药虽然对温度反应较迟钝，但对火焰却很敏感；机械感度是指炸药对机械能（撞击、摩擦）作用的敏感度；爆轰感度是指炸药对爆炸能的敏感程度。炸药的爆炸是由冲击波或高速运动的介质颗粒的作用而激发的，不同炸药所需的起爆能也不同。

（2）爆速。

炸药爆炸时，爆轰在炸药内部的传播速度称为爆速。炸药在炮孔中爆炸时产生高温高压气体，其压力值可近似表示为：

$$P = \frac{1}{4}\rho v^2 \tag{6.6}$$

式中：ρ——药卷密度（kg/m^3）；

v——炸药的爆轰速度（m/s）。

从公式可见，爆轰压力与炸药的爆轰速度成正比，而爆轰压力的大小直接反映爆破对周围岩石的破坏程度。

不同成分的炸药有不同的爆速，密度越大的炸药爆速越高。相同成分的炸药，其爆速还受装填密实程度、药量、含水率和包装材料等因素的影响。

（3）爆力。

炸药爆炸时对周围介质做功的能力称为爆力。炸药的爆力越大，其破坏力越强，破坏的范围及体积越大。一般而言，爆炸产生的爆生气体越多，其爆力越大。

（4）猛度。

炸药爆炸后对周围固体介质的局部破坏能力称为猛度，这种局部破坏表现为固体介质的粉碎性破坏程度和范围大小。炸药的爆速越高，其猛度越大。

（5）爆炸稳定性。

爆炸稳定性是指炸药起爆后，能否连续、完全爆炸的能力，这主要受炸药的化学性质、爆轰感度以及装药密度、药包大小、起爆能量等因素影响。

（6）殉爆距离。

一个药包（主动药包）爆炸后，能引起与它不相接触的邻近药包（被动药包）爆炸，这种现象称为被动药包的殉爆。发生殉爆的原因是主动药包爆炸产生的冲击波和高速气流，使邻近药包在其作用下发生爆炸。是否发生殉爆，主要取决于主动药包的药量和爆力、被动药包的爆轰感度、主动与被动药包之间的距离和介质性质。当主动、被动药包采用同性质炸药的等直径药卷时，则用被动药包能发生殉爆的最大距离来表示被动药包的殉爆能力，称为殉爆距离。

在工程爆破中，常采用柱状间隔（不连续）装药来减少炸药用量和调整装药集中度，应注意使药卷间距不大于殉爆距离。

（7）安定性。

炸药的安定性是指其物理化学性质的安定性，主要表现为吸湿、结块、挥发、渗油、老化、冻结和化学分解等。

2）隧道常用炸药类型

隧道工程用炸药一般以某类或几种单质炸药为主要成分，另加一些外加剂混合而成。目前，隧道爆破施工中常用的包括铵梯炸药、浆状（水胶）炸药、乳化炸药、硝化甘油炸药和煤矿许用炸药。

铵梯炸药亦称岩石炸药，其中，二号岩石炸药是最常用的一种。

　　浆状（水胶）炸药是近十年发展起来的新型安全炸药，含水率较大，爆温较低，比较安全，发展前景良好。浆状炸药是以氧化剂水溶液、敏化剂和胶凝剂为基本成分组成的混合炸药。水胶炸药在浆状炸药的基础上应用交联技术，使之形成塑性凝胶状态，进一步提高了炸药的化学稳定性和抗水性，炸药结构更均一，传爆性能更佳。浆状（水胶）炸药具有抗水性强、密度高、爆炸威力大、原料广、成本低和安全等优点。

　　乳化炸药是指硝酸铵、硝酸钠水溶液与碳质燃料通过乳化作用形成的乳脂状混合炸药，亦称为乳胶炸药。乳化炸药爆炸性好、抗水性强、安全性高、环境污染小、原料来源广、生产成本低，爆破效率比浆状炸药更高。

　　硝化甘油炸药，又称为胶质炸药，是一种高猛度炸药，主要成分是硝化甘油。硝化甘油炸药抗水性强、密度高、爆炸威力大；但是，它对撞击、摩擦的敏感度高，安全性差，价格昂贵，容易老化而致性能降低甚至失去爆炸性能，一般只在水下爆破中使用。

　　瓦斯隧道开挖工作面可能存有一定的瓦斯或煤尘，当其含量达到一定浓度时，一旦遇到电火花、明火或爆破作业，就有可能引起爆炸。因此，用于瓦斯隧道爆破的炸药应当具备一定的安全条件。允许用于有瓦斯和煤尘爆炸危险工作面的炸药为煤矿许用炸药。

　　隧道中常用炸药规格、性能详见表 6.7。

表 6.7　隧道工程爆破常用炸药性能

炸药名称	药卷规格			药卷性能							适用范围
	直径 /mm	长度 /mm	质量 /g	密度 /(g/cm³)	爆速 /(m/s)	猛度 /mm	爆力 /mL	殉爆距离 /cm	有害气体 /(L/kg)	保存期 /mon	
二号岩石硝铵炸药（标准型）	35	165	150	0.95	3 050	12	320	7	<43	6	适用于一般岩石隧道、孔径在 40 mm 以下的炮孔爆破，大孔径的光爆
二号岩石小药卷炸药	22	270	105	0.84	220		320	3	<43	6	适用于一般岩石隧道光爆
一号抗水岩石硝铵炸药（大直径）	42	500	450	0.95	3 850	14	320	12	<45	6	适用于一般有水的岩石隧道、孔径为 42 mm 的炮孔爆破
一号抗水岩石硝铵炸药（小直径）	25	165	80	0.96	2 400	12	320	6	<45	6	适用于一般有水岩石隧道的光爆
RJ-2 乳胶炸药（大直径）	40	330	490	1.2	4 100	13 ~ 16	340	13	<42	6	适用于有水坚硬岩石隧道、孔径为 48 mm 的炮孔爆破
RJ-2 乳胶炸药（标准型）	32	200	190	1.2	3 600	12	340	9	<42	6	适用于有水岩石隧道、孔径在 40 mm 以下的炮孔爆破
粉状硝化甘油炸药（标准型）	32	200	170	1.1	4 200	16	380 ~ 410	15	<40	6	适用于有一定涌水量的隧道爆破
粉状硝化甘油炸药(2 号光爆)	22	500	152	1.1	2 300 ~ 2 700	13.7	410	10	<40	8	适用于岩石隧道的光爆
SHJ-K 型水胶炸药	35	400	650	1.05 ~ 1.35	3 200 ~ 3 500		340	3 ~ 5			适用于岩石隧道、孔径为 48 mm 的深炮孔爆破，且属防水型炸药
EJ-102 乳化炸药（标准型）	32	200	170	1.15 ~ 1.35	4 000	15 ~ 19	88 ~ 143	10 ~ 12	22 ~ 29		适用于一般有水岩石隧道爆破
EJ-102 乳化炸药（小直径）	20	500	190	1.15 ~ 1.35	4 000	15 ~ 19	88 ~ 143	2	22 ~ 29		适用于一般有水岩石隧道的光爆

3）装药计算

按充分利用炮孔原则，药卷选择要与炮孔匹配，根据炮孔直径与孔深确定药卷直径。常用药卷有 $\phi25$、$\phi32$、$\phi35$、$\phi40$ 四种规格。

标准药卷密度为 $0.9\sim1.1\ \text{g/cm}^3$。针对掘进孔，药卷密度为 $\rho=0.9\sim1.2\ \text{g/cm}^3$；针对周边孔，药卷密度为 $\rho<0.9\ \text{g/cm}^3$。

炸药消耗是决定爆破振动的核心参数，取决于岩石性质、开挖断面、临空面条件等因素。当岩性确定、爆破目的明确时，炸药消耗可以看成常数。对于小净距隧道，为控制振速，宜采取控制爆破，炸药消耗如表 6.8 和表 6.9 所示。

表 6.8　全断面或上半断面控制爆破炸药消耗（开挖面积 $\geqslant75\ \text{m}^2$）

围岩级别	III	IV	V
炸药消耗/（kg/m^3）	$0.9\sim1.2$	$0.7\sim0.9$	$0.5\sim0.7$

注：① 当开挖面积小于 75 m^2 时，需乘换算系数（换算系数由面积比开平方求得）。
　　② 断面越大取偏小值，断面越小取偏大值。

表 6.9　下台阶（含仰拱）控制爆破炸药消耗

围岩级别	III	IV	V
炸药消耗/（kg/m^3）	$0.6\sim0.8$	$0.5\sim0.7$	$0.4\sim0.6$

注：可不考虑开挖断面大小影响。

对于软岩地层，炸药消耗可取小值；对于坚硬岩石地层，炸药消耗可取大值。

掏槽孔装药量采用传统的经典公式（体积法），结合围岩分级，按孔深乘以药卷线装药量计算。

$$Q=f(n)\cdot q_0\cdot V \tag{6.7}$$

式中：$f(n)$——爆破作用指数函数经验公式，n 为爆破作用指数；

　　　q_0——掏槽孔炸药单耗，经验值可在 $0.7\sim1.1\ \text{kg/m}^3$ 内取值，软岩取偏小值，硬岩取偏大值（kg/m^3）；

　　　V——爆落岩石的体积（m^3）。

结合经验，对该公式进行简化，有：

$$Q_{掏单}=q_0\times V/2 \tag{6.8}$$

掘进炮孔装药量按下式计算：

$$Q_{掘}=q\times V \tag{6.9}$$
$$V=a\times b\times l \tag{6.10}$$

或　　　　$$V=a\times b\times W \tag{6.11}$$

式中：a——炮孔间距（m）；

　　　b——炮孔排距（m）；

　　　V——爆落岩石体积（m^3）；

l——炮孔深度（m）；

W——掏槽深度（m）；

q——掘进炮孔炸药消耗（kg/m³），取值可参考表6.8、表6.9。其中，上部掘进孔充分借助重力做功，装药量略少；下部掘进孔需克服重力做功，装药量略多。

周边孔光面爆破单孔装药量按下式计算：

$$Q = l \cdot q_1 \tag{6.12}$$

式中：q_1——周边孔线装药量（kg/m）。

4）装药结构

装药结构是炸药在待爆破岩体内的安置方式。按药卷与炮孔在径向的关系可分为耦合装药和不耦合装药。耦合装药指药卷与炮孔在径向无间隙；不耦合装药指药卷与炮孔径向有间隙，间隙内可为空气或其他缓冲材料，如图6.12所示。

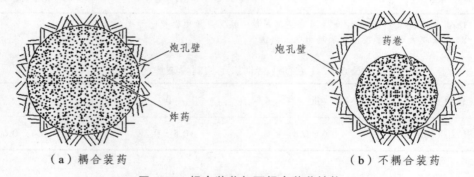

（a）耦合装药　　　　　　　　　　　　（b）不耦合装药

图 6.12　耦合装药与不耦合装药结构

装药不耦合系数：

$$\eta = D/d \tag{6.13}$$

式中：η——装药不耦合系数，$\eta > 1.5$；

D——炮孔直径（mm）；

d——药卷直径（mm）。

实践证明，不耦合系数与作用在岩壁上的最大切向应力 σ_{max} 之间呈指数关系，如图6.13所示。一般而言，$\eta = 1.5 \sim 2.0$ 时，光面爆破效果最好。

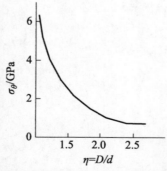

图 6.13　不耦合系数与最大切向应力 σ_{max} 的关系

根据药卷大小、装药量多少及炮孔爆破目的不同，装药又细分为等直径药卷连续装药、导爆索药串连续装药、等直径药卷间隔堵塞装药（孔内装同段双发非电毫秒雷管）、等直径药卷空气间隔装药（孔内装单发非电毫秒雷管）等结构型式，部分装药结构如图 6.14 所示。装药结构除必要的堵塞长度外，应尽可能让炸药比较均匀地分散在炮孔中，以充分发挥爆破能量、改善爆破块度、提高爆破进尺。

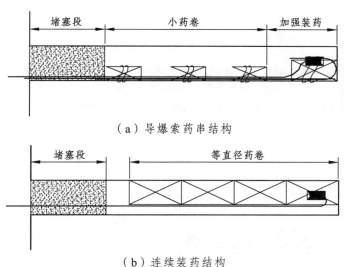

（a）导爆索药串结构

（b）连续装药结构

图 6.14　部分装药结构

近年来，随着爆破技术的发展，空气间隔装药结构也得到广泛应用，特别是在有光面爆破要求的隧道工程中。空气间隔装药，炮孔中间装药部分不连续，存在空间断层，爆炸时产生的冲击波不立刻作用于周围岩石使其破碎，可有效延长爆能作用时间，从而获得更大的爆轰能量，提高爆破的有效能量利用率，如图 6.15 所示。

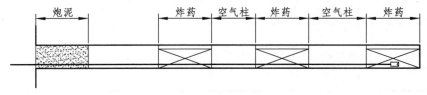

图 6.15　空气间隔装药

根据起爆点在装药结构中的位置和数目，起爆方式可分为正向起爆、反向起爆和多点起爆。

单点起爆时，如果起爆点位于装药靠近孔口一端，爆轰波传向孔底，称为正向起爆，如图 6.16 所示；当起爆点置于装药靠近孔底一端，爆轰波传向孔口，称为反向起爆，如图 6.17 所示。当在同一炮孔内设置一个以上的起爆点时，称为多点起爆。

起爆点位置是影响爆破效果的重要因素。在岩石性质、炸药用量和炮孔深度一定的条件下，与正向起爆相比，反向起爆可以提高炮孔的利用率，降低岩石的夹持作用，降低大块率。但是，反向爆破也存在一定不足，如装药麻烦、有水环境下起爆药包易受潮、机械化装药时静电效应可能引发早爆等。

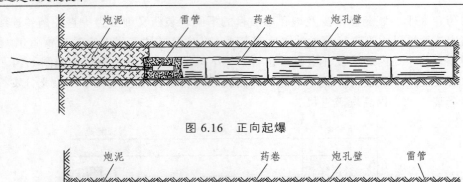

图 6.16　正向起爆

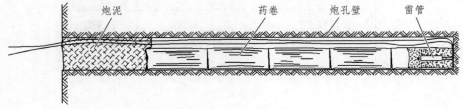

图 6.17　反向起爆

反向起爆和正向起爆对比见图 6.18 和表 6.10。

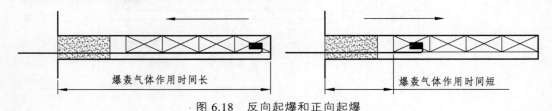

图 6.18　反向起爆和正向起爆

表 6.10　反向起爆和正向起爆对比

反向起爆	正向起爆
孔底破碎较充分	孔口破碎较充分
炮孔利用率高	炮孔利用率低
不易带管	容易带管
导爆管较长	节约导爆管
不易飞石	容易飞石

采用多点起爆时，爆轰波发生相互碰撞，可以增大爆炸应力波峰值应力、作用时间及冲量，提高岩石的破碎度。

5）堵塞设计

堵塞就是采用一定材料将炮孔孔口通向药室的通道填实。堵塞良好，可保证炸药充分反应，产生最大热量，防止炸药不完全爆轰或高温高压的爆轰气体过早从炮孔中逸出，使爆炸产生的能量更多地转换成破碎岩体的机械功，提高炸药能量的有效利用率。

爆破堵塞长度控制在 20 ~ 40 cm。其中，掏槽孔与掘进孔控制在 30 ~ 40 cm，周边光爆孔控制在 20 cm。

传统的堵塞材料，采用黏性土制作炮泥，炮泥直径略比孔小，通过炮棍装入孔中并轻微压实。近年来，在孔内装水炮泥 + 炮泥作为堵塞材料开始得到推广，如图 6.19 所示。这种堵塞材料优点较多：一是利用爆炸应力波在水中传播时不可压缩的原理，能量通过水传递到孔壁岩石不产生损失；二是水在爆炸气体膨胀作用下产生"水楔"效应，有利于岩石进一步破碎；三是水可以雾化降尘、防止炸药瞬间火焰等。采用水炮泥＋炮泥作为堵塞材料，爆炸冲击波作用强度高、时间长、能量传递效率高、初始冲击压力降低。

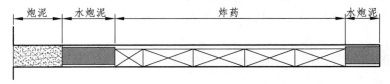

图 6.19　爆破堵塞新工艺

目前，在爆破工程中，爆破堵塞实施并不理想，常被忽略，造成炸药浪费、空气冲击波过大等爆破公害问题。

3. 爆破网路设计

起爆网路是指用起爆材料将各药包连接成既可统一赋能起爆，又能控制各药包起爆延迟时间的网路。起爆网路直接影响爆破效果和质量，是隧道爆破成败的关键。

起爆网路必须保证每个药卷按设计顺序和时间起爆，通常以掏槽为中心，按矩形或梯形原理设计，即同段炮孔的连线为多边形，相邻两边的夹角范围为 $90°<\theta<180°$，如图 6.20 所示。爆破网路的设计原则是先起爆炮孔要为相邻后起爆炮孔创造良好的临空面，同时必须保证边角孔至少要滞后一个段起爆。全断面或上半断面爆破时，拱部炮孔起爆要滞后拱腰或边墙部位的炮孔，以利于提高光爆效果。

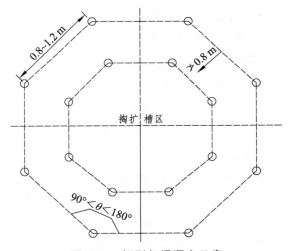

图 6.20　矩形起爆顺序示意

根据起爆方式不同，爆破网路分为非电起爆网路和电起爆网路。非电起爆网路包括导火索起爆网路、导爆索起爆网路、导爆管起爆网路。电起爆网路主要应用于瓦斯隧道工程爆破。

导火索起爆网路是把火雷管和导火索结合在一起，用导火索的火花引爆火雷管，利用火雷管的爆炸能量使引爆药卷爆炸，进而使全部装药爆炸。使用导火索起爆，器材简单、操作容易，但不能实现多个炮孔同时起爆，也不能准确延期起爆，只适用于炮孔不多的爆破工程。

导爆索起爆不需要雷管，直接引爆炸药。导爆索的一端直接插入孔底炸药中，另一端用火雷管引爆导爆索，传爆至炮孔引爆炸药。

导爆管非电起爆由起爆元件、传爆元件和末端工作元件组成，在隧道爆破中应用最为广泛。导爆索点燃后引爆雷管，使传爆元件中的导爆管起爆、传爆，当导爆管传爆到连接块中的传爆雷管时，雷管起爆，再引发周围的导爆管起爆和传爆，这样连续传爆下去，使所有炮孔炸药起爆。

目前，又有新的爆破器材，如数码电子雷管等，在特定的环境下可以选用。

1）导爆管非电起爆网路

塑料导爆管非电起爆利用导爆管系统的起爆性能，可实现网路的孔外控制微差爆破，即在各炮孔内装非电瞬发雷管，在孔外装非电毫秒雷管作为传爆雷管来实现微差爆破。

目前，国产的有毫秒级、半秒级、秒级以及高精度多段位雷管，包括数码雷管。当采用普通非电雷管时，选用毫秒及半秒差雷管相结合，当减振要求特别高时，可定制高精度雷管，通过设置段间时差与合理微差时间一致以实现减振。设计全断面起爆网路时，除 ms2 段可不选用外，一般均可连段使用雷管。振动控制要求较严格时，可根据需要选择是否跳段使用雷管。

在要求弱爆破的隧道工程中，根据现场监测记录时程曲线，合理孔间时差应大于或等于主振周期的 2.5 倍。无监测仪器时，根据地质、环境、允许振速、炮孔所在部位等情况，合理孔间时差在 30～90 ms 取值。其中，对于软弱围岩、孔深>1 m 的爆破工况，合理孔间时差可在 60～90 ms 取值；对于中硬以上围岩、孔深<1 m 的爆破工况，合理孔间时差可在 30～50 ms 取值。起爆的首孔与第二起爆孔的时差至少要大于 25 ms，光爆孔与内圈孔时差不小于 75 ms。

在工程爆破中，非电毫秒导爆雷管起爆越来越常用。非电系列毫秒雷管段位可定制生产，段位上百段均可实现，可根据实际情况使用，一般隧道爆破用第一系的 ms1～ms15 段即可。通常使用的非电导爆管毫秒雷管段位见表 6.11。

表 6.11　常用非电毫秒雷管段别的延期时间

段别	ms1	ms2	ms3	ms4	ms5	ms6	ms7	ms8	ms9
延期时间/ms	≤13	25±10	50±10	75±10	100^{+20}_{-10}	150±20	200±20	250±20	310±25
段别	ms10	ms11	ms12	ms13	ms14	ms15	ms16	ms17	ms18
延期时间/ms	390±40	490±45	600±50	720±50	840±50	990±75			

表中，"±"号前面的数据为名义延时，后面数据为时间误差 Δt。名义延时并非实际延时，而是在时间误差 Δt 内任意时刻都有可能击发，例如 5 发 ms10 段雷管，同时击发的概率不大，但在 80 ms 内任意时刻均有可能击发。

从表中可见，低段 ms1、ms2 两个段位容易串段，即 ms2 段的下限为 15 ms，与 ms1 段同时击发的可能性极大，因此实际工程爆破中几乎不用 ms2 段。

表中自 ms10 段及以下各段，其前段的上限与本段的下限时差相差不大，如 ms9 段上限时间为 335 ms，ms10 段的下限时间为 350 ms，两者仅差 15 ms，而 ms11 段的下限 445 ms 与 ms9 段的上限 335 ms 相差 110 ms，ms12 段的下限 550 ms 与 ms11 段上限 535 ms 相差 15 ms。要实现错峰降振，针对不同围岩级别，网路设计可参考表 6.12 选择。

表 6.12　不同围岩级别条件下非电雷管段位选择

围岩级别	频率/Hz	非电毫秒雷管段别/ms
Ⅳ、Ⅴ	<100	1、3、5、7、9、11、12、13…
Ⅲ	100~150	1、3、5、6、7、8、9…
Ⅱ	>150	1、3、4、5、6、7、8…

2）微差爆破网路

微差爆破，又称毫秒爆破，是延期时间间隔为几毫秒到几十毫秒的延期爆破。毫秒系列雷管各段有微小时差，先起爆炸药在岩体中已造成一定的破碎效果，形成一定的裂隙和附加自由面，为后起爆炸药提供了有利的爆破条件。由于前后相邻段炮孔爆破时间间隔极短，各炮孔爆破产生的能量场相互影响，既可以提高爆破效果，又可以减少振动效应和冲击波。

从降低振动的角度看，爆破网路设计需遵循下述原则：

（1）隧道爆破应推广多段位起爆，既降低振动又能改善爆破效果，禁止一圈一个段的简单网路设计。

（2）爆破网路对称于隧道中线设置。

（3）低段同段雷管起爆炮孔的总装药量不得超过允许同段最大装药量。

（4）段间合理时差必须满足振动波的峰谷值不产生向最大值方向的叠加效应。

（5）上下台阶按光面爆破进行设计。

当设计的网路段位达到 ms11 段及以上时，爆破振动计算要考虑干扰降振效应，即在设计网路时，同段雷管段位数量可以随段位增加，允许的同段起爆炮孔数量同步增加，可参考表 6.13 修正。

表 6.13　干扰降振允许同段起爆的炮孔数量修正

段位（ms）	5	6	7	8	9	10	11	12	13	14	15	16	17
Δt（±）/ms	−10	20	20	20	25	40	45	50	50	50	75	100	100
Ⅳ、Ⅴ	1	—	1	—	1.1	—	1.3	1.3	1.3	1.3	1.5	2.0	2.5
Ⅲ	1.1	1.1	1.2	1.2	1.2	1.3	1.4	1.5	1.6	1.8	2.0	2.5	3.0

注：由公式计算的允许同段起爆炮孔数乘以表中系数，计算取整（小）。

隧道上台阶微差爆破网路设计与全断面微差爆破网路设计原则相同。

设计上台阶微差爆破网路时，起爆顺序依次为掏槽孔（扩槽孔）、掘进炮孔、周边孔、底角孔。掏槽区起爆顺序相对固定，从源头降振出发，不同级别围岩掏槽区爆破网路设计可参照图 6.21~图 6.23 进行。

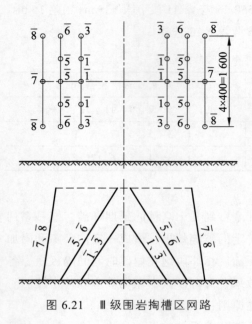

图 6.21　Ⅲ级围岩掏槽区网路

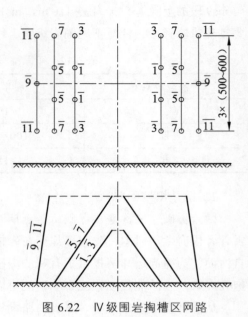

图 6.22　Ⅳ级围岩掏槽区网路

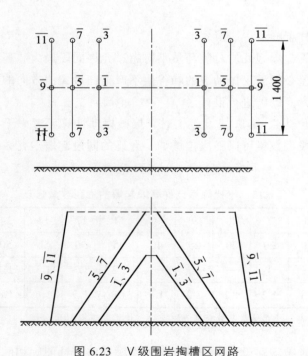

图 6.23　Ⅴ级围岩掏槽区网路

上台阶的掘进孔必须围绕槽区逐层顺序起爆，同段雷管起爆的炮孔间连线夹角尽量大于90°（因设计轮廓限制，特殊边角除外），即按矩形起爆顺序起爆，如图 6.24 所示。

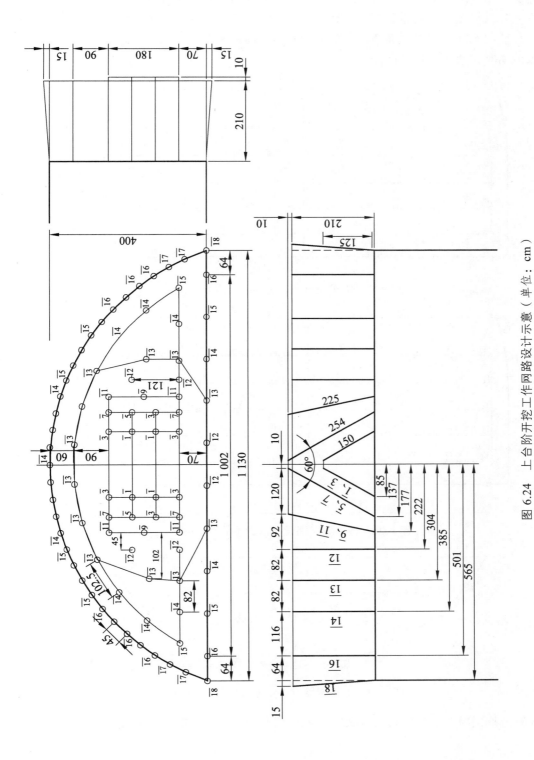

图 6.24　上台阶开挖工作网路设计示意（单位：cm）

隧道采用台阶法开挖时，下台阶网路宜采取 V 形或梯字形网路设计原则。因施工组织原因，下台阶只能左右分幅爆破时，爆破网路可参考图 6.25。如果实施微台阶爆破开挖，爆破网路可参照图 6.26。仰拱爆破网路可参照图 6.27。需注意的是，当中隔岩柱较薄，需严格控制爆破振动时，禁止一字形网路起爆。

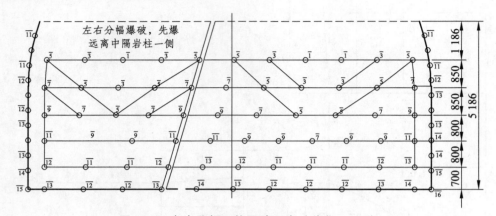

图 6.25　左右分幅开挖网路示意（单位：mm）

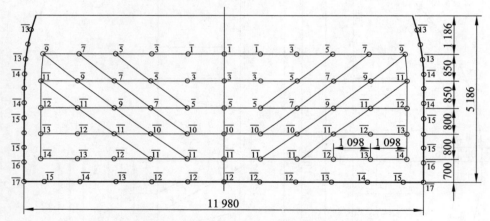

图 6.26　微台阶网路设计示意（单位：mm）

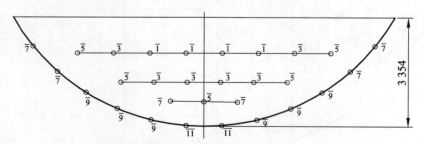

图 6.27　仰拱网路设计示意（单位：mm）

计算允许同时刻起爆的最大孔数时，先采用萨氏（萨道夫斯基）公式计算最大装药量：

$$Q_{\mathrm{m}} = R^3 (v_{\mathrm{kp}} / K)^{\frac{3}{\alpha}}$$

（6.14）

式中： Q_m ——最大一段允许用药量（kg）；

v_{kp} ——振速安全控制标准（cm/s）；

R ——爆源中心到振速控制点的距离（m）；

K、α ——和爆破点地形、地质条件、爆破方式等有关的系数和衰减指数。K、α 值宜通过类似工程选取或现场试验确定，若没有类似经验数据，也可按表 6.14 选取，但选取时随机性大。

表 6.14 爆区不同岩性的 K、α 值

岩　性	K	α
坚硬岩石	50 ~ 150	1.3 ~ 1.5
中硬岩石	150 ~ 250	1.5 ~ 1.8
软弱岩石	250 ~ 350	1.8 ~ 2.0

再根据前述公式计算单孔装药量 $Q_单$，$Q_m/Q_单 = n$，n 取小于计算值的整数。该 n 值即为低段位雷管允许起爆的炮孔数，当网路设计排至高段位或针对不同级别围岩时，按表 6.13 予以修正即可。

计算时需注意如下关键参数：确定允许振速标准，爆破中心与中隔岩柱迎爆侧最小距离，与地质有关的 K、α 两个参数取值。

3）数码电子雷管

数码电子雷管是采用电子控制模块控制起爆过程的电雷管。电子控制模块具备雷管延期时间控制、起爆能量控制功能，内置雷管身份信息码和起爆密码，能对雷管功能、性能进行测试，芯片模块具备三级安全控制开关，使用上更安全、可靠。该电子模块取代了传统雷管中的化学延期药与点火元件，延期时间可在线校准，极大提高了延期精度，起爆网路可靠性高。数码电子雷管组成如图 6.28 所示，其和传统雷管的区别如图 6.29 所示。

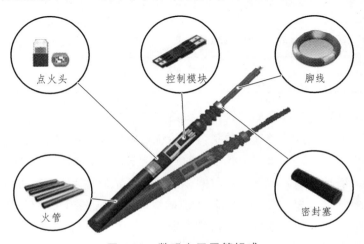

图 6.28 数码电子雷管组成

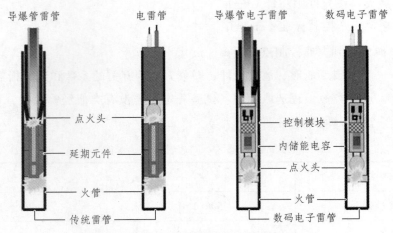

图 6.29 数码电子雷管和传统雷管的区别

数码电子雷管性能指标见表 6.15。

表 6.15 数码电子雷管性能指标

项　目	技术指标
延期范围	0～1 600 ms，最小延期间隔 1 ms（高精度）
延期精度	0～100 ms，偏差小于 0.5 ms；101～16 000 ms，偏差小于 0.5%（高精度）
延期方式	在线设置，在线校准（通过起爆设备设置，可操作性更灵活准确）
检测方式	雷管在线检测（通过起爆设备连线检测，方便排查问题雷管，杜绝盲炮出现，使起爆更可靠，提高了爆破安全性）
起爆方式	起爆授权密匙、起爆器登录密码（需输入用户名密码＋数字密匙才能起爆，安全、可靠）
爆破网路	双向无极性连接，支持断线起爆（使爆破网路更可靠安全）
抗电性能	抗 220 V AC、50 V DC、25 kV 静电、射频及杂散电流（高安全）
使用温度	−40～＋85 ℃

采用数码电子雷管，装药完成后，由系统给定各装药段的起爆时间，设定相应雷管的触发时间和起爆顺序，形成微差爆破药包集。和传统非电导爆管起爆系统相比，数码电子雷管起爆延时全部在孔内完成，克服了因孔外延时过长造成的网路破坏，减少了盲炮概率；通过高精度延期设置，精确控制了微差起爆时间，实现了真正的微差爆破，消除了药包间的跳段和串段现象，有效降低了爆破振动（相较传统的爆破网路，振速可降低 50%以上）；爆破网路设计简单，不受段别限制。数码电子雷管特别适用于瓦斯隧道爆破及有严格振速控制要求的控制爆破，但其费用较为昂贵，尚未在国内大面积推广。

图 6.30 所示是非电导爆管和数码电子雷管起爆网路的实测爆破振动波形，其中，数码电子雷管起爆的波形有效控制了地震波的振幅，大幅降低了爆破振动峰值。

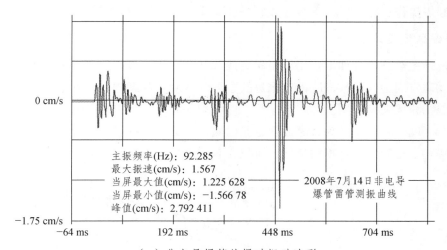

（a）非电导爆管的爆破振动波形

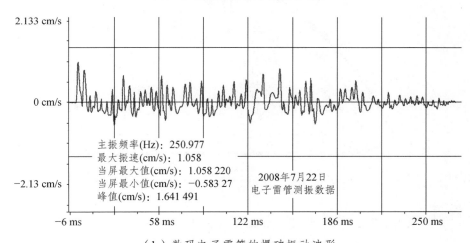

（b）数码电子雷管的爆破振动波形

图 6.30　数码电子雷管和非电导爆管的爆破振动波形对比

根据在贵广高铁牛王盖隧道、棋盘山隧道，渝利铁路长洪岭隧道的实际应用，采用数码电子雷管减振效果非常明显，爆破振速从 1.5 ~ 2.2 cm/s 降低到 0.7 ~ 1.0 cm/s。

数码电子雷管起爆流程：

（1）雷管入孔前检测：筛选不合格品，确保入孔雷管质量。

（2）延期修改：按爆破方案设置炮孔内每发雷管延期时间。

（3）雷管入孔、装药、填塞：和传统雷管使用方法相同。

（4）雷管注册、编号：使用起爆器对雷管的身份信息进行采集，并记录相应的雷管编号，使之与孔号对应。

（5）网路连接：雷管注册完毕后，采用并联的方式，将雷管连接在爆区主线上。

（6）网路测试：使用起爆器，检查所有的雷管是否都连接在爆区主线上，及时排查可能出现的短路、断线等问题。

（7）起爆操作：将爆区内主线连接到爆破总线，连接爆破总线和起爆器，起爆网路。

4. 绘制爆破设计图

爆破设计图绘制流程如下：①绘制轮廓线，计算面积、弧长等参数→②确定掏槽孔类型与位置→③确定周边孔参数→④确定掘进孔参数→⑤确定起爆顺序→⑥绘制装药结构图，计算装药量→⑦相关文字说明。

图 6.31 和图 6.32 所示为大断面隧道台阶法左右分侧开挖爆破设计，适用于大断面隧道采用台阶法且上台阶左右开挖的情况，可以交替使用一个台架。

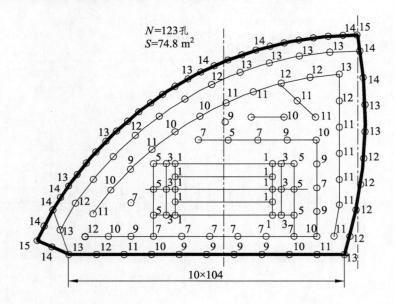

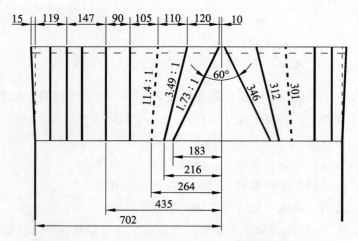

图 6.31　大断面隧道台阶法左侧开挖爆破设计（单位：cm）

214

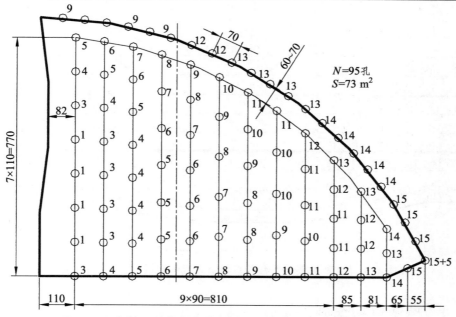

图 6.32　大断面隧道台阶法右侧开挖爆破设计（单位：cm）

图 6.33 和图 6.34 所示为大断面隧道采用导洞开挖的爆破设计。

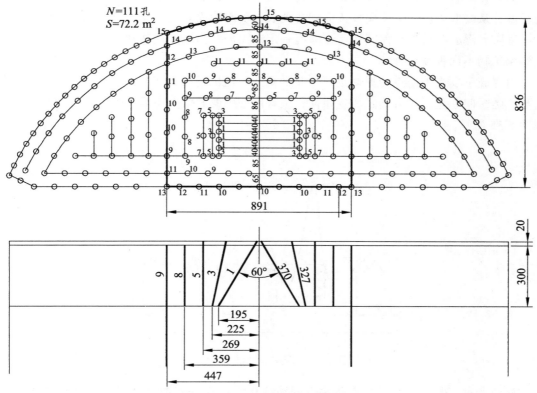

图 6.33　大断面隧道上台阶导洞法开挖爆破设计（单位：cm）

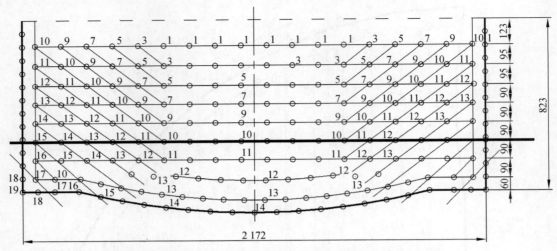

图 6.34 大断面隧道下台阶导洞法开挖爆破设计（单位：cm）

6.1.3 爆破振动控制

1. 爆破振动

炸药在岩石中爆炸时，大部分能量转变为冲击波，破碎、抛掷岩石；小部分能量转变为地震波，从爆源以波的形式向外传播到达地表，引起地面质点振动，形成爆破地震动。地震动强度随着爆心距的增加而减弱。在爆区一定范围内，当地震动达到一定强度时，会引起地表建构筑物不同程度的破坏。

由爆破引发周围质点的振动是一个非常复杂的随机过程，其振幅、周期和频率是时间的函数，随时间变化，没有确定的规律性，很难用准确的数学方程描述。爆破振动波典型波形如图 6.35 所示。

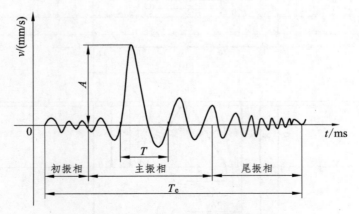

图 6.35 爆破振动波典型波形

如图所示，振动持续时间 T_e 指测点振动从开始到停止的时间，反映振动衰减的快慢，包括初振相、主振相和尾振相。振动量最大的幅值 A 对应的波形周期为 T，频率为 f，A 可以用经验公式计算，T 和 f 只能由测试获得。爆破振动引起的地震波频率在 100 Hz 左右，周期从几毫秒至 20 几毫秒。主振相持续时间 T 对于干扰降振有重要意义，对优化爆破网路设计非常重要。

2. 爆破振速主要影响因素

描述振动有三个物理量：加速度、速度和位移。工程爆破常采用质点振动速度作为振动评价的判据。振速 v 分为三个分量，水平方向的 v_x、v_y 和垂直方向 v_z。监测部位不同，关注的质点方向也不尽相同。对于地面建筑物，重点关注的是垂直方向的振动速度，通常以垂直速度 v_z 作为控制振速，这与建筑物破坏特性有关。

如果距爆源有一定距离，则地面质点最大振速可采用萨氏公式计算。

$$v = K\left(\frac{Q^{\frac{1}{3}}}{R}\right)^{\alpha} \tag{6.15}$$

式中：v——地面质点允许振动速度（cm/s）；

　　　Q——炸药量（kg）；

　　　R——观测（计算）点到爆源的距离（m）；

　　　K、α——与爆破点地形、地质条件、爆破方式等有关的系数和衰减指数，尽可能通过实测获得，也可按表 6.14 选取。另需注意的是，对于分散药包或振动质点与振源有较大高差时，K 还需乘修正系数 K'。分散药包 $K' = 0.25 \sim 1.0$；高差较大时有放大效应，$K' > 1$。

但是，萨氏公式是基于集中药包总结的经验公式，在远距离质点振速计算中较为准确，在近距离爆破振动计算时会产生较大误差。爆破引起的近距离质点振动计算，宜用瑞典 U.Langefors 公式。

当测点距爆源距离大于 2～3 倍炮孔深度，即 $R > (2 \sim 3)l$ 时，可采用式（6.16）计算：

$$v = k\left(\frac{Q}{R^{1.5}}\right)^{\frac{1}{2}} \tag{6.16}$$

当测点距爆源距离小于 2～3 倍炮孔深度，即 $R \leqslant (2 \sim 3)l$ 时，可采用式（6.17）计算：

$$v = k\left(\frac{Q}{R^{2}}\right)^{\frac{1}{2}} \tag{6.17}$$

式中：k——传播系数，取决于岩石的均匀性、断层、裂缝等条件。坚硬花岗岩，取 $k = 380$；微风化花岗岩，取 $k = 300 \sim 350$；中风化中硬岩石，取 $k = 200 \sim 250$；软岩或强风化层，取 $k = 100 \sim 150$。

从公式可见，爆破振速的关键因素包括装药量、距离等。装药量越大，振速越大；距离爆破点越远，振速越小；地层越坚硬越均质，振速越小。

除式中几个重要参数外，振动干扰和临空面条件也是爆破振动的主要影响因素。

如果能精确控制微差爆破时间，两列波振动波形可相互叠加、干扰，实现峰值削峰或抵消，这对降低振动极为有利。实际爆破时，即使不能通过精确控制起爆时差实现削峰、降振，至少应实现两列波独立作用，不产生峰值叠加，如图 6.36 所示。实践表明，当两列波间隔时间大于 $2.5T$ 时，几乎不产生叠加作用。

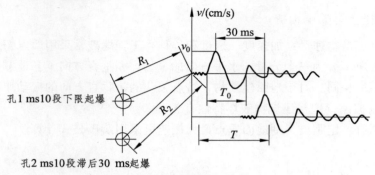

图 6.36　微差爆破振速示意

以某工程实际爆破为例，相关爆破参数为：孔深 2 m，掘进孔单孔药量 1.0 kg，周边孔单孔药量 0.4 ~ 0.8 kg，共计总药量 24 kg。采用大时差分段起爆后，各列振动波形几乎不产生叠加。图 6.37 为距爆源 10 m 处测点各振速测试分量，最大值均在 2 cm/s 以内。

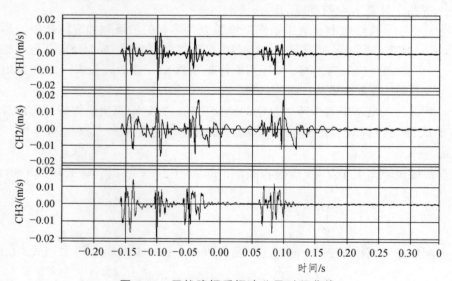

图 6.37　干扰降振后振速分量时程曲线

振速的另一个重要决定因素是临空面条件。临空面数量越多或临空面条件越好，爆破同样体积的岩石，其炸药消耗就越少。实际施工时，应尽可能确保炮孔在不受夹制的条件下爆破，或选择正确的起爆方式人为创造良好的临空面条件。

3. 振速控制准则

我国爆破安全规程采用重要建构筑物所在地质点峰值振动速度作为爆破振动判据的主要指标，交通隧道允许振动速度取 10 ~ 20 cm/s。对小净距隧道爆破振动控制来讲，中隔岩柱是结构的薄弱部位，爆破振动的影响也最为明显，一旦损伤，将对隧道结构长期安全性构成巨大威胁，更宜从严控制，尤其是净距较小、影响较为严重的 A 类、B 类小净距隧道。

按前述小净距隧道分类（表 3.1），对于 Ⅲ、Ⅳ、Ⅴ 级围岩相互影响轻微的 C 类小净距隧道，允许振速可以参照规范选取；对于影响一般的 B 类小净距隧道，根据围岩情况，取规范要求的 50% ~ 90%；对于影响严重的 A 类小净距隧道，取规范要求的 50% 左右。表 6.16 列出了爆破振动速度控制标准建议值。

表 6.16　爆破振动速度控制标准建议值　　　　　单位：cm/s

围岩级别	小净距隧道影响程度		
	轻微影响	一般影响	严重影响
Ⅲ	15 ~ 20	10 ~ 12	8 ~ 10
Ⅳ	10 ~ 15	8 ~ 10	5 ~ 8
Ⅴ	8 ~ 10	5 ~ 8	<5

注：① 对 Ⅴ 级围岩中严重影响的情况宜以机械开挖为主，辅以弱爆破。
　　② 具体工程中取值应结合围岩状况、断面大小、隧道净距、支护状况、加固措施、开挖方式等因素综合考虑。

针对城市区域小净距隧道，除考虑爆破对先行洞结构造成破坏以外，还必须高度重视爆破对周边建构筑物、地下管线以及居民生活的影响，要求更是严格。我国《爆破安全规程》（GB 6722—2003）规定：地面建筑物的爆破振动判据，采用保护对象所在地质点峰值振动速度和主振频率；水工隧道、交通隧道、矿山巷道、电站（厂）中心控制室设备、新浇大体积混凝土的爆破振动判据，采用保护对象所在地质点峰值振动速度。安全允许标准如表 6.17 所示。

表 6.17　爆破振动安全允许标准

保护对象类别	安全允许振速/（cm/s）		
	<10 Hz	10 ~ 50 Hz	50 ~ 100 Hz
土窑洞、土坯房、毛石房屋	0.5 ~ 1.0	0.7 ~ 1.2	1.1 ~ 1.5
一般砖房、非抗震的大型砖块建筑物	2.0 ~ 2.5	2.3 ~ 2.8	2.7 ~ 3.0
钢筋混凝土结构房屋	3.0 ~ 4.0	3.5 ~ 4.5	4.2 ~ 5.0
一般古建筑与古迹	0.1 ~ 0.3	0.2 ~ 0.4	0.3 ~ 0.5
水工隧道	7 ~ 15		
交通隧道	10 ~ 20		
矿山巷道	15 ~ 30		
水电站及发电厂中心控制室设备	0.5		
新浇大体积混凝土　龄期：初凝 ~ 3 d	2.0 ~ 3.0		
新浇大体积混凝土　龄期：3 ~ 7 d	3.0 ~ 7.0		
新浇大体积混凝土　龄期：7 ~ 28 d	7.0 ~ 12		

注：① 表中频率为主振动频率，指最大振幅所对应波的频率。
　　② 频率范围可根据类似工程或现场实测波形选取。选取频率时亦可参照下列数据：洞室爆破 <20 Hz；深孔爆破 10 ~ 60 Hz；浅孔爆破 40 ~ 100 Hz。

为确保结构安全并控制对周边环境的影响，小净距隧道爆破振动控制标准，在自身结构安全控制标准值和周边环境安全控制标准值中取小值。

4. 降低爆破振动的主要措施

如前所述，爆破振动的主要影响因素包括距离、装药量、振动干扰和临空面条件等，为降低爆破振动，可有针对性地在施工工艺上采取下述措施。

1）增加炮孔数量

装药量计算通常采用体积法，合并式（6.9）和式（6.10）有：

$$Q = q_0 \times a \times b \times l \tag{6.18}$$

式中：Q——装药量（kg）；

q_0——炸药单耗（kg/m³）；

a——炮孔间距（m）；

b——炮孔排距（m）；

l——炮孔深度（m）。

增加炮孔数量即可缩小参数 a、b，从而降低装药量。

采用小孔网参数、增加炮孔数量，有利于控制振速，这是从源头上降低振动的首选措施。

2）采用浅炮孔

由式（6.18）可知，减小炮孔深度也可降低装药量。但是，炮孔孔深也不宜过小，否则难以保证堵塞质量，容易导致飞石。结合浅炮孔，宜选择低台阶爆破。

3）少装药

每个炮孔装药要少，控制装药量，确保满足爆破振动要求的最低装药量，严禁过量装药。单孔药量下降，则同段孔总装药量也会降低。

4）多段别

将一次爆破的所有炮孔分成几段按顺序起爆，段数越多，最大单段爆破装药量就可以较少，最大爆破振速可明显降低。在孔数相同的情况下，多用段数起爆，控制爆破振动的效果更好。

5）大时差

通过精确控制网路起爆时差，使得不同起爆时间的振动波形相互干扰、削峰，达到降振效果，无疑非常理想。如果实际操作中精确控制时差的难度大，采取大时差确保振动波形独立作用，不产生叠加，也是有效降低振动的措施。实践表明，当起爆时差大于 $2.5T$（主振相）时，几乎不存在叠加作用，故起爆时差需大于 $2.5T$。时差也不宜拉得过大，否则会恶化爆破效果，产生大量飞石。

6）爆破网路优化设计

临空面条件是控制爆破成败的重要决定因素，实践中多通过优化设计爆破网路形成良好的临空面条件。

优化设计的原则是为炮孔起爆尽可能多地创造临空面，保证炮孔不受太大的夹持。要根据炮孔所在位置，考虑起爆的先后顺序。就降低振动而言，尽量多使用段位，不宜使用一圈一个段的简单设计，不宜采用 V 形掏槽，更适合采用中空螺旋形掏槽等型式。

若采取一排一段，共用 3 段即可；若采取微差爆破，则会达到 8 段及以上。网路起爆设计不合理，可能会恶化爆破效果。例如，图 6.38 所示 2 发 ms12 段，如果右边孔下限时间先击发起爆，则爆破效果会不理想：一是有可能爆破块度大；二是炸药能量释放稍慢，导致持续振动时间长。正确设置应如左边所示，用 ms13 段。

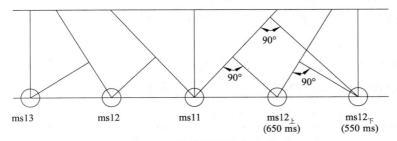

图 6.38　爆破网路优化示意

7）采取隔振防振措施

针对有边界条件的爆破，可采取隔振、防振措施，如预裂爆破或设置隔离空孔等措施。在两周边孔之间设置隔离空孔，孔径不小于 65 mm，可降低振动 30% ~ 50%。

此外，对建构筑物进行必要的加固或支撑，也可以提高建构筑物的抗震等级。

5. 小净距隧道钻爆施工注意事项

隧道施工的核心是保护和爱惜围岩，对小净距隧道施工而言，更是如此。能减轻爆破破坏围岩、损伤中隔岩柱的措施都是值得倡导的。

采用钻爆法施工时，爆破必将多次扰动中隔岩柱。假定中隔岩柱上某 A—A 断面，随先行洞向前掘进，每爆破开挖一次，将对该断面构成一次扰动（随开挖工作面掘进，通过该断面前，影响逐渐增大；通过该断面后，影响逐渐减小）；但当后行洞滞后一段距离同步向前爆破掘进时，再次扰动该断面处围岩，愈靠近该断面引起的质点振动愈大。后行洞爆炸冲击波将在先行洞迎爆侧形成应力反射——拉伸波，将进一步破坏中隔岩柱。为确保中隔岩柱的安全，必须控制爆破振动。

为控制小净距隧道爆破振速，除前述技术措施外，还需结合实际情况采取综合辅助措施，如控制先、后行洞间步距，确保两洞间中隔岩柱最小厚度等。

先行洞爆破控制重在维护中隔岩柱稳定性，减少爆破松动圈范围；后行洞开挖除必须滞后一段安全距离外，还要充分考虑再次爆破振动对中隔岩柱的不利影响。先、后行洞开挖工作面必须间隔一定安全距离 d_1，以保证不会因过大爆破振动导致相邻洞室围岩掉块。后行洞开挖爆破作业时，产生的振动不影响先行洞二次衬砌，因此后行洞的开挖工作面距先行洞二衬间必须保持一定的安全距离 d_2。d_1 和 d_2 均可采用萨氏公式估算。

以Ⅳ级围岩为例进行分析：对作业人员，允许振速 3 cm/s 是相对安全的；按爆破进尺满足 2 榀拱架施作条件考虑，孔深不超过 2.5 m；按水平楔形掏槽分析装药量，最大 6 孔同时起爆，同段最大药量约 $Q = 6 \times 0.5\% l \times 0.75 = 5.6$ kg，式中 0.75 为药卷每米重量（kg/m）。并取 $K = 250$、$\alpha = 1.6$，代入得：

$$R \geqslant \sqrt[3]{Q}\left(\frac{K}{v}\right)^{\alpha} = 28.2 \text{ m}$$

两开挖工作面相间距离（d_1）应大于 30 m。

若后行洞采取台阶法开挖，其下台阶爆破作业将对先行洞的二衬混凝土产生一定影响。《爆破安全规程》规定，当混凝土达到 3～5d 强度时，允许安全振速可按 5 cm/s（$f > 50$ Hz）计。分析同上，计算安全距离约 $R = 20.5$ m。

计入上台阶有效工作长度 25 m，则后行洞开挖工作面离先行洞二次衬砌的距离（d_2）应大于 45 m。

在中隔岩柱设计厚度方面，若以台阶法施工为例，后行洞的掏槽部位设置在上台阶中部区域。实施控制爆破时，在允许振速标准下，中隔岩柱厚度值计算结果见表 6.18。

表 6.18　中隔岩柱不同围岩条件下的安全厚度参考值

围岩级别	III	IV	V
$v/$（cm/s）	15	10	5
Q_{max}/kg	5	3	2
K	150	250	350
α	1.5	1.8	2
R/m	7.9	8.6	10.5

注：表中药量为同段低段总装药量，该装药量完全能够实现有效爆破作业。

表中数据是允许振速标准下的最小厚度值，当允许振速标准提高或中隔岩柱厚度小于表中厚度时，可以通过调整开挖进尺、变更施工方法、预加固处理等措施，满足施工安全的需要。

此外，针对爆破开挖的小净距隧道，还可考虑以下爆破控制综合措施：

（1）明显偏压的小净距隧道宜采取 CD 法或单侧壁导坑法，先行洞先施作偏压一侧，再施作靠中隔岩柱一侧，以利于减轻爆破对中隔岩柱的扰动。

（2）后行洞采用台阶法开挖，对减轻爆破振动有利。当地质条件极差时，宜采用侧壁导坑法或 CD 法开挖，增加临空面能降低爆破振动影响，宜先开挖远离中隔岩柱侧，让掏槽部位远离中隔岩柱。

（3）后行洞爆破开挖对先行洞中隔岩柱一侧（迎爆侧）影响较大。在隧道纵向方向，与后行洞爆破位置同一里程处先行洞前后一倍洞径范围内洞段是受影响较大的范围。在爆破振动监测中，应重点监测先行洞与后行洞开挖工作面对应断面的迎爆侧，尤其重点监测中隔岩柱底板、拱腰两个部位。

（4）在减振要求较高的地段，除适当减小孔内线装药密度外，还可以采用周边预裂技术阻隔爆破地震波向外传播。

（5）在可注性较好的裂隙发育围岩中，对中隔岩柱进行注浆加固可以减小爆破振动的影响。

（6）先行洞初期支护的及时跟进和封闭对降低爆破振动有一定的效果。

6.1.4　爆破开挖施工

爆破实施前，根据爆破方案先进行爆破试验，验证参数的合理性，优化设计，以提高隧道爆破质量和效果。

爆破工艺流程如图 6.39 所示。

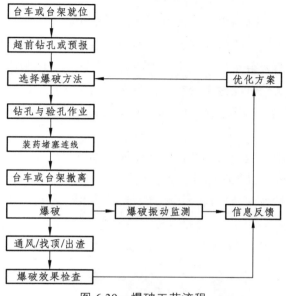

图 6.39　爆破工艺流程

在爆破作业中，钻孔是控制超欠挖的根本和核心。装药和网路连接是爆破能否达到预期效果的必要保证。

1. 准备工作

分析开挖面前方地质情况，确定本循环的进尺与采用的爆破设计图。

为提高爆破质量，测量放样时，开挖工作面中线、掏槽区域、外轮廓线、内圈线及每层平台上的控制性炮孔位置由测量人员完成。中心掏槽孔布孔误差不大于 ±3 cm，其余各孔不大于 ±5 cm，必须避免误差累计叠加。若遇开孔困难，炮孔位置可适当调整，应保证调整后相邻各孔间距均匀布置，掏槽孔需整体移动，孔间调整范围不得大于误差值。

2. 钻　孔

隧道钻孔设备以凿岩台车和风动凿岩机为主，根据隧道长度、断面大小、地质条件、工期要求等进行配置。

1）凿岩台车

隧道工程技术的进步，首先体现在工装设备上的进步。高效、先进的设备是长大隧道施工的核心和基础。近年来，在长大隧道施工中，先进的凿岩台车应用越来越普遍，其钻孔精度及速度远高于手持风动式凿岩机。目前，凿岩台车已经从人工控制凿岩台车发展到半电脑凿岩台车和全电脑凿岩台车。

人工控制凿岩台车主要依靠司机凭经验操作，仅设置简易操作手柄控制钻孔精度，实现钻机的定位、定向和钻进，常因钻孔精度差引起过量超挖，甚者平均超挖达 30 ~ 50 cm，导致混凝土严重超耗。

半电脑凿岩台车可借助参考系实现自动定位，在人工控制下按设计图操作。台车电脑发生故障时，可按普通台车操作。全电脑凿岩台车完全借助于参考系进行自动定位和钻孔，钻孔精度高、速度快。两类电脑凿岩台车均可严格按图钻孔施工，实现各种操作要求。隧道内潮湿、粉尘环境使得台车电脑故障率高，一旦电脑发生故障，仅一个操作台控制钻臂，工效将大为降低，故隧道内凿岩台车选型，半电脑凿岩台车优于全电脑凿岩台车。

隧道内环境条件恶劣，电脑凿岩台车维修与保养是极其重要的环节，必须设专职保养人员，加强日常维护与保养，并根据凿岩台车运行状况，定期维修，提高台车的完好率与使用率。

在大断面隧道工程中，应用较多的凿岩台车简述如下：

（1）阿特拉斯 Boomer XL3 D 掘进凿岩台车。

该掘进凿岩台车系瑞典阿特拉斯公司生产，广泛应用于隧道、矿山的掘进钻孔施工，如图 6.40 所示。

图 6.40　阿特拉斯 Boomer XL3 D 掘进凿岩台车

该凿岩台车钻进系统采用先导液压控制方式，具有防卡钎功能 RPCF（回转压力控制推进力）；配有三条双三角悬浮支撑的 BUT35 液压重型钻臂，可实现精确的液压全方位平行保持功能；配有鹰式高臂座，大大增加了断面作业面积（最大作业面积可达 178 m^2）。其主要性能参数见表 6.19。

表 6.19　阿特拉斯 Boomer XL3 D 掘进凿岩台车主要性能参数

序号	参数名称	单位	值
一	凿岩机型号		COP1638/COP1838ME/COP2238
1	钎尾		R32/R38/T38
2	冲击功率	kW	16/20/22
3	冲击频率	Hz	60
4	液压系统压力	MPa	20/23/25
5	回转系统		独立回转
6	润滑耗气量	L/s	6/5/6
7	耗水量	L/min	0.72 ~ 2
二	推进梁型号		BMH 6 800 ~ 6 821
1	总　长	mm	5 882 ~ 7 977
2	钻杆长度	mm	4 310 ~ 6 400
3	钻孔深度	mm	4 043 ~ 6 140
4	推进力	kN	20
三	钻臂型号		BUT35
1	钻臂数量		3
2	推进梁补偿	mm	1 800
3	钻臂延伸	mm	1 600
4	平行保持		完全
5	推进梁翻转	(°)	360
6	钻臂举升角（max）	(°)	+70/-30
7	钻臂摆动角（max）	(°)	+45/-45
8	钻臂自重	kg	2 920
四	电气系统		
1	总装功率	kW	200
2	主电机功率	kW	3×55
3	电　压	V	400 ~ 690
4	频　率	Hz	50 ~ 60
五	底盘系统		
1	柴油发动机型号		Deutz TCD 2013 L06 2V
2	发动机额定功率	kW	173
3	驱　动		四轮驱动

（2）山特维克 DT1130-S 三臂掘进凿岩台车。

该掘进凿岩台车系瑞典山特维克公司生产，由三个钻孔工作臂和一个护栏平台工作臂组成，配备四轮驱动中心和绞体连接，行驶迅速、安全，具有很好的平稳性，内置故障诊断装置，减少了维修时间，可在面积为 20 ~ 177 m² 的掘进断面快速、准确钻孔。该掘进凿岩台车如图 6.41 所示，主要性能参数见表 6.20。

图 6.41　山特维克 DT1130-S 三臂掘进凿岩台车

表 6.20　山特维克 DT1130-S 三臂掘进凿岩台车主要性能参数

序号	参数名称	单位	值
一	整机参数		
1	长	mm	17 780
2	宽	mm	2 900
3	高（操作篷 min-max）	mm	3 680-4 350
4	整机质量	kg	40 000
5	爬坡能力		28%
6	行驶速度（水平）	km/h	12
二	凿岩机（型号）		HFX5T
1	功率	kW	24.5
2	最大扭矩	N·m	625
3	钻孔孔径	mm	45 ~ 64
4	钻杆		T38-R39-R35

序号	参数名称	单位	值
三	给进器和工作臂		TF500-18/TB150
1	钻臂数量		3
2	给进力	kN	25
3	总　长	mm	7 100
4	钻孔深度	mm	5 270
5	工作臂延伸	mm	3 200
6	给进器延伸	mm	1 650
7	平行覆盖范围	m²	159
8	旋转角度	(°)	358
9	工作臂净重	kg	3 350
四	电气系统		
1	总装功率	kW	250
2	电　压	V	380 ~ 690
3	允许电压波动（max）		+ 10%/ - 10%

2）风动凿岩机（风钻）

风动凿岩机俗称风钻，以压缩空气为驱动力，由人工控制，操作简易，成本低，维修方便，可多台同时使用以提高工作效率，在隧道施工中应用极为普遍。采用风动凿岩机，噪声高、粉尘大，工作环境远比台车作业恶劣。

风动凿岩机的钻头直接连接在钻杆前端（整体式）或套装在钻杆前端（组合式），钻头前端镶入硬质高强耐磨合金钢凿刃，钻杆尾则套装在凿岩机的机头上。

凿刃起着直接破碎岩石的作用，按形状可分为片状连续刃和柱齿刃（不连续）两类。片状连续刃又有一字形、十字形等，柱齿刃又有球齿、锥型齿、楔形齿等。

钻头是影响钻进速度的关键。一字形片状连续刃钻头制造和修磨简单，对岩性适应能力较强，适用于功率较小的风动凿岩机在中硬以下岩石中钻孔，但钻孔速度较慢，在节理裂隙发育的岩石中容易卡钻；十字形片状连续刃钻头和柱齿刃钻头制造和修磨较为复杂，适用于功率较大和冲击频率较高的重型风动或液压凿岩机在各种岩石中钻孔，尤其在高硬度岩石或节理裂隙发育的岩石中钻孔效果良好；球齿钻头则适用于特别坚硬的岩石。

手持风动凿岩机钻孔，一般利用作业台架进行操作，多采用斜眼掏槽爆破，配置长短钻杆完成掏槽孔钻孔作业。要保证钻孔精度，可设置专门的领钎工指挥钻孔。手持风动凿岩机需配置足够的空压设备提供动力，供至作业面的风压和风量不低于 0.6 MPa 和 3 m³/min。

对风动凿岩机，保证钻孔精度是关键环节，也是保证爆破效果最重要的环节，必须做到"准、平、直、齐"，并满足以下精度要求：

① 开孔误差：掏扩槽孔不大于 ± 3 cm，其余各孔不大于 ± 5 cm。

② 钻孔不平行误差：掏槽孔不大于 ± 3 cm/m，其余各孔不大于 ± 5 cm/m。

③ 除掏扩槽孔外的其余炮孔原则上垂直于开挖工作面，即与隧道轴线一致。其误差不得大于 ± 3 cm/m。

④ 各炮孔底部误差不大于炮孔深度的 10%。

对于掏槽孔，应先确定中心定位孔。插入标准炮钎，保证插入长度和外露长度分别不小于 1.5 m，在靠台架后方的拱顶中线上埋一小钉用以悬挂垂线，与开挖工作面中线构成一条垂直于开挖工作面的方向线，中心孔与该线重合即达到炮孔与隧道纵向轴线一致。

根据爆破设计图尺寸标注计算标准炮钎长 1.5 m 时的钎杆长度和平面距离。掏槽孔钻好一个孔，其他孔采用炮钎瞄准法检测即可。

对于光爆层的内外圈孔，核心是保证光爆层的厚度要均匀，外插角一定要控制到位。

3. 装药和堵塞

装药方面，原则上按设计装药量装药，但当孔网参数发生明显变化时，各孔装药量作相应调整。当炮孔位置有软层或裂隙通过时，可考虑取消该孔装药并适当调整相邻炮孔的用药量。

装药前，对钻孔偏差过大的炮孔要修正装药量。

炸药装填必须按安全规程执行，不得硬捅、硬捣。

堵塞炮孔非常重要，宜推广使用水炮泥。堵塞过程中要妥善保护爆破网路。

4. 网路连接

非电雷管的孔外网路连接简单，常采用一次集束的方式。如果难以一次集束，则可分组再集束，即采用瞬发雷管或 ms1 段分组连接后再集束，禁止使用其他段位连接。

电雷管较为复杂，有串联、并联和混合联三种连接方式。

串联的优点是消耗电能少，接线简单，易于操作，便于检查，导线消耗少。其缺点是一个雷管故障，会造成其他雷管拒爆，或因敏感度高的雷管先爆而使电路中断，造成其他雷管拒爆。

并联的优点是不致因为其中一个雷管断路而引起其余雷管拒爆。其缺点是爆破网路中电流大，需要断面较大的母线，连接线消耗多，漏接雷管时不易发现；此外，各雷管电阻不同，通过的电流不同，可能产生拒爆。

混合联可分为串并联和并串联两种，在实际爆破中亦有较多应用。

6.2 铣挖法开挖技术

铣挖法是以铣挖机为核心，配合其他机械进行隧道开挖的施工方法，具有开挖成型好、控制精确（超欠挖极少）、对围岩扰动小、安全性好、灵活方便等特点，适用于对围岩变形、地表沉降有严格控制要求及不能实施爆破施工的隧道工程。

铣挖机主要包括两类：一类是装配式铣挖机，于 2002 年被引入中国，在兰渝客专两水隧道、武广客专浏阳河隧道以及重庆、杭州等地铁工程中得到一定应用，其成本低、使用灵活，适用于软弱地层；另一类是整体式悬臂掘进机，以前主要应用于煤矿巷道掘进，近年来在暗挖隧道施工中也得到了广泛应用，其设备配套齐全，功能完善，适应于中硬岩层。

6.2.1　装配式铣挖机施工

装配式铣挖机的工作原理是将铣挖头安装在挖掘机上，由挖掘机提供动力，液压系统将动力传送到铣挖头，利用铣挖头进行铣刨开挖。

装配式铣挖机由连接板、机架、液压电机、铣挖头、铣挖刀等主要结构组成，按照铣挖头的布置方式可以分为横向铣挖机和纵向铣挖机，分别如图 6.42 和图 6.43 所示。

图 6.42　横向铣挖头

图 6.43　纵向铣挖头

铣挖机结构简单，经济性好，既可安装在挖掘机上，也可利用液压破碎锤或液压钳的液压回路进行改装；维修保养方便，无特殊要求。装配式铣挖机主要适用于中低硬度的岩层开挖；针对硬岩掘进则效率低，铣挖刀磨损率高，且洞内粉尘大、作业环境差。

艾尔卡特公司生产的配用挖掘机的铣挖机，型号从 ER100 到 ER5000，适应的岩石最大抗压强度为 30~220 MPa。施工中应根据不同围岩地质条件，选择不同型号的铣挖头，再选择相应的挖掘机型号。部分铣挖机适用岩层强度及铣挖工效见表 6.21，铣挖刀磨损率见表 6.22。

表 6.21　德国艾尔卡特铣挖机适用岩层强度及铣挖工效

型号	适用岩层强度/MPa	最小铣挖量/（m³/h）	最大铣挖量/（m³/h）
ER1200	10	15	30
	20	10	20
	30	6	12
	35	5	10
ER1500	20	25	50
	30	15	30
	40	8	16
	45	6	12

型号	适用岩层强度/MPa	最小铣挖量/（m³/h）	最大铣挖量/（m³/h）
ER3000	50	20	40
	70	10	21
	80	8	16
	90	6	12
ER5000	70	30	60
	90	20	40
	100	18	35
	120	13	25

表 6.22　铣挖刀磨耗率

岩　性	磨耗率/（个/100 m³）
盐　矿	0.2～1
页　岩	0.5～2
石灰岩	0.5～5
白云岩	2～6
砂　岩	4～10
花岗岩	10～100
混凝土	10～30

铣挖机施工工艺较为简单，主要由操作手进行控制、操作。

6.2.2　整体式悬臂掘进机施工

整体式悬臂掘进机是一种集截割、装载、行走、除尘于一体的机械设备，主要由切割机构、装运机构、行走机构、自动卷缆系统、电缆支架、液压系统和电气系统等组成，如图 6.44 所示。

图 6.44　悬臂掘进机及开挖作业

自从我国引进掘进机技术以来，经过改进、创新，掘进机设备已从轻型发展到中型、重型，切割对象也从煤等软岩扩展到中硬岩石，且正向超重型化、掘锚一体化、自动控制及远程控制等方向发展。

悬臂掘进机工作时，通过前端可摆动的悬臂式截割头上下、左右摆动，将围岩切割破碎，截割出设计断面形状，由下部扒渣铲板和机身中部的传输链将破碎岩石和渣土传输至机身尾部，再用挖掘机装车出渣。采用悬臂掘进机切割出的围岩表面平整，超欠挖控制好，对围岩扰动小，对周边环境影响小。掘进机自带的履带式行走机构，机动灵活、转弯方便、爬坡能力强。悬臂掘进机与传统钻爆法施工对比见表 6.23。

表 6.23　悬臂掘进机和钻爆法施工的对比

项　目	钻爆法	悬臂掘进机
安全性	危　险	安　全
隧道断面成型	超欠挖大	断面成型好
人员需求	16~22 人	2~4 人
施工效率	较高	较低
对围岩扰动影响	大	小
对周边环境影响	大	小
成　本	低	高

1. 整体式悬臂掘进机施工工艺

悬臂掘进机掘进作业通过机体的前进、后退，截割臂的左右、上下摆动，截割头绕截割臂轴向转动共同完成。

掏槽时，选择截割头处于岩石较硬的点，此时截割头处于最好受力状态；截割头的推进方向与切线方向形成近似直角，施工时确保截割臂处于水平状态；最大掏槽深度为截割头长度，掏槽施工时避免掘进机顶进施工。

横向摆动切割，当岩层走向水平时，横向切割最有利，对截齿损伤最小。掘进时转动截割头进行掏槽作业，转动回转轴承，使截割头沿着岩石层理方向水平均匀转动，转动时避免操作过快损伤截齿。

竖向摆动切割，当岩层层理是倾斜或竖直时，选择竖向摆动切割。锁定机械本部回转轴承，调节液压油缸，利用截割臂带动截割头做上下竖直运动。

断面修整，经截割头上下、左右移动切割后，可切割出断面大致形状，需用截割头绕轮廓线环向截割修整，达到断面设计要求。环向截割作业时，控制好截割头移动速度，不可过快。

整体式悬臂掘进机在软岩和极软岩地层中开挖时，在设计开挖线基础上，应预留适当的变形量，确保二次衬砌不侵入设计建筑界限。在泥岩地层中掘进时，选用"大螺距螺旋线切割头 + 长形截齿"截割头，掘进过程要及时清理截割头上的黏土，避免干燥后硬化，糊住截割头；在软硬不均岩层中掘进时，应先对硬岩周围部分岩体切割，将其剥落后，再进行分解装载；在硬岩地层中掘进时，大块硬岩对截齿损伤很大，施工时应根据岩石硬度及节理发育等因素综合对比，确定钻进位置和深度，对 100 MPa 以上无裂隙岩石应先切削周围软岩，改变切割线路进行挤压破碎，将整块岩石剥落。对大面积硬岩可采用松动爆破，局部碎裂岩石，再更换较小的截割头，安装硬岩截齿进行切割、开挖。

在掘进切割过程中，截割头持续与岩层摩擦，会导致温度上升，持续产生粉尘。为改善洞内作业环境，降低截割头温度，施工时需通过设备自带外喷雾系统对截割头喷雾进行除尘降温后方可切割岩石。

在精度控制上，为减少超欠挖，施工时采用激光导向系统标记开挖轮廓。在已施工完毕的二次衬砌上安装 5 ~ 7 个激光导向器，断面修整时通过激光束标记点可有效控制超欠挖。

当岩石硬度大、完整性好时，例如在微风化白云岩或花岗岩地层中掘进时，整体式悬臂掘进机施工存在一定不足之处：粉尘极大，设备自带降尘系统根本无法解决粉尘问题；能见度低，开挖轮廓线控制难度大，在曲线洞段很难准确测量放样，容易造成超挖；岩体基本被磨成粉状，而不是块状，截齿消耗大，设备损耗快，效率低，成本高。此外，若隧道反坡施工，由于岩石被磨成粉状，遇水后在开挖工作面上形成大量石粉泥浆，无法用水泵、泥浆泵抽排，需要悬臂掘进机退出开挖工作面后由装载机、挖机清理泥浆，方可进行后续架立钢拱架、喷射混凝土等工序，影响施工进度。

悬臂掘进机开挖时，需结合掘进机外形尺寸和隧道开挖断面确定台阶数量及高度。以济南玉函路隧道开挖断面高 11.4 m、宽 12.1 m 为例，选用尺寸为 11.5 m（长）×3.6 m（宽）×2.4 m（高）的 EBZ260 悬臂掘进机，其施工步序如图 6.45 所示。

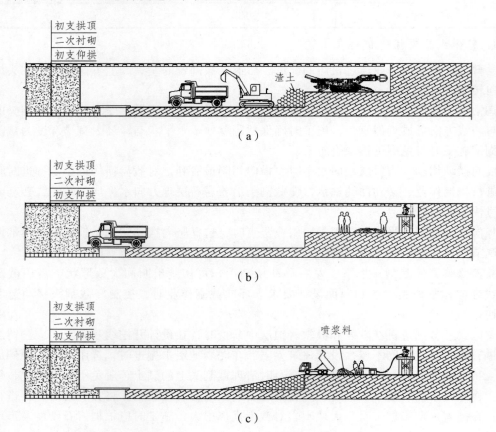

（a）

（b）

（c）

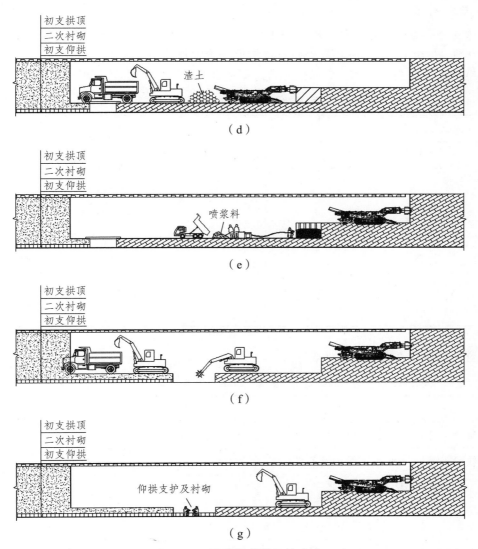

图 6.45　悬臂掘进机开挖步序

悬臂掘进机相应施工步序：

第一步：如图 6.45（a）所示，掘进机开挖上台阶，每循环进尺 1 m，开挖渣土由皮带输送机传送至下台阶处，装载机翻运，自卸汽车出渣。

第二步：如图 6.45（b）所示，安装上台阶钢拱架，打设系统锚杆、锁脚小导管。

第三步：如图 6.45（c）所示，上台阶喷射混凝土，打设超前小导管。

第四步：如图 6.45（d）所示，掘进机开挖下台阶，每循环进尺 1 m，开挖渣土由皮带输送机传送至掘进机后方，装载机翻运，自卸汽车出渣。

第五步：如图 6.45（e）所示，下台阶安装钢拱架、喷射混凝土，上台阶继续掘进。

第六步：如图 6.45（f）所示，小型挖掘机或铣挖机开挖仰拱。

第七步：如图 6.45（g）所示，仰拱施作及填充。

2. 整体式悬臂掘进机设备配套及维护保养

整体式悬臂掘进机用电额定电压为 1 140 V。洞口需有 10 kV 电压的线路接口，用专用变压器变压到 1 140 V，专用变压器至掘进机端低压线缆长度不宜大于 500 m，较长的隧道应采用高压铠装电缆进洞。一个工作面按一台悬臂掘进机配置，配套设备如表 6.24 所示。

表 6.24　悬臂掘进机设备配套

设 备 名 称	数量	用 途
变电站	1	提供 1 140 V 电压
变压器（630 kV·A）	1	供 电
增压泵	1	高压喷水
通风机		通 风
挖掘机	1	加装破碎锤，辅助开挖
渣土车	2	运渣，2 台以上
除尘器	2	配套除尘

悬臂掘进机日常维护保养见表 6.25。

表 6.25　悬臂掘进机日常维护保养

检查部位	检查内容及处理
截割头	① 截齿磨损、损坏情况，更换新的截齿；② 齿座有无裂纹及磨损
伸缩部	齿座有无裂纹及磨损
减速机	① 有无异常振动和声响；② 油量；③ 有无异常温升现象；④ 螺栓类有无松动现象
行走部	① 履带的张紧程度是否正常；② 履带板有无损坏；③ 履带销是否脱落
铲板部	① 星轮的转动是否正常；② 星轮的磨损状况；③ 履带销是否脱落
运输机	① 链条的张紧程度是否合适；② 刮板、链条的磨损、松动、破损情况；③ 从动轮的回转是否正常
水系统	① 清除过滤器内部污染物；② 清洗堵塞的喷嘴
配管件	是否漏油，充分紧固接头或更换 O 形圈
油箱油量	是否需加油
油箱油温	油冷却器进口侧的水量充足，应保证冷却效果在 70 ℃ 以下
油泵	① 油泵有无异常声响；② 油泵有无异常温升现象
液压马达	① 液压电机有无异常声响；② 液压电机有无异常温升现象
换向阀	① 操纵手柄的操作位置是否正确；② 有无漏油现象

6.3　工程案例

6.3.1　都汶高速紫坪铺隧道

1. 施工方案

都汶高速公路紫坪铺隧道出口段（汶川端）左右线由普通分离式洞段向洞口方向逐渐靠拢，形成小净距段，隧道净距从 21.86 m 渐变到 3.83 m。隧道岩性以泥岩为主，夹炭质泥岩及粉砂岩，围岩级别由Ⅲ级变到Ⅴ级。根据地质、两线间净距，将紫坪铺隧道出口小净距段划分成不同洞段进行设计和施工，如图 6.46 所示。

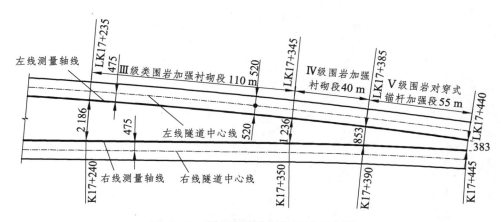

图 6.46　紫坪铺隧道小净距平面分段

1）K17 + 446 ～ K17 + 390 段（LK17 + 441 ～ LK17 + 385 段）

本段为Ⅴ级围岩地段，中隔岩柱厚度为 3.83 ～ 8.53 m，施作对穿式低预应力锚杆对中隔岩柱注浆加固。衬砌结构设计如图 6.47 所示，采用衬砌支护参数如下：U25 可缩式钢拱架，纵向间距 80 cm；喷射混凝土厚 20 cm；系统锚杆长 3.5 m，纵向间距为 80 cm，环向间距为 80 cm；对穿式水平锚杆采用低预应力锚杆，纵向间距为 80 cm，横向为 80 cm，于拱部 150° 范围外之内侧布设，每根预应力锚杆为中隔岩柱厚度加 50 cm，如图 6.48 所示；二次衬砌采用 C25 钢筋混凝土，50 cm 厚，钢筋采用 ϕ22 钢筋。

本洞段采用台阶法留核心土环形开挖，如图 6.49 所示。局部围岩完整性较好、自稳能力较强的洞段采用台阶法施工。施工中严格遵循"管超前、严注浆、短进尺、弱爆破、强支护、快封闭、勤量测"的原则。开挖前先行钻孔探测工作面前方地质情况，如果地下水量较大，施作 ϕ89 管棚进行预支护，同时超前预注浆止水；上台阶采用 YT28 风动凿岩机钻孔爆破，预留核心土兼作操作平台，循环进尺为 0.8 ～ 1.0 m，开挖后初喷混凝土，及时施作初期支护，人工翻渣至下部，自卸汽车出渣；下台阶先开挖中槽，再跳槽开挖侧壁，采用微振动爆破，及时施作初期支护封闭成环，每循环进尺控制在 1.5 ～ 2 m 以内。

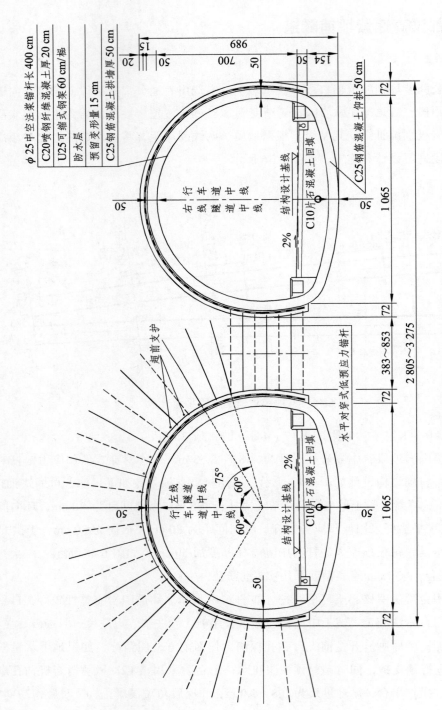

图 6.47　V 级围岩加强衬砌结构设计（单位：cm）

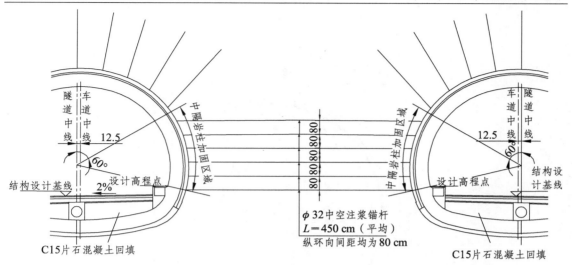

图 6.48　中隔岩柱对拉预应力锚杆（单位：cm）

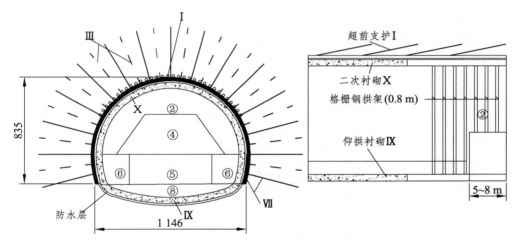

1—I 部超前注浆及大管棚支护；2—环形②部开挖；3—上断面Ⅲ部初期支护；4—上断面④部开挖；
5—下断面⑤部开挖；6—下断面⑥部开挖；7—下断面Ⅶ初期支护；8—仰拱开挖；
9—防水层铺设及仰拱Ⅸ混凝土浇筑；10—防水层铺设及二次衬砌浇筑。

图 6.49　Ⅴ级围岩环形开挖及支护步序（单位：cm）

2）K17＋390～K17＋350 段（LK17＋385～LK17＋345 段）

本段为Ⅳ级围岩地段，中隔岩柱厚度为 8.63～12.36 m，施作水平低预应力长锚杆对中隔岩柱注浆加固。衬砌结构设计如图 6.50 所示，采用衬砌支护参数如下：格栅拱架，纵向间距为 1 m；喷射混凝土厚 20 cm；系统锚杆长 3.5 m，纵向间距 100 cm，环向间距 100 cm；低预应力锚杆布置为环向间距 100 cm、纵向间距 100 cm，设计预应力为 90 kN；二次衬砌采用 C25 钢筋混凝土，厚 50 cm。

本洞段采用短台阶法光面爆破开挖，斜眼掏槽。上台阶开挖高度为 6 m，超前下部 1～3 m，利于翻渣，初期支护紧跟，循环进尺为 1.2 m。装载机配合自卸汽车装运作业，采用挖掘机辅以人工清捡底部虚渣。紧急停车带开挖采用标准断面通过，再扩挖成型的施工方法。

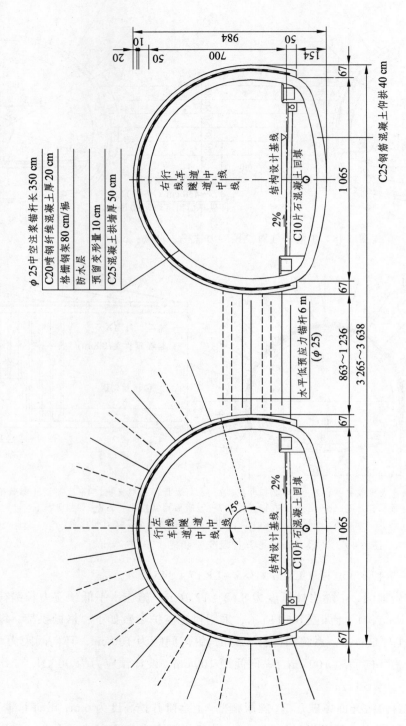

图 6.50　Ⅳ级围岩加强衬砌结构设计（单位：cm）

3）K17 + 350 ~ K17 + 240 段（LK17 + 345 ~ LK17 + 235 段）

本段为Ⅲ级围岩洞段，中隔岩柱厚度为 12.82 ~ 21.86 m，衬砌结构设计如图 6.51 所示，采用衬砌支护参数如下：喷射混凝土厚 15 cm；系统锚杆纵向间距为 1.2 m，环向间距为 1.2 m，拱部 120°外之内侧锚杆长 4.5 m，其他部位锚杆长度均为 3.0 m；二次衬砌采用 C25 钢筋混凝土，厚 35 cm。

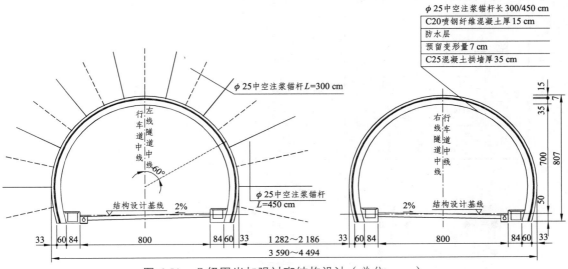

图 6.51　Ⅲ级围岩加强衬砌结构设计（单位：cm）

本洞段采用全断面光面爆破开挖，斜眼掏槽。掏槽孔深度为 3.2 m，周边孔深度为 3.2 m，采用小药卷不耦合装药结构。雷管采用非电毫秒雷管。施工中根据实际情况调整爆破参数。及时施作初期支护，每循环进尺为 3.0 m。装载机配合自卸汽车装运作业，采用挖掘机辅以人工清捡底部虚渣。

2. 爆破设计

循环进尺：Ⅴ级围岩为 0.8 ~ 1.0 m，Ⅳ级围岩为 1.0 ~ 1.2 m，Ⅲ级围岩为 3.0 m。

炸药采用 2 号防水乳化炸药，药卷直径为 ϕ25 和 ϕ32。炮孔直径：38 ~ 42 mm。起爆方式采用非电毫秒雷管。

爆破振速控制值，洞内施工，对距离开挖工作面一倍洞径处：Ⅴ级围岩为 5 cm/s，Ⅳ级围岩为 7 cm/s，Ⅲ级围岩为 10 cm/s。

根据爆破方案进行试爆，用振动测试仪测试实际振动值，并用统计回归分析法计算、校核 K、α 值，计算装药量，以准确将爆破振速控制在安全范围内。爆破时进行监测，根据监测结果调整爆破参数。小净距段各级围岩最大一段允许装药量计算值与实际装药量如表 6.26 所示，实际装药量均小于计算装药量，故爆破振速均在控制值内。

表 6.26　不同围岩级别相应最大装药量及实际装药量

围岩级别	计算装药量/kg	实际装药量/kg
Ⅴ级围岩	26.68	15.4
Ⅳ级围岩	42.1	30.8
Ⅲ级围岩	99.5	64.8

Ⅴ级围岩爆破炮孔布置、起爆模式及装药情况如图 6.52 所示。

Ⅲ级围岩爆破炮孔布置、起爆模式及装药情况如图 6.53 所示。

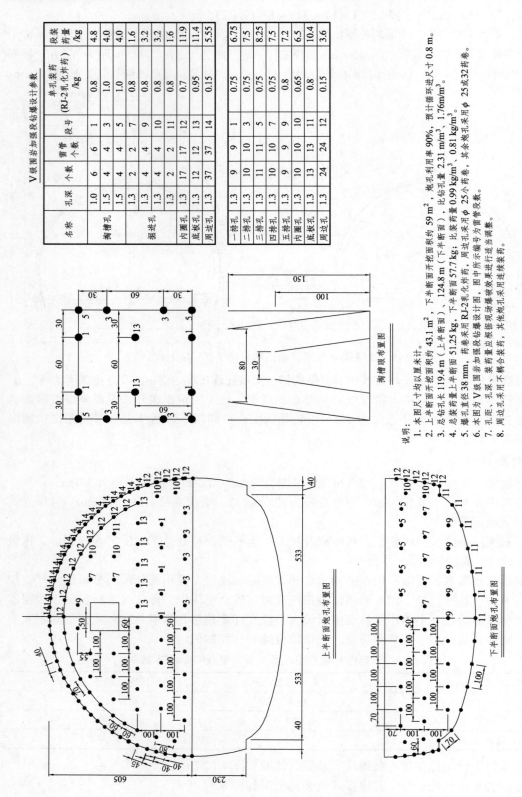

V级围岩加强段钻爆设计参数

名称	孔深	个数	雷管个数	段号	单孔装药(RJ-2乳化炸药)/kg	段装药量/kg
掏槽孔	1.0	6	6	1	0.8	4.8
	1.5	4	4	3	1.0	4.0
	1.5	4	4	5	1.0	4.0
掘进孔	1.3	2	2	7	0.8	1.6
	1.3	4	4	9	0.8	3.2
	1.3	4	4	10	0.8	3.2
	1.3	2	2	11	0.8	1.6
内圈孔	1.3	17	17	12	0.7	11.9
底板孔	1.3	12	12	13	0.95	11.4
周边孔	1.3	37	37	14	0.15	5.55
一排孔	1.3	9	9	1	0.75	6.75
二排孔	1.3	10	10	3	0.75	7.5
三排孔	1.3	11	11	5	0.75	8.25
四排孔	1.3	10	10	7	0.75	7.5
五排孔	1.3	9	9	9	0.8	7.2
内圈孔	1.3	10	10	10	0.65	6.5
底板孔	1.3	13	13	11	0.8	10.4
周边孔	1.3	24	24	12	0.15	3.6

掏槽眼布置图

说明：
1. 本图尺寸均以厘米计。
2. 上半断面开挖面积约43.1 m²，下半断面开挖面积约59 m²。
3. 总钻孔长119.4 m（上半断面），124.8 m（下半断面），炮孔利用率90%，预计循环进尺0.8 m。
4. 总装药量上半断面51.25 kg，下半断面57.7 kg；比装药量0.99 kg/m³，0.81 kg/m³，1.76 m³。
5. 爆孔直径38 mm，药卷采用V级围岩钻爆段设计图，药卷采用RJ-2乳化炸药，周边孔采用φ25小药卷，其余炮孔采用φ25或32药卷。
6. 本图为V级围岩加强段钻爆设计图，装药量应根据现场爆破效果进行适当调整。
7. 孔距、孔深、进尺采用含药，其他炮孔采用连续装药。
8. 周边孔采用不耦合装药，其他炮孔采用连续装药。

图 6.52 V级围岩爆破设计

上半断面炮孔布置图

下半断面炮孔布置图

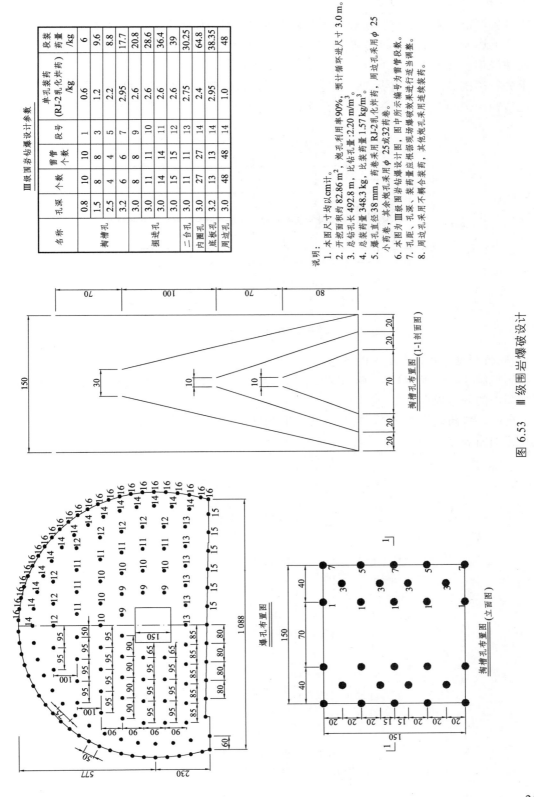

Ⅲ级围岩钻爆设计参数

名称		孔深	个数	雷管个数	段号	单孔装药(RJ-2孔化炸药)/kg	段装药量/kg
掏槽孔		0.8	10	10	1	0.6	6
		1.5	10	8	3	1.2	9.6
		2.5	4	4	5	2.2	8.8
		3.2	6	6	7	2.95	17.7
掘进孔		3.0	8	8	9	2.6	20.8
		3.0	11	11	10	2.6	28.6
		3.0	14	14	11	2.6	36.4
二台孔		3.0	15	15	12	2.6	39
内圈孔		3.0	11	11	13	2.75	30.25
底板孔		3.0	27	27	14	2.4	64.8
		3.2	13	13	14	2.95	38.35
周边孔		3.0	48	48	14	1.0	48

说明：
1. 本图尺寸均以 cm 计。
2. 开挖面积约 82.86 m²，炮孔利用率 90%，预计循环进尺寸 3.0 m。
3. 总钻孔长约 492.8 m，比钻孔量 ：2.20 m/m³。
4. 总装药量 348.3 kg，比装药量 1.57 kg/m³。
5. 爆孔直径 38 mm，其余炮孔采用 RJ-2 孔化炸药，周边孔采用 φ 25 小药卷，其余炮孔采用 φ 25 或 32 药卷。
6. 本图为Ⅲ级围岩钻爆设计图，图中所示编号为雷管段数。
7. 孔距、孔深、装药量应根据现场爆破效果进行适当调整。
8. 周边孔采用不耦合装药，其他炮孔采用连续装药。

掏槽孔布置图（1-1剖面图）

爆孔布置图

掏槽孔布置图（立面图）

图 6.53　Ⅲ 级围岩爆破设计

3. 爆破振动监测

紫坪铺隧道为山岭隧道，地表无重要建构筑物，振速控制主要考虑后行洞爆破对先行洞结构安全的影响。通过后行洞爆破开挖引起的先行洞洞周质点振速测试，评价爆破振动影响，找出振速峰值出现区域。

沿先行洞横断面和隧道纵向设置速度传感器进行爆破振速测试，每个测点分别监测了 X 向（隧道径向）和 Y 向（隧道纵向）振速，图 6.54 所示为典型的爆破振动时间历程曲线。

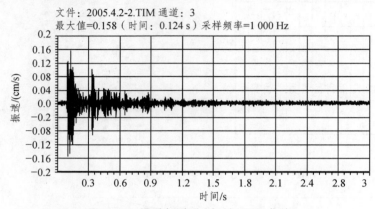

图 6.54　爆破振动典型时间历程曲线

1）先行洞振速在横断面内的分布

以后行洞开挖位置 K17 + 364 处测试结果为例，分析后行洞上台阶爆破引起先行洞振速在横断面内的分布规律。

上台阶；装药量为 $24 \times 3 = 72 \text{ kg}$；先行洞测试位置为 K17 + 362；两洞间净距为 11.4 m。测点布置如图 6.55 所示。

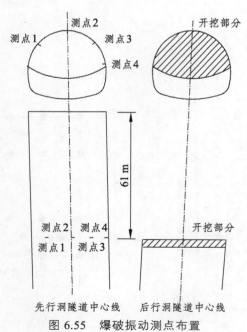

图 6.55　爆破振动测点布置

相关测试结果如表 6.27 所示，测试峰值速度对比如图 6.56 所示。

表 6.27　该组爆破振动测试结果

测点	峰值速度	最大值 /（cm/s）	最小值 /（cm/s）
测点 1	X 向	0.796	-0.689
	Y 向	1.678	-1.007
测点 2	X 向	0.804	-1.301
	Y 向	2.436	-4.089
测点 3	X 向	5.245	-4.188
	Y 向	3.091	-3.045
测点 4	X 向	6.945	-6.429
	Y 向	2.940	-4.174

注：表中 X 向指的是垂直于喷射混凝土表面方向；Y 向指的是在横截面内垂直于 X 向的方向。

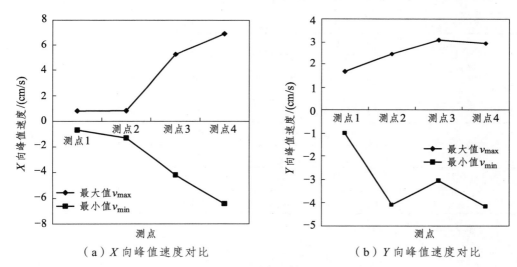

（a）X 向峰值速度对比　　　　　（b）Y 向峰值速度对比

图 6.56　该组峰值速度对比

由图可见，X 向和 Y 向峰值速度的极值均出现在测点 4，分别为 X 向（6.95 cm/s，-6.43 cm/s）、Y 向（2.94 cm/s，-4.17 cm/s），即后行洞开挖爆破时，引起先行洞中隔岩柱一侧起拱线位置振动最大。

以后行洞位置 K17 + 340 处测试结果为例，分析后行洞下台阶爆破引起先行洞振速在横断面内的分布规律。

后行洞开挖位置：K17 + 340，下台阶；总装药量：12 kg；先行洞测试位置：K17 + 340；两洞间净距：12.5 m。测点布置如图 6.57 所示。

测试结果如表 6.28 所示，峰值速度对比如图 6.58 所示。由图可见，X 向和 Y 向峰值速度的极值均出现在测点 4，分别为 X 向（1.18 cm/s，-3.23 cm/s）、Y 向（0.529 cm/s，-1.727 cm/s），其值明显大于其他 3 个测点。即后行洞下台阶开挖爆破时，引起先行洞拱脚位置振动最大。

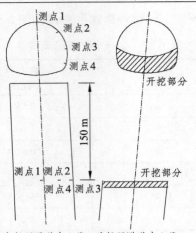

图 6.57 该组爆破振动测点布置

表 6.28 该组爆破振动测试结果

测点	峰值 速度	最大值 /（cm/s）	最小值 /（cm/s）
测点 1	X 向	0.377	−0.291
	Y 向	0.172	−0.566
测点 2	X 向	0.143	−0.476
	Y 向	0.103	−0.482
测点 3	X 向	0.404	−1.162
	Y 向	0.152	−0.215
测点 4	X 向	1.181	−3.232
	Y 向	0.529	−1.727

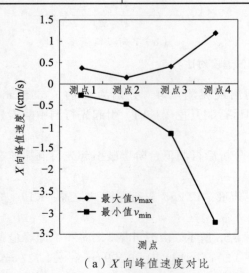

（a）X 向峰值速度对比   （b）Y 向峰值速度对比

图 6.58 该组峰值速度对比

2）先行洞振速沿隧道纵向的分布

以后行洞位置 K17 + 379 处测试结果为例，分析先行洞振速沿隧道纵向的分布规律。

上台阶；总装药量 24 kg；先行洞测试位置：测点 1（K17 + 359）、测点 2（K17 + 369）、测点 3（K17 + 379）、测点 4（K17 + 399）；测点 3 所在断面双洞净距：8.95 m。测点布置如图 6.59 所示。

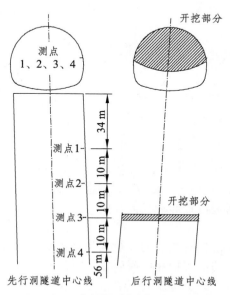

图 6.59　该组爆破振动测点布置

振速测试结果如表 6.29 所示，峰值速度对比如图 6.60 所示。

表 6.29　该组爆破振动测点布置

测点	峰值速度	最大值 /（cm/s）	最小值 /（cm/s）
测点 1	X 向	0.760	− 1.059
	Y 向	0.773	− 0.750
测点 2	X 向	2.032	− 1.771
	Y 向	0.564	− 0.895
测点 3	X 向	4.658	− 4.336
	Y 向	3.091	− 3.045
测点 4	X 向	1.346	− 1.291
	Y 向	0.451	− 0.434

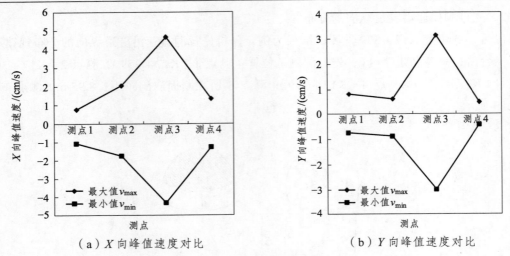

（a）X向峰值速度对比　　　　　　　（b）Y向峰值速度对比

图 6.60　该组峰值速度对比

由图可见，X 向和 Y 向峰值速度的极值均出现在测点 3，分别为 X 向（4.66 cm/s，－4.34 cm/s）、Y 向（3.09 cm/s，－3.05 cm/s），其值明显大于其余三个测点，说明后行洞爆破对于先行洞在爆破作业面附近位置影响最大。

3）爆破振动规律

后行洞爆破开挖对与爆破位置相邻的先行洞初期支护影响最大。后行洞上台阶爆破开挖时，最大振速出现在先行洞初期支护靠中隔岩柱一侧的起拱线位置，方向为垂直于喷射混凝土表面的方向［图 6.61（a）］，该方向的振动在喷射混凝土表面产生较大的拉应力，有可能引起喷射混凝土开裂。

后行洞下台阶爆破开挖时，最大振速出现在先行洞初期支护靠中隔岩柱一侧的拱脚位置［图 6.61（b）］。与后行洞上台阶爆破相比，下台阶爆破时的最大振速偏小，原因是下台阶爆破的装药量少。

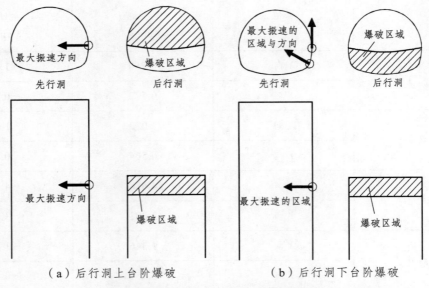

（a）后行洞上台阶爆破　　　　　　　（b）后行洞下台阶爆破

图 6.61　后行洞爆破，先行洞最大振速的区域与方向示意

最大振速沿隧道纵向、环向衰减，如图 6.62 所示。

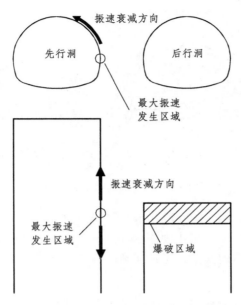

图 6.62　先行洞结构振速衰减示意

6.3.2　贵阳北京东路隧道

贵阳北京东路 1 号隧道和 0 号隧道均为浅埋小净距隧道，双向六车道，上下行隧道净距仅 4 m。隧道洞身为 V 级围岩，初期支护采用型钢拱架＋锚网喷，二次衬砌为模筑钢筋混凝土。隧道结构断面如图 6.63 所示。

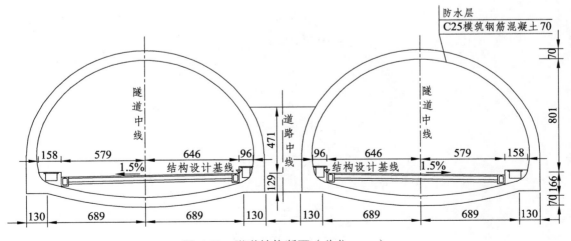

图 6.63　隧道结构断面（单位：cm）

隧道依次下穿文联仓库，贵开路拆迁安置房 2#楼和 3#楼，贵乌变电站，在建的金狮中学，贵阳市精神病院，百花山路，金狮游泳馆，金狮小区 17#、18#、20#、21#楼，百花山民房区等。隧道地表主要建构筑物如图 6.64 所示。

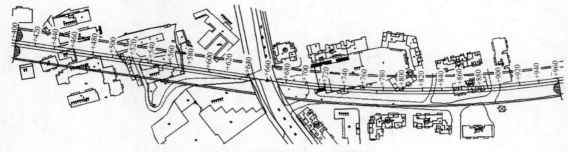

图 6.64　隧道地表主要建构筑物

其中，尤其 K0 + 440 ~ K0 + 490 段和 K0 + 720 ~ K0 + 810 段为浅埋洞段，基岩破碎且有断层通过，工程地质条件较差，最小埋深仅 6.0 m，爆破振动及噪声影响极大。爆破不仅需确保围岩稳定、相邻洞室结构安全，还必须确保隧道上方建筑物安全。

1. 超前支护

1）开挖工作面超前支护

北京东路隧道分不同洞段采用了管棚或超前小导管超前支护措施。

管棚施工范围为 K0 + 530 ~ + 590、K0 + 700 ~ + 820 及进出洞洞口。管棚长 35 m，环向间距为 40 cm，采用外径为 ϕ108、壁厚 6 mm 的热轧无缝钢管，沿隧道周边以 2°外插角设置，两环搭接长度为 6 m，如图 6.65 所示。

管棚工作室的纵向长度设置为 5 m。在工作室端头（即工作面位置）架立 4 榀 I22a 工字钢作为导向架骨架，工字钢纵向用 ϕ22 钢筋连接，钢筋环向间距为 50 cm，如图 6.66 所示。钻孔选用 MGJ-50 型地质钻机。注浆机具采用 CZJ-30 型砂浆挤压泵和水泥砂浆拌和机，注浆压力不小于 2 MPa。注浆前对管口与孔口外侧进行密封处理，管内采用水泥砂浆充填。

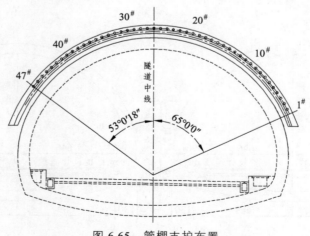

图 6.65　管棚支护布置

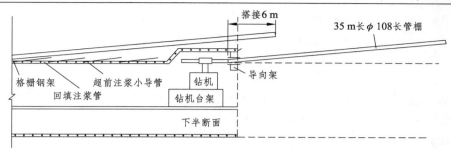

图 6.66　管棚工作室

超前小导管布置在全隧洞段拱顶 120° 范围，一环 55 根，采用 3 m 长 ϕ45 无缝钢管，壁厚 4 mm，在钢管前端 2.5 m 范围内钻 ϕ8 注浆孔，梅花形布置。小导管环向间距为 35 cm，纵向排距为 1 m，搭接长度为 2 m，外插角为 5～7°，如图 6.67 所示。地下水丰富洞段采用水泥-水玻璃双液注浆，水泥：水玻璃为 1：0.5，水玻璃浓度模数为 2.4，波美度为 35；其余洞段采用单液注浆，水泥浆水灰比为 1：1。

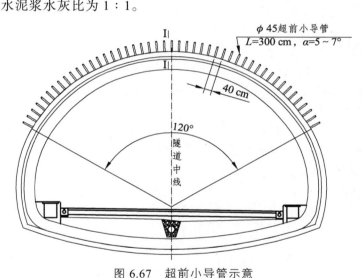

图 6.67　超前小导管示意

2）中隔岩柱超前加固

北京东路隧道中隔岩柱厚仅 4 m，采用预应力水平锚杆进行加固。

预应力水平锚杆施工流程为：测量布孔→机械钻孔→安装中空锚杆、钢垫板及螺母→压注水泥浆→先行洞初张拉→后行洞找出锚杆、安装钢垫板及螺母→张拉至设计拉力→封堵端头保护砂浆。

按设计图纸确定不同里程处中空预应力锚杆安装数量及位置，按设计间距准确放样于中隔岩柱初期支护上，定出孔位。采用 YT28 型钻机水平钻孔，孔轴方向偏差不大于 3°。钻至规定深度后，用高压风清孔。若遇到破碎围岩，改用自进式钻头。锚杆长度宜长于锚杆孔 50 cm。打入 ϕ32 中空注浆锚杆，在靠近孔口端安装止浆塞、钢垫板及螺母，钢垫板上预留注浆排气孔。对拉锚杆采用先灌后二次张拉工艺，锚杆安装前向钻孔内灌注 M20 早强水泥砂浆（要求浇筑 12 h 后抗压强度不小于 20 MPa），插入锚杆，杆体与孔壁间水泥砂浆充填饱满。待孔内水泥砂浆达到设计强度后，施加预应力。对锚杆杆体涂油并用宽 5 cm 塑料袋缠绕包裹，形成张拉自由段。锚杆预应力施加采用扭力扳手上紧螺帽的方法，施工前标定扳手力矩与锚杆拉力关系。后行洞开挖暴露锚杆端部后，拆除预安装的丝扣保护包装，安装钢垫板、上螺母，施加预拉力到 90 ~ 110 kN。

3）地面建构筑物超前加固

北京东路隧道地面建构筑物众多，沉降控制要求极高，必须进行综合预加固处理，提高基础地层的强度和承载力，减少隧道开挖引起的建构筑物沉降。

（1）地表注浆加固。

隧道 K0 + 420 ~ + 500 段及 K0 + 700 ~ + 920 段地表密集分布有金狮小区 2 号楼，贵开路安置房，金狮小区 18 栋、21 栋，金狮幼儿园等房屋，需对房屋基础实施地表注浆加固，以减小隧道开挖引起的地表房屋沉降。

地表注浆采用袖阀管分段注浆法，注浆深度为隧底位置至隧顶开挖轮廓线外 3 m。钻孔孔位按等边三角形布置，间距为 1.5 m × 1.5 m，采用跳孔施工。注浆材料以硫铝酸盐水泥单液浆为主，普通硅酸盐水泥与水玻璃双液浆为辅。材料配合比：硫铝酸盐单液浆水灰比为 0.8：1 ~ 1：1；水泥-水玻璃双液浆水灰比为 0.8：1 ~ 1：1；水泥-水玻璃体积比为 1：1；水玻璃浓度为 33 ~ 38 °Bé。

（2）洞内全断面注浆。

K0 + 500 ~ + 590 段 F_1 断层影响范围及 K0 + 700 ~ + 850 段富水地层，围岩稳定性差，地下水位高，除地面加固外，还需采取洞内全断面超前预注浆，以加强注浆加固效果、控制地表沉降，确保地表建筑物安全。

全断面注浆，根据开挖步骤，先对左线隧道（先行洞）注浆，再对右线隧道（后行洞）注浆，加固范围为开挖工作面及隧道轮廓线外 6 m，钻孔采用意大利 C6 钻机。全断面超前预注浆设计如图 6.68 所示。

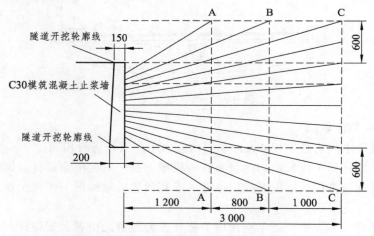

图 6.68 全断面超前预注浆（单位：cm）

全断面注浆参数如表 6.30 所示。根据现场每一注浆段的地质情况，采用前进式分段注浆和后退式分段注浆两种注浆工艺：当钻孔过程成孔困难，孔底浆液难以扩散时，采用后退式注浆工艺，注浆分段长度为 3 ~ 5 m，施工中可根据地质情况进行适当调整以保证注浆效果；当钻孔涌水涌泥较为严重时，为避免泥砂大量流失引起地表沉降，采取前进式分段注浆工艺，钻一段、注一段。

表 6.30　全断面注浆参数

序号	参数	参数值	备注
1	加固范围	工作面及开挖轮廓线外 6 m	
2	浆液扩散半径	1.5 m	
3	注浆终压	0.5～1.5 MPa	
4	注浆孔直径	$\phi 110$	
5	注浆速度	5～110 L/min	
6	终孔间距	2.8 m	
7	注浆方式	前进式、后退式	分段长度为 3～5 m
8	注浆孔数量	249 个	
9	孔口管	$L=2$ m，$\phi 108$，壁厚 5 mm	

注浆材料以水泥-水玻璃双液浆为主，水泥单液浆为辅。浆液配合比参数如表 6.31 所示。

表 6.31　浆液配合比参数

名称	浆液配合比		备注
	$m_W:m_C$（水灰比）	$V_C:V_S$（体积比）	水玻璃 35～45 °Bé；32.5R 以上普通硅酸盐水泥
普通水泥-水玻璃双液浆	（0.8～1）:1	1:（0.3～1）	
普通水泥单液浆	（0.6～1）:1		

4）地下管线保护

北京东路隧道沿线地下管线众多，根据地下管线的类型和风险大小，分别采取不同的保护方式。

对允许一定沉降量的管线，必须控制好施工过程中地层变形，采取以下措施：

（1）施工前详细调查管线，查明管线种类、规格、埋深、材质、接头型式、节长和管线基础等。

（2）加强管线沉降监控，建立不同管线的管理基准值。通过监控量测及时掌握管线变形状况，及时调整施工工艺，做好二次补压浆工作，确保管线沉降变形可控。

（3）加强地面沉降监测，尤其对沉降敏感的管线要单独布点监测，及时分析、评估施工对管线的影响，及时反馈信息指导施工。

对沉降非常敏感、风险非常大的管线如燃气管线及 $\phi 800$ 以上给水管，采用工字钢立柱悬托方式进行保护，其他管线采用密排钢拉杆系统悬托方式进行保护。给水管及燃气管悬托如图 6.69 所示。

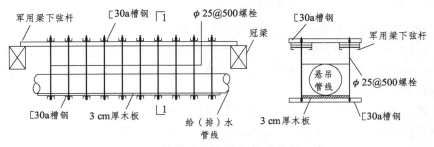

图 6.69　给排水管和燃气管线悬托示意

电力电信类管线悬吊如图 6.70 所示。

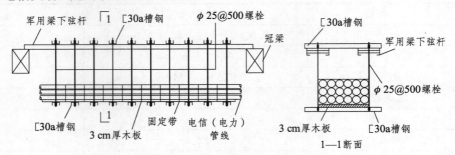

图 6.70　电力电信类管线悬吊示意

2. 开挖和支护

结合隧道围岩条件和周边建筑沉降要求，1 号隧道 K0 + 260 ~ + 520 段和 0 号隧道 K1 + 120 ~ + 300 段开挖洞身以岩质为主，采用高精度数码电子雷管微振动控制爆破，留核心土台阶法环形开挖施工；1 号隧道 K0 + 520 ~ + 960 段及 0 号隧道进出口段开挖洞身以土质为主，采用六步 CRD 法人工开挖。

先行洞、后行洞的开挖工作面相距 30 m 以上，同一里程位置，先行洞施作完二次衬砌后才能开挖后行洞。严格控制步距，下部初期支护及仰拱及时封闭成环，二次衬砌及时跟进，采用短台车（4.5 m）进行衬砌。下台阶开挖面滞后上台阶 5 ~ 15 m，仰拱滞后下台阶开挖面 10 ~ 15 m，衬砌滞后仰拱 10 ~ 15 m。监控量测数据显示异常时，可采取先拱后墙法及时施工二次衬砌，确保施工安全。

1）开　挖

岩质洞段采用留核心土台阶法环形开挖施工，先施工左洞（先行洞），再施工右洞（后行洞），如图 6.71 所示。

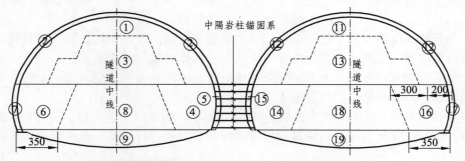

图 6.71　北京东路隧道留核心土台阶法环形开挖示意（单位：cm）

如图所示，先行洞施工工序如下：① 上台阶留核心土环形开挖→② 上台阶支护→③ 上台阶核心土开挖→④ 下台阶内侧开挖→⑤ 下台阶内侧支护→⑥ 下台阶外侧开挖→⑦ 下台阶外侧支护→⑧ 下台阶核心土开挖→⑨ 仰拱施工→⑩ 施作二次衬砌。后行洞施工工序同先行洞，不再赘述。

开挖爆破采用斜眼掏槽，光面微差起爆，采用高精度数码电子雷管微振动控制爆破，最大限度控制单段装药量，将地震波振速控制在规定范围内（详后）。

土质洞段和进出洞段采用 CRD 法开挖，施工工序详见图 6.72。

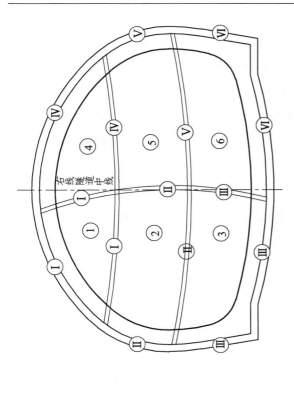

说 明：
右洞工序同左洞。

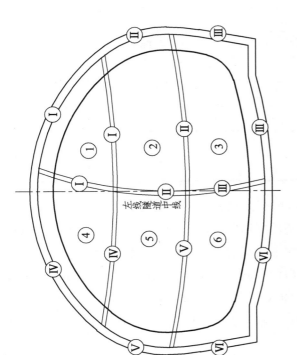

说明：
(1) 左洞第①步开挖。
(2) 左洞第①步支护，临时仰拱滞后初期支护 2.5~4 m。
(3) 左洞第②步开挖，与第①步纵向间距为 4-6 m。
(4) 左洞第②步支护，临时仰拱滞后初期支护 2.5~4 m。
(5) 左洞第③步开挖，与第②步纵向间距为 4-6 m。
(6) 左洞第③步支护，仰拱滞后边墙支护 2.5~4 m。
(7) 左洞第④步开挖，与第③步纵向间距为 4-6 m。
(8) 左洞第④步支护，临时仰拱滞后初期支护 2.5~4 m。
(9) 左洞第⑤步开挖，与第④步纵向间距为 4-6 m。
(10) 左洞第⑤步支护，临时仰拱滞后初期支护 2.5~4 m。
(11) 左洞第⑥步开挖，与第⑤步纵向间距为 4-6 m。
(12) 左洞第⑥步支护，仰拱滞后边墙支护 2.5~4 m。
(13) 左洞施作混凝土垫层，二次衬砌施作。
(14) 左洞仰拱施作混凝土防水层，二次衬砌施作。

图 6.72　北京东路隧道 CRD 法施工示意

采用 CRD 法施工时，各台阶纵向间距为 4~6 m，每一步开挖均预留核心土以提高开挖工作面的稳定性，仰拱紧跟开挖面。如遇个别孤石，采用液压破裂设备分解孤石。如图 6.73 所示，在待破裂孤石上钻孔，将分裂机的楔块组插入孔中，中间楔块通过液压作用在两个反向楔块之间向前运动，将待破裂孤石按预定方向裂开。

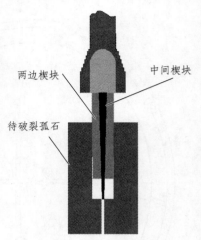

图 6.73　液压破裂示意

2）初期支护

基于北京东路隧道地质条件和周边环境条件，支护参数如表 6.32 所示。

表 6.32　隧道衬砌支护参数

衬砌类型 支护措施			复合式衬砌支护参数	
			1 号隧道	0 号隧道
初期支护	喷混凝土厚度/cm		33	28
	锚杆	长度/m	4.5	4.5
		间距/cm	80×50	80×50
	钢筋网（$\phi 8$）/cm		@20×20	@20×20
	钢拱架		0.5 m 间距，I25a 工钢	0.5 m 间距，I22a 工钢
	预留变形量/cm		18	15
	超前小导管	范围	拱顶 124°	拱顶 124°
		环向间距/cm	35	35
		长度/m	3	4.5
二次衬砌厚度/cm			80	70

初期支护外侧边墙打设 5 根 8 m 长 $\phi 32$ 中空注浆锚杆，呈梅花形布置，布设间距为 80 cm×50 cm；拱部范围打设 4.5 m 长 $\phi 32$ 中空注浆锚杆，呈梅花形布置，布设间距为 80 cm×50 cm；拱部与边墙连接段范围采用 $\phi 45$ 注浆钢花管作为系统锚杆，加固中隔岩柱；两洞内侧边墙采用 4.5 m 长 $\phi 32$ 预应力中空注浆锚杆，呈梅花形布置，布设间距为 80 cm×50 cm；中空注浆锚杆垂直打入中隔岩柱，尾端支撑于钢架上，注浆压力根据设计参数和注浆机性能确定，水灰比为 0.45~0.5。喷射混凝土采用钢纤维喷射混凝土，设计厚度为 30~33 cm，设计强度等级为 C25，钢纤维掺量为 50 kg/m³。

隧道支护断面如图 6.74 和图 6.75 所示。

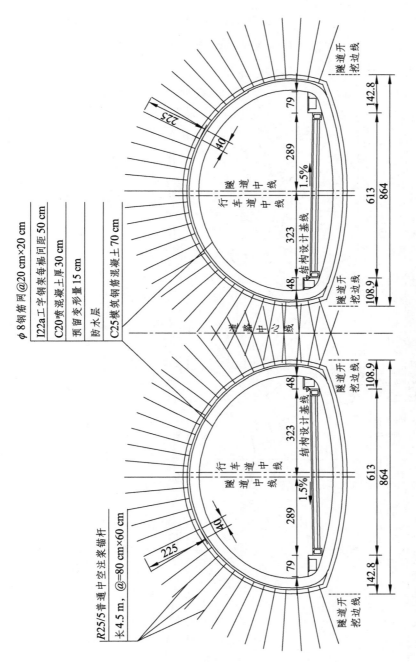

图 6.74 Vₐ 型衬砌断面（单位：cm）

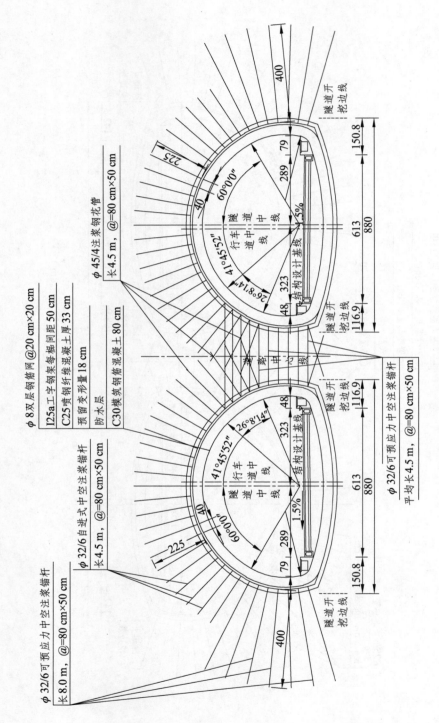

φ8双层钢筋网 @20 cm×20 cm
I25a工字钢架每榀间距 50 cm
C25喷钢纤维混凝土厚 33 cm
预留变形量 18 cm
防水层
C30模筑钢筋混凝土 80 cm

φ45/4注浆钢花管
长4.5 m, @=80 cm×50 cm

φ32/6自进式中空注浆锚杆
长4.5 m, @=80 cm×50 cm

φ32/6可预应力中空注浆锚杆
平均长4.5 m, @=80 cm×50 cm

φ32/6可预应力中空注浆锚杆
长8.0 m, @=80 cm×50 cm

图 6.75 V型衬砌断面（单位：cm）

3. 施工爆破

1）爆破减振措施

为了确保地面建筑物的安全，岩质洞段采用微振动控制爆破开挖，严格控制爆破振动对地表建筑物的影响。

采取分台阶、分部、分层、分次进行爆破的方法，利用台阶先行开挖，形成多临空面以减轻振动效应。隧道掘进，往往在掏槽和底板部位爆破时，引起的振动强度最大。因此，掏槽孔尽量布置在开挖断面的下部，距离拱顶越低越好。各分部断面分别掘进，上部断面先行掘进，为下部爆破创造较好的临空面，形成减振空间，这种分部、分台阶施工的方法，对于降低振动强度、确保施工安全效果明显。

优化爆破设计，确定合理的循环进尺、爆破参数以及掏槽型式，通过采用高精度数码电子雷管延期分段逐孔起爆、严格控制单段单孔药量、增加临空面等综合减振、降振措施，将振速控制在 2.5 cm/s 以内。

设置爆破试验段，采用振动信号自动记录仪监测爆破振动，掌握合理的爆破参数，优化爆破方案。正式爆破时，监测爆破振速，分析爆破振动强度、振动波的特征和变化情况，及时调整、优化爆破参数，确保地面建筑物振速可控。

针对本工程极高的爆破振动控制要求，综合采用了如下降振技术措施：

（1）采用减振掏槽方式。

掏槽爆破有两个特点：一是岩石的夹制作用大；二是岩石的单位耗药量高，这也是掏槽爆破产生爆破振动过大的主要因素。控制掏槽爆破的爆破公害，重点在于控制这两个因素。采用合理的掏槽方式，优化掏槽参数，采取夹角较小、最小抵抗线较小、无夹制的楔形掏槽型式，先爆炮孔为后爆炮孔增加临空面，从而减轻爆破振动效应，确保建筑物的安全。

（2）微差毫秒延时爆破技术。

由于断面炮孔布置较多，振速控制要求严格，各炮孔起爆延期时间以毫秒时间间隔严格控制，按一定顺序先后起爆。采用较小时间间隔微差爆破具有明显的降振效果，合理设计爆破时差和起爆段数，可有效避免各段地震波叠加。

对于本工程，采用微差起爆技术严格控制单段（孔）药量，最大限度减振，保证建筑物安全。为避免爆破地震波叠加，掏槽孔各段微差时间控制在 5 ms，其他炮孔各段微差时间控制在 8 ms。通过这种时差设计，对不同起爆孔爆破地震波进行削峰干扰，波峰波谷相互抵消，不产生叠加。

（3）光面爆破。

隧道轮廓实施光面爆破，不仅有利于围岩稳定，避免超、欠挖，也具有减振作用。为充分发挥炸药的最大效率，减小对围岩的破坏，采用低爆速炸药（爆速 2 000 m/s）、小直径药卷（直径 20 mm 或 25 mm 的光面爆破专用药卷）装药，周边孔采用不耦合装药结构、导爆索药串引爆，可实现良好的光面爆破效果。

（4）布设减振干扰孔。

利用自然断层和人造裂缝减少爆破对地表建筑物的影响。

本工程在隧道拱顶轮廓部位布置密集空孔,每两个周边孔之间增加一个减振干扰的空孔,一方面,可减弱、阻止应力波传播,使应力波的能量在孔中得到转换和释放,从而降低其能量传播;另一方面,对于继续传播的应力波,由于减振干扰空孔的存在,岩石中的应力波阵面出现断点,波形发生畸变,改变其传播频率,分散主要频段的能量,有利于降低爆破地震效应,取得较好的减振效果。

（5）爆破地震波的延时干扰减振。

通过试爆,精确确定相应地质条件下的爆破地震波主波频率。爆破设计时,将各炮孔延时安排在一定时差内,实现爆破时地震波在相位上倒相,主振波峰波谷叠加,相互干扰抵消,使前爆孔与后爆孔实现孔间干扰减振,达到减振效果。

采用高精度数码电子雷管是实现准确起爆的重要保证。本工程采用先进的高精度数码电子雷管,进行地震波的干扰减振,效果明显。

2）爆破方案

针对本工程地质条件和地表建构筑物环境条件,综合采用理论计算法、工程类比法与现场试爆相结合,确定爆破参数,确保爆破振速符合要求,提高隧道开挖成型质量和施工进度。

根据环境条件,采用微进尺分部开挖,将每次爆破的循环进尺控制在 0.5 m 左右,严格控制爆破规模,以达到控制质点振速的目的。

以地面及周围建筑物基础底部（或地面）至爆源中心的距离 R 为安全控制半径,采用萨氏公式估算每次爆破单段（孔）装药量,质点振动速度限值取 2.5 cm/s 作为控制标准,反算各部位炮孔允许单孔装药量。

掏槽孔位尽量布置在分部爆破断面的下部,以加大掏槽区爆源至地表的距离,减小掏槽爆破对建筑物的影响和破坏。开挖断面周边轮廓采用光面爆破,每两个周边孔间设置 1～2 个空孔,既控制超欠挖起到光面爆破效果,又能有效减振。炮孔按浅密原则布置,控制单孔装药量,使有限的装药量均匀分布在待爆破岩体中。采用高精度数码电子雷管进行微差爆破,将每段延时时差控制在 5～8 ms,掏槽孔为 5 ms,其他孔为 8 ms,既可达到爆破效果,又可起到干扰降振的作用,最大限度减小爆破振动强度。

炮孔深度根据爆破部位不同进行调整,一般为 0.7～1.9 m;炮孔直径为 42 mm;每次开挖面积为 10～37 m²;单位面积钻孔数为 2.5～1.5 个（未包括光面爆破炮孔）。

周边孔布置采用经验公式和工程类比法确定:炮孔间距 $E=（8～12）d$（d 为炮孔直径）,取炮孔直径为 42 mm;抵抗线:$W=（1.0～1.5）E$。设计为隔孔装药,保留空孔作为减振孔。

爆破参数详见图 6.76 和表 6.33。

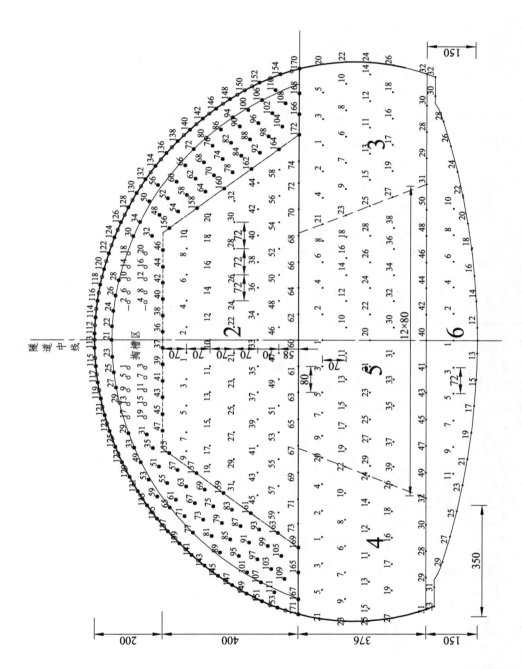

图 6.76　台阶法留核心土环形开挖炮孔布置（单位：cm）

表 6.33　爆破参数

部位		孔位	孔距/cm	孔深/cm	孔数/cm	单孔药量/g	备注
主洞	上台阶	掏槽孔	30～40	74～119	20×2	110	逐孔起爆
		辅助孔	50	70	85×2	75	
		周边孔	50	70	45×2	30×3	
		底板孔	50	70	22×2	150	
	中台阶	掘进孔	80	100	59×2	150	
		底板孔	60	100	15×2	300	
	下台阶侧壁	掘进孔	80	100	19×4	300	
		周边孔	50	100	10×4	30×3	
		底板孔	70	100	3×4	450	
	仰拱	二抬炮孔	80	100	11×2	300	
		底板孔	60	100	22×2	450	

采用改进型铵油炸药和乳化炸药，周边孔采用 $\phi25$ 小药卷，其他炮孔采用 $\phi32$ 标准药卷。类似工程地质的装药集中度： $q = 0.1～0.15$ kg/m。由于本设计炮孔间距为 25 cm，且为隔孔装药，故装药集中度取最小值 $q = 0.1$ kg/m。

掏槽孔布置主要应用于上部台阶开挖，采用单层复式楔形掏槽，详见图 6.77。

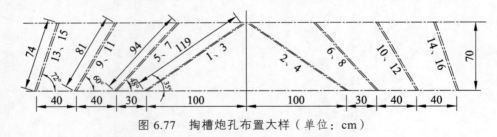

图 6.77　掏槽炮孔布置大样（单位：cm）

周边孔装药参数已确定，其他孔的装药量按公式（6.19）计算：

$$q = q_0 \times a \times W \times l \times \lambda \tag{6.19}$$

式中：q——单孔装药量（kg）；

　　　q_0——炸药单耗（kg/m³）；

　　　a——炮孔间距（m）；

　　　W——炮孔爆破方向的抵抗线（m）；

　　　l——炮孔深度（m）；

　　　λ——炮孔部位系数（参照表 6.34 选取）。

表 6.34　中硬岩隧道炮孔部位系数

炮孔部位	掏槽炮孔	扩槽炮孔	掘进槽下	掘进槽侧	掘进槽上	内圈炮孔	二抬炮孔	底板炮孔
λ 值	1.5 ~ 2	1.0 ~ 1.2	1.0 ~ 1.2	1.0	0.8 ~ 1.0	0.5 ~ 0.8	1.2 ~ 1.5	1.5 ~ 2.0

炮孔堵塞长度不小于 20 cm，堵塞材料采用炮泥（砂：黏土：水 = 3：1：1，质量比）。要求堵塞密实，不能有空隙或间断。

掏槽孔和底板孔采用反向起爆，周边孔采用间断不耦合装药形式。采用导爆索单孔加工药串传爆。

3）爆破振速测试

为了严格控制爆破振动，每次爆破必须对影响范围内建筑物进行振动测试，以准确地掌握有关参数，优化参数设计。对一般砖房的爆破安全允许振速按 2.5 cm/s（爆破振动频率为 50 ~ 100Hz）控制；对框架结构建筑物的爆破安全允许振速按 3.0 cm/s（50 ~ 100Hz）控制，详见表 6.35。

表 6.35　开挖爆破控制振速

里程	爆源与建筑物基础距离/m	控制振动速度/（cm/s）	允许最大起爆装药量/kg	开挖控制循环进尺/m	地面建筑物结构
K0 + 440 ~ + 490	7	2.5	0.113	0.5	砖混
K0 + 490 ~ + 510	7	2.5	0.113	0.5	砖混
K0 + 510 ~ + 570	10	2.5	0.329	0.5	砖混
K0 + 570 ~ + 810	6	2.5	0.075	0.5	砖混
K0 + 670 ~ + 760	8.0 ~ 13	2.5	0.169	0.5	砖混
K0 + 760 ~ + 920	9.0 ~ 21.5	2.5	0.240	0.5	砖混

振速测试，测点分别布置在距离爆区较近的地面基岩、居民楼附近以及房角的连线上，离爆区 5 ~ 20 m 内，共布置 34 个测点，每个测点采用 2 个速度传感器分别测竖向和水平向振速，具体布置如图 6.78 和图 6.79 所示。

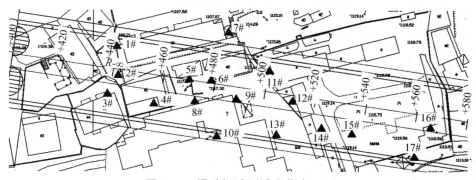

图 6.78　爆破振动测试点位布置一

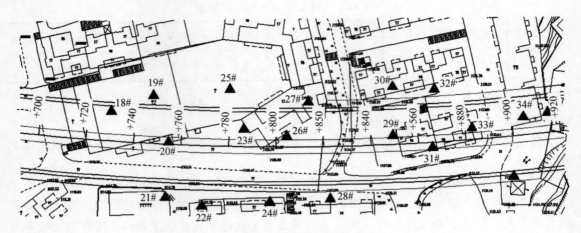

图 6.79　爆破振动测试点位布置二

在房屋结构振动速度响应信号的频谱分析中，主要应考虑房屋振动响应速度的水平和垂直分量。在同等强度下，水平荷载对房屋建筑结构物产生的剪切破坏作用比竖向荷载强，因而在爆破振动监测时加强对振动水平向分量的监测。其中，贵开安置房、贵乌变电站、金狮小区的监测结果详见图 6.80 ~ 图 6.82。

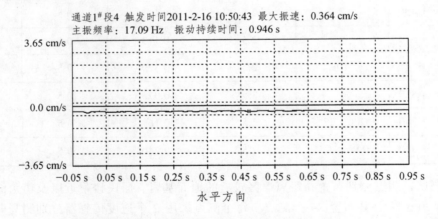

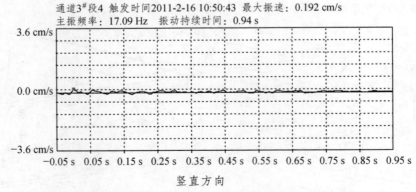

图 6.80　贵开安置房水平和竖直方向爆破实测波形曲线

通道1#段7　触发时间2011-2-26 15:18:25　最大振速：0.35 cm/s
主振频率：19.531 Hz　振动持续时间：0.474 s

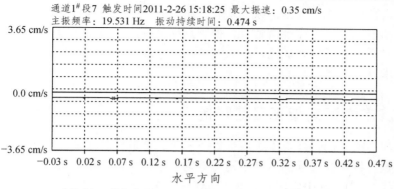

水平方向

通道3#段7　触发时间2011-2-26 15:18:25　最大振速：0.202 cm/s
主振频率：19.531 Hz　振动持续时间：0.474 s

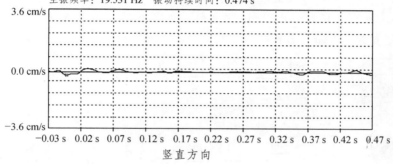

竖直方向

图 6.81　贵乌变电站水平和竖直方向爆破实测波形曲线

通道1#段1　触发时间2011-3-15 12:28:37　最大振速：1.025 cm/s
主振频率：70.801 Hz　振动持续时间：0.473 s

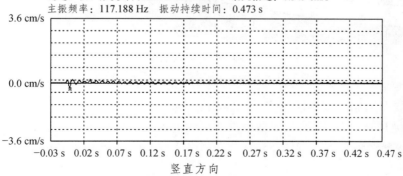

水平方向

通道3#段1　触发时间2011-3-15 12:28:37　最大振速：0.349 cm/s
主振频率：117.188 Hz　振动持续时间：0.473 s

竖直方向

图 6.82　金狮小区水平和竖直方向爆破实测波形曲线

通过爆破监控波形曲线可见，综合采取了数码电子雷管精确延期、增加临空面、严控单段单孔药量、布设减振孔等综合措施后，控制点爆破振速一般不超过 1.2 cm/s，远低于同药量常规毫秒延时雷管分析值和规范设计值 2.5 cm/s，确保了地表建筑物的安全，表明平峰精细控制爆破技术是有效和可行的。

6.3.3 济南顺河高架玉函路隧道

济南市顺河高架玉函路隧道位于城市核心区域，全洞段处于城市主干道玉函路正下方，隧道边墙外有数百栋年代久远的砖砌结构建筑物，最近的建筑距离隧道开挖边线 3.45 m；隧顶各种地下管线 26 条，其中雨污水、给水、煤气、热电等管线多为主管线，电力管（沟）线为高压缆线。进口端洞顶埋深最浅，距路面 3.99 m，其附近横跨电力管沟，隧顶距管沟底最小 0.4 m，距污水管沟底最小 0.79 m，隧道线路如图 6.83 所示，除进出口外，另设 4 座斜井和两座竖井。为确保道路交通和周边环境安全，全洞段采用悬臂掘进机开挖。

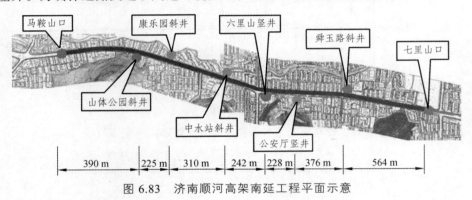

图 6.83　济南顺河高架南延工程平面示意

以康乐园斜井及正洞段施工为例，该处（YK1 + 700 ~ YK1 + 375.65）地质断面如图 6.84 所示。拱顶覆土 7 ~ 10.5 m，大部分为杂填土，下伏中风化石灰岩，岩溶发育，施工风险极大。

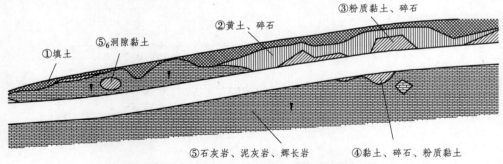

图 6.84　康乐园斜井施工正洞范围地质断面

康乐园斜井明暗挖渐变段长度为 5.785 m，横通道长度为 24.125 m，覆土厚度为 8.62 m；渐变段和横通道初支均采用 I22b 型钢拱架 + 喷射混凝土进行支护，渐变段和横通道二次衬砌厚 55 cm，横通道二次衬砌厚 55 cm，局部厚 100 cm；斜井进正洞横通道结构，如图 6.85 所示。

正洞为 V_b 标准段设计，如图 6.86 所示。

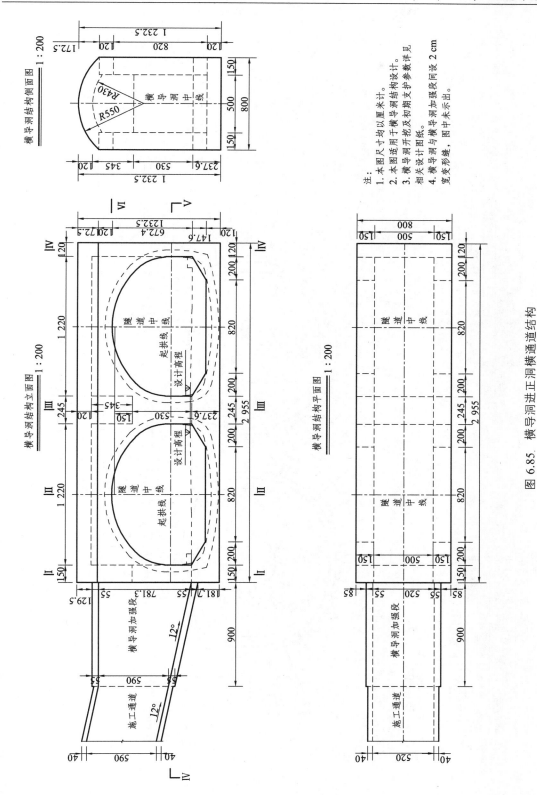

图 6.85　横导洞进正洞横通道结构

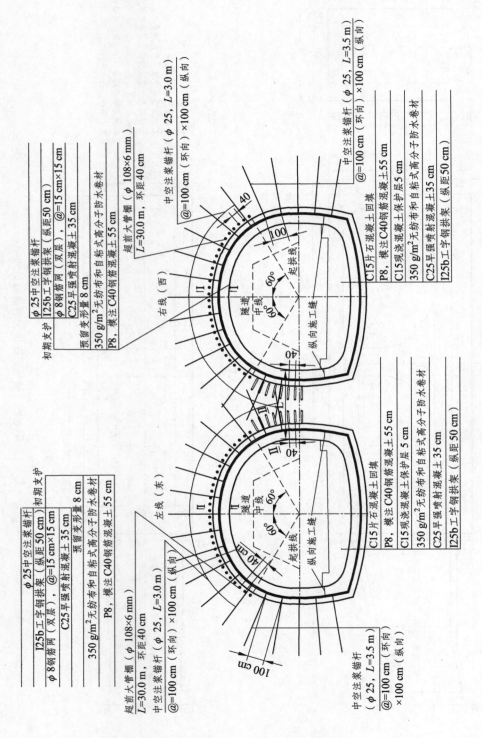

图6.86 正洞V_b型衬砌设计

初期支护（右线）

φ25中空注浆锚杆（纵距50 cm）
I25b工字钢拱架（双层），@=15 cm×15 cm
φ8钢筋网（双层），@=15 cm×15 cm
C25早强喷射混凝土35 cm
预留变形量8 cm
350 g/m²无纺布和自粘式高分子防水卷材
P8，模注C40钢筋混凝土55 cm

超前大管棚（φ108×6 mm）
L=30.0 m，环距40 cm

中空注浆锚杆（φ25，L=3.0 m）

中空注浆锚杆（φ25，L=3.5 m）
@=100 cm（环向）×100 cm（纵向）

@=100 cm（环向）×100 cm（纵向）

C15片石混凝土回填
P8，模注C40钢筋混凝土55 cm
C15现浇混凝土保护层5 cm
350 g/m²无纺布和自粘式高分子防水卷材
C25早强喷射混凝土35 cm
I25b工字钢拱架（纵距50 cm）

初期支护（左线）

φ25中空注浆锚杆（纵距50 cm）
I25b工字钢拱架（双层），@=15 cm×15 cm
φ8钢筋网（双层），@=15 cm×15 cm
C25早强喷射混凝土35 cm
预留变形量8 cm
350 g/m²无纺布和自粘式高分子防水卷材
P8，模注C40钢筋混凝土55 cm

超前大管棚（φ108×6 mm）
L=30.0 m，环距40 cm

中空注浆锚杆（φ25，L=3.0 m）
@=100 cm（环向）×100 cm（纵向）

中空注浆锚杆（φ25，L=3.5 m）
@=100 cm（环向）×100 cm（纵向）

C15片石混凝土回填
P8，模注C40钢筋混凝土55 cm
C15现浇混凝土保护层5 cm
350 g/m²无纺布和自粘式高分子防水卷材
C25早强喷射混凝土35 cm
I25b工字钢拱架（纵距50 cm）

1. 总体施工方案

在采取强大的预加固处理后，康乐园斜井渐变段、横通道及正洞均采用台阶法施工，悬臂掘进机开挖。开挖后及时封闭开挖面，施作初期支护。

横通道进入正洞，原施工方案为横导洞开挖支护及正洞洞口加固完成后，施工横导洞二次衬砌，最后进入正洞施工，各工序间不能平行作业，只能单工序作业，工期较长。玉函路隧道工期特别紧张，为保证其顺利开通，需在横导洞施作二次衬砌前开挖正洞，故采取"以二次初支代替二次衬砌结构"的施工方案，二次初支作业紧跟初期支护作业，以实现横通道开挖支护、正洞洞口加固和二次初支平行流水作业，缩短横导洞施工时间，提前进入正洞施工。

玉函路隧道掘进选用 XT6/260 型悬臂掘进机和 EBZ260 型掘进机，两者参数见表 6.36 和表 6.37。

表 6.36　XT6/260 型悬臂掘进机参数

适应最大截割断面范围/m²	37
体积（长×宽×高）/m	14×3.6×2.61
截割硬度/MPa	≤100
最大切割范围（高×宽）/m	5.2×6.0
卧底深度/mm	500
适应纵向工作坡度/(°)	≤18
行走速度/(m/min)	7
切割电机功率/kW	260
水系统水量/(L/min)	≥30
内外喷雾水压/MPa	1~2.5
过渣能力/(m³/min)	5.5
运输机供电电压（10 kV 转）/V	1 140

表 6.37　EBZ260 型悬臂掘进机参数

适应最大截割断面范围/m²	25
体积（长×宽×高）/m	11.7×3.6×2.0
截割硬度/MPa	≤100
最大切割范围（高×宽）/m	4.46×5.67
卧底深度/mm	270
适应纵向工作坡度/(°)	≤18
行走速度/(m/min)	6
切割电机功率/kW	260
水系统水量/(L/min)	≥30
内外喷雾水压/MPa	1~2.5
过渣能力/(m³/min)	5.5
运输机供电电压（10 kV 转）/V	1 140

2. 正洞开挖

正洞按上下台阶法开挖，上台阶高度为 4.648 m，下台阶及仰拱高度为 4.452 m。上台阶掘进完成后，架立钢拱架并喷射混凝土支护，同时掘进下台阶及仰拱；施作下台阶及仰拱初期支护时，掘进上台阶。上下台阶循环施工，加快进度，如图 6.87 所示。

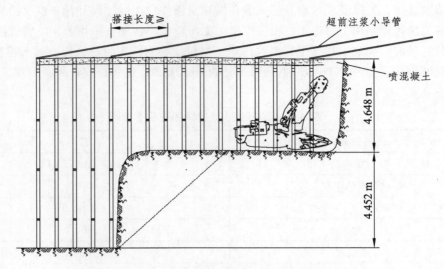

图 6.87 悬臂掘进机施工台阶示意

测量放线后，采用激光定位仪确定掘进轮廓线，利用截割头上下、左右移动截割，可截割出初步断面形状，再进行二次修整。根据工程地质围岩情况，本工程悬臂掘进机有如下三种切削顺序，如图 6.88 所示。

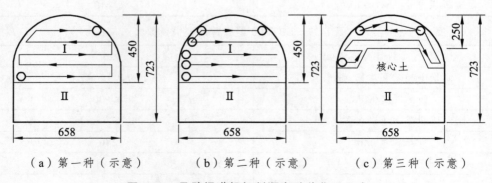

（a）第一种（示意）　　（b）第二种（示意）　　（c）第三种（示意）

图 6.88 悬臂掘进机切削顺序（单位：cm）

第一种切削顺序针对较软岩石截割，采用左右向上的截割方式，有利于减小截齿磨损，同时便于操作司机观察开挖工作面。

第二种切削顺序针对较硬岩石截割，采用由下而上左右截割的方式，减少截割头向上和向下的次数，避免截割时机体不稳。遇到硬岩不强行截割，应在重载情况下，通过慢速给进、降低截割荷载来切断硬岩、减少停机。遇到局部硬岩时，首先截割其周围部分，使其坠落。对大块坠落体，采用适当的方法处理后再行装载。

第三种切削顺序适应于松软围岩截割。这种切削方式采用循环截割，可留取核心土以保持开挖工作面稳定性；同时，对截齿磨损小，对掘进机输出功率要求较低。

3. 横通道开挖

横通道开挖采用"以二次初支代替二次衬砌结构"的施工方案：对横导洞拱顶区域围岩打设超前管棚及地面打设小导管注浆加固；横导洞上台阶架立型钢拱架后喷射混凝土先行封闭；在横导洞拱顶施工型钢拱架（套拱）+H 型钢拱架进行加强，套拱型钢拱架和 H 型钢通过高强螺栓连接，H 型钢随横导洞上、中、下台阶开挖分层落底，型钢拱架架立、连接完成后喷射混凝土，确保正洞开挖前横导洞封闭成环。在正洞拱顶、中部（中隔岩柱段、端墙侧）、仰拱处架设 H 型钢对撑，起到临时二次衬砌作用；正洞开挖前对洞身范围全断面打设玻纤锚杆注浆加固，以控制横导洞及正洞沉降变形，确保正洞开挖受力体系转换安全。

横通道分为 3 个台阶开挖，上台阶高度为 4.882 m，中台阶为 3 m，下台阶为 3.694 m，开挖后立即支护；横通道初期支护内采用贝雷架内支撑加固，喷混凝土封闭。正洞开洞采取对角开洞的方式，向北右洞先行，向南左洞先行；采用上下台阶法施工，上台阶高度为 4.648 m，下台阶及仰拱高度为 4.452 m，下台阶滞后上台阶高度为 5~15 m，开挖后立即支护，仰拱紧跟。

横通道及正洞开挖施工顺序如下：

（1）横通道上台阶初期支护加固、端墙加固、上台阶贝雷架施工、正洞管棚上部工字钢焊接成环，如图 6.89~图 6.91 所示。

（2）横通道中台阶开挖，施工横通道初期支护和正洞剩余管棚，根据监控量测数据，施工横通道第一道横撑。施工中台阶贝雷架，安装贝雷架支撑（横撑）、斜撑等，如图 6.92 所示。

（3）主洞洞身破除（马头门开挖），施工主洞初期支护及临时仰拱（在主洞起拱线位置设置 I22b 工字钢临时仰拱），先行洞临时仰拱设置范围为进正洞 15 m 范围，后行洞临时仰拱设置范围为进正洞 5 m 范围，后行洞上台阶进洞 5 m 并在临时仰拱施工完毕后停止施工，待先行洞初期支护仰拱成环后再行开挖。开洞门采取逐个开洞的方式进行，先开后行洞，再开先行洞。开洞采取对角开洞，康乐园斜井开洞顺序为右线往北，左线往南，如图 6.93 和图 6.94 所示。

（4）开挖横通道下台阶，施工下台阶贝雷架，包括贝雷架支撑（横撑和竖撑）、地梁等，如图 6.95 所示。

（5）回填，开挖正洞上台阶大于 15 m 后，开挖正洞下台阶，拆除临时仰拱，待主洞初期支护成环后方可拆除，如图 6.96 所示。

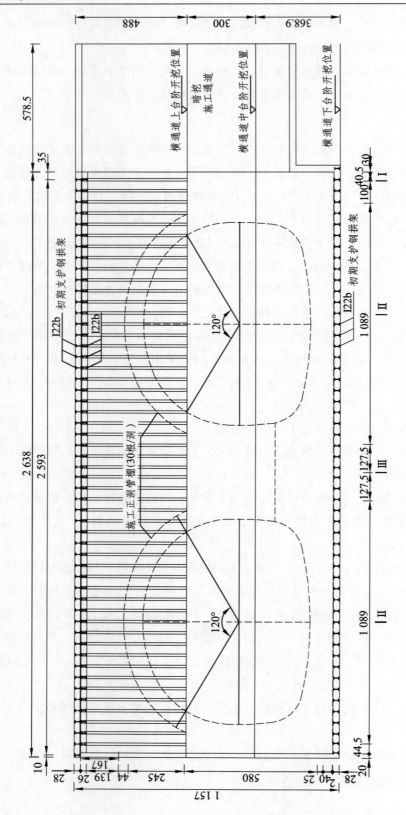

图 6.89　横通道上台阶初期支护施作及管棚管棚施工（单位：cm）

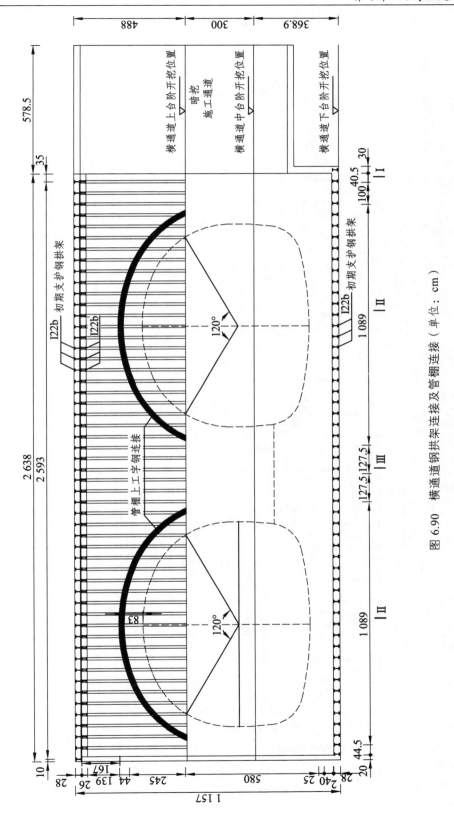

图 6.90　横通道钢拱架连接及管棚连接（单位：cm）

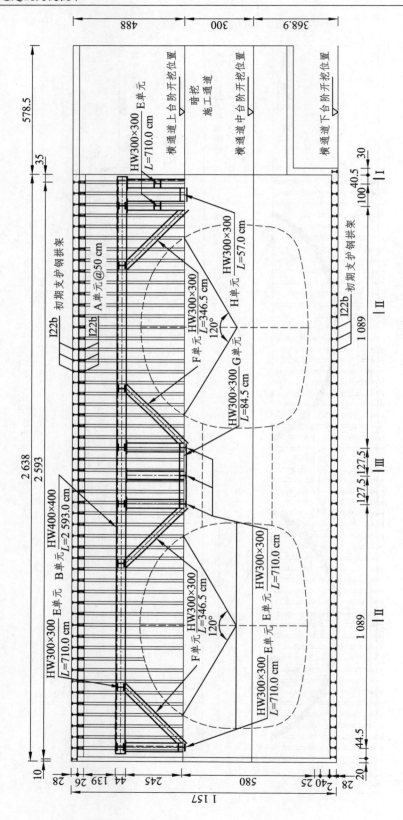

图 6.91　横通道上台阶贝雷架施工（单位：cm）

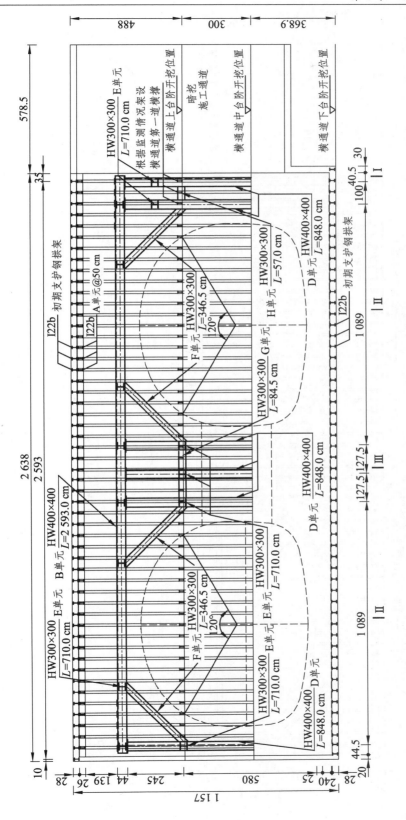

图 6.92　横通道中台阶开挖及贝雷架施工（单位：cm）

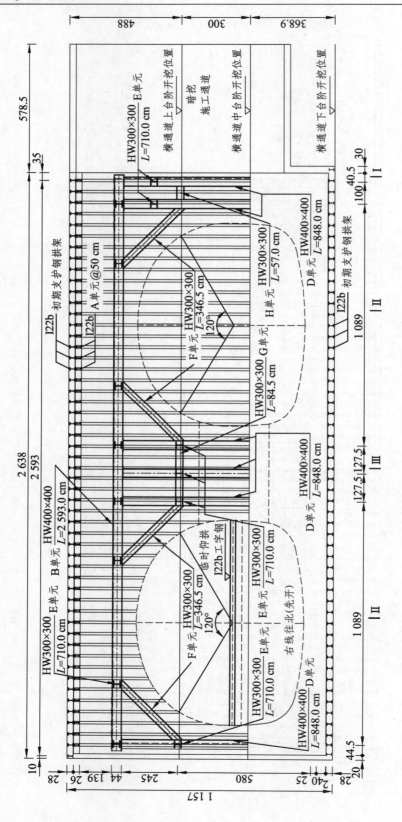

图 6.93　右线破除洞门（单位：cm）

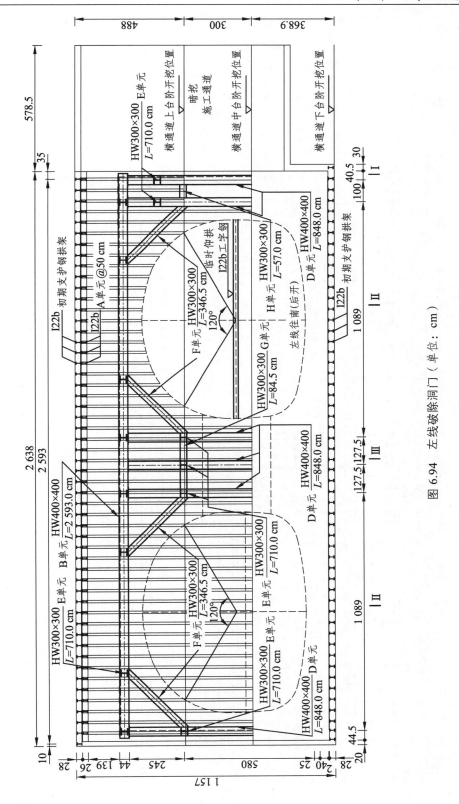

图 6.94　左线破除洞门（单位：cm）

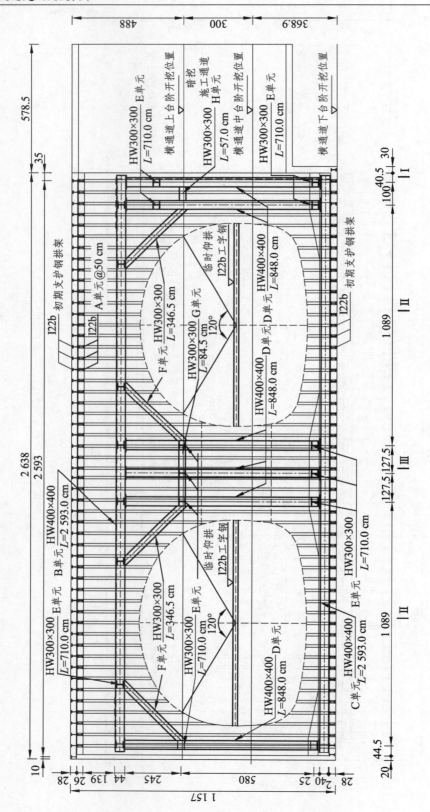

图 6.95 下台阶贝雷架施工（单位：cm）

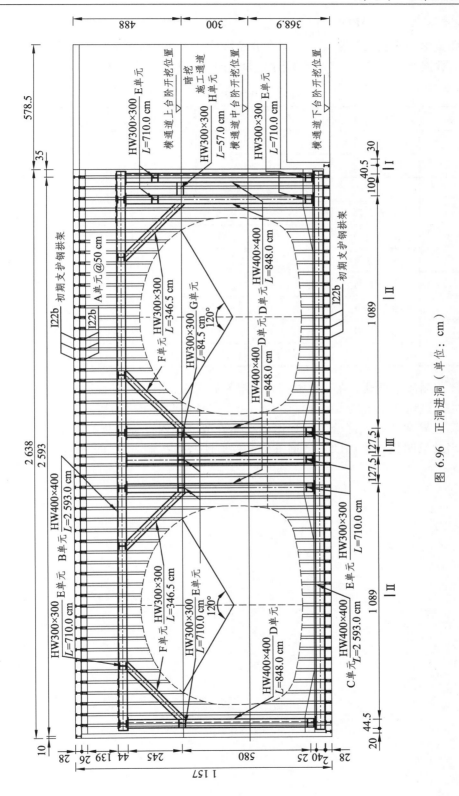

图 6.96　正洞进洞（单位：cm）

4. 沉降监测

玉函路隧道地表交通流量大、两侧老旧建筑林立，开挖过程沉降控制要求极高，必须根据监控量测数据及时调整施工工艺和步序。康乐园斜井及正洞段施工监测数据如表 6.38 所示。

表 6.38　监测统计

监测位置	监测项目	最大变化速率/（mm/d）	最大累计变化量/mm	评　价
地表	地表沉降	1.77	68.27	康乐园南向左侧因拱顶为黏土和杂填土地层，地表沉降相对较大，其他位置基本稳定
地表	建筑物沉降	0.13	3.84	
北向左洞	水平收敛	0.2	5.0	
北向左洞	拱顶沉降	0.2	6.7	
南向左洞	水平收敛	0.3	4.2	
南向左洞	拱顶沉降	1.9	32.5	
北向右洞	水平收敛	0.2	4.7	
北向右洞	拱顶沉降	0.3	4.9	
南向右洞	水平收敛	0.4	3.6	
南向右洞	拱顶沉降	0.2	9.0	

由沉降监测数据可见，在采取强有力的超前加固后，采用悬臂掘进机开挖，围岩变形总体可控，尤其是地面建筑最大沉降仅 3.84 mm，完全在允许沉降值以内。拱顶沉降和水平收敛除局部测点异常外，大部分测量数据均在允许范围之内，各项指标处于可控状态，说明了超前加固效果明显，采用的悬臂掘进机开挖方法有效控制了地表沉降和开挖对周边建筑的影响。

第 7 章　小净距隧道施工监测及沉降预测技术

隧道工程修建过程，由于地质条件的复杂性以及围岩与支护体系相互作用的复杂性，理论分析存在较大困难。在施工过程中进行监控量测，及时获取围岩变化和支护受力的动态信息，用以修正支护参数、完善施工措施，这是极有必要的：

（1）通过监控量测，把现场实测结果反馈到设计和施工中，弥补理论分析的不足，并通过监测数据与理论预测指标比较，了解设计是否合理、施工是否实现设计意图。

（2）通过监控量测，了解施工各阶段围岩与支护结构的力学行为动态变化，明确隧道工程施工对围岩的影响程度以及可能产生失稳的薄弱环节，把握施工过程结构是否安全，是否需采取相应的施工技术措施，如改变施工方法、选择适合的辅助工法、修正支护参数、确定二次衬砌施作时机等。

（3）通过监控量测，对工程施工可能产生的环境影响进行全面监控，判断隧道施工对周围环境（建构筑物、地下管线）的影响程度，避免出现环境安全事故。

及时监控量测、及时反馈、及时修正，正是隧道工程施工管理的核心。

7.1　施工监控量测项目与方法

隧道监控量测内容可分为沉降位移变形、围岩及结构内力、爆破振动、浅埋洞段环境等几个主要方面，小净距隧道还应包含中隔岩柱专项监控量测。具体监控量测项目包括洞内外观测、洞周位移、拱顶下沉、围岩内部位移、地表沉降、围岩压力、钢拱架轴力、支护及衬砌内力、锚杆轴力、爆破振速等。

不同类型围岩，在隧道开挖后应力释放过程中表现形式不同。绝大部分类型围岩，应力释放以位移变形方式体现，通过测量隧道的沉降位移变形，就可以较准确地把握围岩和结构是否稳定安全；而对部分硬脆性围岩而言，往往是通过岩体吸收弹性应变能的方式完成应力释放，并不以位移变形的形式体现，此类围岩及隧道结构是否稳定、安全，通过监控量测内部应力状态变化进行评估、判断，更为准确、可靠。故针对不同的围岩性质、环境条件和结构型式，隧道的监控量测内容和项目应有针对性和侧重点。

对于小净距隧道而言，中隔岩柱厚度小，其围岩受多次开挖反复扰动，结构受力更为复杂，其薄弱部位、监控量测重点及基准值较普通隧道均有不同。从已有工程经验看，中隔岩柱是设计、施工中的薄弱部位，应加强对中隔岩柱变形、受力以及爆破振动影响的监控量测。

按前述，小净距隧道可按围岩级别和隧道净距划分为 A 类、B 类和 C 类（表 3.1），根据不同类别小净距隧道，监控量测内容及详细监控量测项目建议见表 7.1。

表 7.1　小净距隧道监测项目建议

量测项目		Ⅲ级围岩			Ⅳ级围岩			Ⅴ级围岩		
		A类	B类	C类	A类	B类	C类	A类	B类	C类
围岩位移变形	开挖面及初期支护观察	★	★	★	★	★	★	★	★	★
	拱顶沉降变形	★	★	★	★	★	★	★	★	★
	洞周收敛位移	★	★	★	★	★	★	★	★	★
	围岩内部位移	△	△	△	△	△	△	△	△	△
围岩及隧道应力	围岩接触压力	▲	△	△	★	★	▲	★	★	▲
	钢拱架内力	▲	△	△	★	★	▲	★	★	▲
	锚杆轴力	△	△	△	▲	△	△	▲	△	△
爆破振动测试	爆破振速	★	▲	△	★	★	▲	★	★	▲
浅埋洞段环境	地表沉降	★	★	★	★	★	★	★	★	★
	地表建构筑物裂缝	★	★	★	★	★	★	★	★	★
	地表建构筑物沉降	★	★	★	★	★	★	★	★	★
	地下管线沉降	★	★	★	★	★	★	★	★	★
中隔岩柱	中隔岩柱裂缝观察	★	★	★	★	★	★	★	★	★
	中隔岩柱围岩压力	★	▲	▲	★	▲	▲	★	★	▲
	中隔岩柱内部位移	△	△	△	△	△	△	△	△	△

备注：① 表中：★——必测项；▲——选测项；△——可测项。
　　　② 必测项为先、后行洞必测项目；选测项为根据需要，可在先行或后行洞中测试的项目；可测项为根据不同围岩类型和级别，视需要进行测试的项目。
　　　③ 爆破振动测试相关内容详见本书第6章。

7.1.1　隧道及围岩沉降位移变形监测

隧道开挖所引起的围岩变形，最直观的就是隧道沉降、收敛变形，这是判断围岩状态和结构稳定最重要的量测信息，也是目前技术最成熟、应用最广泛的监控量测方法。大部分围岩坍塌和支护体系破坏都是变形发展到一定程度而未采取有效防治措施的必然结果。隧道结构沉降位移变形监测具体项目包括洞内外观察、拱顶下沉、洞周收敛、围岩内部位移等。

1. 洞内外观察

隧道开挖后，对开挖工作面的地质情况进行观察，采用数码摄像、地质罗盘、锤击等方式观察、记录开挖工作面围岩情况，或对岩层产状进行素描，预测开挖面前方的地质条件及围岩级别，为判断开挖后围岩和隧道是否稳定提供地质依据；同时，根据喷射混凝土表层状态及锚杆的工作状态，分析支护结构的可靠性。

洞内观察内容包括：

1）开挖后未支护围岩

开挖后未支护围岩的洞内观察内容包括：地层时代归属及产状；岩石颜色、成分、结构及构造等特征；岩性和分布，接近地质分界面位置的状态；节理性质、组数、间距，节理裂隙的发育程度和走向，断面特征及充填物类型等；断层的性状、产状、破碎带宽度及特征；开挖工作面的稳定状态，拱顶有无剥落现象。

2）开挖后已支护洞段

开挖后已支护洞段的洞内观察内容包括：喷射混凝土表层有无裂缝或剥离，裂缝状况描述和记录；有无锚杆变形或垫板陷入围岩内等现象；钢拱架有无被压屈、仰拱及底板是否有底鼓现象等。

洞外地表观测，重点沿隧道轴线方向观察是否存在地表植被异常倾斜、地表局部垮塌、滑坡、开裂、沉陷等现象。

通过洞内外观测，可获取地质信息，修正、变更隧道围岩级别，并据以变更隧道支护结构参数和隧道施工方法。

2．洞内位移

隧道洞内位移量测是判断围岩和初期支护是否稳定、调整初期支护参数、确定二次衬砌施作时间的重要依据，包括拱顶沉降和净空收敛。

1）测线布置

在洞周位移测点布置上，全断面设置 1 条测线，台阶法每个台阶设置 1 条测线，分部开挖法每部设置 1 条水平测线。几种典型断面测线布置如图 7.1 ~ 图 7.4 所示。

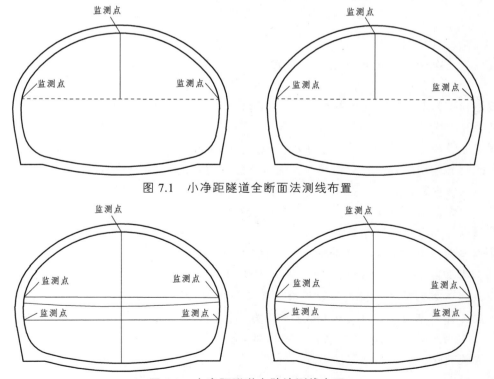

图 7.1　小净距隧道全断面法测线布置

图 7.2　小净距隧道台阶法测线布置

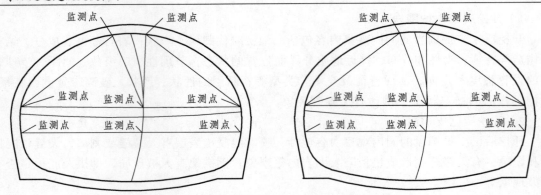

图 7.3 小净距隧道 CD 法/CRD 法测线布置

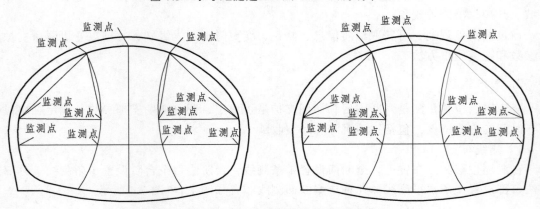

图 7.4 小净距隧道双侧壁导坑法测线布置

2）测点埋设

现场施工沉降位移测点埋设时，常发生两个错误：一是埋设时间滞后，二是埋设方式错误。

隧道开挖初期，围岩应力释放明显，沉降位移变形速率大，此时的测量数据对于指导施工意义极其重大，测点一定要尽可能早设置。而在实际施工中，或为操作方便，或因重视不够，测点埋设往往滞后于开挖工作面较长距离。测点埋设时间过晚，围岩大部分沉降变形已完成，此时测读初始读数，对指导施工的价值已减弱，甚至会起到误导作用。采用钻爆法开挖的隧道，应在距开挖工作面 4 m 范围（或 2 个循环）内尽快安设测点，并应在爆破后 24 h 内或下一次爆破前测读初始值。采用非钻爆法开挖的隧道，应在距开挖工作面 2 m 范围内尽快安设测点，并尽早测读初始值。

在测点埋设方式方面，部分隧道施工监测，为方便计，把测点直接焊在钢拱架上，反映的是钢拱架而非围岩的变形位移。测点不能焊于钢拱架上，应单独打孔直接安置于岩体中。埋设测点采用冲击电锤或风钻钻孔，埋入钢筋采用直径不小于 16 mm 的螺纹钢，前端外露钢筋（外露部分不得小于 6 mm）与正方形钢板焊接（60 mm×60 mm），贴上反射膜片（50 mm×50 mm）。测点用快凝水泥或锚固剂与围岩锚固稳定，埋入围岩深度不小于 20 cm，若围岩松软破碎，应适当增大测点埋入深度，不小于 50 cm。

测点设立后要加强保护，一旦被毁坏，应尽快恢复设置，保证数据不中断。

3）监控量测方法

监控量测方法包括接触式和非接触式两种。

接触式监控量测方法：拱顶沉降量测一般采用挂尺配合电子水准仪或精密全站仪施测；洞周收敛一般采用收敛计、手持式激光测距仪等接触式方法进行数据采集。

非接触式监控量测方法：采用精密全站仪与洞内等级控制网设站，埋设反光标志，以极坐标法进行非接触数据采集。

非接触式监控量测方法具有自动化程度高、观测方便、数据可靠等优点，在隧道施工监测中应用较广泛。该方法现场只需要一台精密全站仪和依测线安装反射膜片的测点。基准点采用施工坐标系。全站仪应选用测角精度为 ±0.5″~1.0″、最小读数为 0.1″、测距精度为 ±1.0 mm + $1.5 \times 10^{-6} \times D$ mm 的精密测量仪器。反射测点由膜片、觇板和埋设杆组成。

非接触式监控量测需注意以下观测要点：

（1）基准点坐标、高程应定期复核。

（2）用全站仪进行收敛变形监测时，只施测坐标数据，左、右测点高差不宜过大，应尽量埋设在同一平面上。

（3）反射膜片应尽量与洞轴线方向垂直。

（4）观测时采用正倒镜一测回观测。

（5）精密全站仪、电子水准仪使用前应经过鉴定、校准，以确保数据采集的可靠性。

（6）采用全站仪自动观测时，应避免望远镜视场内同时出现两个及以上反射测点。

4）监测频率

根据《公路隧道施工技术规范》（JTG F60—2009）的规定，净空收敛量测频率主要根据位移速率及监测断面与工作面的距离确定，如表 7.2 所示，原则上采用频率高者（小净距隧道监控量测频率见表 7.7）。

表 7.2　净空收敛量测频率

内容	监测频率			
按开挖后时间/d	1~15	15~30	31~90	≥90
按与开挖面距离	<2B	（2~5）B	（5~10）B	≥10B
按变形速率/（mm/d）	≥1.0	0.5~1.0	0.1~0.5	<0.1
监测频率	1~3 次/d	1 次/2d	1~2 次/周	1~3 次/月

注：B 为隧道单洞跨度（cm）。

3. 围岩内部位移

通过对围岩内部位移进行量测，可得出围岩表面测点与内部各测点之间的相对位移值，据以分析围岩位移随深度变化的关系，判断围岩开挖引起的围岩松动、松弛范围，为围岩加固设计与施工提供依据。

围岩内部位移量测包括从地表设点量测和从洞内设点量测两种方式。

从地表设点量测时，在地表钻孔，采用多点位移计及千分表测量。在洞口、偏压、浅埋段每 10~20 m 布设一个监控量测断面，每个断面设 3~5 个测桩。

从洞内设点量测时，在洞内钻孔，采用多点位移计及千分表测量。每 10 ~ 50 m 布置一个断面，每个断面设 5 ~ 8 个测桩。

围岩内部位移监测频率如表 7.3 所示。

表 7.3　围岩内部位移监测频率

内容	监测频率			
开挖后时间/d	1 ~ 15	16 ~ 30	31 ~ 90	>90
监测频率	1 ~ 2 次/d	1 次/2d	1 ~ 2 次/周	1 ~ 3 次/月

7.1.2　围岩及隧道应力监控量测

如前所述，不同类型围岩在应力释放过程中体现的形式不同。在位移变形监测的基础上，进一步监控量测围岩接触压力及结构受力，掌握作用在支护体系上的荷载动态变化是很有必要的，是评价围岩及结构是否稳定安全的有效补充方式。尤其对不以变形方式体现应力释放的硬脆性围岩，围岩及结构的应力监测更是重要。

围岩及隧道应力监控量测主要包括围岩接触压力、钢拱架内力、锚杆轴力和衬砌内力等几项，其监测宜与位移变形监控量测布置在同一断面，通常在拱顶、拱脚、边墙、墙角、仰拱中部等关键部位设置测点，如图 7.5 所示。

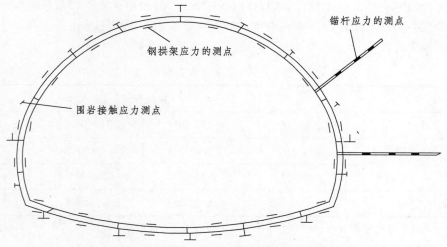

图 7.5　隧道压力及应力监控量测测点布设

普通围岩及隧道应力监测频率如表 7.4 所示。针对小净距隧道施工，应力监控量测的重点部位及频率还应考虑先、后行洞施工相互影响。先行洞监控量测频率不仅应满足规范、标准要求，还应重点监控后行洞开挖至先行洞监测断面同一里程位置前后一段距离范围内，围岩及隧道结构应力的变化，监测频率还需结合以下要求进行：后行洞开挖面距监测断面>2B，1 ~ 3 次/月；后行洞开挖面距监测断面（1 ~ 2）B，1 ~ 2 次/周；后行洞开挖面距监测断面 <B，1 次/天。

表 7.4　应力监测频率

内容	监测频率			
开挖后时间/d	1～15	16～30	31～90	＞90
Ⅲ、Ⅳ级围岩	1 次/d	1 次/2d	1 次/周	1～2 次/月
Ⅴ、Ⅵ级围岩	2 次/d	1 次/2d	2 次/周	1～3 次/月

1. 围岩压力监控量测

围岩接触应力常用压力仪进行监控量测。压力仪包括土压力盒和接收仪器两部分，土压力盒有振弦式和电阻应变式两种，工程中常用振弦式土压力盒。

压力盒埋设在初期支护与围岩之间，压力盒的受压面朝向围岩，用水泥砂浆或石膏把压力盒固定在岩面上，再谨慎施作喷射混凝土层，确保围岩与压力盒受压面贴紧，喷射混凝土层与压力盒之间无间隙。有钢拱架时，将压力盒牢固固定在钢拱架和围岩之间。

喷射混凝土后，采集 12 h 内三次读数的平均值作为围岩压力测试初始值。

目前，由于监控量测仪器设备发展的不足，压力盒应用在工程中还存在一些问题：

（1）压力盒刚度和围岩刚度不一致，压力盒刚度与量程的选择很难匹配，带来了较大误差，当压力盒的刚度大于围岩的刚度时，所测压力偏大，反之则偏小。

（2）压力盒埋设位置不同，测量结果也会不同。如压力盒一般沿钢拱架的外侧布设，当钢拱架受力后，会产生整体下移或拱部变形，局部向下、向外变形时，会引起压力盒压力卸载或增大，往往在拱顶处所测压力较小，甚至测不到，而拱腰处则很大。压力盒埋设位置不同，必然导致量测数值离散性大、量测不准等不规律现象。

（3）压力变化过程与施工方法、围岩特征有密切关系。围岩应力调整是一个缓慢、长期的过程，由于时空效应，在开挖面处荷载只释放一部分，在开挖工作面之后不同距离处荷载皆不同，此外，压力释放过程又随着开挖方法的不同而有明显差异，监控量测必须与施工方法和围岩特征紧密结合才具备指导性。

（4）隧道施工环境相对较为恶劣，粉尘和地下水对仪器设备的质量和寿命提出了较高要求，目前市场上常用的压力盒在安装以后普遍存活率和寿命不高，甚至达不到 40%，进口压力盒质量较好，但价格极为昂贵。

2. 钢拱架内力量测

在松软破碎围岩中，钢拱架作为初期支护的主要部分，其受力状况直接影响结构的稳定性。有条件时，可监控量测钢拱架内力状态，比使用土压力盒监控量测围岩接触压力更直接、更精确。

通过钢拱架内力量测，可了解钢拱架受力状态，评价钢拱架和锚喷体系对围岩的组合支护效果，判断初期支护的安全性和可靠性。钢拱架内力量测应与围岩压力量测布设在同一断面上。

当采用型钢拱架时，一般选用电阻应变片和电阻应变仪进行量测；当采用格栅钢拱架时，多选用钢筋应力计进行量测。在隧道工程施工中，后者应用更普遍、广泛。埋设钢筋应力测点时，将钢筋计串联焊接在被测主筋上，安装时尽可能使钢筋计处于不受力状态，特别不应处于受弯状态，将钢筋计的导线逐段引入测试匣中；施作喷射混凝土后，检查钢筋计的电阻值和绝缘情况，做好引出线和测试匣的保护措施。

3. 锚杆轴力量测

锚杆测试项目主要包括锚杆轴力量测、抗拔力测试和预应力测试。其中：锚杆轴力量测主要应用于支护体系受力评价；而抗拔力测试和预应力测试主要是为了了解锚杆施作效果和质量，不在本章阐述范畴内。

通过锚杆轴力量测，可以了解锚杆轴力大小、受力状况和分布规律，为锚杆参数设计优化提供依据。

锚杆轴力量测宜在每个代表性洞段设置 1～2 个监测断面，每一监测断面布置 3～8 根量测锚杆，通常布置在拱顶、拱腰及边墙处，每一量测锚杆根据其长度及测量需要设 3～4 个测点。锚杆轴力可采用钢筋计、锚杆测力计进行测试，测试仪器精度不低于 0.01 MPa。

将锚杆按设计进行安装和注浆。安装前，在锚杆待测部位并联钢弦式钢筋计，将带有丝扣的钢筋计旋紧而成锚杆测力计，通过测试锚杆应力确定锚杆的受力状态。各孔内的传感器数据采用频率计进行采集，根据钢筋计的频率-轴力标定曲线，将量测数据直接换算成相应的锚杆轴力。钢弦应力与振动频率关系如式（7.1）。

$$f = \frac{1}{2L}\sqrt{\frac{\sigma}{\rho}} \tag{7.1}$$

式中：f——钢弦振动频率；

$\quad\quad L$——钢弦长度；

$\quad\quad \sigma$——钢弦应力；

$\quad\quad \rho$——钢弦密度。

4. 衬砌内力

二次衬砌质量对隧道结构的长期稳定性、使用功能的正常发挥有很大影响，可对二次衬砌进行内力量测，以了解其受力情况，检验其设计是否合理，判断长期使用的可靠性和安全性。

衬砌内力可采用应力（应变）计量测，所选量测元器件应与衬砌结构弹性模量相近，精度不低于 0.01 MPa。

衬砌内力监测元器件应在混凝土浇筑前埋设，并宜在混凝土降至常温状态后测取初读数。

7.1.3 浅埋洞段环境监测

隧道浅埋洞段施工，多处于第四纪沉积系地层中，围岩强度低、埋深浅，很难形成天然塌落拱，洞内变形、位移往往直接反映到地表沉降上。在城市繁华区域施工浅埋隧道，地层的稳定性问题比一般浅埋隧道更复杂，不仅要保证隧道结构本身的强度和稳定，还要保证地面建构筑物和地下管线的安全稳定。一旦造成建构筑物失稳或地下管线破坏等环境安全事故，其灾难性后果甚至远大于隧道自身结构安全事故。

图 7.6 所示为小净距隧道施工时，两洞相互干扰、影响产生的附加沉降。图 7.7 所示为地面估算沉降（不考虑附加沉降）和实测沉降曲线的比较。与单洞隧道原始应力状态下开挖时相比，小净距隧道开挖会引起地表附加沉降值，不同开挖方法和开挖顺序引发的地表沉降值差异较大。

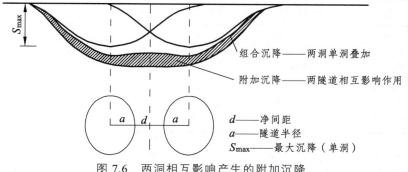

图 7.6　两洞相互影响产生的附加沉降

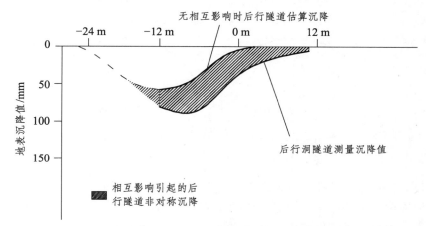

图 7.7　地表估算沉降（不考虑附加沉降）与实测沉降比较

　　故浅埋洞段，尤其是城市小净距隧道浅埋洞段隧道监控量测项目必须考虑对周边环境进行监测，确保环境风险可控。隧道浅埋洞段环境监测项目包括地表沉降监测、隧道开挖影响区域内建筑物及地下管线沉降监测等。结合两洞施工相互影响、干扰，建议小净距隧道环境监测频率如表 7.5 所示。

表 7.5　小净距隧道浅埋洞段环境监控量测建议频率

地表沉降重点监控量测部位	地表沉降监控量测频率
先行洞和后行洞开挖工作面距离测量断面前后<B	2 次/d
先行洞和后行洞开挖工作面距离测量断面前后（1～2）B	1 次/d
先行洞和后行洞开挖工作面距离测量断面前后>2B	1～2 次/周

注：B 为隧道单洞跨度（cm）。

1. 地表沉降

　　地表沉降量测的主要目的是了解地表下沉范围、量值、倾斜度及稳定时间，地表下沉随开挖工作面推进的规律，据此判断隧道施工是否危及周边环境安全，是否需采取相应的施工措施。

　　地表沉降测点布置如表 7.6 和图 7.8 所示。埋深特别浅或地表有特别重要建构筑物时，可加密测点布设。

表 7.6　地表下沉测点布置

内　容	分　项		
覆土厚度（H）与隧道跨度（B）的关系	2B≤H<3B	B≤H<2B	H<B
纵向点间距/m	15～25	10～15	5～10
横断面间距/m	30～50	20～30	15～20

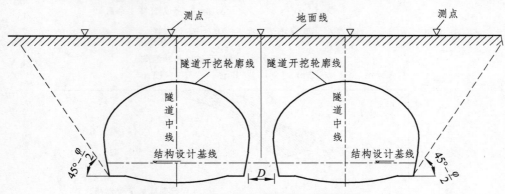

图 7.8　小净距隧道地表测点布置示意

　　测点埋设时，在地面开孔，打入顶部磨成椭圆形的螺纹钢筋（国标六角全丝螺杆也可），在标志钢筋周围填入细砂夯实，做好测点的保护工作。

　　地表沉降采用精密水准仪或全站仪量测。

　　2. 建筑物沉降监测

　　隧道开挖影响范围内的重要建构筑物，其沉降变形是隧道施工环境安全的重点关注对象，必须进行施工期监测，确保不出现危害既有建构筑物的不均匀沉降。测量项目包括裂缝监测、沉降监测、倾斜监测等。

　　1）裂缝监测

　　进行裂缝监测首先要详细调查建筑物裂缝情况，包括：确定并记录裂缝分布位置、趋向、长度、宽度及数量；对裂缝进行测绘、照相；对需要观测的裂缝进行编号，选择主要裂缝作为监测对象；分析裂缝产生的原因、裂缝变化及发展趋势。

　　简易观测是在裂缝部位粘贴骑缝石膏条，石膏条长 10 cm、宽 1.5～2.0 cm、厚 0.5 cm。通过观察骑缝石膏条开裂、发展情况，监测裂缝的发展情况。

　　准确观测是将裂缝编号并画出测读位置，用裂缝宽度仪或小钢尺进行测读；对于需精密测量的建筑物裂缝，采用应变计或百分表测读。

　　2）沉降监测

　　对于隧道开挖影响范围内的重要建构筑物，应根据其结构特征、基础型式、结构类型和地质条件等，在建筑物的转角、高低悬殊或新旧建筑物连接处、伸缩缝、沉降缝等部位设置沉降监测点。

　　埋设测点时，在建筑物的基础或墙上钻孔，将预埋件放入，孔与测点四周空隙用水泥砂浆填实，如图 7.9 所示。

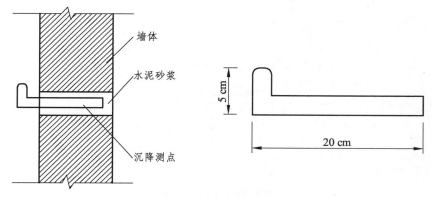

图 7.9 建筑物沉降测点示意

测点也可采用国标六角全丝螺杆，埋设时应注意使六角螺杆其中一角朝向正上方。测点宜布设在建筑物角点上，埋设高度应方便观测，做好明显标志，同时采取保护措施，避免受到破坏。每幢建筑物，至少在四个角部布置观测点，特别重要的建筑物布置 6 个或更多测点。

建筑物的沉降监测采用精密水准仪。

3）倾斜监测

对于重要的高层、高耸建构筑物和桥墩，需进行倾斜监测。倾斜测点通过在建筑物外表面粘贴刻有十字刻度的贴片进行布设。可采用经纬仪进行监测。

3. 地下管线变形监测

针对隧道开挖影响范围内的重要地下管线，如输油、燃气、给水等有压管线以及抗变形能力差、易于渗漏的雨污水管等，应重点监测，监测项目包括管线沉降、水平位移及接头渗漏等。

测点布设在管线接头处，或者对位移变化敏感的部位，沿管线延伸方向每 10～15 m 布设一测点。有条件时可将测点直接埋设在管线上并引出地面，也可在管线上方设地面桩，进行间接量测。

监测仪器主要采用精密水准仪、全站仪。

7.1.4 中隔岩柱监测

针对小净距隧道施工特点，在确定监控量测项目时，应当将先行洞、后行洞、中隔岩柱综合考虑，除前述常规监测外，还应考虑如下事项：

（1）后行洞开挖对先行洞拱顶沉降、净空收敛的影响。

（2）增加中隔岩柱的相关监测，包括中隔岩柱位移、围岩压力及爆破振动等的监测。

（3）因中隔岩柱较薄弱，靠近该部位的地表沉降、围岩应力和钢拱架应力受开挖的影响较大，相应测点应尽量靠近中隔岩柱部位埋设。

（4）当中隔岩柱特别薄时，可增加该部位水平对拉锚杆轴力测试，进一步了解中隔岩柱的受力状态。

小净距隧道建议监控量测布置和项目见图 7.10 和表 7.7。

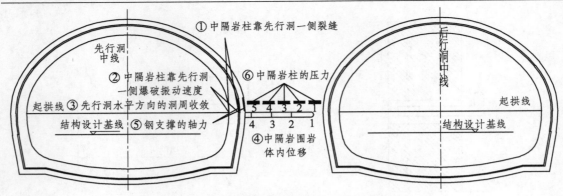

图 7.10　小净距隧道中隔岩柱测点布置示意

表 7.7　小净距隧道中隔岩柱监控量测项目

量测项目名称	方法及工具	布置	量测频率				备注
			后行洞开挖面距离观测断面 2B 以上	后行洞开挖面距离观测断面 2B ~ 通过观测断面 2B	后行洞开挖面通过观测断面（2~5）B	后行洞开挖面通过观测断面 5B 以上	
①先行洞中隔岩柱拱腰部位裂缝	裂缝观察或描述，钢尺等	后行洞爆破后进行	1 次/3 d	后行洞每次爆破后	1 次/2 d	1 次/1 周	中隔岩柱的破坏始于靠先行洞一侧拱腰位置，及时掌握中隔岩柱的稳定情况，为隧道安全施工提供最直观、重要的信息
②先行洞中隔岩柱拱腰部位爆破振速	振动速度测试仪	每 10 ~ 50 m 一个断面，每断面 1~2 个测点	不观测	后行洞每次爆破时	不观测	不观测	后行洞爆破时，与爆破位置相邻的中隔岩柱靠先行洞一侧拱腰位置的振速最大
③先行洞洞周收敛	接触式或非接触式	每 5 ~ 10 m 一个断面，每断面 1 个测点	1 次/3 d	1 ~ 2 次/d	1 次/2 d	1 次/1 周	对此两项观测结果进行综合分析，以了解中隔岩柱向先行洞一侧的变形
④中隔岩柱围岩体内位移	洞内钻孔，多点位移计及千分表	每 10 ~ 50 m 一个断面，每断面 1~2 个测点	1 次/3 d	1 ~ 2 次/d	1 次/2 d	1 次/1 周	
⑤钢拱架的轴力	钢弦式钢筋计	每 10 ~ 50 m 一个断面，每个断面 1~2 个钢筋计	1 次/3 d	1 ~ 2 次/d	1 次/2 d	1 次/1 周	掌握后行洞开挖后，中隔岩柱拱腰处的初期支护内力增长情况
⑥中隔岩柱围岩压力	钢弦式压力盒	每 10 ~ 50 m 一个断面，每个断面 3~5 个土压力盒	1 次/3 d	1 ~ 2 次/d	1 次/2 d	1 次/1 周	了解中隔岩柱的围岩压力分布与变化规律

结合图 7.10 及表 7.7 小净距段中隔岩柱监控量测项目，后行洞挖到量测断面附近时：

（1）如果①项的纵向裂缝没有出现，且③~⑥项的数据没有明显变化，则后行洞可照常施工。

（2）如果①项的纵向裂缝长度≤2 m、宽度≤2 mm，③~⑥项中的 1~2 项变化速率无明显下降或无明显收敛趋势，则加强对中隔岩柱的监控，必要时加强初期支护强度并进一步加固中隔岩柱。

（3）如果①项的纵向裂缝长度>2 m、宽度>2 mm，③~⑥项中的 3 项以上变化速率无明显下降，没有收敛的趋势，则：应当马上停止施工，立即调整原支护设计参数，加强初期支护；进一步加固中隔岩柱，必要时改变开挖方法。

7.2　监控量测信息分析与反馈

目前，在隧道工程施工监控量测方面，技术最成熟、应用最广泛、操作最普遍的依然是隧道沉降变形位移和浅埋段地表沉降。本章重点阐述这两方面的监控量测信息分析与预测。

7.2.1　隧道沉降位移变形信息分析

从指导施工而言，隧道沉降位移变形关注的不仅仅是监测数据本身，更在于监测数据的变化和变化速率，这是分析围岩沉降位移趋势是发散或收敛、支护体系是稳定还是失稳的基础。针对现场实测数据，必须计算分析量测时间间隔、累计量测时间、水平收敛差值、累计收敛差值、当日收敛速度、平均收敛速度、拱顶下沉差值、累计收敛差值与时间的关系图等，及时绘制量测断面水平收敛差值及累计收敛差值与时间关系的散点图、当日收敛速度及平均收敛速度与时间关系的散点图、拱顶下沉差值及累计拱顶下沉值与时间关系的散点图、当日拱顶下沉速度及平均拱顶下沉速度与时间关系的散点图，在图中注明量测时工作面施工工序、开挖工作面与量测断面的距离等，以便分析施工工序、时间、空间效应与量测数据的关系。

围岩变形分析重点是变形速度或变形量的数值和趋势，以及实测变形值和全变形值。

1. 当日变形速度或变形量

当日变形速度或变形量能及时反映当天所发生的变形速度或变形量，变形值具有反应灵敏、信息反馈迅速的特点，在施工初期对预报险情起着重要的警报作用。

2. 变形速度或变形量趋势

由于反映围岩变形的各因素之间相互关系十分复杂，实际观测数据不可避免地会受随机因素干扰，存在各种误差，使得变量之间的因果关系极为复杂，需根据情况，采用不同的回归模型建立变量之间的关系，一般是利用最小二乘迭代法原理对实际量测的各组数据做回归计算，拟合出一条最佳曲线。

由量测数据进行曲线拟合所得回归方程的表达式有以下几种：

对数函数：

$$U = A + B \ln(t+1) \tag{7.2}$$

式中：U——变形值（mm）；

A、B——回归系数；

t——量测时间（d）。

$$U = A \ln\left(\frac{B+T}{B+t_0}\right) \tag{7.3}$$

式中：t_0——初始数据测读时间点距开挖的时间（d）；

     T——量测时间点距开挖的时间（d）。

指数函数：

$$U = Ae^{-\frac{B}{t}} \tag{7.4}$$

$$U = A(e_0^{-Bt} - e^{-BT}) \tag{7.5}$$

双曲函数：

$$U = \frac{t}{A + Bt} \tag{7.6}$$

$$U = A\left[\left(\frac{1}{1+Bt_0}\right)^2 - \left(\frac{1}{1+BT}\right)^2\right] \tag{7.7}$$

按式（7.2）~式（7.7）所拟合出的曲线，既反映了围岩位移变形和时间的关系，也可据此预测后续围岩位移变形的最终数值。

3. 实测变形值与全变形值

由于不可能在开挖后立即紧贴开挖面埋设测点进行测读，因此量测初始读数取得时，已有部分变形释放。此外，在隧道开挖面尚未到达量测断面时其实也已有部分变形产生。这两部分变形值与变形量测值之和才是围岩全变形，即：

$$U = U_m + U_1 + U_2 \tag{7.8}$$

式中：U——围岩变形值（mm）；

     U_m——实测变形值（mm）；

     U_1——量测滞后变形值（mm）；

     U_2——开挖前变形值（mm）。

设回归分析所得时态曲线为 $U = f(t)$，如图 7.11 所示。U_1 可用回归曲线外延的方法估算，即 $U_1 = f(0)$。

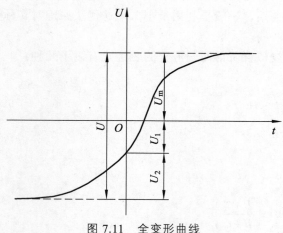

图 7.11　全变形曲线

进行数据回归分析时，应注意以下几点：

（1）回归分析要有足够的数据，一般应在一个月连续测试以后进行。

（2）实际进行回归分析时，应考虑爆破开挖造成的位移突变台阶的影响。

如图 7.12 所示，首先绘制时间-位移曲线（散点图）和距离-位移曲线（散点图）。当位移-时间曲线趋于平缓时，可选取合适的函数形式进行回归分析。图示的正常曲线分别反映了位移变化随时间、随开挖工作面向前推进而渐趋于稳定、收敛，说明围岩处于稳定状态，支护体系是有效的、可靠的；图示的反常曲线出现了反弯点，说明位移出现了反常的急剧增长现象，趋于发散，表明围岩和支护已呈现不稳定状态，应立即采取措施予以处治。

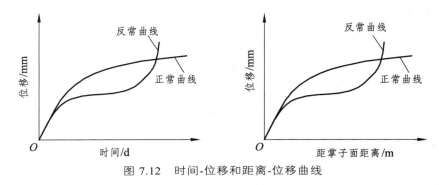

图 7.12　时间-位移和距离-位移曲线

7.2.2　地表沉降信息分析与预测

城市隧道浅埋段施工，易引起地面沉降变形，形成呈正态分布的地面沉陷槽。地面沉降变形和沉陷槽分布与地质情况、施工方法直接相关。

从沉降历时曲线来看，地面变形主要包括 5 个阶段：

（1）先行沉降：从隧道开挖面与测点距离 2～3 倍洞径时开始，直到到达测点之前所产生的沉降，是开挖过程中因地下水位降低而产生的。

（2）开挖面之前的沉降和隆起：从开挖面与测点距离很近时开始，直到开挖面位于测点正下方时所产生的沉降，是开挖引起的开挖面土压力失衡所致，是一种由于土体应力释放或地层向开挖面倾斜而产生的塑性变形。

（3）开挖面之后的沉降：从开挖面位于测点正下方开始，直到通过测点所产生的沉降，主要是土从三维扰动变成二维扰动所致。

（4）喷锚支护施作过程中的沉降：开挖面通过测点后，在锚喷网施作过程中，喷射混凝土还没有形成支护强度，围岩应力重分布形成的弹塑性变形。

（5）后续沉降：包括固结和蠕变残余变形沉降，是地层被扰动后进行的应力调整所致。后续沉降除与地层条件相关外，还与开挖方法、支护方式相关。

对于隧道开挖引起的地面沉降分析预测方法，主要有经验法、解析法、模型试验法和数值分析法。

解析法只有将问题简化，做出相应假设，方可得到解析解。从目前的解析方法看，无一例外均将地层假定为均匀、各向同性、轴对称的平面应变问题，而土体本身极为复杂，因此解析法仅具有理论上的参考意义，对实际工程应用指导意义不大。

模型试验主要包括相似材料模型试验和离心模型试验，目前应用较多的是离心机试验。离心模型试验能在原位应力状态下观察和研究岩土工程的变形、破坏状态。采用离心模型试验来研究位于松软土层的隧道，特别是浅埋隧道的稳定和沉降问题是适合的。故近年来，土工离心模型试验受到广泛的关注和重视。

数值方法是求解工程中各种问题有效的通用方法。随着岩土工程数值方法的发展，采用这种方法求解隧道施工变形变得越来越广泛。数值方法可以考虑各种地质条件、分阶段开挖、支护时间以及支护特性等，目前在隧道设计和研究中应用得越来越多。

经验公式法是基于大量的实测数据，利用统计学进行数学逻辑归纳，把工程经验量化为工程实践的方法。预测隧道开挖引起的地表沉降经验方法中，应用最广泛的是 Peck 法，如图 7.13 所示。

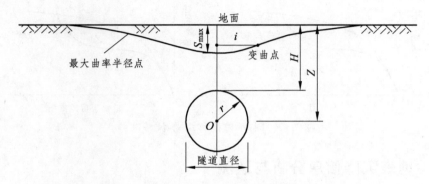

图 7.13　Peck 沉降曲线

Peck 提出横向地表的沉降槽形态近似呈正态分布，见式（7.9）：

$$S = S_{\max} \exp\left[\frac{-x^2}{2i^2}\right] \tag{7.9}$$

式中：$S_{\max}$——沉降最大值，理论位置是在隧道中心线的正上方（mm）；

x——从隧道中心线到计算点的水平距离（m）；

i——从隧道中心线到沉降曲线变曲点的水平距离（m）。

i 的取值方法有许多种，比较常用且简便的取值公式为：

$$i = KH \tag{7.10}$$

其中：K——沉降槽宽度参数；

H——隧道埋深（m）。

沉降最大值 $S_{\max}$ 通常与隧道开挖面积有关。通过大量的工程经验发现，地表沉陷横截面积与开挖隧道面积 A 的比值在相似的工程中变化较小，因此定义地层损失率 η 为二者之比，地表沉陷横截面积可以通过对 Peck 沉降曲线积分得到，故地层损失率 η 可表示为：

$$\eta = \frac{iS_{\max}\sqrt{2\pi}}{A} \tag{7.11}$$

地层损失率 η 受工程地质条件、施工方法、施工技术水平和管理水平等因素影响。通常来说，地层越差、施工水平越低，则地层损失率越大，因此地层损失率的离散性很大。依据我国的隧道开挖经验，地层损失率大多集中在 0.2% ~ 7%。表 7.8 所示为地层损失率经验值。

表 7.8　地层损失率经验值

土　类	地层损失率/%
黏性土	0.5 ~ 2.5
有裂隙的硬黏土	1 ~ 2
冰渍土（无气压）	2 ~ 2.5
冰渍土（有气压）	1 ~ 1.5
新近沉积的粉质黏土	2 ~ 10
无黏性土（地下水位以上）	2 ~ 5
无黏性土（地下水位以下）	2 ~ 10
人工填土	> 10

在实际工程中，通常要参考常用公式计算出的数值以及当地相似工程的经验取值，再结合工程的实际工况，选取合适的地层损失率 η。

地层损失率 η 的经验公式为：

$$\eta = 1.33N - 1.4 \tag{7.12}$$

式中：N——稳定系数。

稳定系数 N 定义为：

$$N = \frac{\sigma_s + \gamma H + \sigma_T}{s_u} \tag{7.13}$$

式中：γ——土体重度；

H——隧道轴线埋深；

σ_s——地面超载压力；

σ_T——隧道支撑压力；

s_u——隧道轴线深度处土的不排水剪切强度。

表 7.9 所示为不同稳定系数下的地层位移特征。

表 7.9　不同稳定系数下的地层位移特征

N 值	< 1	1 ~ 2	2 ~ 4	4 ~ 6	> 6
地层位移特征	地面沉降很小或观测不到	地表沉降很小，变形为弹性	地层产生弹塑性变形	地层产生大范围的塑性变形	上覆土层可能产生剪切破坏

当已知地层损失率 η 时，沉降最大值可以通过下式计算：

$$S_{max} = \frac{A \cdot \eta}{\sqrt{2\pi i}} \tag{7.14}$$

将式（7.10）和式（7.14）代入式（7.9），可得 Peck 地表沉降曲线公式：

$$S = \frac{A \cdot \eta}{\sqrt{2\pi} KH} \exp\left[\frac{-x^2}{2K^2 H^2}\right] \quad (7.15)$$

式（7.15）即为工程中常用的横截面沉降预测经典公式。

将式 $S = S_{max} \exp\left[\dfrac{-x^2}{2i^2}\right]$ 进行转换，有：

$$\ln S = \frac{-1}{2i^2} \cdot x^2 + \ln S_{max} \quad (7.16)$$

式（7.16）是关于 $\ln S - x^2$ 的线性方程，将若干组数据 $(S - x)$ 转化为 $(\ln S - x^2)$ 代入上式，通过最小二乘法拟合出一条直线，可得到多组斜率 $\hat{a}$ 和截距 $\hat{b}$，再求平均值得到 $\bar{a}$ 和 $\bar{b}$，有：

$$\begin{cases} \dfrac{-1}{2i^2} = \bar{a} \\ \ln S_{max} = \bar{b} \end{cases} \quad (7.17)$$

综合上述算式，可以得出沉降槽宽度参数和地层损失率的计算公式为：

$$\begin{cases} K = \sqrt{\dfrac{-1}{2\bar{a} H^2}} \\ \eta = \dfrac{e^{\bar{b}}}{A} \cdot \sqrt{\dfrac{-\pi}{\bar{a}}} \end{cases} \quad (7.18)$$

将式（7.18）的沉降槽宽度参数 K 和地层损失率 η 代入式（7.15）进行计算，得到的沉降预测比较精确，通常比由工程经验取值得到的沉降预测值更可靠。

鉴于我国幅员辽阔，各个地区的工程地质、水文地质条件差别很大，此外施工技术、管理水平等因素差异也很大。在收集了 8 个地区的 30 多组实测地表横向沉降槽数据的基础上，经地质统计分析，得出部分地区沉降槽宽度参数 K 的初步建议值如表 7.10 所示。

表 7.10　部分地区沉陷槽宽度参数初步建议值

地区	样本数	基本地层特征	K 的初步建议值
广州	1	黏性土、砂土、风化岩	0.76
深圳	9	黏性土、砂土、风化岩	0.60～0.80
上海	6	饱和软黏土、粉砂	0.50
柳州	4	硬塑状黏土	0.30～0.50
北京	13	砂土、黏性土互层	0.30～0.60
西北黄土地区	1	均匀致密黄土	0.41
台湾	1	砂砾石	0.48
香港	1	冲积层、崩积层	0.34

7.2.3　监控量测数据的反馈方法

监控量测数据反馈即综合分析监控量测数据和观察记录，评判围岩是否稳定、支护措施是否安全、施工方法是否得当，以指导施工、修改设计。

信息反馈方法包括理论方法和经验方法，目前仍以经验方法为主。

理论方法是对监控量测数据（主要是位移变化）进行反分析，包括：通过理论计算开挖的空间效应、时间效应、围岩的应力场与位移场变化，用理论计算结果与监测数据相比较，若规律相符，则可用理论计算结果直接指导施工和设计；用实际监控量测到的位移数据可估算塑性区半径，反分析岩体的弹性模量、初始地应力和作用在衬砌上的荷载，推求岩体的流变特性参数。理论方法所需的力学、数学和地质专业知识较深，目前多作为参考指导，实际应用中尚难大面积推广。

经验方法的信息反馈是用位移、应力监控量测数据对围岩稳定状态、支护工作状态进行评价，出现异常情况时，立即采取措施，如加强支护、改变设计参数或施工方法。采用经验方法，需根据量测数据，绘制出隧道监测指标随时间的变化曲线，按监控量测基准，判定隧道的稳定性及可能发生的异常现象。其具体流程见图 7.14。

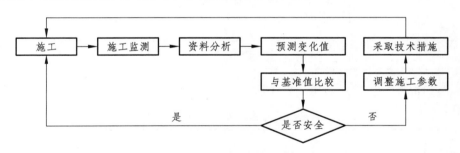

图 7.14　监测信息反馈流程

7.3　监控量测控制准则

施工监控量测和施工是同步实施的，为了使监控量测结果反馈、指导设计和施工，必须迅速对监控量测结果作出评价，提出并实施相应对策。为此，需预先确定监控量测结果的安全判别基准及与之相应的对策。

就安全判别基准而言，一般采用围岩变形和地表沉降指标，包括位移量和位移速率。在工程应用中，多采用两者相结合的双指标方式进行安全控制。当位移增加达到警戒值或允许值时，或当速率随时间增加而不收敛时，应及时加强支护或改变开挖方法，直至位移值及速率稳定为止。

位移值及位移速率与地质条件、隧道埋深、开挖方法、隧道断面、支护参数等因素有关，一般而言：

（1）隧道的围岩越差，则最大允许位移值越大。

（2）隧道埋深越小，则最大允许位移值越大。

（3）隧道断面越大，则最大允许位移值越大。

（4）采用钻爆法开挖比采用铣挖法的最大允许位移值大。

工程实践证明，针对不同的围岩，制定统一的标准是不妥的。对于软弱围岩，尤其是大变形围岩，沉降、位移超过 10 cm，围岩及隧道结构也是安全的；而对于硬脆性围岩，沉降值不足 1 cm 也可能引发坍方。

所以，基于不同隧道工程地质情况和施工方法，用位移或位移变化速率来判断围岩和结构的稳定性时，必须基于大量的工程实践经验，结合不同围岩、不同周边环境区别对待，以确定经济、合理的控制标准。

表 7.11 列出了各类围岩按经验值选取的允许位移值，可供参考。

表 7.11　各类围岩的隧道允许位移值

围岩级别	净空变化值/mm	
	单线	双线
I ~ III	<25	<50
III ~ IV	25 ~ 75	50 ~ 150
IV ~ V	>75	>150

《锚杆喷射混凝土支护设计施工及验收规范》规定的隧道洞周允许收敛标准见表 7.12。

表 7.12　各类围岩的隧道洞周允许收敛值（%）

围岩级别	埋深/m		
	<50	50 ~ 300	300 ~ 500
III	0.1 ~ 0.3	0.2 ~ 0.5	0.4 ~ 1.2
IV	0.15 ~ 0.5	0.4 ~ 1.2	0.8 ~ 2.0
V	0.2 ~ 0.8	0.6 ~ 1.6	1.0 ~ 3.0

在浅埋洞段隧道施工中，还应明确地面沉降控制值。这不仅是为了保障工程结构自身稳定的需要，还是为了保障在开挖过程中地面环境控制的需要，即地下工程施工不影响地面交通的正常使用、地下管网的正常运行和地面建筑物的安全使用。故需结合隧道所处位置的地质水文情况、隧道开挖跨度、埋深、支护结构、施工方法，以及邻近建构筑物重要程度、影响程度、基础类型，地下管线材质、使用年代等综合考虑。

开挖隧道造成地层沉降直接关系到地面建构筑物能否安全使用，而地层差异沉降所引发的建构筑物倾斜，则是判断建构筑物是否安全的一个标准。地层差异沉降和相应建筑物的反应见表 7.13。

表 7.13　地层差异沉降和相应建构筑物的反应

建构筑物结构类型	δ/L	建构筑物反应
一般砖墙承重结构，包括有内框架及建构筑物长与高之比小于 10、有圈梁、有天然基础（条形基础）的结构	达 1/150	分隔墙和承重墙出现相当多的裂缝，可能发生结构破坏
一般钢筋混凝土框架结构	达 1/150	发生严重变形
	达 1/500	开始出现裂缝
高层刚性基础（箱型基础、桩基）	达 1/250	可观察到建构筑物倾斜
有桥式行车的单层排架结构的厂房，有天然地基或桩基	达 1/300	桥式行车运转困难，若不调整轨面水平方向，行车难以运行；分隔墙有裂缝
有斜撑的框架结构	达 1/600	处于安全极限状态
对差异沉降反应敏感的机器基础	达 1/850	机器使用可能会发生困难，处于可运行的极限状态

备注：δ——差异沉降；L——建筑物长度。

多层和高层建构筑物的地基倾斜变形允许值见表 7.14。

表 7.14　多层和高层建构筑物的地基倾斜变形允许值

建构筑物高度/m	变形允许值
$H \leqslant 24$	0.004
$24 < H \leqslant 60$	0.003
$64 < H \leqslant 100$	0.002
$H > 100$	0.001 5

备注：H——建构筑物高度（m）。

城市地区修建隧道，多有给水管、雨污水管、燃气管线等地下管线，过量的地面沉降会导致管线破裂，影响其正常使用，甚至引发灾难性事故。各种管线对地面沉降的敏感性和耐受力，由于材质、连接方式、变形的允许指标、使用年限不同有较大差异。在和产权单位详细对接、了解管线允许沉降值的基础上，可参考表 7.15 中的允许沉降值，取控制标准更高者。

表 7.15　地下管线控制值

地下管线	两接头间局部倾斜值
承插式接头的铸铁水管、钢筋混凝土水管	0.002 5
焊接接头的水管	0.006
焊接接头的煤气管	0.002

需要说明的是，以目前的施工技术和工程装备来看，任何沉降控制指标都是可以实现的，但工程造价可能会大幅上升。故应结合工程环境条件和隧道本身的安全要求，综合制定洞内位移变形和地表沉降控制基准值，而不是统一的如 10 mm、20 mm 的最严格值。

明确围岩位移收敛控制指标及地表允许沉降指标后，为加强过程中的安全管理，还应针对相应的控制指标划定相对应的预警、控制值及应对措施，进行分级管理。

根据以往经验，《铁路隧道喷锚构筑法技术规则》（TB 10108—2002）明确了三级管理制度，如表 7.16 所示。

表 7.16　变形监控量测管理等级

管理等级	管理位移	施工状态
I	$U_0 < U_n/3$	可正常施工
II	$U_n/3 \leq U_0 \leq 2U_n/3$	应注意，并加强监控量测
III	$U_0 > 2U_n/3$	应采取加强支护等措施

注：U_0 为实测变形值；U_n 为最大允许变形值。

在城市区域修建隧道，也可参考北京轨道交通公司提出的变形监控管理预警标准，如表 7.17 所示，采用变化量和变化速率双指标控制。

表 7.17　变形监测管理预警标准

警戒级别	预警状态描述	管理措施
黄色监测预警	实测变形值 =（70%～85%）允许控制值且实测变化速率 =（70%～85%）最大速率控制值； 实测变形值 =（85%～100%）允许控制值或实测变化速率 =（85%～100%）最大速率控制值	施工单位按照方案要求自行处理并报监理
橙色监测预警	实测变形值 =（85%～100%）允许控制值且实测变化速率 =（85%～100%）最大速率控制值； 实测变形值 ≥100%允许控制值或实测变化速率 ≥100%最大速率控制值； 实测变形值 ≥100%允许控制值且实测变化速率 ≥100%最大速率控制值但整体工程未出现不稳定迹象	五方组会，设计院根据变形数据给出相应处治措施
红色监测预警	实测变形值 ≥100%允许控制值且实测变化速率 ≥100%最大速率控制值，且实测变化量或变化速率出现急剧增长	五方组会，设计单位提出处理措施，施工单位编制专项应急方案并组织专家论证

7.4　工程案例

7.4.1　都汶高速紫坪铺隧道

1. 监测方案

紫坪铺隧道小净距段共设置 9 个监测断面，具体如图 7.15 所示。

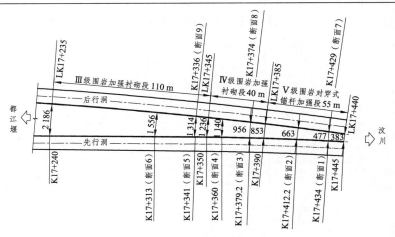

图 7.15　监测断面布置

注：中隔岩柱厚度以厘米计。

结合小净距段围岩级别、埋深、净距等特点，每个监测断面安排了不同的监控量测项目，见表 7.18 和图 7.16。

表 7.18　监测断面 1～9 测试项目

测试项目	断面 1	断面 2	断面 3	断面 4	断面 5	断面 6	断面 7	断面 8	断面 9
围岩级别	V级	V级	IV级	IV级	III级	III级	V级	IV级	III级
地表下沉	√	√	—	—	—	—	—	—	—
地中位移	√	√	√	√	√	√	—	—	—
锚杆轴力	√	√	√	√	√	√	—	—	—
围岩压力	√	√	√	√	√	√	—	—	—
钢支撑内力	√	√	√	√	√	√	—	—	—
初期支护与二次衬砌的层间压力	√	√	√	√	√	√	—	—	√
二次衬砌内力	√	√	√	√	√	√	√	√	√

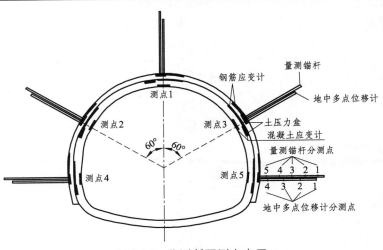

图 7.16　监测断面测点布置

小净距段位于古滑坡体内，洞口段地表沉降监控量测布置如图 7.17 所示。

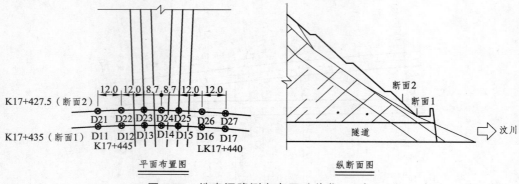

图 7.17　地表沉降测点布置（单位：m）

此外，由于小净距段中隔岩柱较薄，在里程 K17 + 431 处安装土压力盒测定中隔岩柱压应力，如图 7.18 所示。

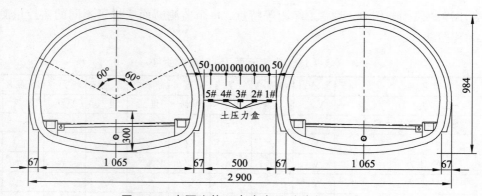

图 7.18　中隔岩柱压力盒布置（单位：cm）

2. 监控量测数据分析

1）后行洞开挖对中隔岩柱及先行洞结构影响分析

以监控量测断面 1 和断面 2 的数据为例，测试数据如图 7.19 ~ 图 7.26 所示。

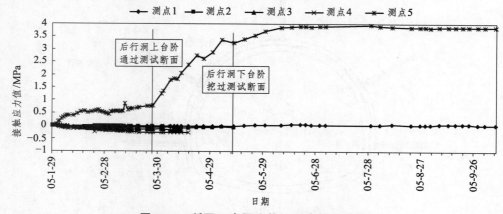

图 7.19　断面 1 中隔岩柱土压力增长曲线

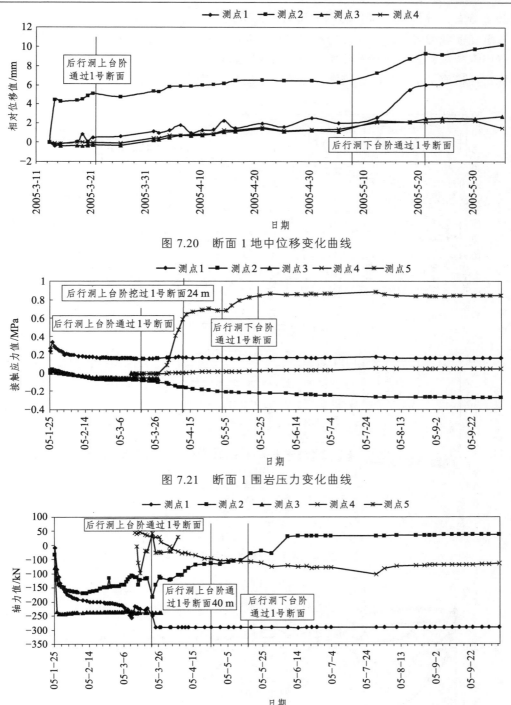

图 7.20　断面 1 地中位移变化曲线

图 7.21　断面 1 围岩压力变化曲线

图 7.22　断面 1 钢支撑轴力变化曲线

　　从图中可见，在隧道开挖后应力重分布过程中：中隔岩柱土压力增长明显（图 7.19），作为主要的承力结构，中隔岩柱的稳定对隧道结构的安全有至关重要的意义；测点 5 地中位移和围岩压力增长很大（图 7.20 和图 7.21），表明后行洞开挖至此里程位置，围岩再次应力释放和重分布，导致地中位移和围岩压力增长明显；钢支撑轴力有一定增长（图 7.22），支护体系承受荷载增大。此外，现场观察可见，断面 1—断面 2 之间的先行洞靠中隔岩柱侧拱腰位置出现裂缝，表明后行洞开挖引起先行洞中隔岩柱一侧的较大位移，对中隔岩柱及先行洞的稳定性造成了不利影响，这和位移监控量测数据相吻合。

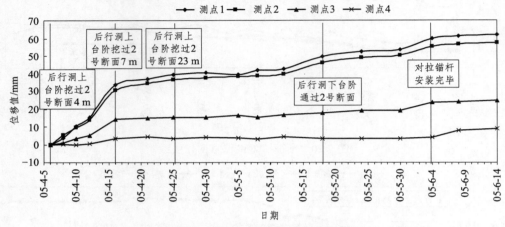

图 7.23 断面 2 地中位移变化曲线

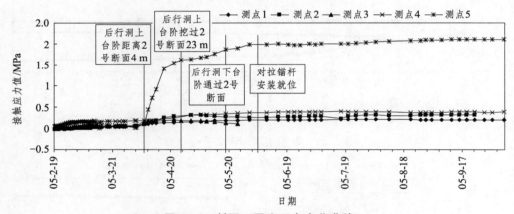

图 7.24 断面 2 围岩压力变化曲线

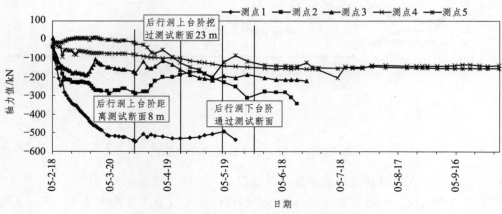

图 7.25 断面 2 钢支撑轴力变化曲线

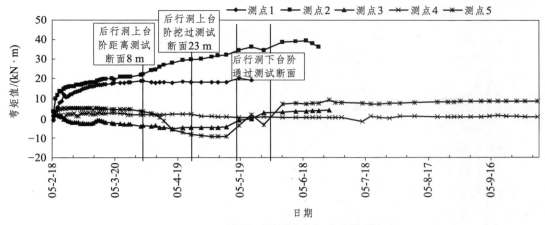

图 7.26　断面 2 钢支撑弯矩变化曲线

由图可见，断面 2 各测点指标的变化、发展趋势与断面 1 相近：测点 5 地中位移增长很大（图 7.23），围岩与初期支护的接触应力增长很大（图 7.24），钢支撑的轴力和弯矩有一定的变化（图 7.25 和图 7.26）。

2）先、后行洞开挖对拱顶围岩内部位移影响分析

在 4 个地表测点设多点地中位移计，分析量测数据，可掌握先、后行洞开挖引起的拱顶围岩内部位移，尤其是后行洞开挖对先行洞拱顶围岩的影响。

断面 1 和断面 2 地中位移测点布置如图 7.27 和图 7.28 所示。

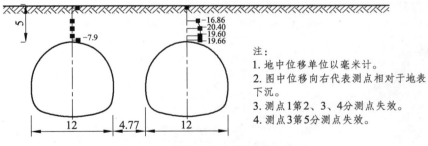

图 7.27　断面 1 地中位移测点布置

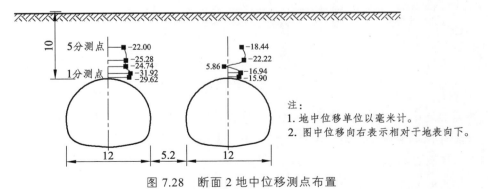

图 7.28　断面 2 地中位移测点布置

在 K17 + 434 处，先行洞拱顶测点 1 地中位移规律如图 7.29 所示。

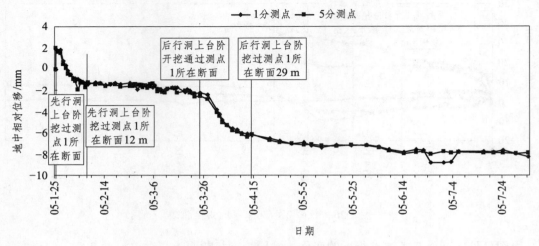

图 7.29 测点 1 地中位移变化曲线

测点 1 受后行洞开挖影响大于先行洞（测点 1 地中位移计在施工中遭到破坏，只有 1、5分测点保存下来）；地中位移主要发生在先后行洞开挖工作面挖过测试断面时，由于隧道开挖形成新的临空面，围岩通过变形位移释放应力，在实测数据上形成突变；当开挖工作面距离测试断面 1 倍洞径以上时，开挖对地中沉降影响减小；后行洞的开挖引起了先行洞拱顶围岩的下沉，其开挖过程也是对先行洞结构的加载过程。

在 K17 + 412 处，先行洞拱顶测点 2 地中位移规律如图 7.30 所示。

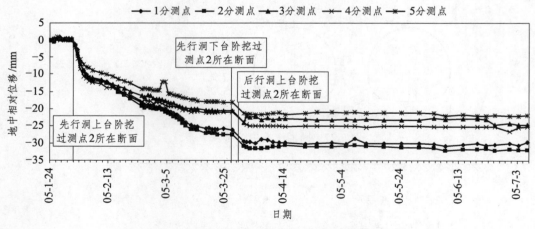

图 7.30 测点 2 地中位移变化曲线

由测点 2 地中位移可见，测点 2 地中位移主要发生在先行洞上台阶通过测试断面时；先行洞下台阶开挖对测点 2 的地中位移影响较小，表明采用台阶法开挖，控制地中沉降应把重点放在上台阶开挖阶段。

在 K17 + 429 处，先行洞拱顶测点 3 地中位移规律如图 7.31 所示。

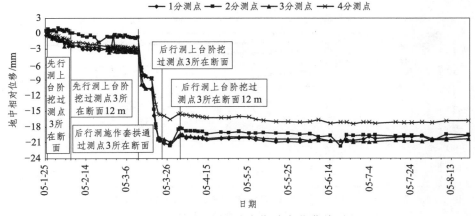

图 7.31　测点 3 地中位移变化曲线

由测点 3 地中位移可见，其地中位移主要发生在后行洞施作套拱和大管棚时，主要是施作套拱和大管棚对测点 3 造成了一定程度的扰动；后行洞开挖时对测点 3 的扰动很小，这是因为在大管棚施作后，减小、隔断了隧道开挖沉降向拱顶围岩的传递。

测点 1、测点 3 所在断面的中隔岩柱厚度为 4.77 m，埋深为 5 m，围岩级别为 V 级，综合分析可知，后行洞开挖引起了先行洞拱顶地中位移的增长。

测点 2、测点 4 所在断面处中隔岩柱厚度为 5.2 m，埋深为 10 m，围岩级别为 V 级，后行洞的开挖对先行洞的拱顶地中位移基本上没有影响。分析其原因，主要是通过采取对仰坡与中隔岩柱注浆加固以及后行洞大管棚进洞等工程措施改善了围岩的物理力学参数，明显减弱了后行洞开挖对围岩的二次扰动。

测点 2、测点 4 分别位于先、后行洞的拱顶上方，其围岩条件、埋深基本相同，但是测点 4 的最大地中位移为 25 mm，测点 2 的最大地中位移为 32 mm，大管棚在控制开挖沉降向地层深部围岩传递方面作用明显。

从开挖的空间效应来看，先行洞开挖对测点 2 影响的空间效应为测点前后 54 m，后行洞的开挖对测点 4 的空间效应只有 13 m。可见，大管棚加固围岩明显减小了开挖的空间效应。

3）先、后行洞开挖对地表沉降影响分析

图 7.32 和图 7.33 所示分别为地表沉降观测断面 1、断面 2 的各测点随开挖进程的变化曲线。

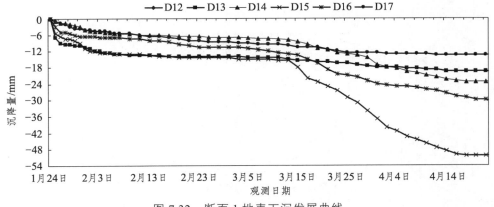

图 7.32　断面 1 地表下沉发展曲线

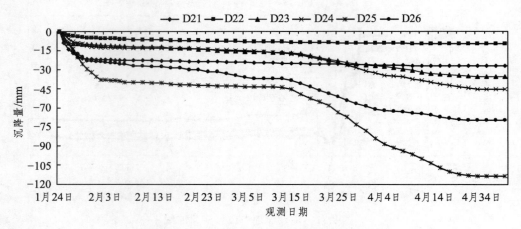

图 7.33　断面 2 地表下沉发展曲线

由上述两图可见，地表下沉受先、后行洞开挖的影响，其中，受后行洞的影响更大。地表沉降主要发生在隧道开挖工作面经过测试断面前后 1 倍洞径范围内，开挖工作面距离测试断面 2 倍洞径后对地表沉降的影响明显减弱。

图 7.34 和图 7.35 所示分别为地表下沉曲线，可见，后行洞一侧的地表位移明显大于先行洞一侧的地表位移。

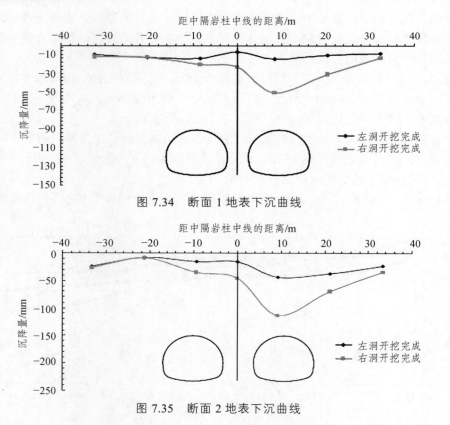

图 7.34　断面 1 地表下沉曲线

图 7.35　断面 2 地表下沉曲线

4）隧道支护体系受力分析

紫坪铺隧道支护体系受力监控量测包括了锚杆轴力、接触压力、钢拱架内力及二次衬砌内力几个项目。

系统锚杆受力和地中位移紧密相关，地中位移大的位置围岩变形大，锚杆受力也大。一般而言，地中位移为正值处，锚杆受拉；地中位移为负值处，锚杆受压。先行洞不同断面处地中位移和锚杆轴力如图 7.36 ~ 图 7.38 所示。

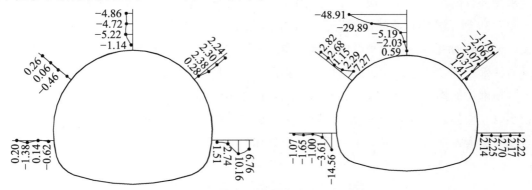

图 7.36　断面 1 地中位移和锚杆轴力

注：1. 单位以千牛计。2. 轴力正值代表拉力。

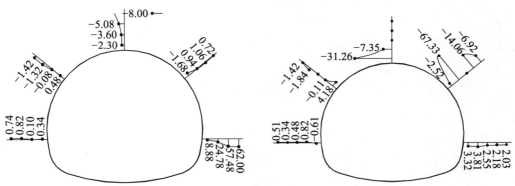

图 7.37　断面 2 地中位移和锚杆轴力

注：1. 单位以千牛计。2. 轴力正值代表拉力。

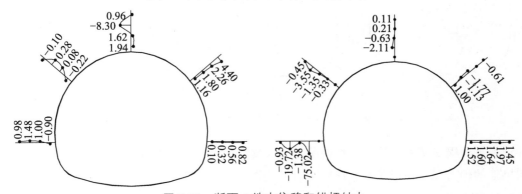

图 7.38　断面 4 地中位移和锚杆轴力

注：1. 单位以千牛计。2. 轴力正值代表拉力。

先行洞拱顶部分地中位移较小，且负值居多，表明拱顶部分的锚杆受力较小，且受压居多，锚杆没有起到应有的作用，这是因为拱部砂浆锚杆打设困难，采用传统的风动凿岩机很难按设计要求的位置和角度精确打设到位，且注浆困难，导致锚杆安装质量降低，未能实现设计意图。

拱腰部分的地中位移一般较大，且正值居多，表明拱腰部分的锚杆受力较大，且受拉居多。拱腰部分的锚杆发挥了应有作用，因此设计应充分重视拱腰部分砂浆锚杆的作用。

图 7.39 所示是先行洞断面围岩压力监控量测结果。由图可见，围岩对喷射混凝土的压力较大，证明喷射混凝土在承载及限制围岩变形方面发挥了重要作用。当隧道净距较小时，靠中隔岩柱部位围岩压力最大，如断面 1（净距 4.77 m）和断面 2（净距 6.63 m）；当净距较大时，拱顶部位的围岩压力最大，如断面 5（净距 13.14 m）和断面 6（净距 15.56 m）。故当净距较小时，应注意监控先行洞靠近中隔岩柱一侧的围岩压力，防止后行洞开挖时，中隔岩柱围岩压力过大，造成喷射混凝土层开裂甚至破坏。

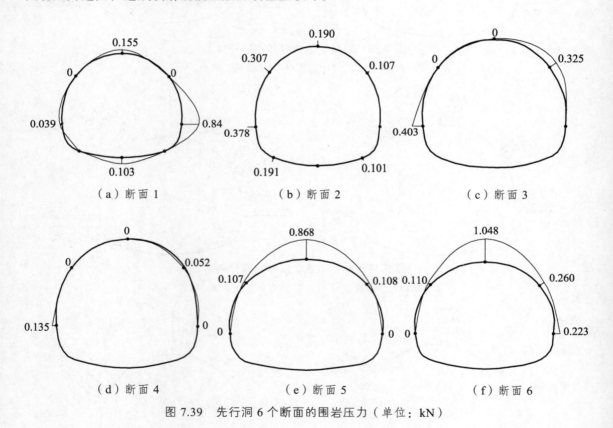

图 7.39　先行洞 6 个断面的围岩压力（单位：kN）

现场进行钢拱架受力测试，钢拱架轴力、弯矩如图 7.40、图 7.41 所示。根据图中 3 个断面钢拱架的轴力和弯矩值可知，钢拱架的承载作用明显，其中轴力较大、弯矩较小。设计时，设置钢拱架主要是为了加强初期支护早期抗弯刚度，但实测钢拱架弯矩很小，故可适当降低钢拱架抗弯刚度，如采用轻型的格栅钢拱架代替型钢拱架，增大钢拱架间距。

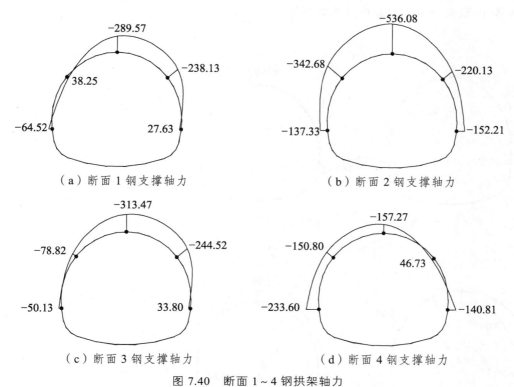

（a）断面 1 钢支撑轴力　　　　　（b）断面 2 钢支撑轴力

（c）断面 3 钢支撑轴力　　　　　（d）断面 4 钢支撑轴力

图 7.40　断面 1~4 钢拱架轴力

注：1. 单位以千牛计。2. 钢支撑轴力以受拉为正。

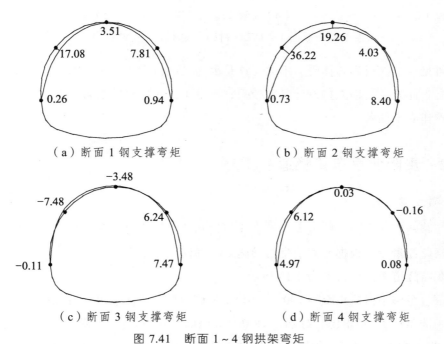

（a）断面 1 钢支撑弯矩　　　　　（b）断面 2 钢支撑弯矩

（c）断面 3 钢支撑弯矩　　　　　（d）断面 4 钢支撑弯矩

图 7.41　断面 1~4 钢拱架弯矩

注：1. 单位以千牛米计。2. 弯矩以洞内一侧受拉为正。

此处以断面 1~3 的监控量测数据为例，分析二次衬砌受力状态，如图 7.42、图 7.43 所示。

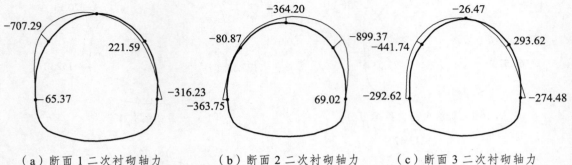

（a）断面 1 二次衬砌轴力　　　　（b）断面 2 二次衬砌轴力　　　　（c）断面 3 二次衬砌轴力

图 7.42　断面 1~3 二次衬砌轴力（单位：kN）

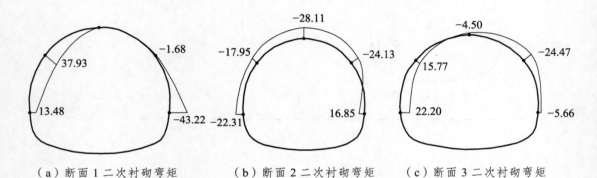

（a）断面 1 二次衬砌弯矩　　　　（b）断面 2 二次衬砌弯矩　　　　（c）断面 3 二次衬砌弯矩

图 7.43　断面 1~3 二次衬砌弯矩（单位：kN·m）

由图可见，二次衬砌总体受力不大，这是因为二次衬砌浇筑时，围岩与初期支护已经达到稳定状态。此外，初期支护设计参数较强，承受了绝大部分的围岩压力，二次衬砌受力基本上可以看作安全储备。

7.4.2　贵阳北京东路隧道

1. 监测方案

北京东路隧道埋深浅、跨度大，地表建筑物和地下管线对沉降控制要求较高，施工全过程必须严格监控量测，根据监测信息指导施工，确保工程安全。

北京东路隧道监测项目如表 7.19 所示。

以隧道过金狮小区段（K0+700~+915）为例对监控量测成果进行分析，该洞段依次穿越游泳池（洗车厂）、停车场、21 栋、18 栋、20 栋，同时隧道开挖影响到金狮小区幼儿园、24 栋、27 栋、28 栋等建筑，如图 7.44 所示。这一洞段典型监测断面布置如图 7.45 所示。

表 7.19 北京东路隧道监测项目

监测项目	监测仪器	监测目的
地质及初期支护状态观察	数码相机等	观察和记录地质状况和支护状态
地表及地下管线沉降	N2 精密水准仪、因钢尺	掌握隧道开挖对地表、地下管线的影响
周边建筑物沉降及倾斜	N2 精密水准仪、因钢尺	掌握隧道开挖对周边建筑物的影响
拱顶沉降	全站仪、反射片	掌握隧道施工中支护结构变形状态及趋势
水平收敛	全站仪、反射片	掌握隧道施工中支护结构变形状态及趋势
初期支护围岩压力	VW-1 型频率接收仪压力盒	掌握结构内部受力状况
地中沉降	ZX-610C 多点沉降计	掌握隧道施工过程周围土体的位移状况
隔离桩桩体水平位移	测斜仪、测斜管	掌握桩体水平位移状况及趋势

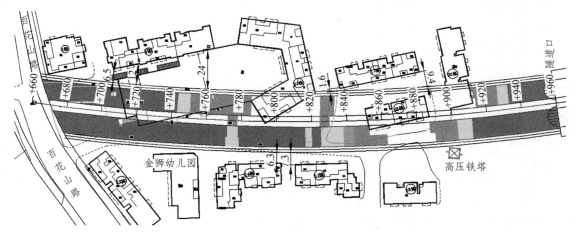

图 7.44 北京东路隧道 K0 + 700 ~ + 915 平面

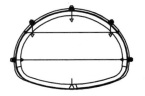

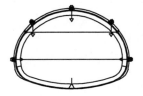

监测项目	测点标识
钢筋计	
压力盒	
应变计	
水平收敛	
拱顶下沉	
地表沉降	
仰拱沉降	

监 测 图 例

图 7.45 北京东路隧道典型监测断面布置

依据监测对象和监测内容，确定相应的监测控制标准，具体如下：

1）地面沉降控制标准

在周围环境允许的情况下，地面沉降累计值不应大于 30 mm，沉降速率≤3 mm/d。

2）建筑物沉降控制标准

桩基础建筑物允许最大沉降值不应大于 10 mm，天然地基建筑物允许最大沉降值不应大于 30 mm，沉降速率小于 2 mm/d。

3）地下管线控制标准

承插式接头的铸铁水管、钢筋混凝土水管两个接头之间的局部倾斜率不应大于 0.002 5，采用焊接接头的水管两个接头之间的局部倾斜率不应大于 0.006，采用焊接接头的煤气管两个接头之间的局部倾斜率不大于 0.002。管线绝对沉降不应大于 30 mm。相应的地表沉降按上述相应管线的标准进行控制。

4）隧道内拱顶沉降

拱顶沉降变形累计沉降值不应大于 30 mm，沉降速率≤5 mm/d。

5）应力监测控制基准

应力监测安全判别标准如表 7.20 所示。

表 7.20　应力监测安全判别标准

监测项目	安全性判别			
	判别标准	危险	警戒	安全
围岩压力	F_1 = 设计压力/实测压力	$F_1<0.8$	$0.8<F_1<1.2$	$F_1>1.2$
钢筋内力	F_5 = 容许内力/实测内力	$F_5<0.8$	$0.8<F_5<1.0$	$F_5>1.0$

除表 7.20 的安全判别标准外，还可采取如下判别标准：取控制标准的 70% 作为安全预报值，取控制标准的 85% 作为预警值，取控制标准的 90% 作为报警值；安全预报值和预警值之间为安全预警阶段，预警值和报警值之间为安全警戒阶段，报警值和极限值之间为险情警戒阶段。

根据警戒值的划分将隧道监测管理分为四级，如表 7.21 所示。

表 7.21　安全监测分级管理体系

级别	阶段	监测标准	监控措施	施工对策
I	正常监测	测量值<安全预报值	定时监测和报告	按原方案进行
II	安全预警阶段	安全预报值<测量值<预警值	发安全预报；检查、复测；分析主要原因	提出并落实现场重点注意事项；强化现场检查；增加辅助措施
III	安全警戒阶段	预警值<测量值<报警值	强化监测，加强观察；分析主要原因；复核险情警报标准；发安全警报；	开挖工作面喷混凝土，打锚杆；施作超前强支护和注浆堵水；缩短进尺，优化施工工序；调整施工方案
IV	险情警戒阶段	测量值>报警值	发险情警报；其余同上	封闭掌子面，停止开挖，洞内和地表作紧急加固处理；其他应急措施

2. 监控量测数据分析

1）地表沉降监测

地表沉降采用水准抄平方法，采用精密水准仪和铟钢尺，在线路外相对基准点设站观测进口浅埋段拱顶地表沉降情况。

隧道岩质洞段有代表性的地表沉降曲线如图 7.46 ~ 图 7.48 所示，土质洞段有代表性的地表沉降曲线如图 7.49 ~ 图 7.51 所示。

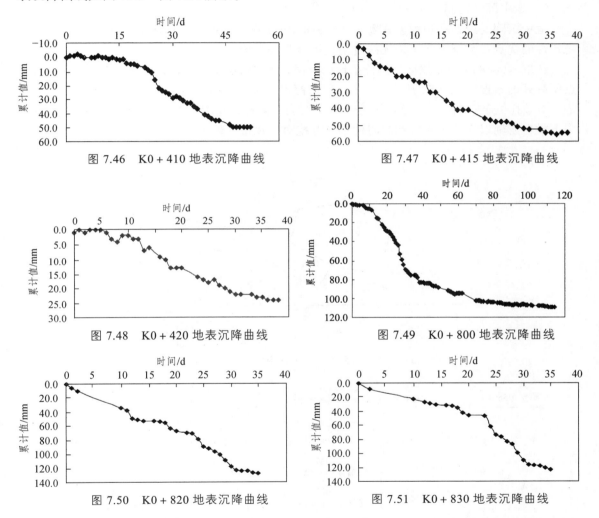

图 7.46　K0 + 410 地表沉降曲线　　　　图 7.47　K0 + 415 地表沉降曲线

图 7.48　K0 + 420 地表沉降曲线　　　　图 7.49　K0 + 800 地表沉降曲线

图 7.50　K0 + 820 地表沉降曲线　　　　图 7.51　K0 + 830 地表沉降曲线

岩质洞段沉降曲线表明，地表沉降累计值逐渐增大，但总体呈收敛形态，最终趋于稳定，一般为 2.5 ~ 5 cm。

土质洞段沉降曲线表明，地表沉降持续时间长且累计沉降量较大，即使到了后期，沉降曲线依然不收敛，隧道结构有失稳的风险。K0 + 800 断面的地表沉降，持续到后行洞的二次衬砌施作完成才稳定（监测开始后第 70 天）。土质洞段监测断面的累计沉降量一般在 10 cm以上，最大的达 12.77 cm（K0 + 820 里程），说明在浅埋土质洞段，仅靠初期支护很难完全承受拱顶水土荷载和地表附加荷载并保持稳定，必须尽快施作二次衬砌。

由于隧道埋深浅，地质条件差，即使采取了极强的超前加固措施，控制地表沉降效果依然不明显。无论是岩质洞段还是土质洞段，沉降量均远远大于控制指标。根据监控量测数据的反馈，后期的施工中进一步加强了工程措施：在超前加固方面，增加了地表注浆加固措施；在结构支护方面，增加了扩大拱脚措施；在环境控制方面，对建筑物采取了袖阀管定域注浆加固措施；在施工组织方面，缩短了二次衬砌到开挖工作面的步距，尽快施作二次衬砌，让二次衬砌参与受力，确保工程结构和周边建筑安全。

2）地中沉降监测

地中沉降通过钻孔预埋方式安装 ZX-610C 型多点位移计，它具有高灵敏度、高精度、高稳定性的优点；数据采集采用无线自动化综合测试系统。

选取 K0+835 断面数据为例分析地中沉降，该监测断面平面布置如图 7.52 所示。地中多点位移计的布设如图 7.53 所示，2 号孔位监测点位于左洞中心线上，3 号孔位于线路中心线上，4 号孔位于右洞中心线上，5 号孔位于右洞右侧开挖轮廓线外 1 m 位置，以掌握采取上中下微台阶辅以部分中隔墙和临时仰拱法开挖对拱顶覆土地中沉降的影响。

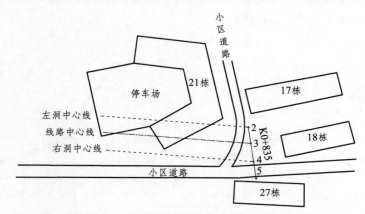

图 7.52　K0+835 断面地中多点位移计平面布设示意

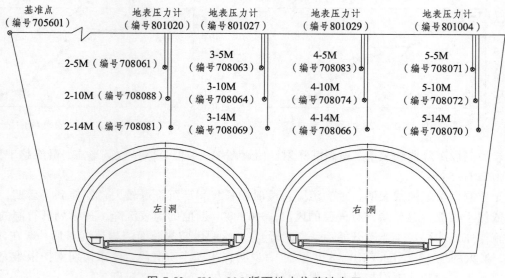

图 7.53　K0+835 断面地中位移计布置

监测期间，先行洞上台阶左、右导洞开挖里程范围分别为 K0 + 813 ~ + 835、K0 + 825 ~ + 848，基本处于监测断面前后 1 倍洞径范围内。后行洞上台阶左、右导坑开挖里程范围分别为 K0 + 718 ~ + 738、K0 + 726.5 ~ + 744。左右洞开挖工作面距离在 5 倍洞径以上。K0 + 835 监测断面各孔位的地中沉降变化曲线如图 7.54 ~ 图 7.57 所示，其地中沉降变化速率曲线如图 7.58 ~ 图 7.61 所示。

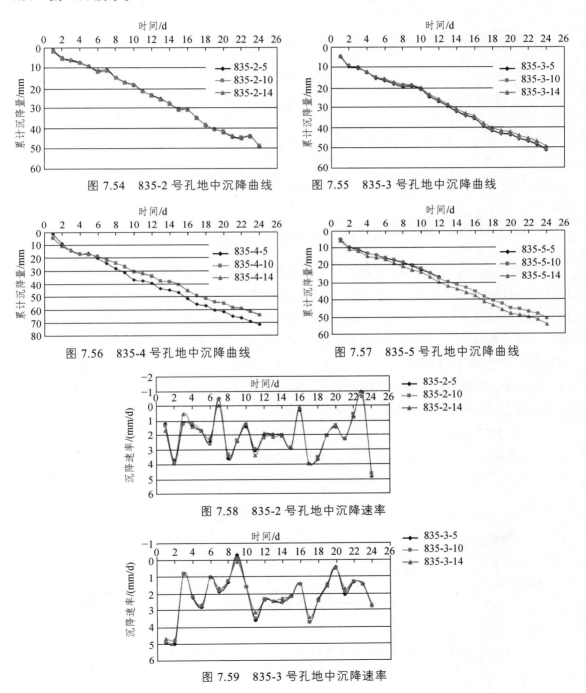

图 7.54　835-2 号孔地中沉降曲线

图 7.55　835-3 号孔地中沉降曲线

图 7.56　835-4 号孔地中沉降曲线

图 7.57　835-5 号孔地中沉降曲线

图 7.58　835-2 号孔地中沉降速率

图 7.59　835-3 号孔地中沉降速率

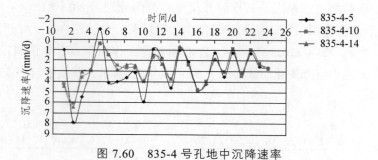

图 7.60　835-4 号孔地中沉降速率

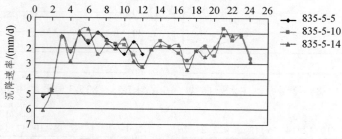

图 7.61　835-5 号孔地中沉降速率

从图 7.54～图 7.61 可见，开挖工作面经过监测断面前后 1 倍洞径范围时，各孔位地中沉降增长幅度大，普遍在 5～7 cm，这和地表沉降监测数据吻合。除初始阶段外，浅层和深层的地中沉降速率表现为基本一致，说明由于埋深浅，拱顶覆土发生了整体沉降，浅层和深层地中沉降出现同步一致的规律和特点，洞内开挖引发的变形位移，直接反映到了地表。在监测断面处，中隔岩柱宽度为 2 m 左右，2 号孔和 5 号孔基本上都位于隧道开挖轮廓线外 1 m 处，在地质、埋深等条件相同的情况下，二者沉降规律却表现出较大的差异性，这与 5 号孔旁边的第 27 栋建筑物对隧道形成偏压有一定的关系。

3）拱顶沉降监测

隧道岩质洞段有代表性的拱顶沉降变化曲线如图 7.62～图 7.65 所示。

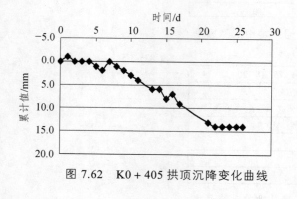

图 7.62　K0＋405 拱顶沉降变化曲线

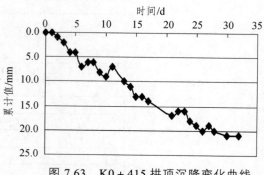

图 7.63　K0＋415 拱顶沉降变化曲线

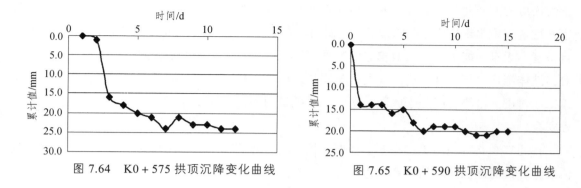

图 7.64　K0 + 575 拱顶沉降变化曲线　　　　图 7.65　K0 + 590 拱顶沉降变化曲线

由图可见，拱顶下沉累计值随时间推移趋于稳定，达到一个最大累计沉降量，为 2 cm 左右。出口段（K0 + 575 和 K0 + 590 处）拱顶沉降量在开挖初始阶段比进口段（K0 + 405 和 K0 + 410 处）拱顶沉降量要大，是由于出口段围岩极度破碎，处于软硬交互地层，围岩自身稳定能力较差，受前方开挖工作面的爆破扰动影响更为严重。

隧道土质洞段有代表性的拱顶沉降变化曲线如图 7.66 ~ 图 7.69 所示。

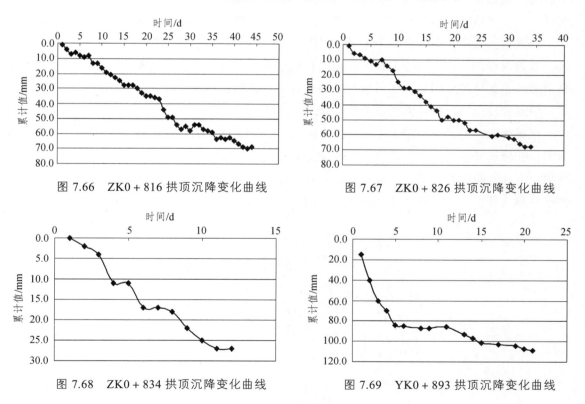

图 7.66　ZK0 + 816 拱顶沉降变化曲线　　　　图 7.67　ZK0 + 826 拱顶沉降变化曲线

图 7.68　ZK0 + 834 拱顶沉降变化曲线　　　　图 7.69　YK0 + 893 拱顶沉降变化曲线

由图可见，隧道穿越金狮小区段的地质为土层，进口段（ZK0 + 789 ~ ZK0 + 834）的拱顶最大沉降量达 7 cm，出口段（YK0 + 878、YK0 + 893）的拱顶最大沉降量达 10.9 cm。进口段的拱顶沉降最终趋于稳定，出口段的拱顶沉降量则持续增大，主要是由于出口段洞顶覆土为松散黏土及建筑垃圾，自身抗剪切强度非常低，基岩覆土界面呈陡倾斜坡体，斜坡在隧道开挖过程中出现一定了蠕滑变形，且洞内渗水量大，黏土遇水浸泡后出现软塑至流塑状态，自身基本无自稳能力。结合监控量测数据预警，迅速采取了如下工程应急处治措施：在洞外对斜坡体施作锚杆、挂钢筋网喷混凝土支护，地表钻孔注浆；洞内暂停工作面开挖，加紧施作二次衬砌。最终沉降趋于收敛、稳定。监控量测工作有效指导了施工作业，切实保障了工程安全。

在北京东路隧道施工过程中，根据监控量测适时调整施工方法和加固方案，及时采取处治措施，这对确保工程结构和周边环境安全起到了重要的作用。

7.4.3　济南顺河高架玉函路隧道

1. 监测方案

济南顺河高架玉函路隧道位于城市主干道玉函路正下方，玉函路交通流量大，施工期间不断道。隧道全洞段埋深极浅，两洞间净距小，地表建构筑物和地下管线密集。为确保工程安全，必须严格控制施工过程中的地表沉降，为此，施工中采取了严格的监控量测方案。

以进口段为例，围岩级别为Ⅴ级，埋深为 4~6 m，围岩岩体长期风化，普遍较破碎，节理、裂隙发育，且局部岩溶发育，在地勘钻探过程中漏水，围岩自稳能力较差，隧道开挖时易引起地表沉降甚至坍塌。该段监控量测项目主要包括：地表沉降、隧道拱顶下沉、水平收敛、中隔岩柱应变及拱顶围岩压力监控量测。

在里程 K0 + 860 ~ + 990 之间，每 10 m 设置一个监测断面，共 14 个监测断面，如图 7.70 所示；在隧道开挖范围内，每个监测断面地表设置 5 个监测点，分别设置在左洞外侧、左洞拱顶上方、道路中心线上方、右洞拱顶上方和右洞外侧，如图 7.71 所示，该洞段主要采用单侧壁导洞法开挖，施工断面监测点布置如图 7.72 所示。

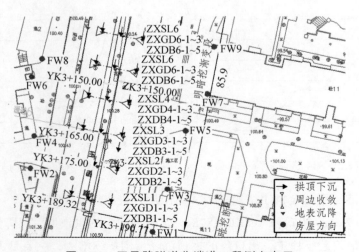

图 7.70　玉函路隧道北端进口段测点布置

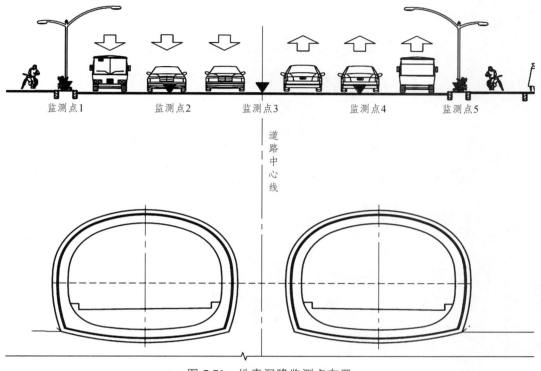

图 7.71   地表沉降监测点布置

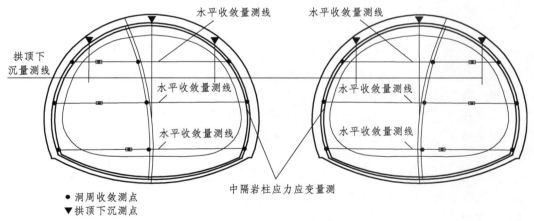

图 7.72   监测断面布置

2. 监测数据分析

1）地表沉降监测分析

本部分以监测断面 K0 + 942 和 K0 + 953 监测数据为例进行分析。图 7.73 所示为监测断面 K0 + 942 地表沉降曲线。各测点的地表沉降随时间逐渐增大，最后趋于平稳。2 号和 4 号测点沉降值明显大于其他点测值，此两处测点位于左右洞正上方，受隧道开挖影响最大。5 号测点部分沉降值为负，即出现地表隆起，这是由于 5 号测点位于监测区域的边缘，当隧道上方区域整体下沉时，由于拱效应，两端可能会发生微隆起现象。

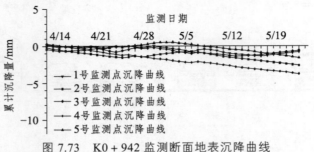

图 7.73　K0 + 942 监测断面地表沉降曲线

图 7.74 和图 7.75 所示分别为监测断面 K0 + 953 和 K0 + 942 的最终地表沉降。

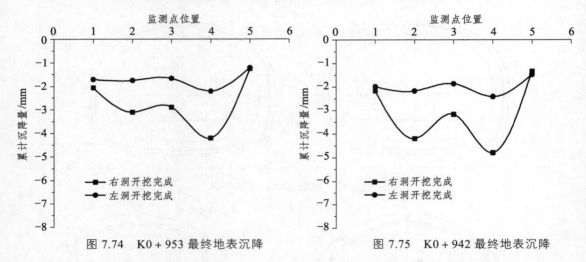

图 7.74　K0 + 953 最终地表沉降　　　　　图 7.75　K0 + 942 最终地表沉降

可见，左右洞开挖完成后，两个监测断面的地表沉降均近似呈"双槽形"分布，即左右洞室正上方沉降大，两侧沉降小。其中，后行洞地表沉降值较先行洞地表沉降值大，这是后行洞开挖时，其上方围岩已受先行洞开挖扰动，强度降低，导致累计沉降值较大。隧道开挖前采取了极强的预注浆加固措施，围岩力学性质及自稳性得到明显改善，故地面整体沉降可控。

2）洞内变形监测分析

此处选取监测断面 K0 + 942 和 K0 + 953 的左洞拱顶下沉和周边收敛数据进行分析，其曲线图如图 7.76 和图 7.77 所示。

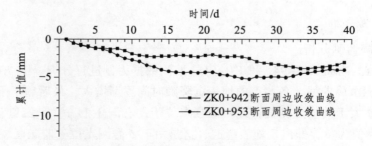

图 7.76　拱顶下沉变化曲线

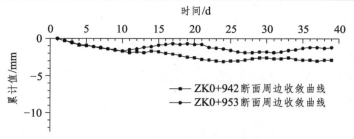

图 7.77　洞周收敛变化曲线

由图可见,初期隧道拱顶下沉值较后期增长快,近似呈线性增长。隧道在监测断面 K0 + 953 的拱顶下沉值在监测后第 15 天达到 4.2 mm,当右洞开挖完成时,拱顶下沉值趋于稳定,累计变形量最大为 5.1 mm,沉降速率最大为 0.5 mm/d,小于 30 mm 和 3 mm/d 的安全控制值,说明综合超前加固措施取得了较好的效果。

在监测初期,隧道洞周收敛值较小,随时间推移,收敛值开始逐渐增大;在监测的第 20 天时右洞开挖完成,洞周收敛趋于稳定、收敛。隧道在监测断面 K0 + 942 的洞周收敛值在第 24 天达到最大值 3.1 mm,收敛速率最大为 0.4 mm/d,小于 30 mm 和 3 mm/d 的安全控制值。左洞开挖支护后,洞内变形速率不大,累计变形量不大,围岩与支护结构基本稳定。

3)中隔岩柱应变分析

中隔岩柱监测点布置在隧道边墙起拱线位置,以监测断面 K0 + 942 为例,监测点 1(右洞)及监测点 2(左洞)的应变时程曲线如图 7.78 所示。

如图所示,在监测前期中隔岩柱两侧的应变相反,岩柱右侧为压应变、左侧为拉应变(图中正值为压应变、负值为拉应变),反映中隔岩柱处于偏心受压状态。随着开挖工作面向前推进,岩柱拉应变不断减小至 0,而后全为压应变,即中隔岩柱由偏心受压转变为正常受压状态。但整体而言,在对中隔岩柱采取了综合加固等措施后,中隔岩柱力学性质得到明显改善,内部整体应变在可控范围。

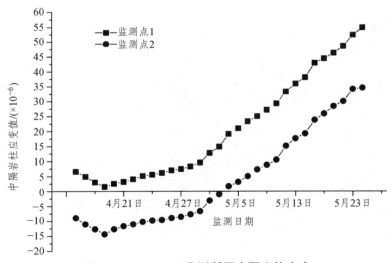

图 7.78　K0 + 942 监测断面中隔岩柱应变

第 8 章　特殊型式小净距隧道工程案例

小净距隧道受力复杂，通常多设计为左右洞对称，有利于克服受力不平衡的问题。但在特殊情况下，也有设计为非对称型式小净距隧道的。

8.1　厦门万石山钟鼓山地下互通立交隧道群

8.1.1　工程概况

厦门万石山钟鼓山地下互通立交隧道群位于厦门市思明区，由万石山隧道出口左右线，钟鼓山隧道 A、B 洞及 A、B、C 三条匝道等 7 条隧道组成，是国内首座地下互通立交隧道群工程，含大断面隧道、小净距隧道、连拱隧道、立交下穿隧道（两层隧道之间最薄处仅 0.45 m）等结构型式，单洞最大开挖宽度为 26.4 m，最大开挖高度为 15.4 m，小净距段中隔岩柱最小厚度仅 1.42 m。

万石山钟鼓山地下互通立交隧道群工程结构型式繁多，施工工序复杂，通过分段扩大的方式实现平面分岔和并线功能，从大跨结构到不对称连拱结构，再到小净距结构，从普通隧道开挖到既有隧道扩挖改造，既有平面分岔结构，又有上下交叉结构等，几乎覆盖了目前山岭隧道所有的结构型式。

隧道群工程平面如图 8.1 所示，立交效果如图 8.2 所示。

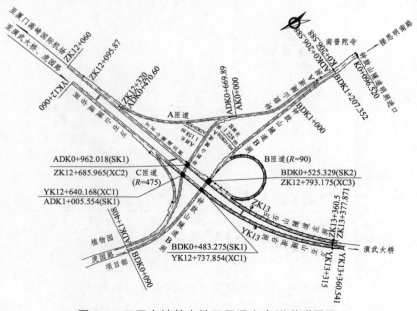

图 8.1　万石山钟鼓山地下互通立交隧道群平面

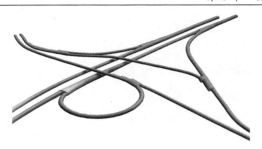

图 8.2   万石山钟鼓山隧道群立交效果

新建万石山隧道地层结构简单，覆盖层较薄，除表层局部有少量填筑土和残积亚黏土外，主要为燕山晚期花岗岩不同风化层。隧道出口为全风化—强风化花岗岩，洞口穿越围岩以碎块状强风化花岗岩为主，顶部有残积亚黏土，穿越 F_8 断层，岩体裂隙发育。隧道洞身围岩由侵入岩构成，为微、弱风化花岗岩，围岩等级分别为 Ⅱ、Ⅲ、Ⅳ、Ⅴ 级。工程穿过 F_{14}、F_{27}、F_{30}、F_{31}、F_5、F_6、F_{32}、F_7、F_8、F_{33}、F_{34} 断层，在断层破碎带处，结构面多为碎石、残积亚黏土矿物弱胶结。残积亚黏土具有浸水易崩解、强度降低的特征。断层走向多与隧道轴线呈大角度相交，倾角较陡，其中，F_4、F_8 断层对隧道施工影响较大。表 8.1 所示为万石山隧道围岩分布情况。

表 8.1   万石山隧道围岩级别

单位工程名称		各级围岩长度/m				
		Ⅱ、Ⅲ	Ⅳ	Ⅴ	断层破碎带	合计
万石山隧道	左线	703.81	225.26	336.08	35	1 300.15
	右线	800	165	135	150	1 250
匝道	A	251.99			65	316.99
	B			228.21	60	288.21
	C			49.83	20	69.83

既有钟鼓山隧道洞身穿越燕山晚期黑云母中粒花岗岩，软弱围岩主要集中在洞口。隧道构造以扭性断层为主，构造裂隙多呈闭合状，间隙小，透水、储水性能差。表 8.2 所示为钟鼓山隧道围岩分布情况。

表 8.2   钟鼓山隧道围岩级别

单位工程名称		各级围岩长度/m				合计
		Ⅱ、Ⅲ	Ⅳ	Ⅴ	断层破碎带	
钟鼓山隧道	A 线	455.98	219.24	38.38	31.62	1 158
	B 线	529.9	316	33	150	1 228
	线别	原隧道施工坍方		衬砌后坍方		
	A 线	5 处共 80		5 处共 150		
	B 线	7 处共 108				

隧道群位于城市区域，南有厦门大学、南普陀寺和老干局，北有老年活动中心和国家4A级风景区——万石植物园。

隧道群区域地下水主要接受大气降水的下渗补给，地下水总体水量不大。洞内弱风化花岗岩一般呈淋湿状态，有渗透水、滴水现象，局部断裂带富水性相对较好，偶有成股水流涌出，局部水量较大。地表水不发育，流域面积小，流程短，坡降大，丰枯水季节流量悬殊。

8.1.2 小净距洞段施工

1. 小净距洞段施工方案

小净距洞段位于互通立交隧道群匝道与主线分离或合并的过渡段，包括万石山隧道新开匝道大断面和钟鼓山隧道扩挖匝道处，如图8.3～图8.5所示。

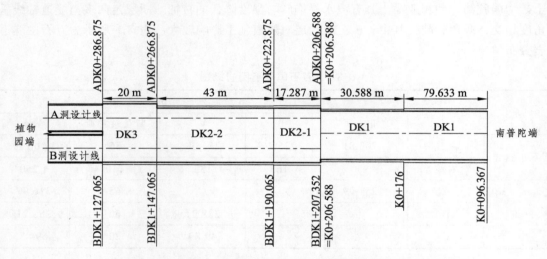

图 8.3　钟鼓山隧道 A、B 洞小净距并线段平面布置

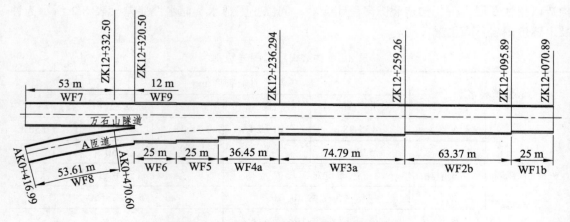

图 8.4　万石山新开匝道小净距段平面布置

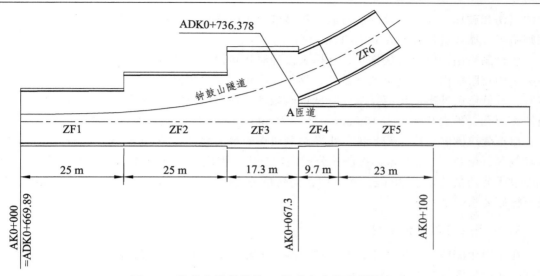

图 8.5　钟鼓山隧道扩挖 A 匝道小净距段平面布置

非对称小净距隧道施工会引起隧道偏压，工序选择和施工方法尤为重要。基于现场地质条件，结合理论分析和数值仿真，确定小净距段总体方案如下：先施工断面较小洞室，再施工断面较大洞室，更利于围岩及洞室结构稳定，故先开挖断面较小的匝道，后施工断面较大的主洞隧道，如图 8.6 所示。净距<4.5 m 时，先行洞采用台阶法施工，后行洞采用正侧壁导坑法开挖；4.5 m≤净距<12 m 时，先行洞采用全断面法开挖，后行洞采用正侧壁导坑法开挖；净距≥12 m 时，双洞均采用全断面法开挖。

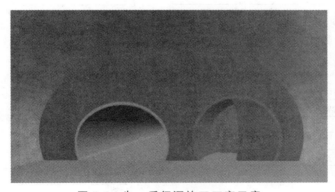

图 8.6　先、后行洞施工工序示意

开挖后立即施作初期支护，及时控制围岩塑性区发展。主洞和匝道初期支护如下：$\phi 22$ 砂浆锚杆，间距为 120 cm（纵）×100 cm（环），$l = 300$ cm；$\phi 6.5$ 钢筋网，网格间距为 20 cm×20 cm；25 cm 厚 C20 喷射混凝土；I20b 型钢，间距为 80 cm；预留变形量 5 cm，二次衬砌为 45 cm 厚 C25 混凝土。中隔岩柱位置采用间距为 100 cm（纵）×100 cm（高）的预应力对拉锚杆进行加固。

2. 小净距洞段控制爆破

万石山隧道匝道与主洞为非对称小净距隧道，中隔岩柱厚仅 1.42 m，必须控制爆破对围岩的损伤和破坏，尤其是控制后行洞开挖爆破对中隔岩柱的损伤，采用"短进尺、弱爆破"原则施工，循环进尺控制在 0.5 ~ 1 m。

后行洞采用侧壁导坑法施工，在爆破设计时将掏槽孔位置设置于拱部，远离中隔岩柱；爆破采用直眼掏槽，通过增加爆破孔，缩小孔间距、减少单段装药量；采用不耦合装药结构爆破，减低爆破冲击波峰值，从而降低爆破振动；在后行洞沿中隔岩柱一侧开挖轮廓线位置施钻预裂孔，预裂孔间距为 100 mm、孔径为 50 mm，在开挖轮廓线上形成预裂面。

根据隧道围岩情况，初步拟定小净距洞段爆破最大允许振速为 10 cm/s。通过 15 次现场爆破监测，记录 70 组数据，按萨氏公式回归分析，得出 $K = 101.64$，$\alpha = 1.81$，推导出最大允许单段装药量控制在 20 kg。实测中，当药量为 19.6 kg 时，最大振速为 7.885 cm/s，满足振速控制要求。

3．小净距洞段监控量测

在小净距洞段施工过程中，严格控制围岩沉降变形，匝道（先行洞）、主洞（后行洞）拱顶沉降曲线如图 8.7 和图 8.8 所示。

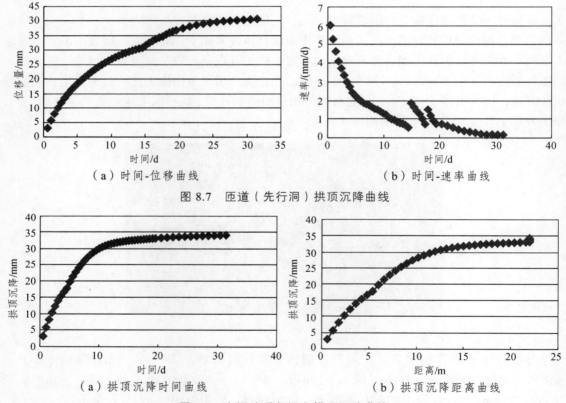

（a）时间-位移曲线　　　　　　　（b）时间-速率曲线

图 8.7　匝道（先行洞）拱顶沉降曲线

（a）拱顶沉降时间曲线　　　　　　（b）拱顶沉降距离曲线

图 8.8　主洞（后行洞）拱顶沉降曲线

从时间-位移曲线可见，匝道（先行洞）拱顶沉降随时间逐渐趋缓，20 d 后趋于稳定、收敛；从时间-速率曲线可见，先行洞沉降速率受后行洞开挖影响严重。在监测断面处，主洞（后行洞）左侧壁导坑开挖会引起匝道（先行洞）沉降突变，且突变量较大；右侧壁导坑施工时发生第二次突变，突变量相对较小。随着后行洞支护完成，先行洞拱顶沉降速率趋于稳定。

后行洞拱顶沉降曲线相对简单，开挖 15 d 即趋于稳定，此时距先行洞开挖面约 15 m 左右。

两开挖工作面的合理距离对隧道变形量也有一定影响。监测数据表明，在先行洞变形趋于稳定但还未完全稳定时，施工后行洞左侧壁导坑，整体变形量最小。此时，两洞开挖工作面距离 12 ~ 15 m。后续小净距洞段施工时，均按两洞开挖工作面距离 15 m 组织，沉降控制效果良好。

8.1.3　控制爆破

万石山钟鼓山地下互通立交隧道群处于厦门市中心区域，立交北端隧道边界距万石娱乐城 16.4 m，南端隧道边界距老干局 6 层楼房仅 13 m，东端隧道边界距龙洲公寓 15 m。其上大部分建筑物为砖混结构，对控制爆破施工提出了较高要求。

为确保地表建筑物安全，拟采用微振控爆开挖。减振控爆综合措施如下：增加非电毫秒延期雷管段位控制同段最大药量，增加爆破自由面，采用干扰爆破，优化掏槽型式和周边孔装药起爆结构等。通过爆破试验，分析爆破振动强度、地震波在本隧道环境下的变化规律，调整爆破参数，优化爆破设计，将振速控制在 1.5 cm/s 以内。

1. 爆破设计

根据隧道地质及施工条件，采用全断面或台阶分部开挖法，每部又分多次爆破，普通洞段循环进尺控制在 2 m 以内，毗邻建筑物洞段循环进尺控制在 1 m 以内，控制爆破规模。

爆破设计总体原则为：侧导洞部掏槽孔位尽量布置在远离建构筑物一侧，炮孔按浅密原则布置，控制单孔装药量和单段装药量；通过增加非电毫秒延期雷管段位控制同段最大药量；开挖断面周边孔间设直径为 50 mm 的减振空孔，预留光爆层。

以振速 2 cm/s 为控制标准，采用萨氏公式反算各部分允许单段用药量，进行爆破试验，以取得合理的爆破参数。

1）孔网参数设计

本工程采用理论计算、工程类比与现场试爆相结合的方法确定爆破参数。

炮孔深度根据循环进尺、爆破部位不同进行调整，一般为 1.0 ~ 2.0 m。炮孔直径采用 42 mm，每次开挖爆破断面面积为 80 ~ 100 m²，单位面积钻孔数为 1.5 个（未包括光面爆破孔）。

掏槽设计采用空孔双层复式楔形混合掏槽，掏槽孔布置于侧壁导洞上部及全断面的中下部。

周边孔布置采用经验公式和工程类比法确定，按炮孔间距 $E =（8 ~ 12）d$（d 为炮孔直径）、抵抗线 $W =（1.0 ~ 1.5）E$ 设计；采用隔孔装药，炮孔间距为 25 cm，炮孔直径为 42 mm。

类似工程地质的装药集中度 $q = 0.1 ~ 0.15$ kg/m，由于炮孔间距为 25 cm，且为隔孔装药，因此设计装药集中度取最小值 $q = 0.1$ kg/m。

采用炮泥（$m_砂 : m_{黏土} : m_水 = 3 : 1 : 1$）作为炮孔堵塞材料，堵塞长度不小于 20 cm。要求堵塞密实，不能有空隙或间断。

2）爆破器材选择

炸药采用二号岩石硝铵炸药，周边孔采用 $\phi 25$ 小药卷，其他炮孔采用 $\phi 32$ 标准药卷。

雷管：孔外采用火雷管起爆，连接件及孔内均采用非电毫秒雷管（1～17 段）。为避免爆破时冲击波叠加，选择非电毫秒雷管时，选用时差间隔在 75 ms 以上的各段雷管。

火雷管采用导火索引爆，采用导爆索传爆。

3）装药结构和连线

掏槽孔和底板孔采用反向起爆，周边孔采用间隔不耦合装药。为保证每个周边孔内炸药同时起爆，使用导爆索连接各药卷。

采用雷管分段控制和孔外微差爆破相结合的方法，减少单段起爆药量和起爆次数。Ⅳ级围岩爆破设计分别如图 8.9 和表 8.3 所示。

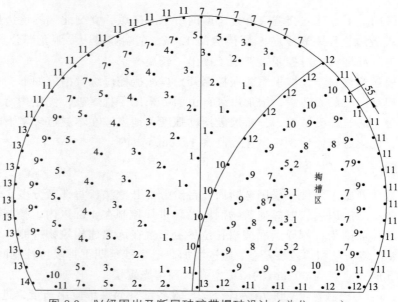

图 8.9　Ⅳ级围岩及断层破碎带爆破设计（单位：cm）

表 8.3　Ⅳ级围岩及断层破碎带爆破设计

开挖部位	序号	炮孔名称	炮孔深度/m	炮孔数量	雷管段别	炸药直径/mm	装药量/kg 单孔	装药量/kg 合计	导爆索长度/m 单孔	导爆索长度/m 合计	堵塞长度/m	装药结构
Ⅰ	1	掏槽孔	1.0	4	1，2	φ32	0.6	2.4	1.2	4.8	0.2	连续
	2	掏槽孔	1.85	4	3，5	φ32	1.4	5.6	2.0	8	0.2	连续
	3	掏槽孔	1.65	4	7	φ32	1.2	4.8	1.8	7.2	0.2	连续
	4	掘进孔	1.5	31	7～12	φ32	0.9	27.9	1.6	49.6	0.2	连续
	5	底板孔	1.5	8	11～13	φ32	1.0	8.0	1.6	12.8	0.2	连续
	6	内圈孔	1.5	9	9～12	φ32	1.0	9.0	1.6	14.4	0.2	连续
	7	周边孔	1.6	13	11	φ25	0.3	3.9	1.6	20.8	0.2	间隔
Ⅱ	1	掘进孔	1.5	43	1～5	φ32	0.9	38.7	1.6	68.8	0.2	连续
	2	内圈孔	1.5	18	3、5、7、9	φ32	1.0	18.0	1.6	28.8	0.2	连续
	3	周边孔	1.5	27	7、11、13	φ25	0.3	8.1	1.6	43.2	0.2	间隔
	4	底板孔	1.6	6	2、3、7、11、14	φ32	1.2	7.2	1.6	9.6	0.2	连续

Ⅱ级围岩全断面爆破设计如图 8.10 和表 8.4 所示。

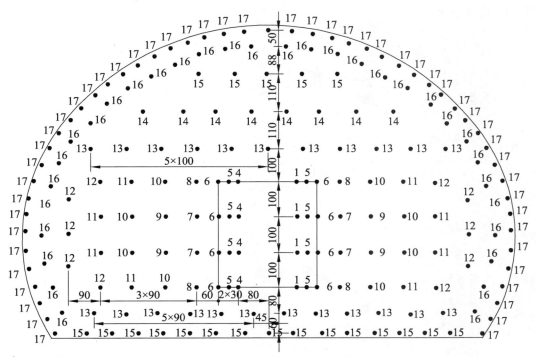

图 8.10 Ⅱ级围岩全断面开挖爆破设计（单位：cm）

表 8.4 Ⅱ级围岩全断面开挖爆破设计

开挖部位	序号	炮孔名称	炮孔深度/m	炮孔数量	雷管段别	炸药直径/mm	装药量/kg		导爆索长度/m		堵塞长度/m	装药结构
							单孔	合计	单孔	合计		
全断面	1	掏槽孔	1.6	8	1、4	φ32	1.05	8.4			0.2	连续
	2	掏槽孔	2.65	8	5	φ32	1.65	13.2			0.2	连续
	3	掏槽孔	3.5	8	6	φ32	2.4	19.2			0.3	连续
	4	扩槽孔	3.4	8	7、8	φ32	2.4	19.2			0.3	连续
	5	掘进孔	3.3	64	9~15	φ32	2.1	134.4			0.3	连续
	6	内圈孔	3.3	32	16	φ32	2.1	67.2			0.3	连续
	7	周边孔	3.3	49	17	φ32	0.35	17.15	3.3	161.7	0.1	间隔
	8	底板孔	3.3	17	15、17	φ32	2.4	40.8			0.1	连续
	9	小计		194				319.55				

2. 爆破振动测试

爆破振动测试选择 EXP3850 爆破振动记录仪。在距离爆区较近（离爆区 15~45 m）的基岩、居民楼布置测点，离爆区由近到远分别布置 1~5 号测点，每个测点布置 2 台速度传感器，分别测竖向（垂直）振速和横向（水平）振速。

此处以其中一处居民楼房屋一楼和六楼测点振速测试为例作分析，各次测试振速如图8.11～图8.18所示。

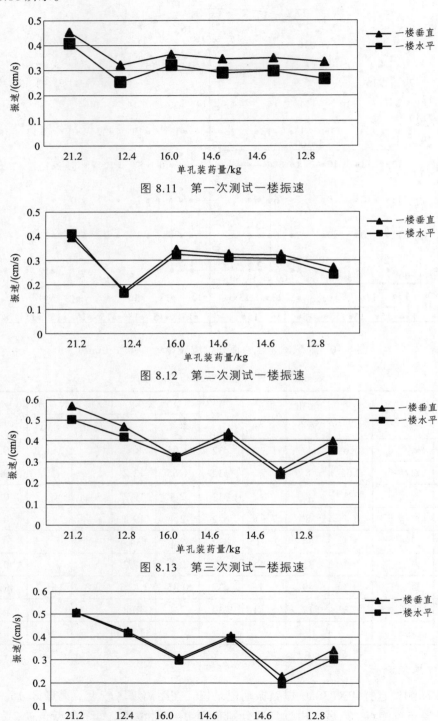

图 8.11　第一次测试一楼振速

图 8.12　第二次测试一楼振速

图 8.13　第三次测试一楼振速

图 8.14　第四次测试一楼振速

由图 8.11~图 8.14 可见，房屋一楼位置处，大部分质点竖向振速要大于横向振速，前者为后者的 1.1~1.5 倍。

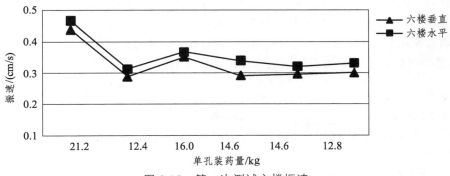

图 8.15 第一次测试六楼振速

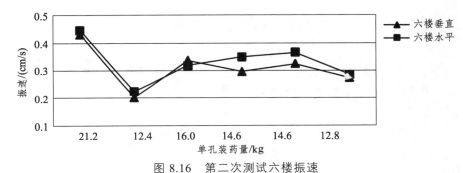

图 8.16 第二次测试六楼振速

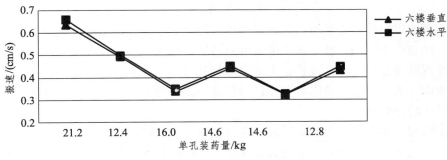

图 8.17 第三次测试六楼振速

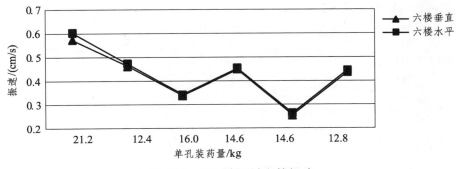

图 8.18 第四次测试六楼振速

由图 8.15～图 8.18 可见，随着楼层高度的增加，竖向振速逐渐递减，而横向振速逐渐加大且比竖向振速大。以最大单段装药量 21.2 kg 为例，在六楼引起的爆破质点振动：第一次测试，横向振速为 0.497 cm/s，竖向振速为 0.389 cm/s；第二次测试，横向振速为 0.446 cm/s，竖向振速为 0.331 cm/s；第三次测试，横向振速为 0.558 cm/s，竖向振速为 0.484 cm/s；第四次测试，横向振速为 0.502 cm/s，竖向振速为 0.303 cm/s。横向振速为竖向振速的 1.2～1.7 倍。

同次爆破测试，不同楼层横向、竖向振速如图 8.19 和图 8.20 所示。

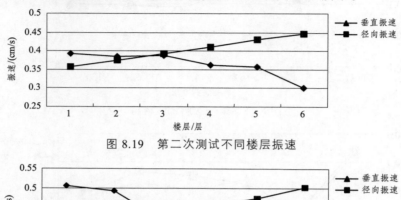

图 8.19　第二次测试不同楼层振速

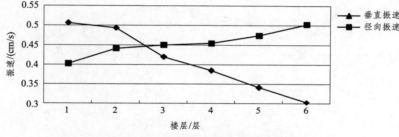

图 8.20　第四次测试不同楼层振速

爆破地震波主频受爆破类型、装药结构等多种因素影响。一般爆破规模越大，爆破振动频率越低。隧道内小直径浅孔爆破在邻近隧道或隧道周边产生的振动主频一般在 100 Hz 以上，影响范围通常达数十米；规模稍大的台阶深孔爆破主振频率为 30～50 Hz，影响范围一般在数百米内。此外，爆破地震波主频还与传播介质特性有关，在软弱风化层或土层中传播的地震波高频成分衰减更快。

在房屋结构振速响应信号的频谱分析中，主要应考虑房屋振动响应速度的横向和竖向分量。在同等强度下横向振动对房屋建筑结构物产生的剪切破坏作用要大于竖向振动，因此，应加强对横向振动频率的监测。

各次测试振动频率如图 8.21～图 8.28 所示。

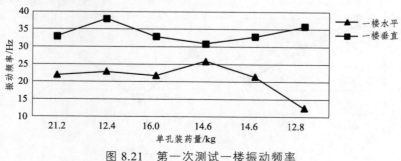

图 8.21　第一次测试一楼振动频率

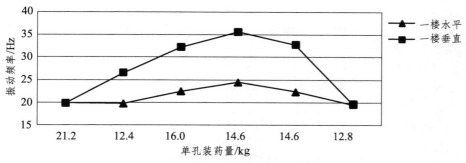

图 8.22　第二次测试一楼振动频率

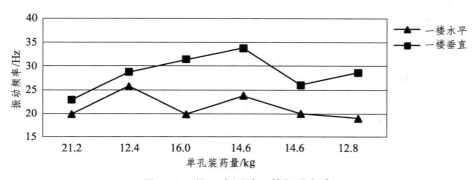

图 8.23　第三次测试一楼振动频率

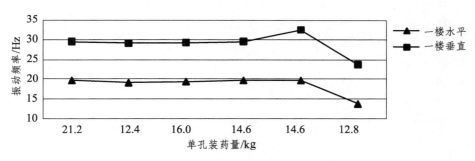

图 8.24　第四次测试一楼振动频率

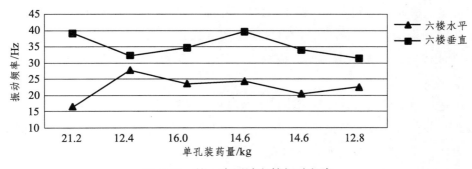

图 8.25　第一次测试六楼振动频率

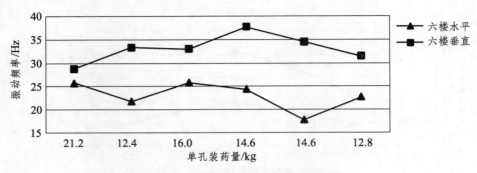

图 8.26　第二次测试六楼振动频率

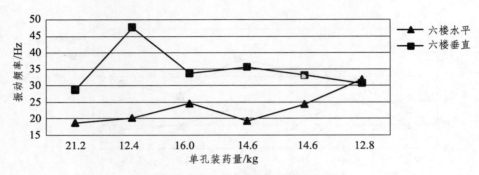

图 8.27　第三次测试六楼振动频率

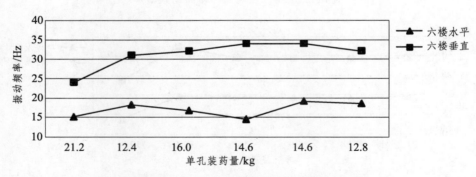

图 8.28　第四次测试六楼振动频率

由图可见，横向振动频率为 15～25 Hz，竖向振动频率的范围为 25～40 Hz，横向振动主频均小于竖向振动主频，与楼房的自振频率更为接近。从频谱分析来看，传递至结构物的爆破地震波横向分量振动主频低、振幅高、持续时间长，加大了房屋结构体的振动响应程度。

万石山隧道地层结构简单，隧道出口为全风化—强风化花岗岩。监测数据显示，爆破主振频率较高。分析所采集的数据可得，普通民房墙的基频为 12～20 Hz，楼板的固有频率比墙的基频更低，建筑物对爆破地震波的响应较弱，受影响、破坏相对较小。

对爆破振动进行回归分析，如图 8.29 所示，其结果：$K = 101.64$，$\alpha = 1.81$。

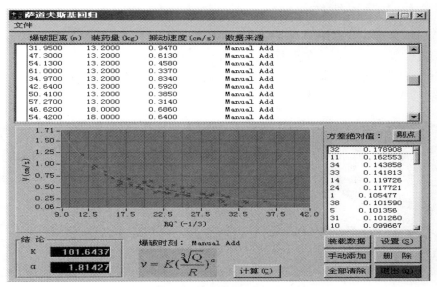

图 8.29　萨氏公式回归分析

本隧道的爆破振动传播规律可表示为：

$$v = 101.64 \left(\frac{\sqrt[3]{Q}}{R} \right)^{1.81} \tag{8.1}$$

回归线分析如图 8.30 所示。回归相关系数较高，回归结果规律性好，反映了爆破振速衰减规律。

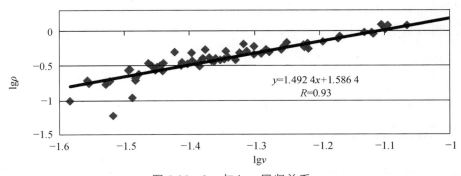

图 8.30　$\lg v$ 与 $\lg \rho$ 回归关系

在爆破振动监测过程中，同时对建筑物表面裂缝扩展情况进行了密切的观测，记录了建筑物表面裂缝的长度、走向、宽度等。结合爆破施工前后相关监测数据，可对比、分析裂缝扩展情况。对于建筑物（房屋结构为两层以上），当地面振速达到 0.8 cm/s，楼板振速达到 0.6 cm/s 时，门窗玻璃会在房屋振动过程中伴随次级响应噪声，人在屋内有强烈的震感，并且会产生屋内不安全而想冲出屋外的本能反应，但所监测的建筑物表面裂缝没有发生扩展现象。

8.1.4 立交近接施工

新建万石山隧道左、右线斜交下穿既有钟鼓山隧道，与既有钟鼓山隧道 A、B 洞形成 4 个立交近接段，其中，3 个下穿段断面型式为万石山隧道标准断面，一个下穿段为万石山隧道与 B 匝道分岔部大断面。4 个立交近接段，上下两洞开挖轮廓线距离仅 0.45 ~ 1.70 m，如图 8.31 所示。

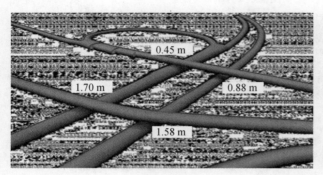

图 8.31　万石山钟鼓山隧道立交近接示意

建设规划要求钟鼓山隧道比万石山隧道提前通车，在万石山隧道穿越立交近接段时，由于两隧道立交近接处交叉厚度较薄，为确保上层钟鼓山隧道的正常通车和交通运行安全，须在钟鼓山隧道改造施工期间，提前施作万石山隧道近接段，再完成该段钟鼓山隧道的改造工程。

1. 隧道立交近接施工方案优化

新建万石山隧道左、右线斜交下穿既有钟鼓山隧道，如图 8.32 所示，与钟鼓山隧道开挖轮廓外夹岩厚度分别为 0.45 m、0.88 m、1.58 m、1.70 m。隧道立交近接施工分为两个主要部分：一是在既有钟鼓山隧道改扩建期间完成梁拱结构施工，二是万石山隧道穿越立交近接段的下部施工。

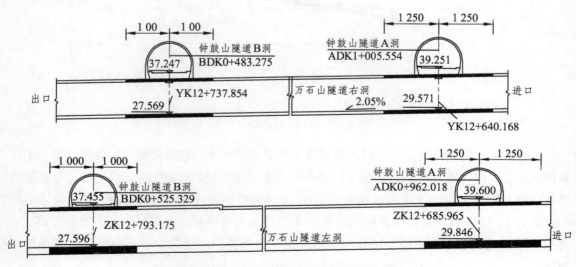

图 8.32　万石山隧道下穿钟鼓山隧道立面

　　原设计方案：待钟鼓山隧道立交段改扩建工程完成开挖和支护后，从钟鼓山隧道底部沿隧道纵向（20°）向下放坡拉槽洞内明挖，拉槽开挖长度为 80 ~ 90 m，坡度为 12%，拉槽最大开挖深度达 11.8 m。由于钟鼓山隧道洞身高 11 m，拉槽后交叉近接处槽深达 22.8 m，将形成一个纵向长度较大的"细高"洞室，容易失稳，结构安全隐患巨大。

　　经详细研究后，对方案进行了优化，提出了"梁拱结合"——"双托梁、拱外拱、明暗相结合"的施工方案。即：

　　（1）上层的既有钟鼓山隧道改扩建工程立交近接段支护完成且变形稳定后，从隧道底竖向向下开挖万石山隧道拱部围岩。

　　（2）在万石山隧道衬砌轮廓线外设钢筋混凝土护拱，护拱作为后期下部万石山隧道穿越立交近接段施工时的防护结构体系，护拱顶部设观察井口，兼作护拱拆内模工作孔和积水处理孔。

　　（3）护拱底部设钢筋混凝土托梁，采用锚杆将托梁与围岩锚固，托梁加强护拱整体承载力，保证万石山隧道下部暗挖时不出现"悬拱"现象。

　　（4）用低强度等级混凝土回填拱背，恢复钟鼓山隧道路面施工。

　　（5）立交上层的钟鼓山隧道施作近接段衬砌前，沿边墙底部纵向设钢筋混凝土托梁，将上层钟鼓山隧道衬砌置于托梁上，减小作用于立交段下层万石山隧道护拱和隧道结构上的荷载，同时加强钟鼓山隧道在跨越段的结构强度。

　　（6）立交下层的万石山隧道施工至立交近接段时，在护拱支护下进行暗挖施工，采用中部拉槽、跳槽开挖法施作托梁承力柱，逐段合拢。

　　立交近接梁拱结构示意如图 8.33 所示。

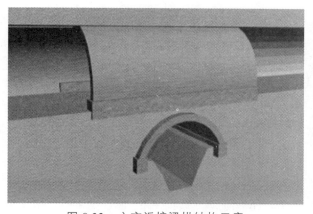

图 8.33　立交近接梁拱结构示意

　　垂直拉槽深度为 6.0 m，槽壁采用 5.5 m 长的 R32 自进式锚杆加强支护，护拱设计为与隧道结构同强度等级的钢筋混凝土，托梁是断面为 1.2 m×2.0 m 的钢筋混凝土，采用 R32 自进式锚杆将托梁与围岩锚固，拱背采用 C15 片石混凝土回填。钟鼓山隧道衬砌底部纵向托梁为 0.85 m×3.0 m 断面的钢筋混凝土，保证托梁长度在万石山隧道槽坑边界两侧各延伸 2.5 m 以上（根据各立交跨度进行调整），以保证钟鼓山隧道衬砌结构的稳定，如图 8.34 所示。

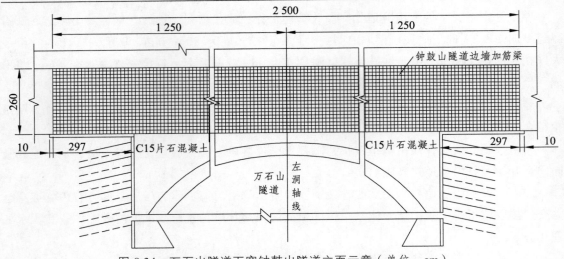

图 8.34　万石山隧道下穿钟鼓山隧道立面示意（单位：cm）

2. 隧道立交近接施工

1）立交近接处万石山隧道明拱部开挖

上层既有钟鼓山隧道扩建工程立交近接段支护完成且变形稳定后，方可进行万石山隧道下穿段上半断面明拱部开挖，深度为 6.0 m。除 B 匝道与万石山隧道右线分岔部下穿段Ⅳ级围岩采用 1：0.25 坡度开挖外，其他围岩较好的下穿段采用垂直开挖。严格控制超欠挖，尽可能减少爆破对钟鼓山隧道围岩的扰动，在距开挖轮廓线 0.4 m 处布置一排间距为 0.2 m 的爆破孔，严格控制单段装药量，开挖循环进尺控制在 0.6～0.8 m。开挖槽壁采用 5.5 m 长的 R32 自进式锚杆加强支护，间距为 0.8 m，及时喷射混凝土封闭岩面，如图 8.35 所示。

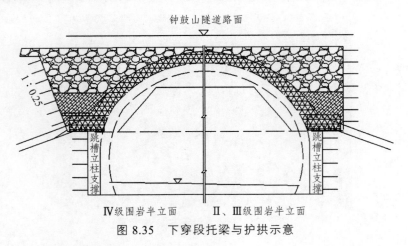

图 8.35　下穿段托梁与护拱示意

2）下穿段万石山隧道护拱和托梁施工

当明拱段开挖到位后，在托梁部位按 0.6 m 间距加密锚杆，端头 50 cm 伸入托梁，再施作托梁钢筋，安装好护拱内模后安装护拱钢筋。由于最小净距为 0.45 m 的近接段不足护拱 60 cm 设计厚度，采取用格栅拱架作为护拱钢筋的方法，如图 8.36 所示。在下穿隧道的两个端头按万石山隧道开挖轮廓线安装一榀格栅钢架，沿格栅钢架外缘布设 ϕ42 超前小导管，间距为 0.4 m，小导管长 5.0 m、外露 0.5 m，使超前小导管外露部分嵌入明拱内，加强明暗交接处衔接强度。

图 8.36 万石山隧道下穿段托梁与护拱

3）浇筑混凝土，回填拱背封闭

护拱、托梁混凝土强度等级与下层万石山隧道相同，均为 C25 钢筋混凝土，分次浇筑。拱背采用 C15 混凝土回填。衬砌采用大拱脚，起拱线以上 1 m 范围同拱圈一次浇筑。浇筑顺序为：先浇筑托梁混凝土，24 h 后浇筑护拱混凝土，护拱混凝土强度达到 70%后，回填拱，恢复路面施工。混凝土浇筑时在明拱顶预留 0.5 m×0.8 m 孔口，用作观察井、拆除内模和积水处理孔。

4）施作上跨段钟鼓山隧道底部托梁及二次衬砌

立交上层的钟鼓山隧道在施作上跨段衬砌前，沿边墙底部纵向设钢筋混凝土托梁，使钟鼓山隧道衬砌置于托梁上，减小作用于立交段下层万石山隧道护拱和隧道结构上的荷载，同时加强钟鼓山隧道上跨段结构强度。如图 8.37 所示，在钟鼓山隧道二次衬砌边墙脚设 0.85 m×3.0 m 的钢筋混凝土托梁（同为二次衬砌组成部分），托梁长度在万石山隧道槽坑边界两侧各延伸 2.5 m 以上，并设 2‰预拱度。托梁与该段二次衬砌同时浇筑。

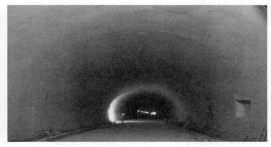

图 8.37 钟鼓山隧道上跨段托梁钢筋及上跨段衬砌

5）下穿立交段施工

在保证钟鼓山隧道正常通行的条件下，万石山隧道下半断面暗挖法施工采用拉中槽、跳槽开挖的方法进行，严格遵循"短进尺，弱爆破，强支护"的原则，在护拱支护下稳步开挖，确保施工安全。

先施工托梁端头承力柱，再开挖中槽，开挖长度控制为 3 m。在每一段跳槽开挖前，对起拱线位置围岩进行小导管注浆加固。每挖一段及时浇筑混凝土，待混凝土强度达到 70%后，再施工另一侧。随拉槽掘进，跳槽开挖施作承力柱，将护拱格栅全部落底，浇筑 C25 混凝土代替 C20 喷射混凝土完成护拱落底，分段施作仰拱，封闭成环。跳槽施工步序如图 8.38 所示。

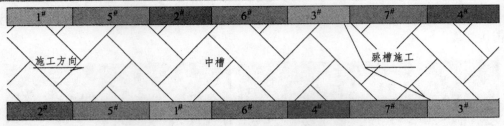

图 8.38　万石山隧道下穿立交段施工步序

下穿段开挖、支护完成后，及时跟进二次衬砌。

3. 监控量测

立交近接洞段施工安全风险巨大，施工过程必须全程监测。此处以跨距最大、围岩最差、处于Ⅳ级围岩的 B 匝道与万石山隧道右线分岔部下穿段为例，对钟鼓山隧道在立交近接段跨中位置的变形进行分析，拱顶沉降监测数据如图 8.39 和图 8.40 所示。

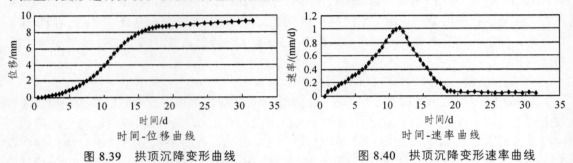

图 8.39　拱顶沉降变形曲线　　　　图 8.40　拱顶沉降变形速率曲线

边墙水平收敛监测数据见图 8.41 和图 8.42。

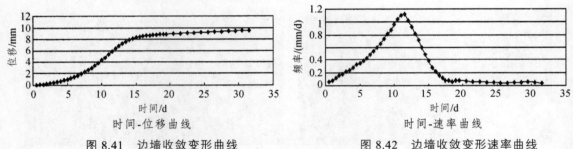

图 8.41　边墙收敛变形曲线　　　　图 8.42　边墙收敛变形速率曲线

由图可见，洞内明挖施工对既有隧道影响明显，随着开挖深度加大，既有隧道初期支护拱顶下沉及水平位移逐步加大，变形速率加大。这表明通过施工方案优化，采用梁拱结构方案减小开挖深度是科学合理的，否则原细高结构有失稳的风险。

开挖完成后，既有钟鼓山隧道立交段沉降持续发展，变形速率减小；当托梁和明拱施工完成后，既有隧道拱顶下沉及水平位移变形量明显趋缓，当明拱拱背回填完成后逐渐稳定。因此，在梁拱结构上部施工时，加快各工序施工进度，尽早完成梁拱结构约束周边围岩变形，是保证结构安全的重要措施。

监测数据统计分析表明，施工所引起的累计沉降值和收敛值分别为 9.32 mm 和 9.54 mm，在可控范围内，说明隧道立交"零"近接施工采用梁拱结构方案是安全可靠的。

8.2　成都地铁 3 号线设计起点—红牌楼南站区间隧道

8.2.1　工程概况

1. 工程概况

成都地铁 3 号线设计起点—红牌楼南站区间,左线隧道里程为 ZDK19 + 743.35 ~ + 951.8,长 208.45 m,隧道结构型式为单线 A 型断面,衬砌内净高为 5.576 m,内净宽为 5.2 m。右线隧道里程为 YDK19 + 681.35 ~ + 951.80,长 270.45 m,隧道结构型式为单洞双线 B 型断面,包括 B1、B2、B3 型断面:B1 型衬砌内净高为 7.546 m,内净宽为 9.8 m;B2 型衬砌内净高为 7.685 m,内净宽为 10.1 m;B3 型衬砌(加宽断面)内净高为 8.063 m,内净宽为 10.9 m。左右线隧道净距为 3.65 ~ 4.4 m,区间隧道覆土厚 9.5 ~ 11.6 m。

隧道采用复合式衬砌结构。单洞单线断面超前支护采用 ϕ42 超前注浆小导管,单洞双线断面同时采用 ϕ108 管棚 + ϕ42 超前注浆小导管;初期支护为锁脚锚杆、钢筋网、喷射混凝土和钢拱架结构型式,全环钢拱架设 4 处锁脚锚杆。

隧道支护结构型式如图 8.43 所示,支护参数如表 8.5 所示。

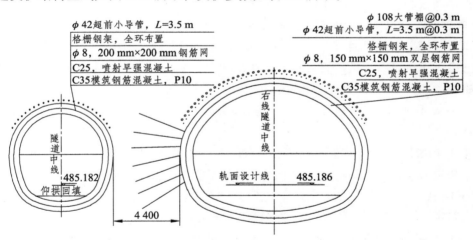

图 8.43　隧道支护结构型式(标高单位:m;尺寸单位:mm)

表 8.5　区间隧道初期支护参数

衬砌类型	超前支护		初期支护			二次衬砌 (C35)
	小导管	管棚	格栅钢拱架	钢筋网	喷射混凝土	
单线 A 型	L = 3.5 m,间距为 0.3 m × 1.5 m		间距 0.5 m,锁脚锚杆采用 3 m 长的 R32N 自进式锚杆,单线 4 根/榀,双线 6 根/榀	ϕ8 钢筋网,间距为 0.2 m × 0.2 m,双层布置	C25 早强混凝土,单线厚 30 cm,双线厚 35 cm	厚 35 cm
双线 B1 型	L = 3.5 m,间距为 0.3 m × 1.5 m	ϕ108 管棚,间距 30 cm				厚 45 cm
双线 B2 型						厚 45 cm
双线 B3 型						厚 50 cm

2. 工程地质

隧道位于中密砂卵石地层中，卵石含量为 65% ~ 70%，粒径一般为 3 ~ 10 cm，磨圆度较好，含少量漂石，充填物为砂砾、细砂、中砂。隧道上方覆土层自上而下依次为 1.8 ~ 5.7 m 的杂填土、1 ~ 4.2 m 的粉质黏土、细砂及卵石土层。整体围岩等级为 V 级。

各层土的构成和特征分述如下：

1）第四系全新统人工填土层

<1-1>杂填土：杂色，松散，稍湿。主要以回填的碎石、砖块及建筑垃圾为主。区间内普遍分布，层厚 1.8 ~ 5.7 m。

2）第四系全新统冲洪积层

<2-2>粉质黏土：黄褐色、灰黄色、褐灰色，可塑，局部呈硬塑状，干强度中等，韧性中等，主要由黏粒组成，含少量粉粒。区间内分布较均匀，厚度为 1 ~ 4.2 m。

<2-3>粉土：灰黄色、灰色，稍湿—湿，稍密—密实，无光泽反应，干强度低，韧性低，含云母，局部含有少量黏性土。区间内分布较均匀，厚度为 0.5 ~ 2.2 m。

<2-4>细砂：灰黄色、褐黄色，稍湿—饱和，松散，主要成分为长石、石英，次为云母，局部夹少量卵石。层厚 0.4 ~ 1.1 m。

<2-6>卵石土：褐灰色、浅灰色、灰黄色，潮湿—饱和，稍密—密实为主，局部松散。卵石成分以岩浆岩、变质岩类岩石为主。磨圆度较好，以亚圆形为主，少量圆形，分选性差，中风化—微风化。卵石含量一般为 60% ~ 70%，粒径以 2 ~ 15 cm 为主，最大粒径达 20 cm，充填物主要为细砂及圆砾。该地层沿线广泛分布，层厚约 22.5 m。

<2-6-1>松散卵石：褐灰色为主，湿—饱和，卵石含量为 50% ~ 55%，粒径一般为 2 ~ 5 cm，含较多砾石、细砂、中砂。

<2-6-2>稍密卵石：褐灰色为主，湿—饱和，卵石含量为 55% ~ 65%，粒径一般为 2 ~ 8 cm，成分以岩浆岩为主，磨圆度较好。含个别漂石，充填物为砾石、细砂、中砂。

<2-6-3>中密卵石：褐灰色为主，湿—饱和，卵石含量为 65% ~ 70%，粒径一般为 3 ~ 10 cm，成分以岩浆岩为主，磨圆度较好。含少量漂石，充填物为砾石、细砂、中砂。

<2-6-4>密实卵石：褐灰色为主，湿—饱和，卵石含量一般不少于 70%，粒径一般为 5 ~ 15 cm，成分以岩浆岩为主，磨圆度较好。局部含漂石，粒径达 20 cm，充填物为砾石、细砂、中砂。

3）白垩系上统灌口组

泥岩：紫红、褐红、砖红色；以黏土矿物组成为主，块状构造，泥质胶结。

<5-2>强风化泥岩：层状构造，散体—碎裂结构。风化裂隙发育，结构面不清晰，岩芯破碎，多呈碎块状，少量为短柱状，岩质软，为极软岩，岩芯碎块手可折断，岩体基本质量等级为 V 类。

<5-3>中等风化泥岩：中厚层状构造，块状结构。风化裂隙较发育，结构面较清晰，岩芯多呈柱状，少量呈碎块状，岩芯较完整，采取率达 90%。岩质较软，为极软岩，锤击易碎，部分地段软弱夹层或差异风化明显，易风化，遇水易软化，岩体基本质量等级为 V 类，RQD 值为 60% ~ 90%。

　　根据区域水文地质资料，区间无地表水系流过，地下水季节性变化明显，水量比较丰富。地下水主要有填土中的上层滞水、卵石层中的孔隙潜水和基岩裂隙水。丰水期地下水位埋深一般为 2～3 m，平水期地下水稳定水位埋深为 5.1～7.9 m，水位年变化幅度为 2～3 m。区间范围内卵石层渗透系数为 20 m/d。

3. 周边环境

　　成都地铁 3 号线设计起点—红牌楼南站区间下穿西环铁路两股道，分别为西环线和专用线，下穿里程范围分别为 ZDK19＋783.5～＋803 和 YDK19＋786～＋805。西环线和专用线为碎石道床。隧道与铁路西环线的交角约为 90°。隧道顶部距离地面最近约 14 m。

　　此外，区间还下穿 15 处 1～3 层砖结构民房，多为低矮老旧房屋，详见表 8.6。

表 8.6　区间建筑物统计

编号	名称	年代	层数	建筑结构	基础型式	备注
1	8 号商铺	20 世纪 80 年代	2	砖混	条基	无圈梁、无构造柱，预制板楼屋面
2	鹏缘汽修商铺	20 世纪 80 年代	1	砖混	条基	无圈梁、无构造柱，彩钢瓦屋面
3	4 号商铺	20 世纪 80 年代	1	砖混	条基	无圈梁、无构造柱，木屋架瓦屋面
4	3 号商铺	20 世纪 80 年代	1	砖混	条基	无圈梁、无构造柱，木屋架瓦屋面
5	2 号商铺	20 世纪 80 年代	3	砖混	条基	无圈梁、无构造柱，木屋架瓦屋面，原为 1 层后期加盖至 3 层
6	1 号商铺	20 世纪 80 年代	2	砖混	条基	无圈梁、无构造柱，木屋架瓦屋面，原为 1 层后期部分加盖至 2 层
7	省汽运公司五公司 1 号办公楼	20 世纪 80 年代	2	砖混	条基	有圈梁和构造柱，预制板楼屋面
8	省汽运公司五公司外商铺	20 世纪 80 年代	1	砖混	条基	无圈梁、无构造柱，木屋架瓦屋面
9	省汽运公司五公司门卫室	20 世纪 80 年代	2	砖混	条基	有圈梁、无构造柱，预制楼板屋面
10	成都武侯南区骨科医院急诊部	20 世纪 80 年代	1	砖混	条基	无圈梁、有构造柱，预制板屋面
11	佳鑫汽车空调装饰商铺	20 世纪 80 年代	2	砖混	条基	有圈梁、无构造柱，预制楼板屋面
12	南专 004 号附 2 号商铺	20 世纪 80 年代	1	砖混	条基	无圈梁、无构造柱，木屋架瓦屋面
13	南专 04 号房屋	20 世纪 80 年代	1	砖混	条基	无圈梁、无构造柱，木屋架瓦屋面
14	南专 004 号附 1 号	20 世纪 70 年代	1	砖混	条基	无圈梁、无构造柱，木屋架瓦屋面
15	太平园家居 D 座	20 世纪 90 年代	2	框架	柱下独基	现浇楼屋面板

8.2.2 施工方案

1. 总体施工方案

成都地铁 3 号线设计起点—红牌楼南站区间埋深浅、地下水位高，且下穿运营铁路及多栋老旧房屋，施工风险极大。施工区间隧道前，先进行全线地面井点降水，同时对西环铁路和地面房屋进行加固，降水和加固作业完成后，再开挖隧道。整体施工方向由车站南端（大里程端）向设计起点（小里程端）单向施工。

先行施工右线隧道，右线为单洞双线隧道，采用 CRD 法施工。沿隧道全长在隧道拱部 120°范围内采用ϕ108 管棚超前注浆支护，环向间距为 30 cm，外插角为 3°。同时，在拱部 120°范围内采用ϕ42 超前注浆小导管加固地层。右线隧道初期支护完成后，向左线隧道打设注浆锚管，对地层进行注浆加固，注浆锚管采用 3.5 m 长的ϕ32 自进式锚管，注浆浆液采用水泥-水玻璃双液浆，注浆初始压力为 0.5 ~ 0.7 MPa，注浆终止压力为 1 ~ 1.2 MPa。待右线封闭成环完成 20 m 后，施工左线隧道，左线单洞单线隧道采用环形台阶法施工，在拱部 120°范围内采用ϕ42 超前注浆小导管对地层进行注浆加固。左右线隧道均采用人工开挖，局部采用挖掘机开挖。

钢拱架为格栅钢拱架，间距 0.5 m，采用ϕ22 连接筋，环向间距为 0.5 m，锁脚锚杆采用 R32N 自钻式锚杆。中隔墙临时支撑采用 I18 工字钢，间距 0.5 m，采用ϕ22 连接筋，临时锚杆采用ϕ22 砂浆锚杆，喷射 C25 早强混凝土，全断面沿钢拱架外缘布设单层ϕ8 钢筋网，网格尺寸为 20 cm × 20 cm。

区间隧道为典型的浅埋小净距隧道，施工中坚持"短进尺、不爆破、强支护、快封闭、勤量测、速反馈"的原则。开挖后及时施作初期支护，严格控制台阶长度，尽早施作仰拱，必要时施作临时仰拱，封闭成环。钢拱架拱脚安设锁脚锚管，同时设纵向连接槽钢以增加支护整体刚度，控制下沉。严格控制开挖循环进尺，当围岩软弱或邻近建（构）筑物时，进尺不超过一榀钢拱架间距。

2. 开挖与支护

1）CRD 法施工

右线隧道为单洞双线隧道，包括 B1、B2、B3 型断面，均采用四步 CRD 法开挖，施工步序详见图 8.44。

如图所示：①部开挖、初期支护及左侧竖向临时支撑→②部开挖、初期支护→①②水平支撑施工→③部开挖→③部初期支护及左侧竖向临时支撑施工→④部开挖、初期支护。

2）台阶法开挖

左线隧道为单洞单线隧道，即 A 型断面，采用留核心土台阶法环形开挖。上台阶采用人工开挖为主并配以机械开挖，预留核心土长度为 5 m，核心土断面大于开挖断面 50%以上。上下台阶每循环进尺均控制为一榀钢拱架间距（0.5 m）。下台阶支护完成后，及时跟进开挖仰拱，仰拱距离下台阶长度不大于 5 m。

3）回填注浆

由于隧道上方分布众多老旧建筑，且下穿西环铁路，必须严格控制隧道及地表沉降，在初期支护施作完成后及时回填注浆。

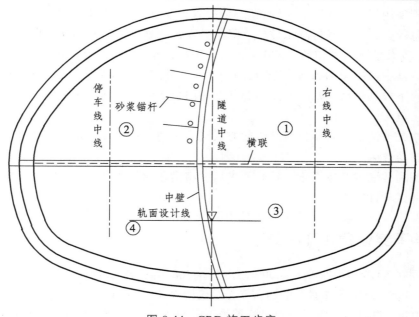

图 8.44　CRD 施工步序

注浆管沿拱部 120°范围布置,采用预埋方式布管。管材为 φ42 普通钢花管,壁厚 3.5 mm,管长 1.0 m,注浆管间距为 1 m × 1 m,梅花形布置。

注浆设备采用砂浆泵,注浆材料采用水泥砂浆,注浆压力不宜过高,过高易引起初期支护变形,设计注浆压力为 0.2 ~ 0.6 MPa。

8.2.3　降水施工

隧道洞身穿越地层主要为卵石层,地下水以潜水类型为主,施工前必须先行降水。

1. 降水井设计

卵石层透水性好,各井均按完整井考虑,按潜水完整井公式进行计算、设计。

降水井数量为 25 口,井深 32.5 m,右线侧布置 14 口,左线侧布置 11 口(左线隧道洞门位置可以利用原车站既有降水井进行降水)。降水井距离隧道开挖外边线 2 ~ 3 m,降水井间距约为 20 m。

2. 降水井施工

降水井构造如图 8.45 所示,采用冲击钻施工。

降水井施工流程为:探孔→成孔→安装降水井管→井壁回填→洗井→安装水泵。

降水井施工前先开挖"十"字形探孔,以探清降水井位置是否存在地下管线等。探孔的深度为原状土深度,且深度不得小于 3 m。

成孔采用冲击成孔,孔径 600 mm,成孔后清孔。

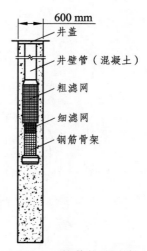

图 8.45　管井构造示意

降水井管采用混凝土预制管,管长 2.5 m,管径 300 mm。由于降水井位于砂卵石地层,出水的含砂量较大,为了确保降水效果,降水井安装普通管的位置为 0 ~ 10 m、15 ~ 20 m、25 ~ 27.5 m,安装滤水管的位置为 10 ~ 15 m、20 ~ 25 m、27.5 ~ 32.5 m。在滤管外采用平织网包裹两层,其中内层采用每厘米 30 孔的铜丝布,外层采用每厘米 5 孔的尼龙丝布。

降水井管下放到位后,及时在滤网和井壁间回填细碎石,回填至地面以下 1 ~ 1.5 m,孔口部分用黏土填实。

采用泥浆泵冲清水与空压机相结合的方式洗井,清除孔内和透水层中的泥浆,疏通透水层,确保反滤层效果。

量测井深和井底沉淀物厚度,符合要求后,将潜水泵吊入井管内,安装深度在 27 m 位置,进行单井试验性抽水。

8.2.4 下穿运营西环铁路

暗挖区间在 YDK19 + 770 ~ + 800(ZDK19 + 768 ~ + 798)范围下穿西环线 2 股道,隧道拱顶埋深约 14 m。为保证既有线的运营安全,先架设 4 组 16 m D 型便梁及 2 组 12 m D 型便梁对线路股道进行扣轨加固处理;再对隧道施工影响范围内的线路路基进行注浆加固处理;隧道超前支护采用 φ108 管棚,施工中严格控制循环进尺,确保初期支护尽早成环;在施工过程中,加强铁路路基沉降和线路沉降监测,同时加强对施工区段内电、光缆的保护,如图 8.46 所示。

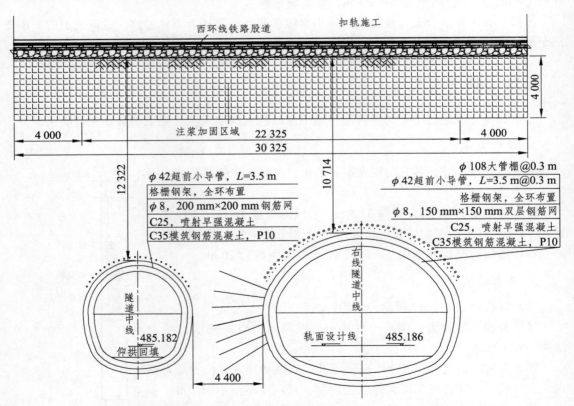

图 8.46 隧道与西环铁路关系及加固示意(标高单位:m;尺寸单位:mm)

（1）西环线 K4＋670～K4＋704 区段内，对西环线、专用线采用 D 型便梁加固。

（2）西环线 K4＋670～K4＋704 区段内，对隧道开挖影响范围内的路基注浆加固。

（3）穿越既有铁路线路施工时，加强线路观测和路基沉降观测，地表沉降应控制在 10 mm 以内，确保行车安全及施工安全。

1．西环铁路线路加固

针对西环线及专用线，采用 4 组 16 m D 型便梁及 2 组 12 m D 型便梁进行加固。D 型便梁支墩桩采用钻孔桩＋横梁模式。钻孔桩桩径为 1.8 m，桩长 20 m，中横梁截面为 1.6 m× 1.8 m；边横梁截面 2 m×1.8 m，横梁长均为 16.8 m。

现浇横梁前，作为临时转换，采用 D 型便梁架空铁路线路，采用 4 组 8 m D 型便梁及 2 组 16 m D 型便梁作为临时转换体系，临时转换体系的 D 型便梁支墩桩采用人工挖孔桩。人工挖孔桩截面为 1.8 m×1.8 m 及 1.8 m×2.5 m 两种类型，桩长为 10 m 和 6 m。

1）线路加固

（1）施工前应对线路进行应力放散。

（2）纵梁吊轨加固线路：采用 P50 钢轨 3 根一束，采用 16 mm U 形螺栓成束，使用根数为 3-3-3-3，以增加整体性，并在轨底铺设橡胶垫。

2）钻孔桩施工

钻孔桩孔径为 1.8 m，桩长 20 m，共 6 根桩，左右对称布置于铁路线路两侧，距离线路中线 4.5 m，桩间横向距离为 15 m，纵向距离为 16 m，采用旋挖钻机成孔。

3）人工挖孔桩施工

临时 D 型便梁基础均采用人工挖孔桩施工，分为 1.8 m×1.8 m 和 1.8 m×2.5 m 两种，桩长为 10 m 和 6 m，布置成横向 3 排，纵向 6 排。

4）临时 D 型便梁的安装

（1）施工流程：绝缘防护→安装一侧纵梁→穿放横梁→安装另一侧纵梁→纵横梁连接→安装钢轨扣件→掏空枕底道砟→安装斜杆。

（2）待人工挖孔桩达到设计强度后，检测桩顶标高和平整度，在桩顶设临时便梁的安放位置。

（3）施工时封锁线路。起吊主梁放在支墩上面，人工配合拼装横梁。先将一侧纵梁抬高 20～30 cm，每隔 6 根抽一根原有枕木，塞入横梁。塞入横梁过程中作好轨底绝缘，防止信号电路短路。横梁一端与纵梁连接，装上牛腿、连接板和定位角钢，横梁全部到位后，将升高的纵梁落至设计位置，与横梁连接。

5）横梁施工

（1）施工流程：地面清挖→施工测量→横梁开挖→垫层施工→横梁钢筋施工→支座施工→模板施工→混凝土浇筑→拆模养护。

（2）开挖：清挖横梁范围内的地面。人工放坡开挖至基底，开挖坡度为 1∶1，边坡采用锚网喷支护，按梅花形布置锚入 1 m 长 ϕ22 锚杆，挂 ϕ8 钢筋网片，喷射 C20 混凝土，厚 8 cm。浇筑 15 cm 厚 C15 混凝土垫层作为横梁底模。

（3）桩顶支座：在桩顶安放支座。在横梁与桩间设限位销钉，销钉采用 Q345qD 圆钢，规格为 90 mm×690 mm。销钉外采用聚苯乙烯泡沫包裹，外用钢板罩保护。

（4）钢筋制作安装：钢筋分段制作后，吊车侧向横移到位，采用单面焊接与绑扎段连接成整体，桩顶钢筋在支座上绑扎成型。

（5）模板：采用组合竹胶模板，设钢管斜撑，与内支模架连接牢固、稳定。

（6）混凝土工程：底板混凝土斜面分层浇捣，每层厚度控制在 400 mm 以内。

6）便梁的安拆

（1）拆除临时 D 型便梁：横梁强度达到设计强度后，拆除临时 D 型便梁，采用人工配合轨道吊车拆除。

（2）架设 D 型便梁：采用人工配合轨道吊架设 D 型便梁。采用 4 组 16 m 和 2 组 12 m D 型便梁。施工方法同临时 D 型便梁施工。

2. 地面注浆加固

注浆范围为隧道下穿铁路区域。采用潜孔钻机钻孔，钻孔深度为 23.5 m，间距为 1.5 m。注浆孔顺铁路向 25 排，长度为 39.69 m；垂直于铁路向 13 排，长度为 24.92 m。

注浆管采用壁厚 4 mm 的 ϕ48 无缝钢管，50 cm 为一段分段安装，注浆管总长 23.5 m。在距离管底 3 m 范围内设注浆孔，孔间距为 10～15 cm，孔径为 4 mm，呈梅花形布置。

在注浆过程中同步进行沉降监测，严格控制注浆压力，压力范围为 0.4～0.8 MPa，必须确保不发生地面隆起、裂缝。

3. 隧道开挖辅助措施

在下穿铁路段采用管棚进行超前支护，沿隧道拱部 120°范围布设，管棚环向间距为 30 cm，外插角为 3°。

在隧道开挖过程中，严格控制循环进尺在一榀钢拱架间距，即 0.5 m，以便开挖后迅速进行支护作业。初期支护施作完成后，及时回填注浆，以有效控制隧道沉降。

当隧道靠近 D 型梁桩基时，由于钻孔桩长 20 m，所以桩底深入隧底以下 7 m，水平距离隧道开挖边线最近处 2 m。隧道通过桩基位置处，采用砂浆锚杆加强，分布范围为 2 m，间距为 0.3 m。

8.2.5　下穿既有建筑物

下穿既有建筑物时，采取地面注浆加固措施与洞内超前预加固措施相结合的综合保护方案。施工前先加固既有房屋基础，隧道开挖时施作 ϕ42 超前注浆小导管进一步加固地层，施工中根据监测情况及时对建筑物跟踪注浆加固，如图 8.47 所示。

地表注浆，先探明加固区域内地下管线和建筑物基础位置。当建筑物位于隧道边线外侧时，加固范围为隧道边线外侧 3 m 内；当区间隧道正穿建筑物基础时，加固范围为建筑物地基 1 倍洞径距离。注浆深度为房屋基础以下 3 m，注浆管间距为 1 m，梅花形布置。注浆设备采用 XY-100 型注浆泵，严格控制注浆压力。

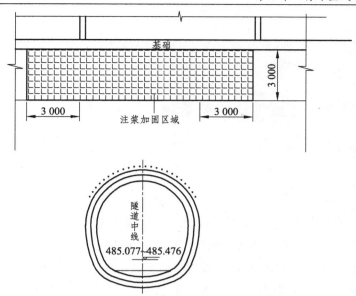

图 8.47　隧道与房屋关系及加固措施（标高单位：m；尺寸单位：mm）

（1）钻孔注浆孔径：100 mm。注浆浆液配合比为 $m_{水泥}:m_{水}=1:1$。

（2）成孔。

针对较软土层采用合金钻具回转钻进成孔；针对硬土层和破碎岩层采用风动潜孔锤冲击钻进成孔。在钻孔过程中，采用优质泥浆护壁。当砂层较厚、易塌孔时，采用 $\phi108$ 套管护孔，待孔内注入套壳料并下放袖阀管后，再将 $\phi108$ 套管提出孔外。

（3）浇筑套壳料、下袖阀管及固管止浆。

① 浇筑套壳料（封闭泥浆）。

在孔内灌入封闭泥浆，填满袖阀管外的孔间环向间隙，以保证注浆浆液不会从环向间隙窜出漏浆。在压力下，浆液挤破套壳料，从套壳料破裂后的缝隙渗透注入四周土层。

套壳料配合比为 $m_{水泥}:m_{黏土（膨润土）}:m_{水}=1:0.5:1.2$。

成孔后，将钻杆下到孔底，用泥浆泵将拌好的套壳料经钻杆注入孔内注浆段。

② 下放袖阀管。

待浇筑好套壳料后，按要求，注浆段下放钻有梅花孔的钢管，空段下实管，地面预留高度为 0.2～0.3 m。

袖阀管采用壁厚 4 mm 的 $\phi48$ PVC 管，管壁钻 $\phi5$ 注浆孔，分节长度为 1.5 m。依次下放袖阀管至孔底，第一节袖阀管底部安好堵头封闭，相邻两节袖阀管用套箍连接。

③ 固管止浆。

固管止浆的目的是让注浆液注入到设计位置，实现定域、定量注浆。在袖阀管与孔壁之间的孔隙中下入注浆管，在孔口上部 2 m 孔段压入止浆固管料，直到孔口返出。止浆固管料采用速凝水泥浆，$m_{水}:m_{水泥}=1:1.5$。

（4）安设注浆芯管。

封孔 24 h 后下放注浆芯管。注浆芯管采用镀锌钢管制成，2 m 一段，用螺纹套管连接。注浆压力一般控制在 0.4～0.8 MPa。

（5）注浆。

根据成孔的先后顺序，待套壳料、固管止浆液具有一定强度后，将带双活塞的注浆钢管，从袖阀管中下到注浆位置，分段注浆，分段长为 0.5 m。

8.2.6　建筑物及重要管线监控量测

隧道下穿重要建筑物或地下管线时，在建筑物及地下管线周围设置测点，掌握施工过程中其沉降及倾斜。

1. 建筑物施工监测方案

针对不同的监测对象，采用不同的沉降测点标志埋点型式：框架、砖混结构采用钻孔埋入标志测点，采用焊接式测点；特殊对象采用隐蔽式测点型式。

埋设沉降监测各类测点时避开如雨水管、窗台线、电器开关等障碍物，并视立尺需要离开墙（柱）面和地面一定距离，高于室内地坪 0.2 ~ 0.5 m。测点埋设完毕后，在其端头的立尺部位涂上防腐剂。建筑物上布设的测点采用钻孔方式进行埋设，埋设型式如图 8.48 所示。

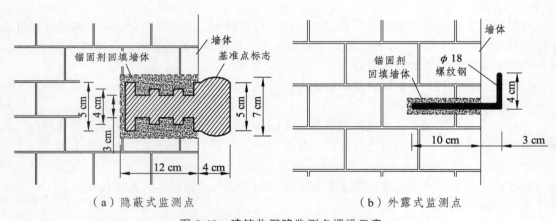

（a）隐蔽式监测点　　　　　　（b）外露式监测点

图 8.48　建筑物沉降监测点埋设示意

2. 管线沉降

针对隧道开挖影响范围内的重要地下管线，隧道开挖时必须监测其沉降情况，以保证地下管线的安全。

管线沉降监测区段按 10 m 间距布置监测断面。地下管线沉降监测点埋设方式如下：

（1）有检查井的地下管线，打开井盖，直接将测点布设到管线上或管线承载体上。

（2）无检查井但有开挖条件的管线，开挖暴露管线，将测点直接布设到管线上。

（3）无检查井也无开挖条件的管线，在对应的地表埋设间接观测点。

（4）在管线上布设监测点时，针对封闭的管线，可采用抱箍式埋点；针对开放式的管线，可在管线或管线支墩上做监测点支架。管线沉降测点标志型式如图 8.49 所示。

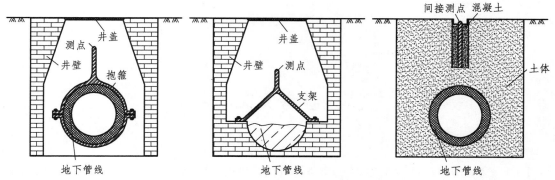

（a）封闭管道沉降监测点埋设 （b）开放管道沉降监测点埋设 （c）无检修井管道沉降监测点埋设

图 8.49 地下管线沉降监测点布置示意

3. 控制基准和预警值

本工程采用的监测控制基准和预警值如表 8.7 和表 8.8 所示。

表 8.7 监测控制基准及预警值指标

序号	监测项目	判定内容	控制基准
1	地表沉降	累计值和单日变形量	累计值：隆起 10 mm、下沉 30 mm； 单日变形量：隆起 3 mm、下沉 3 mm
2	建（构）筑物沉降	累计值和单日变形量	累计值：20 mm；单日变形量：3 mm
3	建（构）筑物倾斜	倾斜值	倾斜值：2/1 000
4	地下水位变化	地下水位在开挖面下 0.5 m	地下水位观测值应在隧道底部以下，且差值大于 0.5 m
5	拱顶沉降	累计值和单日变形量	隧道预留变形量的 1/2
6	隧道净空收敛	累计值和单日变形量	控制值为 25 mm
7	围岩压力	—	设计值
8	钢筋应力	钢材强度	
9	铁路沉降	累计值和单日变形量	

表 8.8 建筑物的地基变形允许值标准和预警标准

变形特征	地基土类别	
	中、低压缩性土	高压缩性土
砌体承重结构基础的局部倾斜	0.002	0.003
工业与民用建筑相邻柱基的沉降差		
框架结构	0.002L	0.003L
砌体墙充填的边排柱	0.007L	0.001L
当基础不均匀沉降时不产生附加应力的结构	0.005L	0.005L
多层和高层建筑物的整体倾斜		
$H \leqslant 24$ m	0.004	
24 m$<H \leqslant 60$ m	0.003	
60 m$<H \leqslant 100$ m	0.002 5	
$H>100$ m	0.002	

注：L——建筑物长度（m）；H——建筑物高度（m）。

参考文献

[1] 交通部. JTG D70—2004　公路隧道设计规范[S]. 北京：人民交通出版社，2004.

[2] 住房和城乡建设部. GB 50490—2009　城市轨道交通技术规范[S]. 北京：中国建筑工业出版社，2009.

[3] 交通运输部. JTG F60—2009　公路隧道施工规范[S]. 北京：人民交通出版社，2009.

[4] 交通运输部. JTG/T F6—2009　公路隧道施工技术细则[S]. 北京：人民交通出版社，2009.

[5] 中国铁路总公司. Q/CR 9218—2015　铁路隧道监控量测技术规程[S]. 北京：中国铁道出版社，2015.

[6] 铁道部第二勘察设计院. 隧道[M]. 北京：中国铁道出版社. 1999.

[7] 王梦恕. 中国隧道及地下工程修建技术[M]. 北京：人民交通出版社，2010.

[8] 王梦恕. 地下工程浅埋暗挖技术通论[M]. 合肥：安徽教育出版社，2004.

[9] 何川，等. 公路小净距隧道[M]. 北京：人民交通出版社，2015.

[10] 齐景岳，等. 隧道爆破现代技术[M]. 北京：中国铁道出版社，1995.

[11] 丁睿. 瓦斯隧道建设关键技术[M]. 北京：人民交通出版社，2010.

[12] 丁睿. 城市敏感复杂环境下小净距隧道建设关键技术[R]. 成都：中铁隆工程集团有限公司，2020.

[13] 杜菊红. 小间距隧道动态施工力学行为研究[D]. 上海：同济大学，2008.

[14] 谭坤. 公路小净距隧道安全控制关键技术研究[D]. 成都：西南交通大学，2010.

[15] 何巍. 小净距隧道围岩稳定性及中夹层力学行为研究[D]. 武汉：武汉理工大学，2007.

[16] 龚建伍. 扁平大断面小净距公路隧道施工力学研究[D]. 上海：同济大学，2008.

[17] 王康. 超大断面小净距隧道施工围岩空间变形与荷载释放机制及工程应用[D]. 济南：山东大学，2017.

[18] 李文华. 大断面超小横净距双线地铁隧道施工控制技术研究[D]. 长春：吉林大学，2013.